Atividades e esportes de aventura para profissionais de Educação Física

INSTITUTO PHORTE EDUCAÇÃO
Phorte Editora

Diretor-Presidente
Fabio Mazzonetto

Diretora-Executiva
Vânia M. V. Mazzonetto

Editor-Executivo
Tulio Loyelo

CONSELHO EDITORIAL

Diretor-Presidente
Fabio Mazzonetto

CONSELHEIROS

Educação Física
Francisco Navarro
José Irineu Gorla
Paulo Roberto de Oliveira
Reury Frank Bacurau
Roberto Simão
Sandra Matsudo

Educação
Marcos Neira
Neli Garcia

Fisioterapia
Paulo Valle

Nutrição
Vanessa Coutinho

Atividades e esportes de aventura para profissionais de Educação Física

Luciano Andrade Bernardes
(Organizador)

Coleção Educação Física e Esportes

editora

São Paulo, 2013

Atividades e esportes de aventura para profissionais de Educação Física

Copyright © 2013 by Phorte Editora

Rua Treze de Maio, 596

Bela Vista – São Paulo – SP

CEP: 01327-000

Tel./fax: (11) 3141-1033

Site: www.phorte.com.br

E-mail: phorte@phorte.com

Nenhuma parte deste livro pode ser reproduzida ou transmitida de qualquer forma ou por quaisquer meios, sem autorização prévia por escrito da Phorte Editora Ltda.

CIP-BRASIL. CATALOGAÇÃO-NA-FONTE
SINDICATO NACIONAL DOS EDITORES DE LIVROS, RJ

A888

Atividades e esportes de aventura para profissionais de educação física / Alcyane Marinho ... [et al.] ; Luciano Andrade Bernardes (organizador) ; [ilustrações de Ricardo Howards]. - São Paulo : Phorte, 2013.

   ISBN 978-85-7655-359-5

   1. Esportes radicais. 2. Esportes. 3. Educação física. I. Marinho, Alciane. II. Bernardes, Luciano Andrade.

12-9413.   CDD: 796.5
                            CDU: 796.5

21.12.12 29.12.12   041766

---

ph1147

Impresso no Brasil

Printed in Brazil

Este livro foi avaliado e aprovado pelo Conselho Editorial da Phorte Editora.

(www.phorte.com.br/conselho_editorial.php)

Sobre os autores

Organizador e autor

Luciano Andrade Bernardes é cirurgião-dentista, profissional de Educação Física e graduando em Direito. Fez mestrado em Ciências do Movimento e ministra aulas de Anatomia Humana e de Esportes de Aventura na FIG-UNIMESP. Coordena e é docente do curso de pós-graduação em Esportes e Atividades de Aventura na UNIFMU. Foi vice-presidente da Federação Paulista de Enduro a Pé (FEPEP), modalidade da qual é praticante desde 2000, contando com quatro títulos paulistas. Pratica surfe e já teve experiências em escalada em rocha, montanhismo, *trekking*, corrida de orientação, *rafting*, *caving*, *acquaride* e mergulho livre e autônomo. Ministra cursos relacionados às atividades de aventura em instituições de ensino, encontros científicos e congressos.

Autores

Adriano Barros de Aguiar Leonardi é médico ortopedista, especialista em Cirurgia do Joelho e Traumatologia do Esporte, mestre em Ortopedia e Traumatologia pela Santa Casa de São Paulo. Membro do grupo de Traumatologia do Esporte da Santa Casa de São Paulo. Sócio-fundador do grupo Medicina da Aventura.

Alcyane Marinho é graduada em Educação Física pela UNESP de Rio Claro (SP). Mestre e doutora em Educação Física, área de Estudos do Lazer, pela Unicamp (Campinas-SP). Realizou estágio pós-doutoral no Centro de Desportos da Universidade Federal de Santa Catarina (UFSC). É professora adjunta da Universidade do Estado de Santa Catarina (UDESC), no Centro de Ciências da Saúde e do Esporte (CEFID). É professora permanente do Programa de Pós-Graduação em Educação Física do Centro de Desportos da UFSC, na área de concentração "Teoria e Prática Pedagógica em Educação Física" e na linha de pesquisa "Teorias sobre o Corpo, Movimento Humano, Esportes e Lazer". É líder do Laboratório de Pesquisa em Lazer e Atividade Física (LAPLAF) do CEFID/UDESC.

Alessandra Lucca é nutricionista graduada, mestre e doutora pela Faculdade de Saúde Pública da Universidade de São Paulo (FSP-USP). É docente do curso de graduação em Nutrição da Universidade Paulista. É responsável pela disciplina de Nutrição Aplicada às Atividades de Aventura da pós-graduação em Esportes e Atividades de Aventura da UNIFMU. Atua desde 2000 em consultórios, academias e domicílio na área de Nutrição e Esporte.

Alexandre Ricardo Machado é Oficial da Reserva do Exército Brasileiro. Graduado em Educação Física pela FEFIS-UNIMES, de Santos (SP), e em Ciências Sociais e Jurídicas pela UNIMES. Cursa Pedagogia na UNIMES. É pós-graduado em Fisiologia do Exercício pela UNIFESP e em Didática do Ensino Superior pela UNIMONTE. Mestre em Educação pela UNIMONTE, ministrou aulas de Fisiologia Humana e de Avaliação Física e Atividades Laborais na FEFIS-UNIMES por 16 anos. Docente do curso de pós-graduação em Esportes e Atividades de Aventura na UNIFMU. É palestrante e professor de Técnicas Verticais, Corrida de Orientação e Aventura, Escalada, Canoagem e Treinamento Motivacional e Corporativo. Sócio-proprietário da Alexandre Machado Consultoria. Desenvolve Projetos Aplicados a Qualidade de Vida, Saúde Pública, Responsabilidade Social, Educação Virtual Corporativa Aplicada a Educação, Saúde e Sustentabilidade. Atleta Competitivo em provas de Aventura desde 2000, conquistou o Circuito Ecomotion Short Adventure 2002 e o Circuito Ultimate Adventure 2004. Já participou de mais de 200 Competições de Aventura no Brasil e no exterior.

Alexandre Roberto Moretti é graduado em Psicologia, especialista em Psicologia do Esporte e mestre em Psicologia Social pela PUC-SP. Pesquisa sobre a coesão grupal, esportes de aventura e processos psicológicos no esporte. Leciona disciplinas relacionadas com a Psicologia e Psicologia do Esporte. Realiza consultorias em Psicologia do Esporte com times e atletas e atendimentos em Psicologia Clínica do Esporte.

Antonio Olinto Ferreira é graduado em Direito pela PUC-Paraná. Em 1993, fez uma volta ao mundo em bicicleta. Em três anos e meio, pedalou por 13 países da Europa, um da África, 9 da Ásia e 11 da América, num total de 46.620 km pedalados. De 1998 a 2000, dedicou-se ao ensino das novas normas de trânsito referentes à bicicleta em escolas de Ensino Fundamental de vários estados brasileiros. Autor dos livros *No Guidão da Liberdade* (em sua 3ª edição), *7 Passos Andinos*, *Guia de Cicloturismo - Mantiqueira*, *Guia Caminho da Fé para Ciclistas e Caminhantes*, *Guia de Cicloturismo Estrada Real - Caminho Velho*. Atualmente, dedica-se a fazer mapeamentos e guias de cicloturismo em várias regiões do Brasil.

Carla Rodrigues é bacharel em Lazer e Indústria do Entretenimento pela UAM (Universidade Anhembi Morumbi), especialista em Esportes e Atividades de Aventura pela FMU (Faculdades Metropolitanas Unidas) e atua como gestora de Lazer, Turismo e Esportes na área de Planejamento e Organização de Atividades de Aventura pelo Grupo LazerNaMata, do qual é sócia-fundadora. Desenvolve trabalhos na área cultural como guia de Turismo Nacional e Regional e estratégia de visitação de grupos em exposições. Pratica cicloturismo, caminhada e mergulho autônomo e tem experiência em técnicas verticais, canionismo, surfe, canoagem e cavernismo.

Demitrius Bellezzo é fisioterapeuta formado pelas Faculdades Integradas de Guarulhos (FIG) em 1998, pós-graduado em Neurologia pelas Faculdades Metropolitanas Unidas (FMU) em 2002. Instrutor de mergulho autônomo credenciado pela NAUI desde 2007, começou a voar em 2000 e hoje é piloto de parapente nível III/voo duplo; durante dois anos, atuou como piloteiro e auxiliar de instrução em cursos de Simulação de Incidentes de Voo (SIV) e acrobacia aérea pela Piloto Safo.

Dimitri Wuo Pereira é graduado em Educação Física pela Universidade de São Paulo, especialista em Administração Esportiva pela FMU, mestre em Educação Física pela Universidade São Judas Tadeu. É docente do curso de pós-graduação em Esportes de Aventura da UNIFMU e do curso de graduação em Educação Física da Uninove. Organizador do 5º Congresso Brasileiro de Atividades de Aventura. Autor dos livros *Escalada, Pedagogia da Aventura* e *Entre o urbano e a natureza: a inclusão na aventura*. Proprietário da Rumo Aventura.

Igor Armbrust é graduado em Educação Física pela Uninove, especialista em Ciências Aplicadas aos Esportes de Prancha pela UNIMONTE e mestre em Educação Física pela Universidade São Judas Tadeu. É docente nas disciplinas de Atividades e Esportes de Aventura na FEFISA e na Unicastelo. Escritor do livro *Pedagogia da Aventura* e coordena o programa Aventuras Urbanas nos Centros Educacionais Unificados de São Paulo. Foi professor de Esportes Radicais na Escola da Vila e no Colégio Magno.

Jonas Alfredo dos Santos é bacharel em Educação Física pela UniÍtalo, pós-graduado em Atividades e Esportes de Aventura pela UNIFMU. Professor do projeto Aventuras Urbanas, parceria Instituto Esporte Educação e Projetos Asas. Praticante de *parkour*, desenvolvendo processos pedagógicos de inclusão do *parkour* na escola.

Julio Magalhães é graduado em Educação Física, especialista em Fisiologia do Exercício e Especialista em Surfe e Esportes Praticados com Pranchas. É mestre em Ciências da Reabilitação Neuromotora, instrutor e técnico de surfe (Confederação Brasileira de Surfe). Professor do curso de Educação Física da UNIMESP-FIG (Guarulhos-SP) nas disciplinas de Comportamento Motor e Iniciação aos Esportes de Aventura (módulo Esportes com Pranchas) e do curso de pós-graduação em Atividades e Esportes de Aventura da UNIFMU (módulo de Surfe). É estudioso do processo pedagógico do surfe e suas variáveis, embasando-se nas teorias da psicomotricidade e comportamento motor humano.

Karina Oliani é médica especializada em Medicina e Resgate de Áreas Remotas. Membro da Wilderness Medical Society, criadora e responsável pelo Projeto "Medicina da Aventura" no Brasil. É instrutora de Medicina de Resgate em Áreas Remotas e instrutora de mergulho e atuou também como salva-vidas do Surf Life Saving Club de Surfers Paradise, Austrália.

Laércio Claro Pereira Franco é mestre em Ciências da Motricidade (subárea: Pedagogia da Motricidade Humana) pela UNESP de Rio Claro (2008). Doutorando em Desenvolvimento Humano e Tecnologias na UNESP. Possui Especialização em Pedagogia do Esporte Escolar (2006) na Unicamp e em Educação: concepções e conhecimento, na São Leopoldo Mandic (2010). É graduado em Licenciatura e Bacharelado em Educação Física pela Unicamp (1989). Atualmente, é docente da Faculdade de Educação Física e Esportes da VERIS Faculdades, em Campinas; na graduação, é responsável por oito disciplinas; professor de cursos de pós-graduação em Educação Física em várias universidades. Membro efetivo do LETPEF, laboratório de estudos da UNESP de Rio Claro, além de professor efetivo da Prefeitura Municipal de Campinas desde 1991.

Marcellus Bellezzo é engenheiro civil e atua na área de Sistemas de Drenagem. É mergulhador desde 1991, certificado pela Confederação Mundial de Atividades Subaquáticas CMAS e pela Confederação Brasileira de Pesca e Desportos Subaquáticos. Tornou-se instrutor pela CMAS, assumindo os cursos ministrados na Hidrofobia Mergulhos, da qual é fundador. Tornou-se instrutor pela NAUI e foi guia responsável pelas operações de mergulho no Parque Estadual Marinho de Fernando de Noronha, onde desenvolveu a técnica de respiração reduzida. Atualmente, ministra cursos de formação para *divemaster* e instrutores na NAUI e coordena um grupo de estudos sobre sobrevivência no mar e mergulho em altitude.

Marcelo Caetano dos Santos ("*Coquinho*") é graduado em Gestão Ambiental e é especialista em Gestão Empresarial. É guia de turismo nacional e de esportes de aventura há 16 anos. Foi campeão brasileiro de *rafting* em 1996. Atualmente, atua como organizador de provas de corrida de aventura, facilitador em programas de treinamento *outdoor* e lidera expedições de canoagem.

Marcos Maurício Serra é graduado em Educação Física e Fisioterapia, com Especialização em Fisiologia do Exercício. Atua como fisiologista e fisioterapeuta no Esporte, desenvolvendo seus trabalhos em clubes de futebol, como Sport Club Corinthians Paulista, Associação Portuguesa de Desportos e na Seleção Brasileira de basquetebol. Há 18 anos, atua como docente, lecionando nas Faculdades Integradas de Guarulhos (FIG-UNIMESP), UNIFMU e Universidade Gama Filho. Praticante de *trekking* e campeão paulista de *trekking* em 2011.

Murilo Arsênio Spina é profissional de Educação Física e fisioterapeuta. Fez especialização em Fisiologia do Exercício na saúde, na doença e no envelhecimento. E classificador funcional internacional e árbitro de *Powerlifting* do International Paralympic Committee (IPC) e do Comitê Paralímpico Brasileiro (CPB). Fisioterapeuta do Ambulatório de Esporte Adaptado da UNIFESP. Docente de ensino infantil, fundamental e médio em escola particular e docente do curso de pós-graduação em Esportes e Atividades de Aventura na UNIFMU. Pratica surfe e *mountain* bike com vivências em enduro a pé, mergulho livre e *sandboard*. É proprietário da MS Assessoria e Reabilitação Esportiva.

Osni Guaiano é licenciado em Educação Física e bombeiro militar, pós-graduado em Saúde, Meio Ambiente e Segurança, professor honorário do Centro Universitário do Sul da Universidade de Guadalajara (CUSUR/UDG), membro do Grupo de Investigação em Atividades Aquáticas e Socorrismo da Universidade da Coruña (GIAAS / UDC) e administrador da Comunidade Internacional para Prevenção do Afogamento, Salvamento e Socorrismo (CIPASS). É instrutor da International Life Saving Federation (ILSF) e da Sociedade Brasileira de Salvamento Aquático (SOBRASA). Diretor do Projeto Água Limpa, realiza parcerias para desenvolver projetos de atualização profissional e educacional no campo da prevenção de acidentes e afogamentos, salvamento e socorrismo há quase 30 anos.

Rogério Campos é Oficial do Exército brasileiro, bacharel e licenciado em História (UFRN), pós-graduado em Docência do Ensino Superior e em Psicopedagogia (UFRJ) e acadêmico de Educação Física. É professor da disciplina Corrida de Orientação no curso de pós-graduação em Esportes e Atividades de Aventura na UNIFMU. É Presidente da Federação de Orientação de São Paulo (FOSP), diretor da ONG Navegar, árbitro, mapeador e membro do Conselho de Árbitros da Confederação Brasileira de Orientação (CBO), modalidade da qual é praticante desde 1988. Ministra cursos e palestras de orientação, mapeamento, uso de GPS, navegação terrestre para diversos grupos e instituições de ensino.

Simone Tolaine Massetto é graduada em Educação Física pela Escola de Educação Física e Esporte da Universidade de São Paulo, mestre em Biodinâmica do Movimento Humano pela Escola de Educação Física e Esporte da Universidade de São Paulo. Professora do curso de Educação Física da Universidade Presbiteriana Mackenzie, na área de Natação e Esportes Aquáticos e do curso de pós-graduação da UNIFMU, na área de Atividade Física Adaptada e Saúde e Esportes e Atividades de Aventura. É mergulhadora desde 1994, credenciada pela CMAS e pela NAUI.

Apresentação

Esta obra reúne conhecedores e estudiosos de distintas atividades de aventura, bem como de suas áreas afins. Esses autores provêm de diferentes áreas do conhecimento: Educação Física, Fisioterapia, Medicina, Nutrição, História, entre outras mais. Essa fusão de vivências e conhecimentos foi imprescindível diante de uma ainda escassa literatura específica existente e do pouco material científico para pesquisa. Obtivemos como resultado uma grande revisão das principais e das mais conhecidas atividades de aventura praticadas no Brasil, bem como a sua possível utilização no cotidiano pelo profissional de Educação Física.

A Educação Física, durante muito tempo, se abasteceu com conteúdos vindos de poucas modalidades esportivas, o que restringia, e muito, as variações de temas e de atividades práticas aplicadas em clubes, escolas, academias e faculdades. Com a abordagem cada vez maior de um número razoável de pesquisadores sobre a cultura corporal de movimento e sua respectiva e gradual aceitação no meio acadêmico, outras atividades começaram a ser incorporadas pelas instituições de Ensino Superior de Educação Física e, consequentemente, refletidas em seus alunos, profissionais de Educação Física, que passaram a aplicar esses novos conhecimentos em seus locais de trabalho.

Práticas diferentes das tradicionais, como capoeira, artes marciais, atividades circenses, começaram a encontrar seu espaço dentro das grades curriculares e conteúdos programáticos, e sua aceitação por parte dos discentes foi imediata. Porém, por parte dos docentes, nem sempre!

Professores tradicionalistas ofereceram (e oferecem) resistência na inclusão desses novos conteúdos, com base na alegação de que descaracterizariam os cursos ou que tirariam a importância do foco principal, que são os esportes tradicionais (em tempo: este que vos escreve não é contra nenhum esporte tradicional, muito pelo contrário, pois é praticante de futebol e foi, por muitos anos, de vôlei). Porém, o que conseguimos notar é que o principal motivo dos "pré-conceitos" existentes sobre essas novas atividades é somente o total desconhecimento do assunto.

É muito fácil e comum para um profissional criticar ou resistir a abordar determinada atividade pelo simples fato de não conhecê-la! Quando se fala em corrida de aventura, por exemplo, imaginam-se equipes extremamente desgastadas por noites sem dormir, atoladas em algum charco com sanguessugas grudadas aos seus braços; mas a realidade é que essa imagem, que pode até existir em uma competição de altíssimo nível, é enganosa e usada de forma sensacionalista pela mídia. Isso faz que o tal "pré-conceito" seja ainda amplificado. O esporte em questão pode, sim, ser utilizado em qualquer local por qualquer profissional da área; basta trabalhá-lo de forma adaptada. Basta ter imaginação!

As atividades ou esportes de aventura (a autora Alcyane Marinho aborda a complexidade da terminologia da temática da aventura em seu capítulo, nesta obra) vivem este momento glorioso, em que novas possibilidades começam a adentrar as instituições de ensino, nos níveis fundamental, médio e superior. Não é mais uma novidade encontrarmos a disciplina "Esportes de Aventura" em uma faculdade de Educação Física (assim como não é novidade também não encontrá-la). Cursos de atividades de aventura específicas, cursos de extensão e até mesmo cursos de pós-graduação (Escola São Francisco de Assis – ESFA, no Espírito Santo, e Centro Universitário das Faculdades Metropolitanas Unidas – UNIFMU, em São Paulo) começam a surgir, fazendo que toda a discriminação preexistente se dissipe e, lentamente, aproxime as atividades de aventura dos profissionais de Educação Física.

Alguns motivos podem nos explicar a atual aproximação das atividades de aventura da Educação Física além de seu crescimento em número de praticantes e o destaque na mídia: o aumento dos níveis de estresse, da violência, do caos urbano, assim como a necessidade intrínseca do ser humano de voltar às suas origens, a natureza! Além disso, um número considerável de pesquisadores do assunto observou que essas atividades, no âmbito do lazer, contribuem para uma reaproximação social dos praticantes, aumento de suas autoestimas, estabelecendo vivências de cooperação e de afetividade que podem se refletir em suas vidas cotidianas.

Outro motivo que faz que educadores físicos que trabalham com Ensino Fundamental e Médio adotem as práticas corporais de aventura são as suas interações com as demais disciplinas trabalhadas na escola, como Física, Geografia, Matemática, Biologia etc. Uma atividade desse leque não trabalha apenas a inteligência corporal-cinestésica, mas várias outras "inteligências" (lógico-matemática, espacial, interpessoal e, principalmente, intrapessoal).

Podemos afirmar que o verdadeiro "*boom*" das atividades de aventura aconteceu nas últimas duas décadas, amparadas por um grande desenvolvimento tecnológico que nos permitiu voar, escalar e mergulhar com mais segurança, porém algumas dessas atividades já existiam há muito tempo. Algumas atividades que hoje são consideradas "de aventura" são práticas usuais em toda história do homem moderno; algumas como forma de deslocamento para caçar, migrações para sobreviver em regiões mais habitáveis ou seguras (*hiking, trekking*), outras como forma de transporte (canoagem, esqui) ou para manter o sustento alimentar (mergulho). Porém, a primeira de que se tem notícia que era realizada exclusivamente para fins recreativos foi o surfe.

Não se sabe ao certo quando se iniciou a prática do surfe. O que se sabe é que o navegador James Cook, no final do século XVIII, ao aportar nas ilhas polinésias observou inúmeros indivíduos que deslizavam sob as ondas em tábuas de madeira e se divertiam com as ousadas "manobras" que conseguiam realizar. O "início" da prática do montanhismo e dos primeiros protótiposs do paraquedas também remontam a essa mesma época.

Nos séculos XIX e XX, conforme a tecnologia evoluiu, outras atividades, hoje tratadas como "de aventura", surgiam ou se aprimoravam (asa-delta, *rafting*, balonismo). Mas é no final do século XX que a evolução da área é extremamente pronunciada, principalmente nos EUA, na Espanha, na França, na Austrália e na Nova Zelândia, tanto pelo desenvolvimento tecnológico quanto pela perda dos seres humanos do convívio com a natureza e da necessidade intrínseca do retorno a ela.

Hoje, temos dezenas de atividades de aventura bem-divulgadas e conhecidas e outras dezenas que são atividades "regionais" que, mesmo em um mundo globalizado, ainda permanecem desconhecidas para pessoas de outras localidades. Nesta obra, abordamos as mais conhecidas e as mais viáveis para o profissional de Educação Física incluir em seu rol de possibilidades práticas, seja na forma mais tradicional ou de forma adaptada.

Lembre-se: a grande maioria dessas atividades é fruto da imaginação das pessoas que as "inventaram". Use a sua! Adapte-as de várias formas e aguarde os resultados. Sem dúvida, eles serão fantásticos!

Boa leitura!

Luciano Andrade Bernardes

Prefácio

Em meados de 2008, o professor Luciano apresentou-me a proposta de um curso de pós-graduação em Esportes de Aventura, dizendo que o único curso existente no país, até então, era oferecido no Espírito Santo e ele não entendia porque São Paulo não oferecia o curso. Não é preciso dizer que a *aventura* iria começar!

De fato, a partir daquele encontro, o *sonho* do professor Luciano em ter um curso de pós-graduação em São Paulo, aliado à estrutura do Departamento de Pós-Graduação em Educação Física da FMU, tornar-se-ia *realidade*!

Por missão e vocação acadêmica, o Departamento de Pós-Graduação e Extensão em Educação Física da FMU há vinte anos apontando novas tendências e atendendo à demanda de mercado, oferece cursos aos profissionais e graduandos em Educação Física bem como as demais profissões da Saúde e relacionadas, tendo como objetivo desenvolver áreas não contempladas pela matriz curricular dos cursos de graduação em Educação Física, além de oportunizar a descoberta de "novos talentos" acadêmicos.

Após algumas reuniões, o projeto pedagógico do curso de especialização em Esportes e Atividades de Aventura estava pronto, além de cursos de extensão afins.

Assim, desde 2009, o curso, sob a coordenação técnica do professor Luciano, colocou cerca de sessenta profissionais no mercado dos esportes e atividades de aventura.

A sequência natural seria transformar as experiências práticas e acadêmicas em livro. Daí a importância da Phorte Editora, pioneira no incentivo aos profissionais de Educação Física, para a publicação de seus estudos e práticas profissionais, somando ao seu vasto catálogo esta obra.

Somam-se, ainda, as ações da UNESCO (Organização das Nações Unidas para Educação, Ciência e Cultura) quanto à conscientização mundial da preservação do meio ambiente. No Brasil, o PEA-UNESCO (Programa de Escolas Associadas) trabalha com eixos temáticos, em que as escolas, ao longo do ano letivo desenvolvem os temas propostos pela UNESCO para o "ano internacional". Por exemplo, 2005 foi o Ano Internacional da Educação Física e dos Esportes; 2008, o Ano Internacional do Planeta Terra; 2010, o Ano Internacional da Biodiversidade; 2011, o Ano Internacional das Florestas, todos com influência direta nos Esportes e Atividades de Aventura!

Não poderia deixar de mencionar, além do professor Luciano, a efetiva participação dos professores de comprovada experiência nacional e internacional, tanto no curso quanto nesta obra, na formação dos novos profissionais. São eles (por capítulo): Alcyane Marinho; Simone Tolaine Massetto; Alexandre Ribeiro Moretti; Julio Magalhães; Marcellus Bellezzo; Marcelo Caetano dos Santos; Demetritus Bellezzo; Alexandre Ricardo Machado; Rogério Campos; Dimitri Wuo Pereira; Jonas Alfredo; Igor Armbrust; Antonio Olinto Ferreira; Laércio Claro Pereira Franco; Murilo Arsênio Spina; Alessandra Lucca; Marcos Maurício Serra; Adriano Barros de Aguiar; Karina Oliani; Osni Guaiano; e Carla Rodrigues, formada na primeira turma do curso de pós-graduação *lato sensu* em Educação Física: Esportes e Atividades de Aventura, cujo trabalho de conclusão de curso, *Dicionário do "Aventurês"*, finaliza a obra.

Agradeço a honra e o privilégio de apresentar o professor mestre Luciano Andrade Bernardes e demais autores, e convido o(a) leitor(a) a *aventurar-se* nesta obra, que passa a ser referência em sua área de conhecimento.

Professor Moacyr da Rocha Freitas
Coordenador acadêmico do Departamento de Pós-Graduação e Extensão em Educação Física da FMU

Sumário

1 Introdução aos estudos das atividades de aventura: características, concepções e conceitos 23

2 Aspectos psicossociais das atividades de aventura 39

3 Surfe 53

4 Mergulho 65

5 Canoagem, meio ambiente e turismo 79

6 Esportes aéreos – voo livre 89

7 Corridas de aventura 99

8 Corrida de orientação 125

9 Enduro a pé – *trekking* de regularidade 141

10 Montanhismo e escalada 157

11 *Le parkour* 173

12 *Skate* 181

13 Cicloturismo 191

14 Atividades físicas de aventura nas escolas 207

15 Atividades de aventura para pessoas com necessidades especiais . . . 227

16 Nutrição nas atividades de aventura 243

17 Fisiologia e as atividades de aventura 277

18 Medicina da aventura 291

19 Prevenção e segurança em atividades de aventura 307

20 Dicionário do "aventurês" 321

1

Introdução aos estudos das atividades de aventura: características, concepções e conceitos

Alcyane Marinho

A busca pela aventura desponta impulsionada pelo desejo de experimentar algo novo, emoções prazerosas, utilizando-se da tecnologia infiltrada na esfera da recreação e do lazer. Acessos mais fáceis e uma gama de oportunidades atrelados à divulgação constituem-se nos principais fatores e nas condições que elevaram a procura pelo desenvolvimento de atividades de aventura, seja no ambiente natural ou artificial.

Existem, atualmente, diversas terminologias utilizadas para se referir ao mesmo fenômeno *aventura* e seus desdobramentos (*esportes radicais*, *turismo de aventura*; *esporte de aventura*; *turismo esportivo*; *esportes na natureza* etc.), as quais têm gerado diversos questionamentos e problematizado, de modo multidisciplinar, o fenômeno. A falta de consenso terminológico aumenta à medida que a demanda por tais atividades também aumenta. Contudo, há que se reconhecer que essa questão terminológica torna-se ofuscada quando se nota a dificuldade na abordagem do fenômeno por diferentes áreas de conhecimento e demais setores interessados.

Essas condições salientam a emergência de uma legítima inquietação referente à necessidade de aprendizados específicos quanto à administração e à participação em algumas atividades, tais como: educação e preservação ambiental; conhecimento de equipamentos específicos, técnicas apropriadas para as diferentes modalidades; entre tantas outras, as quais podem ter interferência vital nesse processo. Ou seja, as atividades de aventura requerem um repensar sobre o ambiente a partir de três principais aspectos interdependentes: a prática; o processo educativo; e a conservação ambiental.

Nesse sentido, tais práticas requerem reflexões e discussões, uma vez que se presencia, principalmente, uma legitimação dessas atividades, revestida pelo adjetivo *ecológico*, o qual, por si só, torna-se suficiente para a execução de qualquer proposta dessa espécie, mesmo não estando comprometido com nenhum vínculo educativo, valorizando e difundindo as diversidades cultural e biológica.

Este texto tem o objetivo de refletir sobre as atividades de aventura, contextualizando características, concepções e conceitos construídos ao longo do tempo sobre o fenômeno. De antemão, é preciso enfatizar que essa iniciativa exige mais que familiaridade com questões técnicas e específicas e mais que conhecimento sobre questões socioambientais e simples "conceitos engessados" sobre esporte, lazer e turismo; exige um esforço reflexivo dinâmico, multidisciplinar, inovador, crítico e responsável, capaz de impulsionar o estabelecimento das inter-relações necessárias entre os vários saberes e conhecimentos envolvidos no processo.

1.1 Conexões entre esporte e natureza

A busca por atividades esportivas em ambientes naturais e as concepções de consciência ambiental parecem ter se desenvolvido completamente independentes umas das outras ao longo da história. Os poucos pontos de convergência existentes sugeriam uma figura idealizada de indivíduos praticando suas atividades em grandes ambientes ao ar livre, em uma harmonia quase perfeita com seus arredores naturais. Entretanto, de acordo com os estudos de Vanreusel (1995), os entusiastas de atividades ao ar livre podem, justamente, ser descritos como a vanguarda do movimento ecológico: escoteiros, praticantes de caminhadas e de canoagem, os quais foram, antes de tudo, herdeiros diretos da mitologia dos primeiros caçadores, bem como de suas técnicas utilizadas. Bem antes de as atividades ao ar livre terem se tornado *esportes institucionalizados*, elas já estavam sendo perseguidas pelos interesses da ciência natural. Os primeiros escaladores alpinos, por exemplo, viam-se como pesquisadores ambientais.

Vanreusel (1995) destaca três principais movimentos que representaram o esporte atrelado à natureza. O primeiro, entre os séculos XVIII e XIX, era determinado pelo aumento das ginásticas filantrópicas em locais abertos e áreas de exercício situadas em locais naturais, como uma reação contra os exercícios realizados em salões fechados. O segundo movimento aparece no final do século XIX, quando a busca pela aptidão física foi caracterizada pelos exercícios ao ar livre com o intuito de disciplinar o corpo. Os escoteiros e guias, os quais adotaram a vida ao ar livre como modelo educacional, são exemplos desse período. Por volta das décadas de 1960 e 1970, emerge o terceiro movimento fortemente manifestado pelo interesse na corrida.

A troca do *cooper* solitário pelas maratonas de massa testemunhou, de fato, uma nova relação com o meio natural. Contudo, ainda não existia nenhuma crítica; pelo contrário, as atividades ao ar livre floresceram em face de sua reputação como práticas altamente amigáveis em termos ambientais, procuradas por amantes da natureza.

Os primeiros estudos sobre as relações entre o esporte e o ambiente se referiam justamente às qualidades da natureza como um ambiente de esporte para todos, mas poucos esforços foram feitos para discutir os possíveis problemas ecológicos relacionados aos esportes ao ar livre. Contudo, com o passar do tempo, foi exatamente a democratização dos esportes ao ar livre a responsável pela origem do primeiro atrito visível entre a busca pelo esporte e a proteção ambiental. Talvez fosse mais sensato afirmar que a origem de tal conflito tenha sido a falta de um projeto de desenvolvimento adequado e não necessariamente a suposta democratização, uma vez que as atividades de aventura, no contexto atual, muitas vezes, recebem o rótulo de práticas elitistas, haja vista que nem todos têm o mesmo acesso, salientando as desigualdades sociais existentes (Vanreusel, 1995).

O aumento profundo nesse tipo de atividade esportiva ao ar livre levou, inicialmente, a um número de conflitos em uma escala limitada e local. Porém, os conflitos locais entre os esportes recreacionais e a conservação da natureza, desde então, têm se estendido para quase todas as regiões que contêm características atrativas naturais, tais como parques e outros tipos de unidades de conservação. Consequentemente, o que foi antes tratado como um problema periférico tem se desenvolvido, agora, em torno de um conflito existencial com relação à busca pelos esportes ao ar livre e à sua aceitabilidade social. A utilização do ambiente natural para a busca de atividades na natureza passa, então, a ser cada vez mais criticada e questionada. É nesse quadro que se pode perceber a emergência de um possível conflito entre aventura e natureza. A busca por atividades de aventura tem seus valores com base na qualidade ecológica, e, ao mesmo tempo, essas próprias práticas começam a contribuir para que se coloque em questionamento o conceito de qualidade ambiental e social.

A visão crescente do ambiente natural como um território para diferentes praticantes de atividades ao ar livre tem, também, conduzido a uma mudança na forma como a sociedade procura pela natureza. Conforme Vanreusel (1995), os primeiros praticantes de esportes ao ar livre defenderam uma visão idealizada da natureza como um mundo ecologicamente harmonioso. Sob a influência da crescente consciência ambiental, a natureza foi redefinida como um ambiente racional. O conhecimento e a administração do ambiente e a satisfação da qual os seres humanos são dependentes e responsáveis pela qualidade ambiental são centrais para essa definição racional, a qual, por sua vez, está implicitamente sustentada pelas mais diversas expedições científico-recreacionais.

O significado da natureza foi alterado como consequência do número crescente de participantes, da diversidade das atividades e da transformação gradual nos valores vinculados aos aspectos dessas atividades esportivas. Essas alterações nas representações da natureza resultam de uma mudança nos valores que sustentam a "democratização" das atividades na natureza, os quais influenciam a imagem pública geral do que a constitui. Vanreusel (1995), ao chamar a atenção para a alteração da imagem desses interessados, afirma que a visão cultural deles está longe de ser a de um aliado do meio natural que vive na e com a natureza, comportando-se de acordo com princípios ecológicos (imortalizado no tipo "Bambi"). Ao contrário disso, na maioria das vezes, os entusiastas de esportes ao ar livre estão sendo vistos como destruidores, poluidores e aventureiros que simplesmente se unem às expedições esportivas esmagando as sutilezas e os refinamentos ecológicos (o tipo "Rambo"). Embora o autor tenha chamado a atenção para os aspectos complexos da natureza, ele se concentrou em atividades como esqui, alpinismo e iatismo, e não questionou, explicitamente, o conceito do esporte propriamente dito. Vanreusel (1995) problematiza essas atividades, identificando os valores e as ações variáveis dos praticantes. Embora, aparentemente, a conceituação do esporte pareça igual, os valores, as ações e as relações com a natureza que dão base a tais atividades mudaram com o passar do tempo. Eles passaram de algo que se pode atribuir como sendo "carinhoso" ou "amoroso" a algo "destrutivo", "agressivo", segundo o que é incorporado nas imagens de "Bambi" e "Rambo", respectivamente.

Vale lembrar que o oposto também pode ser verdadeiro, uma vez que existem inúmeras iniciativas muito mais voltadas a um cuidado para com a natureza; por isso, talvez seja mais sensato afirmar que existem, atualmente, diferentes nuanças entre os tipos "Bambi" e "Rambo"; afinal, nem todos destroem, mas também nem todos preservam. Essa visão contraditória dos praticantes de atividades ao ar livre é permeada por um processo de mudanças social e cultural, que tem se apoderado de tais práticas em diferentes níveis. O advento desses novos praticantes não tem somente levado a uma multiplicação e diversificação das atividades esportivas ao ar livre, mas também, e fundamentalmente, alterado todo o significado social das atividades esportivas na natureza. Nesse mesmo contexto, portanto, o conceito de natureza tem sido socialmente redefinido. Desde então, os diferentes tipos de usuários têm dado diversos significados para a natureza, que deixa de ter um conceito singular, único, e passa a ter um conceito plural.

Nesse sentido, Vanreusel (1995) acredita que esse processo de mudanças social e cultural deveria servir como um ponto de partida para o desenvolvimento de uma abordagem socioecológica com relação à busca por atividades realizadas na natureza. Por essa razão, segundo o autor, a mudança na imagem do entusiasta de esportes ao ar livre de um amigo para um inimigo ecológico deveria ser mais bem-discutida. Partindo, então, de uma abordagem ecologicamente sensível, o autor propõe um modelo com base ética para uma abordagem socioecológica capaz de implementar as discussões entre a prática das atividades na natureza e a proteção ambiental. O mais alto nível ético não deve ser mais centralizado nos seres humanos ou na visão de que o ambiente está ali para servi-los para fins recreativos, por exemplo. Ele agora deveria basear-se em uma interdependência indissolúvel entre os seres humanos e seu ambiente. As pessoas não vivem e brincam no ambiente natural, mas com o ambiente, do qual elas fazem parte, devendo respeitar como respeitariam a si mesmas.

Não são apenas o número de praticantes e a diversidade das atividades de aventura têm aumentado, mas também, como citado anteriormente, pode-se perceber uma alteração nos valores relacionados a tais práticas. Vanreusel (1995) associa essa alteração a três questões básicas. A primeira relaciona-se aos valores ecológicos, focalizando principalmente as qualidades do ambiente natural, no qual o indivíduo pratica sua atividade. A segunda se refere aos valores tecnológicos ligados à importância dos equipamentos, estilos, técnicas e tipos de atividades ao ar livre. Os valores de prazer pessoal constituem-se na terceira questão, centrada especialmente no indivíduo. No entender do autor, o prazer encontrado nas atividades ao ar livre, a aventura, o divertimento, a experiência, entre outros precedem os valores ecológicos e tecnológicos.

Embora esses valores sempre tenham existido em combinação, pode-se observar uma mudança em sua ênfase. O desenvolvimento tecnológico relativo aos equipamentos específicos dessas práticas levou a uma mudança no interesse pelo ambiente natural e pelos significados desses aparatos tecnológicos que capacitam (e até potencializam) as pessoas a se entregar a uma aventura. Uma tecnologia voltada única e exclusivamente para o fornecimento de equipamentos esportivos desponta a cada dia. A tecnologia, ao se modernizar, de acordo com cada época, supre e suscita novas necessidades, sendo delineada (e delineando) traços de diferentes culturas. Portanto, a tecnologia não deve ser entendida apenas como uma lógica funcional e fria, pois é sensível aos fascínios, desejos e necessidades culturais de grupos e sociedades. Por sua vez, os adeptos de atividades de aventura, como personagens de uma atividade cultural contemporânea, induzem ao aprimoramento tecnológico (Marinho, 2001).

Nesse contexto, retomando as ideias de Vanreusel (1995), parece que a natureza perdeu espaço naquela hierarquia de valores dos praticantes de atividades ao ar livre. Atualmente, o foco dessas práticas tem se voltado à busca pelo prazer e pela satisfação pessoal atrelados à questão tecnológica.

Além disso, nas atividades de aventura, os praticantes evidenciam o envolvimento em um processo de relacionismo, no qual a cooperação e a solidariedade são características fundadoras. As atividades de aventura vivenciadas por grupos despretensiosos são experiências carregadas de sensações, nas quais os praticantes colocam-se à mercê de riscos que são, *a priori*, fictícios.[1] Os indivíduos entrelaçam-se nas rochas, nos botes, nos morros, confiantes em seus pares, na técnica e na segurança possibilitadas pela tecnologia. Há uma mescla de audácia com a necessidade de rompimento com os obstáculos que possam existir, potencializados pelo sentimento de ser capaz. Todo esse processo precisa de fluidez, que só é oportunizada

quando os praticantes se permitem estar em sintonia com o parceiro e com todo o aparato tecnológico da prática (Marinho, 2006).

Também não podem estar alheias a esta discussão a impressionante indústria de roupas e equipamentos, a multiplicidade de revistas especializadas, a admiração do público por façanhas arriscadas e a difundida exploração da propaganda sobre os diversos temas relacionados às atividades de aventura, pois indicam claramente como tais práticas estão sendo, muitas vezes, experimentadas como uma espécie de *show*. Compartilhando, neste caso, com a hipótese levantada por Vanreusel (1995), esse quadro parece contribuir para a reversão da imagem dos praticantes de "amigos" para "inimigos" da natureza.

É nessa direção que é enfatizada a necessidade da existência de uma abordagem socioecológica para a busca de esportes ao ar livre, tendo em vista os efeitos nocivos que estes, em sua maioria, têm causado no meio natural. A proposta do autor refere-se a uma abordagem socioecológica para o problema, tratando da relação entre os praticantes das atividades ao ar livre (como uma realidade social da qual não se pode escapar) e a necessidade urgente de uma abordagem ecológica bem-fundamentada.

A reconciliação das atividades de aventura com a natureza, sempre submetida a tantas ameaças, é reflexo do comportamento das sociedades como um todo. O mundo atual parece estar conspirando para o surgimento de uma cultura ecológica; porém, infelizmente, não se consegue ainda entendê-la além de dados científicos reducionistas ou das informações superficiais e, muitas vezes, efêmeras da mídia. Nesse contexto, em um esforço coletivo, esporte, lazer e turismo podem trazer contribuições significativas para o avanço do segmento da aventura junto à natureza.

Colocadas essas ideias iniciais sobre o importante processo de aproximação do esporte ao ambiente natural, serão apresentadas algumas concepções de aventura, categoria primordial para a temática em questão.

---

[1] De antemão, deve ser considerada a principal diferenciação entre as palavras *perigo* e *risco*. Enquanto a primeira é imprevisível, a segunda é previsível e sua probabilidade pode ser calculada de acordo com níveis de exposição dos envolvidos, entre outros aspectos. Contudo, vale destacar que a expressão *risco* tem sido utilizada indiscriminadamente tanto para práticas de risco real quanto imaginário.

1.2 Afinal, o que é aventura?[2]

A diversidade de atividades de aventura (nos ambientes natural e artificial) pode ser amplamente observada em debates acadêmicos e populares conforme seus significados, valores, *status*, formas e identidades. A característica principal entre as estruturas analíticas é a conceituação/percepção de risco, frequentemente extraída do discurso da aventura em que esses escritos se deterão.

Um aspecto a destacar é que as atividades de aventura realizadas em ambientes artificiais têm conquistado uma significativa visibilidade na sociedade contemporânea; no entanto, não serão discutidas neste livro, em razão de seus limites. Detalhes desse movimento e suas repercussões no contexto urbano podem ser observados nos estudos de Marinho e Bruhns (2005) e, mais recentemente, na investigação de van Bottenburg e Salome (2010).

A noção de aventura tem sido considerada por vários estudiosos de diversas formas. Simmel (1988) entendia a aventura como uma possibilidade de escape da rotina da vida diária, uma experiência nova, algo intocável, fora do ordinário. Segundo o autor, a aventura é dinâmica e sua multiplicidade de experimentações possíveis mostra, também, um lado estético, permitindo a vivência coletiva de inúmeras sensações e emoções.

Mortlock (1984) apresenta uma clássica abordagem funcionalista da aventura como um meio educacional, explorando a noção de uso do risco para o desenvolvimento de habilidades em jovens e de tomadas de decisão em atividades como canoagem, escalada e longas caminhadas. Mais recentemente, Becker (2007) aponta que a aventura é uma atividade lúdica por meio da qual crianças e jovens podem experimentar o limiar entre a realidade e a possibilidade. O autor discute as possibilidades na imprevisibilidade de tais

aventuras, em que o aventureiro deve continuamente tomar decisões sobre o que fazer, enfatizando a natureza sensual da situação, na qual todos os sentidos são estimulados por meio do som e da sensação dos elementos naturais. A conexão homem-natureza e as ações e emoções incorporadas pelos seres humanos com a maestria dos elementos naturais são aspectos da aventura que raramente são considerados.

Humberstone (2009), em estudo recente, sugere que a aventura pode ser uma significativa experiência transcendente e sensual, mas também pode ser um acontecimento com um inesperado risco de vida quando idealizada alienadamente no contexto do consumo de massa. Segundo a autora, as percepções das condições do risco, associadas com formas de aventura e como são controladas na realidade, são diversas e culturalmente definidas. Noções locais de risco, percebidas de acordo com circunstâncias sociais, econômicas e culturais particulares, contribuem para as compreensões ocidentais populares atuais sobre o fenômeno, apontando elementos complexos inter-relacionados ao risco e suas implicações.

O que, segundo Ewert (1989), marcadamente define uma atividade de aventura é a busca deliberada pelo risco e a incerteza do resultado. O risco adquire um papel significativamente importante quanto à satisfação com a experiência, sendo que o desejo de participar pode diminuir se tais riscos não existirem. Igualmente, o excesso de risco em uma aventura pode resultar na diminuição da satisfação e até mesmo na perda do desejo de participação. Nesse sentido, o elemento *risco* se constitui em uma construção muldimensional na qual o reconhecimento e a pesquisa das dimensões psicológicas, físicas e sociais podem ter implicações relevantes na administração da experiência de aventura. Donnelly e Willians (1985) corroboram essas ideias.

É pertinente evocar Le Breton (2006), autor que tem investigado especificamente as atividades de risco na natureza focando práticas em que, de fato, podem ocorrer mortes. O autor desenvolve a ideia de *ordálio*

---

[2] As discussões sobre aventura aqui apresentadas são abordadas mais profundamente em Marinho (2006).

(*provação extrema*) incorporado nas atividades de risco como uma forma de jogo liberado com a morte. São emblemáticos, nesse caso, o *base jump* (salto de uma altura mínima necessária para a abertura do paraquedas), a escalada solo (praticada sozinho e sem utilização de nenhum equipamento), o esqui extremo (realizado fora das pistas convencionais e asseguradas), entre várias outras modalidades.

Vale lembrar que, apesar de muitas vezes as pessoas considerarem a palavra *risco* negativamente, ela também é associada à busca de resultados positivos. Para Swarbrooke (2003), as percepções do risco estão diretamente vinculadas à capacidade, à experiência e ao conhecimento da pessoa com relação à atividade de aventura. Esse autor, apoiado em pesquisas sobre a temática, acredita que pessoas com altos níveis de experiência em montanhismo, por exemplo, tendem a perceber o risco como um desafio e não como um perigo. Em vez de se sentirem ameaçadas pelo nível de risco nas montanhas, sentem que o risco contribui positivamente na aquisição de satisfação. Uma pessoa, então, que nunca praticou montanhismo pode experimentar um nível de risco desconfortável e incontrolável; contudo, assim que se familiarizar com tal prática, passará a perceber o componente risco mais positivamente.

Além das análises dos estudos dos autores aqui abordados e, até mesmo, em dicionários de Língua Portuguesa,[3] pode-se verificar, na maioria das vezes, que os conceitos de aventura estão relacionados, de alguma forma, com essas ideias de risco, imprevisto e incerteza. Contudo, tanto quanto a busca por situações de risco, a base das atividades de aventura desenvolvidas na natureza parece se aproximar da procura por situações novas, desafiadoras e transmissoras de novos conhecimentos.

Por isso, a iniciativa, nesse momento, é refletir se as definições e conceituações existentes são suficientes para uma compreensão mais aprofundada do termo *aventura*. Acredita-se que há a necessidade de serem inseridos outros elementos para a discussão, como experiência subjetiva dos indivíduos e percepção do que é aventura. A consideração desses elementos pode conduzir a um entendimento mais amplo e, também, mais profundo da questão. Portanto, nessa perspectiva, é preciso enfatizar que o conceito de aventura é dinâmico e possui diferenças significativas quando são comparados determinados fatos e épocas.

Na atualidade, Schwartz (2002) ressalta que a aventura passa a ser utilizada para a divulgação de mensagens positivas de vida, propondo a geração de autoestima favorável, de certo *status* e, até mesmo, de uma possível noção de preservação. A transmissão dessas mensagens positivas pode ser visualizada nos mais variados meios de comunicação a partir do uso da expressão *aventura* para o comércio de bens e serviços, tais como viagens, carros, seguros de vida, roupas, comidas etc. Nesse sentido, a aventura passa até mesmo a estabelecer um padrão de felicidade. Há que se refletir, além disso, sobre o apelo ecológico vazio de várias dessas iniciativas, as quais, muitas vezes, nada têm de ecológico.

Weber (2001) afirma que a experiência subjetiva da aventura dos indivíduos e suas próprias percepções podem não ser condizentes com certas classificações e definições de pesquisadores e estudiosos da área. Esse fato, por sua vez, tem várias implicações na vivência, na pesquisa, na administração e no *marketing* das atividades de aventura. É preciso destacar ainda que fatores como características da personalidade e experiências anteriores com as atividades interferem diretamente na percepção da aventura dos praticantes.

Portanto, nesta discussão, não se pode deixar de levar em consideração a subjetividade associada à maior ou à menor predisposição para a exposição em atividades arriscadas. Além disso, outros aspectos que também devem ser considerados dizem respeito

---

[3] Entre alguns significados da palavra *aventura*, no Novo Dicionário da Língua Portuguesa (Ferreira, 1975), é possível destacar os seguintes: "[...] experiência arriscada, perigosa, incomum, cujo fim ou decorrências é incerto [...]; acontecimento imprevisto, surpreendente, peripécia [...]".

à tomada de decisão e ao ambiente. Sobre esse último aspecto, Walle (1997) argumenta que o comportamento aventureiro é, geralmente, reconhecido não simplesmente por envolver lugares excitantes, pois nem todas as atividades ocorridas ao ar livre ou junto à natureza constituem em uma aventura.

Conforme Ewert e Hollenhorst (1989), mesmo que em determinadas situações os participantes procurem aumentar os níveis de dificuldade e as oportunidades de desafios, eles não buscam necessariamente níveis mais elevados de risco. É possível que haja, simplesmente, a manifestação de elementos que visem ultrapassar limites, os quais não necessariamente estão ligados a riscos, mas a novos desafios e descobertas.

De fato, os adeptos das atividades de aventura na natureza insistem sobre a falta de estímulo demarcando existências superprotegidas pelas regras sociais e pelo conforto técnico das sociedades.

> A rotina, ou melhor, a segurança que envolve a existência suscita, por vezes, o tédio. Ela alimenta a busca regular de uma intensidade que habitualmente não existe. (Le Breton, 2006, p. 101)

Por isso, talvez possamos afirmar que a aventura compreende a liberdade de escolha pelo tipo e nível da atividade em si (mais ou menos arriscada, estressante, cansativa), e o componente incerteza, diretamente ligado ao desconhecido, ao novo e a recompensas inerentes à prática (satisfação, bem-estar, superação, alegria etc.).

Também a espontaneidade é pertinente para a discussão das atividades de aventura. Os diversos tipos de repressões (política, religiosa etc.) pelas quais passaram os seres humanos ao longo da história de certa forma tolheram o lado aventureiro da vida. Nesse sentido, as atividades de aventura parecem despertar aspectos menos controlados, tais como atitudes hedonistas, cooperativas e sensibilizadoras; deslocamentos; experimentações; entre outras possibilidades. No

entanto, é preciso lembrar que o contrário também pode ser verdadeiro quando se remete, por exemplo, àqueles pacotes fechados de aventura em que tudo é detalhadamente estruturado (horário do café, horário dos passeios, do almoço, do jantar, do ficar à toa etc.), impedindo comportamentos e atitudes mais livres e flexíveis e limitando, de fato, o aproveitamento da experiência, pois tudo deve ser feito de acordo com padrões predeterminados e não se pode atrasar; "atrapalhando" o grupo ou a proposta. Portanto, as atividades de aventura podem tanto despertar a espontaneidade nas pessoas quanto tolher e inibir tal comportamento devido à forma de condução de um grupo.

Nesse contexto, a natureza pode ou não deixar de ser um objeto a ser explorado, constituindo-se em uma parceira, o que pode ser percebido pelas formas de se vestir, alimentar-se e pelos demais exemplos que se relacionem com a qualidade de vida, incluindo ainda ideologias, filosofias de vida e novos modos de produção. Fatores como instrução, informação, oportunidade e motivação são determinantes nessa perspectiva, pois nem todos têm o mesmo acesso. De qualquer forma, manifesta-se, ainda assim, uma criatividade popular, do senso comum, ainda que seja uma criatividade instintiva, servindo de substrato para a diversidade da criação social.

Maffesoli (2005, p. 22) lembra que o corpo social desloca-se de uma *lógica da identidade* (essencialmente individualista) para uma *lógica da identificação* (muito mais coletiva). Assim, a cultura do sentimento é consequência da atração; os grupos se formam de acordo com as circunstâncias ou os desejos, características peculiares às pessoas e aos grupos envolvidos com as atividades de aventura.

Nessa dinâmica contraditória das atividades de aventura prevalecem, no entanto, o espírito de cooperação e a vontade de estar junto, permeando a atividade e fazendo que a distinção entre o melhor ou o menos capacitado não seja, na maioria das vezes, um fator de exclusão. Nas atividades de aventura a cooperação, além de ser um estímulo, apresenta-se também como uma questão que envolve a segurança do outro e de si mesmo. A amizade, a confiança, a cooperação e a afinidade ocorrem com frequência nessas práticas, dando a elas um significado singular. Muitos exemplos poderiam ser citados, como o *rafting*, em que, dentro do bote, cada integrante pode remar em um sentido diferente (é necessário, algumas vezes, que alguns remem para frente e outros para trás); contudo, isso ocorre em perfeita sintonia para que a direção desejada seja atingida e o objetivo comum seja alcançado. Ou seja, nas atividades de aventura, seja remando, escalando ou caminhando, os pontos de vista, as diferenças, são respeitados e as metas são atingidas somente a partir disso.

Nessas atividades, prevalece determinado tipo de acaso, porém, o valor, a admiração, o *hobby* e o gosto partilhados tornam-se a base, os vetores da ética. Pode-se, ainda, observar uma espécie de narcisismo coletivo, enfatizando a estética, pois se promovem estilos particulares, um modo de vida, uma ideologia, entre outros exemplos que são da ordem do compartilhamento (Maffesoli, 2005). As atividades de aventura por meio da vivência coletiva de emoções e sensações representam uma das mais recentes práticas fundadoras da vida social nas quais, por sua vez, o componente lúdico é o efeito e a consequência de toda essa sociabilidade vivida.

Ser ou não ser uma aventura é relativo e varia de pessoa para pessoa. Como os grupos são sempre muito heterogêneos, sempre haverá, concomitantemente, conflitos e alegrias dos mais diferentes níveis. Não se trata de categorizar a aventura, mas de mostrar a dinâmica tensão das relações nela existente. Além dessa questão da heterogeneidade do grupo e da diversidade de percepções, também é interessante refletir quando efetivamente uma atividade na natureza deixa de ser uma aventura para uma mesma pessoa.

Uma experiência de aventura se constitui em colocar à prova competências e capacidades próprias, nas quais o risco e o perigo podem ser avaliados e medidos. Nesse contexto, o nível de risco admitido pelos participantes é bastante variado. Caminhar por trilhas já conhecidas, por exemplo, pode ser uma atividade de aventura para determinadas pessoas, nas quais elas vivenciam experiências prazerosas, aprendendo algo sobre o local, a cultura, sobre outras pessoas e sobre elas mesmas, sem, entretanto, vivenciarem momentos arriscados.

A contribuição de Spink (2001, p. 1285) é pertinente, cujos estudos sobre risco na vida contemporânea desvelam o conceito *risco-aventura*. A autora apresenta um extenso ensaio sobre risco, elencando inúmeros autores e pontos de vista. Interessa-nos aqui destacar, especialmente, aquele que procura entender a emergência das formas culturais do risco-aventura, ilustradas pelos esportes radicais (termo utilizado pela autora) – entendidos como

> forma de expansão dos processos de disciplinarização para além de suas formas institucionais [...] em que a aventura incorpora-se ao cotidiano como estratégia de edificação.

De acordo com os levantamentos da autora, alguns exemplos de tal função edificadora podem ser encontrados nos meios de comunicação em geral: aprendizagem de flexibilidade e decisão em programas de treinamento e desenvolvimento gerencial, busca de novos espaços para o fortalecimento de laços familiares e, também, o fortalecimento do caráter.

A partir dessas concepções e características, é possível afirmar que a busca pelo risco controlado, a procura pelo prazer, pela liberdade, a espontaneidade, a afinidade, a solidariedade, a liberdade de escolha, a confiança, a cooperação e a coletividade são interesses significativos na experimentação da aventura, lembrando que seus opostos também existem e, fazem parte da construção dessas práticas socioculturais.

Apresentadas essas importantes abordagens sobre o fenômeno aventura, tão caras ao esporte, ao turismo e ao lazer, na sociedade atual, serão discutidas algumas concepções e alguns conceitos existentes e, de certa forma, já consolidados.

1.3 Concepções e conceitos

A lógica racional orientadora de muitas práticas esportivas, caracterizada pelas regras institucionalizadas dos jogos e atividades motoras voltadas ao rendimento, tem recebido influências de outros sentidos humanos, tais como as sensações que o movimento proporciona e os sentimentos com os quais os praticantes se deparam para experimentar a atividade com base na intuição como elemento essencial para as tomadas de decisão. Esse movimento aponta uma frutífera oportunidade para a descoberta de um novo significado para o esporte, para o turismo e para o lazer. Vistos como práticas criadas na ruptura com as modalidades convencionais, as atividades de aventura, de risco, da natureza, radicais ou qualquer que seja a nomenclatura eleita remanejam os elementos existentes nos esportes tradicionais, dando-lhes novas configurações (Betrán, 1995; Costa, 2000).

Portanto, o surgimento e a difusão dessas possibilidades, seja na natureza ou em zonas urbanas, reorganizaram o sistema de esportes, com fortes influências também nos sistemas de lazer e turístico, ocasionando uma renovação simbólica e de signos que constituem o imaginário esportivo de determinada época. Vários conceitos e terminologias vão se estruturando na literatura com vistas a lhes delimitar o contorno, como já foi possível apontar.

A partir de um levantamento realizado por Costa, Marinho e Passos (2007), é possível visualizar, nos vários conceitos encontrados, características associadas à natureza, à aventura, ao risco, ao extremo, ao alternativo, ao inovador, à tecnologia ecológica, à liberdade, à busca de sensações e de expansão de limites. Além dessas características, inúmeros conceitos trazem, em suas concepções, preocupações ambientais, denotando que as práticas em contato com a natureza, de fato, requerem um cuidado ambiental. De acordo com as autoras, analisando os nomes que essas atividades têm recebido por diversos estudiosos, foi possível também constatar que cada um dos rótulos dá uma definição das características e, algumas vezes, da origem dessas práticas, contribuindo com uma visão diferente que, por sua vez, complementa o conjunto dessas atividades.

Partindo dessa revisão, Costa, Marinho e Passos (2007, p. 188) sugerem duas conceituações. Uma para esportes de aventura:

> compreendem o conjunto de práticas esportivas formais e não formais, vivenciadas em interação com a natureza, a partir de sensações e de emoções sob condições de incerteza em relação ao meio e de risco calculado. Realizadas em ambientes naturais (ar, água, neve, gelo e terra), como exploração das possibilidades da condição humana, em resposta aos desafios desses ambientes, quer seja em manifestações educacionais, de lazer e de rendimento, sob controle das condições de uso dos equipamentos, da formação de recursos humanos e comprometidas com a sustentabilidade socioambiental.

E outra para esportes radicais:

> compreendem o conjunto de práticas esportivas formais e não formais, vivenciadas a partir de sensações e de emoções, sob condições de risco calculado. Realizadas em manobras arrojadas e controladas, como superação de habilidades de desafio extremo. Desenvolvidas em ambientes controlados, podendo ser artificiais, quer seja em manifestações educacionais, de lazer e de rendimento, sob controle das condições de uso dos equipamentos, da formação de recursos humanos e comprometidas com a sustentabilidade socioambiental.

Tais conceituações foram concebidas pelas autoras em suas vinculações sociais e culturais, na perspectiva do direito estabelecido pela Constituição Federal

(1988), das sensações, dos desafios vivenciados e da responsabilidade socioambiental.

Esses conceitos foram encaminhados à Comissão de Esporte de Aventura do Ministério dos Esportes para discussão e avaliação. No entanto, até o presente momento pouco avançaram quando comparados aos conceitos elaborados e difundidos, também recentemente, pelo Ministério do Turismo.

É importante destacar o avanço significativo do setor de turismo quanto às iniciativas para implementação para o segmento turismo de aventura. Em particular, pode-se apontar o processo de normalização e certificação em turismo de aventura no Brasil, desde 2003, o qual se constitui em uma iniciativa do Ministério do Turismo sob a coordenação da Secretaria de Programas de Desenvolvimento do Turismo, tendo como entidade executora o Instituto de Hospitalidade (IH) e apoio da Associação Brasileira de Empresas de Turismo de Aventura (ABETA). Além de identificar os aspectos críticos da operação responsável e segura do Turismo de Aventura, busca subsidiar o desenvolvimento de um conjunto de normas técnicas para as diversas atividades que compõem o setor no âmbito da Associação Brasileira de Normas Técnicas (ABNT) e do Instituto Nacional de Metrologia, Normalização e Qualidade Industrial (INMETRO). Os objetivos do projeto são: identificar os aspectos críticos de operação responsável e segura do Turismo de Aventura; desenvolver um sistema de normas para esses aspectos críticos identificados; desenvolver normas para ocupações conforme demandas específicas; desenvolver um processo de divulgação e sensibilização com as empresas e seus grupos de clientes acerca da importância das normas desenvolvidas; e desenvolver um manual de resgate para as atividades de turismo de aventura no país. Mais detalhes sobre este processo podem ser encontrados em Abreu e Timo (2005). [4]

Felizmente ou não, o que se pôde observar ao longo desses anos de avanço do segmento da aventura é que pouca (ou quase nenhuma) aproximação entre esporte e turismo tem ocorrido, ao menos em termos de políticas públicas. Ambos os setores têm caminhado em busca da compreensão e do desenvolvimento de um segmento em comum, a aventura, por caminhos totalmente opostos.

Partindo dessas considerações, a autora tem optado, em suas publicações, pela terminologia *atividades de aventura* para designar as diversas práticas manifestadas em diferentes locais naturais (terra, água e/ou ar) e/ou artificiais, cujas características se diferenciam dos esportes tradicionais, tais como as condições de prática, os objetivos, a motivação, as relações estabelecidas com o meio e com os demais participantes, além dos meios utilizados para o seu desenvolvimento, incluindo a necessidade de inovadores equipamentos tecnológicos. Elas são imbuídas por uma série de valores e conceitos que pertencem às novas tendências culturais características das sociedades contemporâneas.

Portanto, a opção pela terminologia *atividades de aventura* se deve justamente à amplitude de compreensões e sentidos que a expressão pode abarcar. Dessa forma, sem pretender reduzir e engessar o conceito, são delineadas algumas características para melhor entendimento do fenômeno.

Elas são entendidas, aqui, como práticas cercadas por riscos e perigos, na medida do possível, e calculadas, não ocorrendo treinamentos intensivos prévios (como no caso dos esportes tradicionais e de práticas corporais como a ginástica e a musculação). A experimentação acontece de maneira mais direta, havendo um afastamento de rendimentos planejados.

Durante as situações de aventura, o corpo passa a ser um campo informacional, concebido como receptor e emissor de informação, e não como mero instrumento de ação ou coação. Os corpos chegam a enfrentar determinadas regras de realização constantemente revisáveis e sempre submetidas à apreciação

---

[4] Aprofundamentos nas discussões que aproximam turismo, lazer e natureza podem ser encontrados nas produções científicas de Marinho e Bruhns (2006); Almeida e Da Costa (2006) e Marinho e Uvinha (2009).

dos praticantes diante de importantes tomadas de decisão. O corpo experimenta desde efeitos de fadiga e de exaustão, diferenças de temperatura e força do vento e da água até sensações de prazer e alegria advindas do contato com a água refrescante de uma cachoeira, da tranquilidade transmitida pelo som dos animais e pelo perfume exalado de flores e plantas. Assim, o corpo passa a ser um lugar de mediação, e as relações entre natureza e cultura se afloram nele. Tais transformações culturais do corpo contribuem para que o aventureiro consiga experimentar diferentes locais de formas distintas. Portanto, há um sentido corporal intenso envolvido na experiência (Marinho, 2003).

Essas atividades requerem os elementos naturais para o seu desenvolvimento de formas distintas e específicas, despertando novas sensibilidades em diferentes níveis. As intensas manifestações corporais aí vividas permitem que as experiências na relação corpo-natureza exvpressem uma tentativa de reconhecimento do ambiente e dos parceiros envolvidos, expressando ainda um reconhecimento dos seres humanos como parte desse meio (Marinho, 2001).

Bruhns (2003) enfatiza que a experimentação dessas novas emoções e sensibilidades pode conduzir os seres humanos a diferentes formas de percepção e de comunicação com o meio em que vivem. Tal consideração alerta para a necessidade de compreensão sobre os diferentes significados que a relação dos seres humanos junto à natureza tem assumido, bem como suas peculiaridades, seus desafios, suas reproduções, sua resistência, sua inserção na indústria do entretenimento, seu aspecto educativo e, principalmente, sua proposta para uma nova experimentação lúdica do corpo contemporâneo.

As informações devem ser precisas e, em certas circunstâncias, as tomadas de decisão devem ser rápidas. O mergulho, a vertigem, a velocidade, os desequilíbrios e as quedas são características presentes nessas práticas, possíveis a quaisquer pessoas, pois o desenvolvimento e aprimoramento tecnológicos proporcionam o deslizar-se no ar, na água e na superfície

terrestre, concretizando, como aponta Betrán (1995), alguns sonhos de aventura.

As atividades de aventura oferecem oportunidades não apenas para a aprendizagem e vivência de tomadas de decisões instantâneas em momentos específicos de cada prática, mas também podem despertar para o desenvolvimento de uma sensibilidade ambiental mais profunda. Por isso, é particularmente importante reconhecer como os valores coletivos influenciam nos processos de decisões em tais práticas. Talvez uma das características mais marcantes seja justamente a manifestação de valores como a cooperação em detrimento da agressão e da competição. A necessidade (dependência) da confiança aliada ao desejo de estar junto com o outro integra uma dose de sensibilidade, sendo que o prazer de estar junto também pode ser observado em múltiplas situações durante a caminhada, a escalada ou outro tipo de atividade na natureza. Observando-se ou tocando-se, seja qual for a forma de manifestação, este será o substrato do reconhecimento e da experiência entre os membros do grupo. Essas atividades vêm de formas distintas e específicas despertando sensibilidades em relação ao mundo como denominador comum, um lugar com seus limites e fragilidades, carente de cuidado e proteção (Marinho, 2006).

Da mesma forma e em alguns momentos, nessa relação há também o desprazer de estar junto. Por mais que esse tipo de união apague certas diferenças, os conflitos existem e fortificam o grupo. "A tensão das heterogeneidades umas com as outras tenderia a assegurar a solidez do conjunto" (Maffesoli, 1998, p. 142).

Os aventureiros envolvidos em tais práticas parecem estar fortalecendo um novo estilo de vida em busca de atividades mais excitantes, que brincam com o risco e com o perigo em um jogo, no qual os parceiros e os equipamentos tecnológicos compõem a dinâmica a ser vivida. Le Breton (2006, p. 96) afirma, inclusive, que nessas atividades o risco é um simulacro em que os aventureiros brincam mais com a sua ideia que com sua efetivação. "Deseja-se o risco, mas sem o risco."

Portanto, sem pretender engessá-las em conceitos, as atividades de aventura poderiam ser definidas como uma variedade de práticas de iniciativa própria, em interação com o meio natural ou artificial e com outros parceiros, as quais contêm certas doses de riscos e cujos resultados, mesmo que algumas vezes sejam incertos, podem ser influenciados pelos participantes e pelas circunstâncias. A vivência de atividades de aventura traz repercussões diversas para outras esferas da vida das pessoas, de acordo com diferentes subjetividades, olhares e saberes.

1.4 Considerações finais

> Todos os que têm certeza estão condenados ao dogmatismo. Se estou certo da verdade de minha teoria, por que haveria de perder tempo ouvindo outra pessoa que, por defender ideias diferentes, tem de estar errada? As certezas andam sempre de mãos dadas com as fogueiras. (Alves, 2002, p. 189)

Compartilhando dessa premissa de Alves, nesses escritos foram apresentados alguns conceitos, concepções e características sobre o fenômeno aventura, tendo-os como referenciais e pontos de partida para, na verdade, transcendê-los; ou seja, são abordados como noções, como alavancas metodológicas, contribuindo no processo de desvendamento e compreensão das relações e dos fenômenos sociais estabelecidos entre os praticantes e seu contexto.

A tentativa de compreender por que as pessoas gostam de visitar cavernas, escalar, caminhar, mergulhar (entre tantas outras atividades que têm sido praticadas privilegiadamente durante momentos de lazer e turismo) pode conduzir a diferentes e novas explicações sobre as atuais relações sociais que se estabelecem entre as pessoas que procuram pela aventura e as ressonâncias em outros contextos da vida humana.

As discussões empreendidas ratificam a importância em investigar as atividades de aventura, as quais apontam para mudanças significativas nas formas de estar junto, de engajamento e comprometimento dos praticantes, bem como nas percepções dos significados de aventura, lazer, esporte, turismo e do próprio ato de estar no mundo. Tais discussões deveriam ser efetivadas pelos diferentes grupos e atores sociais que se estendem desde praticantes até condutores, empresários, políticos, ONGs etc. Nesse processo, contudo, não pode ser esquecido o contexto complexo, contraditório e contestador em que as atividades de aventura surgiram e se fortalecem.

Para além das discussões requeridas, o panorama apresentado reflete a necessidade de intervenções efetivas, capazes de implementar qualitativamente as atividades de aventura, conjugando seu desenvolvimento com a conservação ambiental.

Referências

ABREU, J. A. P.; TIMO, G. F. Normalização e Certificação em Turismo de Aventura. In: Uvinha, R. R. (Org.). *Turismo de aventura*: reflexões e tendências. São Paulo: Aleph, 2005. p. 43-70.

ALMEIDA, A. C.; DA COSTA, L. *Ambiente, Esporte, Lazer e Turismo*: estudos e pesquisas no Brasil – 1967 a 2007. Rio de Janeiro: Gama Filho, 2006. v. 1, 2 e 3.

ALVES, R. *Filosofia da ciência*: introdução ao jogo e suas regras. 4. ed. São Paulo: Loyola, 2002.

BECKER, P. What would happen if...? About the elective affinity between adventure and the coniunctivus potentialis. *JAEOL*, v. 7, n. 1, p. 77-90, 2007.

BETRÁN, J. O. Las actividades físicas de aventura en la naturaleza: análisis sociocultural. *Apunts Educación Física y Deportes*, Barcelona, n. 41, p. 5-8, 1995.

BRUHNS, H. T. No ritmo da aventura: explorando sensações e emoções. In: MARINHO, A.; BRUHNS, H. T. (Org.). *Turismo, Lazer e Natureza*. São Paulo: Manole, 2003. p. 29-52.

Costa, V. L. M. *Esportes de aventura e risco na montanha*. São Paulo: Manole, 2000.

Costa, V. L. M.; Marinho, A.; Passos, K. C. M. Esportes de aventura e esportes radicais: propondo conceitos. In: Congresso Internacional de Educação Física e Motricidade Humana, 5., e Simpósio Paulista de Educação Física, *11.,* Rio Claro. *Anais...* Motriz, UNESP, Rio Claro, v. 13, n. 12, p. S188, maio/ago. 2007. Suplemento.

Donnelly, P.; Willians, T. Subcultural Production, Reproduction and trasformation in Climbing. *RSS*, n. 20, p. 3-15, 1985.

Ewert, A. *Outdoor Adventure Pursuits*: Foundations, Models, and Theories. Columbus: Publishing Horizons, 1989.

Ewert, A.; Hollenhorst, S. Testing the Adventure Model: Empirical Support for a Model of Risk Recreation Participation. *J. Leisure Research*, n. 21, p. 124-139, 1989.

Ferreira, A. B. H. *Novo Dicionário de Língua Portuguesa*. 13ª impressão. Rio de Janeiro: Nova Fronteira, 1975.

Humberstone, B. Inside/outside the Western "bubble": the nexus of advernture, adventure sports and percep-tions of risk in UK and Mauritius. In: Ormrod, J.; Wheaton, B. (Ed.). *On the Edge: Leisure, Consumption and the Representation of Adventure Sports* (LSA Publication, n.104). Eastbourne: Leisure Studies Association, 2009.

Le Breton, D. Risco e lazer na natureza. In: Marinho, A.; Bruhns, H. T. (Org.). *Viagens, Lazer e Esporte*: o espaço da natureza. Barueri: Manole, 2006. p. 94-117.

Maffesoli, M. *O tempo das tribos*: o declínio do indivi-dualismo nas sociedades de massa. Tradução de Maria de Lourdes Menezes. 2. ed. Rio de Janeiro: Forense Universitária, 1998.

_____. *O mistério da conjunção*: ensaios sobre co-municação, corpo e socialidade. Tradução Juremir Machado da Silva. Porto Alegre: Sulina, 2005.

Marinho, A. *As diferentes interfaces da aventura na natureza: reflexões sobre a sociabilidade na vida contemporânea*. 2006. 154 f. Tese (Doutorado em Educação Física) – Faculdade de Educação Física,

Universidade Estadual de Campinas, Campinas, 2006.

Marinho, A. Da aceleração ao pânico de não fazer nada: corpos aventureiros como possibilidades de resistência. In: Marinho, A.; Bruhns, H. T. (Org.). *Turismo, lazer e natureza*. São Paulo: Manole, 2003. p. 1-28.

_____. Lazer, natureza e aventura: compartilhando emoções e compromissos. *Rev. Brasil. Ciênc. Esporte*. Campinas: Autores Associados. v. 22, n. 2, jan, p. 143-53, 2001.

Marinho, A.; Bruhns, H. T. (Org.). *Viagens, lazer e esporte*: o espaço da natureza. Barueri: Manole, 2006.

_____. Body Relationships in an Urban Adventure Setting. J. *Leis. Stud.*, Forest Row, England, v. 24, n. 3, p. 223-38, jul. 2005.

Marinho, A.; Uvinha, R. R. (Org.). *Lazer, esporte, turismo e aventura*: a natureza em foco. Campinas: Alínea, 2009.

Mortlock, C. *The adventure alternative*. Milnthorpe: Cicerone Presw, 1984.

Schwartz, G. M. Emoção, aventura e risco: a dinâmica metafórica dos novos estilos. In: Burgos, M. S.; Pinto, L. M. S. M. *Lazer e estilo de vida*. Santa Cruz do Sul: UNISC, 2002. p. 139-68.

Simmel, G. *Sobre la aventura*: ensayos filosóficos. Tradução de Gustau Muñoz e Salvador Mas. Barcelona: Península, 1988.

Spink, M. J. P. Trópicos do discurso sobre risco: ris-co-aventura como metáfora na modernidade tardia. *Cadernos de Saúde Pública*, Rio de Janeiro, v. 17, n. 6, p. 1277-311, nov./dez. 2001.

Swarbrooke, J. et al. *Turismo de aventura*: conceitos e estudos de casos. Tradução Marise Philbois Toledo. Rio de Janeiro: Elsevier, 2003.

Tahara, A. K. *Aderência às atividades físicas de aventura na natureza, no âmbito do lazer*. 2004. Dissertação (Mestrado em Ciências da Motricidade) – Dep. Educação Física, UNESP, Rio Claro.

Van Bottenburg, M.; Salome, L. The indoorisation of outdoor sports: an exploration of the rise of lifestyle sports in artificial settings. *Leis. Stud.*, v. 29, n. 2, p. 143-60, 2010.

VANREUSEL, B. From Bambi to Rambo: Towards a socio-ecological approach to the pursuit of outdoor sports. In: WEISS, O.; SCHULZ, W. (Ed.). *Sport in Space and Time*. Vienna: Vienna University Press, 1995.

WALLE, A. H. Pursuing risk or insight – marketing adventures. *Ann. Tourism Res.*, v. 24, n. 2, p. 265-82, 1997.

WEBER, K. Outdoor adventure tourism: a review of research approaches. *Ann. Tourism* Res., v. 28, n. 2, p. 360-77, 2001.

Sites sugeridos

Revista Conexões da Faculdade de Educação Física da Unicamp, n. 2 e 3, 1999. Número especial com uma mesa-redonda sobre Lazer e ambiente. Disponível em: <http://polaris.bc.unicamp.br/seer/fef/include/getdoc.php?id=548&article=209&mode=pdf>.

Apunts: Educación Física y Deportes. Periódico científico com volume especial sobre atividades físicas de aventura na natureza. Disponível em: <http://www.revista-apunts.com/apunts.php?id_pagina=7&id_post=822&highlight=afan>.

Body & Society. Periódico científico com volume especial sobre Bodies of Nature: Introduction. Disponível em: <http://bod.sagepub.com/cgi/content/short/6/3-4/1>.

Revista Brasileira de Ciências do Esporte. Periódico científico com volume especial sobre Ambiente. Disponível em: <http://www.rbceonline.org.br/revista/index.php?journal=RBCE&page=issue&op=view&path[]=111&path[]=showToc>.

ALMEIDA, A. C.; DA COSTA, L. *Ambiente, Esporte, Lazer e Turismo*: estudos e pesquisas no Brasil – 1967 a 2007. v. 1, 2 e 3. Rio de Janeiro: Gama Filho, 2006. Disponível em: <http://www.ufpa.br/numa/meioambienteeesporte.htm>.

Non-Formal Education through Outdoor Activities Guide. Disponível em: <http://www.nfe-network.org>.

Portal do ambiente (REBIA) – Rede Brasileira de Informação Ambiental. Disponível em: <http://www.jornaldomeioambiente.com.br/>.

Revista Brasileira de Ecoturismo. Disponível em: <http://www.sbecotur.org.br/rbecotur/pt/index.html>.

Revista Brasileira de Educação Ambiental. Disponível em: <http://www.ufmt.br/remtea/revbea/index.htm>.

2
Aspectos psicossociais das atividades de aventura

Simone Tolaine Massetto
Alexandre Roberto Moretti

Durante toda a história da humanidade, o homem sempre esteve em contato com a natureza. Em algumas épocas, essa relação foi muito mais íntima, porém, em outras, foi desigual e predatória. Depois da Revolução Industrial, o elo entre o homem e a natureza começa a se desequilibrar, principalmente nas sociedades ocidentais. A nossa civilização aprendeu a diferenciar o natural do social, iniciando um distanciamento, quase impossível, do homem controlador e da natureza imprevisível.

A expansão da tecnologia trouxe benefícios, como o encurtamento de distâncias e a aproximação entre povos e culturas. Porém, essas mudanças causaram um desequilíbrio, principalmente quanto aos grandes centros urbanos. Interesses econômicos procuram impor comportamentos cada vez mais uniformes e massificados, deixando os homens quase sem opção. Diferentemente dos animais, o homem necessita de experiências, de comunicação e de exacerbar sua criatividade e emoção.

Com a modernidade, as pessoas passaram a trabalhar e viver em centros urbanos, afastando-se dos ambientes naturais. Embora muitas vezes distantes dela, sabemos que tudo em nossa volta é criado em base de recursos naturais. Em algumas regiões mais e em outras menos, o homem rompeu com a natureza de tal forma que chegou quase a negar sua existência.

Afastadas dos ambientes naturais, as pessoas são levadas a buscar alternativas, principalmente para o tempo livre. A busca por alternativas de lazer explica, em parte, o interesse cada vez maior do homem por atividades que promovam aventura, inovação e desafio, e, em certa medida, imprevisto. Essas práticas alternativas podem promover, mesmo que por algum tempo, a redução de tensões decorrentes das relações sociais presentes no cotidiano. A pressão presente na rotina, muitas vezes monótona e repetitiva, impede a criatividade e anula o intelecto, levando o homem a buscar alternativas que sejam interessantes, inquietantes e libertadoras.

A busca por ambientes naturais, muitas vezes detentores de imprevisibilidade, risco e desafio, tem se tornado cada vez mais frequente por diferentes motivos, que vão desde a ocupação do tempo livre, caminhando em trilhas para se sentir pertencente à natureza, até mesmo a autossuperação presente em corridas de aventura, que podem durar vários dias consecutivos.

O conceito de lazer, segundo Dumazedier (2001, p. 28), é:

> Um conjunto de ocupações às quais o indivíduo pode entregar-se de livre vontade, seja para repousar, seja para divertir-se, recrear-se e entreter-se ou, ainda, para desenvolver sua informação ou formação desinteressada, sua participação social voluntária ou sua livre capacidade criadora, após livrar-se ou desembaraçar-se das obrigações profissionais, familiares e sociais.

Sendo assim, a atividade na natureza aproxima-se dessa conceituação quando desprovida de compromisso.

Em busca de lazer, muitas vezes as pessoas desenvolvem alternativas que sejam próximas do mundo que conhecem. Mesmo em ambientes naturais, criam-se regras que servem, em certa medida, para "organizar" ou mesmo reduzir os imprevistos presentes nesses ambientes.

A palavra *aventura* tem sua origem do latim *adventura: coisas que estão por vir*. Porém, o termo remete à experiência arriscada, perigosa; incomum de finalidade ou decorrência incerta; um acontecimento imprevisto, surpreendente (Ferreira, 1989).

As Atividades Físicas de Aventura na Natureza (AFANs) foram assim definidas por Betrán (1995), que buscou classificar um tipo de atividade física realizada em ambientes naturais. O conceito de atividade física inclui qualquer movimento corporal que possamos realizar por meio de contrações musculares e com gasto energético acima do basal, portanto, uma leve caminhada em uma trilha ou na praia pode ser caracterizada como AFAN. Dentro das AFANs, podemos caracterizar a atividade esportiva, que envolve conceitos de desempenho e competição. Nesse sentido, podemos incluir aqui os esportes de aventura.

Costa, Marinho e Passos (2007, p. 189), em uma tentativa de padronizar as definições sobre os esportes de aventura, propõem:

> Os esportes de aventura são o conjunto de práticas esportivas formais e não formais, vivenciadas em interação com a natureza, a partir de sensações e de emoções, sob condições de incerteza em relação ao meio e de risco calculado. Realizadas em ambientes naturais (ar, água, neve, gelo e terra), como exploração das possibilidades da condição humana, em resposta aos desafios desses ambientes, quer seja em manifestações educacionais, de lazer e de rendimento, sob controle das condições de uso dos equipamentos, da formação de recursos humanos e comprometidas com a sustentabilidade socioambiental.

Qual a relação desse homem com a natureza? Quais os fatores mais íntimos que o impelem a estar cada vez mais próximo dela? Alguns destes fatores o levaram de volta às suas raízes naturais, porém diferentemente do passado, o homem de hoje busca satisfação inter e intrapessoal.

O termo *psicossocial* diz respeito a aspectos da vida individual e social. Uma teoria psicossocial apresenta aspectos relacionados à conduta social do ser humano inserido em um ambiente social. Nesse sentido, buscamos evidenciar alguns dos aspectos psicossociais presentes dentro das AFANs a fim de contribuir para o entendimento sobre a atração que essas atividades provocam nas pessoas.

Diversos motivos podem ser responsáveis pela busca da aventura, motivos que dizem respeito ao indivíduo, suas aspirações e seu papel dentro do ambiente social. Como explicar a busca pelo imprevisto?

Podemos conjecturar que a motivação para se aventurar pode estar relacionada aos desafios pessoais que vão desde sentir-se realizador de um feito único heroico até mesmo pelo risco de se aventurar no imprevisível.

Rubio (2001) afirma que, na atualidade, a sociedade vem se organizando de forma que o mais forte e habilidoso seja, de certa maneira, privilegiado, sendo considerado exemplo, referência, modelo a ser seguido. Estar nessa posição pode parecer interessante, sendo meta de muitos. A autora destaca a importância da figura do herói mitológico no imaginário das pessoas, impelindo-as a realizar façanhas hercúleas, ou seja, heroicas. Essa figura é despersonalizada e vinculada a um herói presente no imaginário humano em que uma das principais características é a capacidade de enfrentamento do perigo e do desconhecido.

Ser um herói atribui à pessoa um valor social, almejado pelo destaque positivo que isso representa. Outro motivo da busca por atividades de aventura pode estar arraigado no lazer, na ocupação do tempo livre, ocupação esta que difere da tradicional e monótona do dia a dia. A busca pela aventura quebra a previsibilidade da rotina e impele seus atores a uma viagem interior. Pode-se sugerir um modo metafórico de se afrontar o perigo. Deixar a segurança e o conforto em busca do incerto pode simbolizar uma ruptura dos paradigmas sociais tão ancorados numa sociedade reprodutora na qual vivemos.

Motivos para a busca pela aventura não faltam. Há quem opte pela aventura como ganha-pão, como os profissionais dos esportes radicais, que tiram seu sustento dessa atividade. Temos também outro tipo de profissional que opta pelo espaço natural como escritório e gerenciam diariamente os riscos envolvidos nessa atividade. O risco é parte do pacote dos esportes de aventura, intrínsecos à própria atividade (Spink, 2002).

A busca pela aventura, seja pela emoção exacerbada advinda de drogas lícitas e ilícitas, seja pelo risco oferecido pelas novas modalidades esportivas (esportes radicais), nos leva a contextualizar essa modalidade dentro da classificação de jogo sugerida por

Roger Caillois (1958) como *ilinx*, jogos de vertigem. As formas culturais compreendem todas as modalidades de esportes que priorizam a velocidade, a adrenalina, a oclusão momentânea da razão pelo alto grau de concentração na ação. Temos como exemplo o surfe, o *skate*, o esqui, entre as diversas modalidades que envolvem desafio, sobrevivência e vertigem. As formas institucionais inserem as profissões que exigem o domínio da vertigem como, por exemplo, os guias de montanha, os salva-vidas/bombeiros, os organizadores de atividades de aventura (Spink, 2001).

2.1 Que sociedade é essa em que vivemos?

Atualmente, vivemos em um contexto social que se distingue dos anteriores, transformações e influências singulares contribuem para que este período, chamado de modernidade tardia segundo os sociólogos Beck (1993) e Giddens (1991), seja único na perspectiva histórica de nossa civilização. Para eles, o conceito central na sociedade contemporânea que distingue e revela as suas peculiaridades é o conceito de risco; daí a designação de sociedade de risco.

Localizando-nos historicamente, temos três estágios de desenvolvimento social, como propõe Beck (1993): a pré-modernidade (ou sociedades tradicionais); a modernidade clássica (ou sociedade industrial), e a modernidade tardia (ou sociedade de risco). A modernidade clássica (ou sociedade industrial) dissolveu (destradicionalizou) a estrutura feudal e atualmente, a sociedade de risco, promove a dissolução das estruturas da sociedade industrial. Ou seja, atualmente colhemos os resultados dos processos iniciais, as consequências da modernidade, segundo Giddens (1997), são a globalização, a reflexividade e a individualização.

A globalização, de acordo com Giddens (1991, p. 69), pode ser definida como:

A intensificação das relações sociais em escala mundial, que liga localidades distantes de tal maneira que acontecimentos locais são modelados por eventos ocorrendo a muitas milhas de distância e vice-versa.

Seria uma espécie de alongamento/alargamento das conexões entre o local e o global, uma espécie de distanciamento tempo-espaço. Dessa forma, aquilo que acontece em um local pode extrapolar e repercutir em outros diversos locais. Esse distanciamento de tempo-espaço (ou estreitamento) – às vezes quase instantâneo – deve-se, principalmente, pelos desenvolvimentos na mídia eletrônica.

A reflexividade está ligada à insegurança que o risco e a configuração da modernidade tardia proporcionam. Poderíamos compará-la ao desenvolvimento da razão – tão presente na modernidade – imbricado nas consequências da modernidade tardia. A reflexividade pode ser significada, conforme assegura Beck (1997), como uma autoconfrontação – ligada a área cognitiva –, um exame que se faz e refaz insistentemente sobre a vida pessoal, as instituições, as ciências, a natureza, o conhecimento etc. Ou, como resume Giddens (1991, p. 45), a reflexibilidade

consiste no fato de que as práticas sociais são constantemente examinadas e reformadas à luz de informação renovada sobre essas próprias práticas, alternando assim constitutivamente seu caráter,

Ou seja, uma suscetibilidade da maior parte dos aspectos da atividade social à revisão crônica sobre a luz de novas informações ou conhecimentos, um processo que perpassa nossa vida cotidiana, o projeto da ciência e a própria atividade de governo (política) sobre os demais.

Cria-se, ao mesmo tempo, a ausência de um argumento sólido (a ausência de uma autoridade definitiva) e a liberdade para escolha e decisão da pessoa – levando cada um a construir seu próprio projeto reflexivo individualmente, sempre aberto a revisões.

A individualização proposta por Beck (1993) se refere às transformações que vêm ocorrendo nas instituições tradicionais – família, trabalho, classes sociais e educação. Tidas como unidades estáveis da sociedade, fazem que os indivíduos tornem-se agentes de sua subsistência e que suas biografias tornem-se reflexivas como tais – processos centrais na constituição da subjetividade contemporânea. Fica atribuído à pessoa planejar e executar a sua própria autobiografia.

A tradição da família, regida pelo casamento e suas regras, dominava como imperativos à indissolubilidade do casamento, os deveres da maternidade, os deveres do chefe de família etc. Logicamente, reduziam o escopo da ação, mas obrigava e forçava as pessoas a ficarem juntas. Atualmente, não há um modelo, mas vários (inclusive os negativos), os quais, somando-se aos de libertação da estrutura de gênero e igualdade entre os sexos, impõem a condição de que a mulher desempenhe vários papéis, inclusive de obter o seu sustento. Esses modelos não consolidam a união das pessoas – somente multiplica as dúvidas –, mas forçam todo homem e toda mulher, tanto dentro como fora do casamento, a operar e persistir como agente individual e planejador de sua própria biografia.

De modo semelhante, temos a ruptura da estratificação social em classes, geradora de desemprego ou do aumento do emprego informal, que não fornece as possibilidades de uma nova forma de inserção social, e problemas de ordem política transformam-se em fracassos pessoais:

> Todas essas exigências não ordenam nada, mas requerem que o indivíduo consinta em se constituir como um indivíduo, para planejar, compreender, projetar e agir – ou sofrer as consequências que lhe serão autoinfligidas em caso de fracasso. (Beck, 1997, p. 27)

Além dessas consequências da modernidade, Beck (1993) acrescenta outro fator que define as características da sociedade contemporânea: o risco. Assim, cunha o termo *sociedade de risco*. Trata-se de riscos como o da contaminação do ar e da água, de envenenamento associados à produção em massa de alimentos, a ameaça permanente de explosão nuclear ou o perigo da destruição industrial-militar e, também, a ausência de controle das ações que representam perigo para o homem – que são geradas pelos próprios processos de modernização da sociedade.

Beck (1993, p. 21) concebe os riscos como "formas sistemáticas de lidar com os perigos e as inseguranças induzidas e introduzidas pelo próprio processo de modernização". Diferenciando os riscos antigos que eram, de certa forma, mais pessoais, os "novos" riscos são fabricados e pautados por incertezas, atingindo a todos e extrapolando os contornos pessoais, até mesmo as fronteiras territoriais e temporais.

A destradicionalização das certezas cedeu lugar às incertezas fabricadas, que vêm no bojo dos desenvolvimentos tecnológicos, contribuindo para o descontrole em que hoje vivemos:

> O futuro se parece cada vez menos com o passado e, em alguns aspectos básicos, tem se tornado muito ameaçador. Como espécie, não temos mais uma sobrevivência garantida, mesmo em curto prazo – e isso é uma consequência de nossos próprios atos, como coletividade humana. [...] Novas áreas de imprevisibilidade são muito frequentemente criadas pelas próprias tentativas que buscam controlá-las. (Beck, 1997, p. 8)

A sociedade de risco não é uma alternativa que se pode eleger ou abandonar no transcorrer de disputas políticas. Originada nos processos de modernização autônoma, produz ameaças que questionam e tendem a destruir as bases da sociedade industrial.

O risco permeia a vida de todos, independentemente de idade, sexo, *status* econômico, posição moral/ética, localização ou grau de instrução; e o que difere de uma pessoa para a outra é a consciência do risco e a sua estratégia para lidar com ele. Porém, há uma desigualdade na distribuição dos riscos. O tema central da sociedade industrial era a distribuição de bens, ou melhor, o conflito fundamental da sociedade industrial girava em torno da repartição de bens. Com as transformações e a entrada na sociedade do risco, os conflitos se situam na distribuição dos riscos e nos conflitos de responsabilidade distributiva (Beck, 1993).

Com isso, há uma importante transformação que ocorre quanto às formas de gestão das pessoas na modernidade tardia, que passa a ter por foco não mais na *vida*, mas nos *riscos*: como administrar ou evitar os riscos. Ou seja, a vida é substituída pelo risco, o viver é substituído pelo evitar morrer (Spink, 2001).

A complexidade da modernidade e as suas transformações sociais influenciarão as pessoas: elas deverão lidar com a passagem da

> sociedade industrial para a turbulência da sociedade de risco global. Espera-se que elas convivam com uma ampla variedade de riscos globais e pessoais diferentes e mutuamente contraditórios. (Beck, 1997, p. 18)

Isso, consequentemente, algumas o farão mais facilmente que outras, dando conta das transformações de identidade, de vínculos, de incertezas, de ansiedades, de ambiguidades, de instabilidades, enfim, de lidar minimamente com as transformações socioculturais e psicológicas para que a própria pessoa se sinta bem.

Essa transformação da percepção do risco envolve aqueles que são diretamente afetados por eles, aqueles que o produzem e aqueles que deveriam estabelecer meios de controlar o risco, mas a responsabilidade pelo risco – como diz o velho ditado, a corda estoura do lado mais fraco – recai sobre aqueles que sofrem as suas conseqüências, conforme ilustrado nesta passagem:

> A coalizão das empresas, dos políticos e dos especialistas, que criam os perigos da sociedade contemporânea, constrói um conjunto de discursos de isenção de tal responsabilidade. Assim fazendo, transformam os "perigos" que eles próprios criaram em "riscos" do tipo, por assim dizer, que fumantes ou jogadores assumem. (Lash, 1997, p. 239)

Ou seja, atribuem a responsabilidade dos riscos para pessoas, sob o discurso de que são elas próprias que decidiram correr tais riscos. Recai sobre o estilo de vida que a pessoa decide adotar – uma vez que todos são livres para escolher (pelo menos nos discursos daqueles que governam/controlam). Como, por exemplo, os fumantes que, com seu estilo de vida não saudável, assumem os riscos de doenças; ou como os atletas que se submetem a realizar suas façanhas e determinadas competições e se responsabilizam por qualquer dano à saúde e integridade física. Configura-se, ao longo da história, a ideia de responsabilidade individual pela vivência de condições de risco, sendo a pessoa responsável em lidar com as consequências.

Outra transformação observada na passagem da modernidade clássica para a reflexiva diz respeito ao abandono da certeza com base no cálculo, uma vez que os riscos modernos são pautados pela incerteza (Beck, 1997). Sobre a relatividade do risco, Castiel (2007, p. 6) afirma que

> seja como for, viver, hoje em dia, implica assumir (voluntariamente ou não) modos e/ou padrões de exposição a determinados riscos, individualizados ou coletivos, "escolhidos" ou não, e, também, concomitantes estratégias psicológicas para lidar com tal quadro.

2.2 Riscos

Spink (2000, p. 170) define que "risco é a possibilidade da perda de algo que tem valor para nós".

Ou seja, podemos observar uma relação direta com a esfera dos valores, sejam eles quais forem. Assim, os discursos racionalistas de avaliação dos riscos não dão conta da subjetividade inerente à definição do que vem a ser o risco.

Os riscos podem ser agrupados em três esferas ou níveis, conforme Spink (2000): a) riscos que assumimos individualmente, com base na racionalidade clássica, valorizando positivamente a ousadia que nos leva a encarar certos riscos e confiarmos na informação e na capacidade racional de avaliá-los para a eles sobreviver, como exemplo os esportes radicais. Nessa esfera, a regulação é mínima, valendo a lógica dos seguros em que qualquer coisa pode ser segurada nos dias de hoje; b) riscos que corremos inadvertidamente, assumidos individualmente, mas que contam com o respaldo de uma teoria de direitos de cidadania. Por exemplo, os consumidores prejudicados. Nesse nível, o Estado assume certo grau de responsabilidade por meio de leis protetoras do consumidor e de estruturas de intermediação; c) os riscos imponderáveis que nos deixam à mercê da esfera pública e de suas decisões. Como exemplo, os efeitos radioativos, as decisões por guerras, entre outros. Nessa esfera, estamos todos vulneráveis, queiramos ou não.

Riscos antigos somam-se aos novos e, atualmente, há uma polissemia de sentidos que resulta em diversas posições adotadas pelas pessoas. Tais posições e seus discursos definem territórios linguísticos que demarcam campos de gestão – maneiras de lidar com o risco – que se dividem em três tradições de governo: o governo de coletivos, a disciplinarização da vida privada e a aventura (Spink e Menegon, 2004).

Segundo as autoras, a primeira tradição, o governo de coletivos, relaciona-se com a crescente necessidade de governar populações, a partir da modernidade clássica, com as medidas coletivas destinadas a gerenciar relações espaciais – a distribuição e o movimento de pessoas nos espaços físicos e sociais. Tem como metáfora estar em risco.

Na segunda tradição, disciplinarização da vida privada das pessoas, o próprio corpo é alvo de controle. Tem como estratégia central a educação. Contemporaneamente, promovem-se as informações para uma saúde plena, e uma pessoa devidamente informada é responsável pelo autogerenciamento de sua saúde, "o estilo de vida como forma de autocontrole é a face mais famosa dessa reorganização" (Spink e Menegon, 2004, p. 280). Aqui, a metáfora é evitar riscos.

A terceira tradição, a aventura, aproxima os campos da Economia e dos Esportes, propondo que haja positividade em se correr riscos para alcançar determinados ganhos.

> Alguns dos repertórios próprios da aventura tornam-se parte integral do campo da Economia, imprimindo singularidades na abordagem de riscos nesse campo do saber: coragem, adrenalina, medo e até mesmo risco de falência ou de síncope cardíaca. (Spink e Menegon, 2004, p. 280)

Está relacionada à tradição de fortalecimento do caráter. A metáfora passa a ser: correr risco é desejado.

Referindo-se ao risco no tempo longo da história, Spink (2000, p. 163) concebe que:

> O que emerge como herança é a ambivalência entre a positividade dos riscos, no cruzamento entre a ousadia/aventura e o imperativo da gestão dos riscos, seja na perspectiva da obrigatoriedade de precaver-se pelos seguros, ou na perspectiva da avaliação pessoal dos riscos.

A capacidade de avaliar os riscos – advinda da racionalidade clássica – somada à ousadia de correr tais riscos, contribui para que a pessoa assuma individualmente o risco e que, na maioria das vezes, traga benefícios ou satisfação pessoal.

Spink (2001) contempla três conexões que tornam os riscos positivos: risco como aposta, risco como formação de caráter e risco-aventura. A conexão entre risco e aposta deriva dos cálculos e das teorias das probabilidades e pode ser encontrada nos jogos de azar, sendo mais comum na Economia. A conexão entre risco e formação de caráter expressa o valor educativo da aventura, uma vez que enfrentar o risco pode contribuir para o desenvolvimento das capacidades pessoais, encontradas nas propostas educacionais ao ar livre. A conexão entre risco e aventura, que, de certa forma, engloba as conexões anteriores, é valorizada pela ousadia, que leva às novas descobertas encontradas nos esportes radicais e na busca da emoção por meio das drogas lícitas e ilícitas. O risco-aventura, ou seja, o risco positivado, tem como seu principal expoente os esportes de aventura e os radicais. Essa opção, por se aventurar a correr riscos, mas, precavendo-se e administrando para que ele não ocorra, passa a se tornar uma prática, cada vez mais procurada em vários âmbitos sociais, inclusive no esporte. Esse aumento pelos esportes que visam à aventura e ao risco ocorre concomitante com a sociedade assumindo a exacerbação das características da sociedade de risco.

2.3 Risco nas AFANs

É nesse desenvolvimento social caracterizado pelo risco positivado que surgem as AFANs, em que o risco passa a ser um fator motivador para a prática da atividade física na natureza, sendo que a natureza (disposições geográficas, climáticas etc.) propicia os mais desafiadores obstáculos para a prática de atividades físicas.

O risco e a incerteza são elementos que, segundo Costa (2000), compõem a aventura que, vivida, traz um sentido em si mesma. A aventura tem um caráter mágico no imaginário humano, a qual, somada à possibilidade de "aventura, remete o homem ao gozo extremo" (Costa, 2000, p. 83) e passa a dar sentido a existência.

Esses esportes de risco e aventura veem--se apresentados na sociedade com íntima ligação à lógica atual, que interage diretamente com aumento da incerteza política, econômica, social e cultural. Próprios de um mundo economicamente globalizado, hiperindividualista, adotam em suas práticas uma maior percepção do risco, fato gerado pelas múltiplas contingências do social. (Costa, 1999, p. 15)

O aparecimento e a difusão de modalidades esportivas que utilizam o risco calculado ocasionam uma revolução simbólica, que constituem o imaginário esportivo moderno, o qual começa timidamente no início do século XX, mas se intensificou e se disseminou a partir da década de 1960 (Costa, 1999).

A aventura tem um caráter mágico no imaginário humano. Todos carregam dentro de si o desejo de desbravar, de desprender-se e voar com liberdade, mas as máscaras sociais da cultura e do modo de educação que os envolve tolhe, em parte, esse desejo, fincando-lhes os pés na terra. Esses esportes de aventura que hoje se desenvolvem na sociedade com certeza estão agasalhando esses desejos. (Costa, 2000, p. 87)

Os riscos são voluntariamente buscados pelos aventureiros e escolhidos como valor, sendo que ousam jogar a si mesmos com a confiança do domínio cada vez maior da técnica.

O risco, eivado de objetividade, é calculado e controlado sob rigorosas condições de segurança, suscitando um prazer que beira a dimensão do lúdico (Costa, 2000).

As AFANs podem servir como meio de desafiar o risco e a morte (suas tensões e emoções), tanto simbólica quanto concretamente. É um risco desejado, um risco-aventura, porém, não é um lançar-se aos riscos de forma ingênua e contando simplesmente com a sorte. Há preparação, treino, equipamentos, tecnologias avançadas e técnicas para que essa competição com a morte tenha resultados garantidos e proporcione prazeres dificilmente encontrados em outras atividades físicas, esportes ou áreas.

2.4   Risco silenciado

Alguns dos riscos encontrados nas AFANs e nos esportes correlacionados podem ser vistos em outras atividades físicas e modalidades, como basquete, futebol, tênis e demais esportes clássicos,[1] como luxações, fraturas, lesões etc. No entanto, a maioria dos riscos das AFANs dificilmente é encontrada em outros esportes, principalmente durante a sua realização, como, por exemplo: hipotermia (congelamento de membros), hipertermia, exaustão física, lesões na pele, principalmente nos pés, desidratação, infecções (disenteria), intoxicações, má alimentação, alto gasto energético ao dia, hiponatremia (baixa concentração de sódio no sangue), perigo dos animais selvagens (cobras), afogamentos, avalanches e desmoronamentos, falta de sono, queda da imunidade em razão dos contrastes, esforço, estresse etc.

No relato dos praticantes das AFANs, os riscos não aparecem, não permeiam as suas falas, como pôde observar Spink (2008, p. 10):

> Dessa forma, embora os riscos estejam sempre presentes, não são os repertórios do risco que permeiam as suas falas. [...] A palavra risco não aparece: também a palavra morte, ou mesmo acidente, não são utilizadas.

A ênfase recai sobre o jargão da aventura, sendo que os perigos e as dificuldades contrapõem-se à alegria, ao entusiasmo e ao "barato" da adrenalina.

Não abordar diretamente o risco, ou mesmo não se referir a ele, pode ser percebido em outras práticas que envolvem os riscos como, por exemplo, no montanhismo. Costa (2002, p. 11) observa, nas entrevistas realizadas, que "o risco foi silenciado em suas falas e quando apareceu se apresentou como inerente à vida, quase como indiferença".

Ainda sobre o montanhismo, Marinho (2008), em sua pesquisa, afirma que os atletas tendem a perceber o risco como um desafio e não como um perigo. Ao invés da ameaça, ele contribui de forma positiva na aquisição de satisfação.

Na pesquisa de Coiceiro (2007, p. 132), que aborda atletas das provas de ultradistâncias e as intempéries do clima e terreno, constatou-se que, junto com o risco, "a morte fica silenciada e escondida por trás da busca desses atletas para dar sentido às suas vidas" e que os informantes assumem duas posições: na primeira, ocultam os sacrifícios implícitos nas provas de ultrarresistência – criando um imaginário em que não há treino e/ou sacrifício; na segunda, os atletas não dão satisfação à sociedade – incluindo familiares, amigos, meios de comunicação; com essa postura se preservam de críticas e opiniões indesejadas.

Costa (2000), ao abordar os riscos, cita a pesquisa de Czikszentmihaalyi, na qual 21 dos 30 alpinistas entrevistados afirmam que suas atividades não têm perigo, uma vez que são rigorosamente calculadas com base no conhecimento do meio, dos equipamentos, das capacidades técnicas e psicológicas dos envolvidos para superarem o risco permanente.

Na pesquisa de Borges (2007) denominada "Corrida de Aventura e Risco: um estudo etnográfico", o autor afirma que os riscos nas corridas de aventura existem de forma concreta, e os organizadores e os atletas estão cientes dessas possibilidades, o que se justifica devido aos termos de responsabilidades que os atletas preenchem e assinam para participar das provas. Em sua conclusão, o autor afirma que, durante a entrevista, somente após algum tempo e com certa resistência, os atletas admitem a existência do

---

[1] Utilizaremos aqui a ideia de *esporte clássico* com o propósito de fazer referência à maioria das modalidades esportivas, criadas antes da década de 1960 e que não são radicais.

risco e, quando o fazem, vêm seguidos de sorrisos, que demonstra o orgulho por executarem atividades que oferecem o risco:

> A maioria dos entrevistados, num primeiro momento, omitiu a questão do risco. Ao serem questionados, o primeiro aspecto que perpassa os seus discursos é que o risco "está por toda parte" em todos os lugares. Depois vem a justificativa de que passaram por longo treinamento, que têm conhecimentos e experiências nessas modalidades, que existem inúmeras regras de segurança que os protegem. Após admitirem a existência do risco, relatam que todas as equipes, sem exceção, já passaram por momentos de acidentes sérios. (Borges, 2007, p. 140)

Podemos perceber com esses exemplos práticos da teoria vista anteriormente que os riscos contribuem para um significado da existência de seus praticantes e, em vez de contribuir para afastá-los, são tidos como um atrativo. Existe uma explícita busca pelo risco, um desejo por práticas que o incluem, os quais geram sensações de prazer e ganhos mais amplos que aqueles atrelados à prática em si.

Um desses ganhos, que não podemos deixar de citar e pode ser observado durante a prática das AFANs, é o seu caráter coletivo, que está implícito durante a sua prática. Quanto mais riscos e perigos associados, maior a necessidade de companhia para realizá-la. Poderíamos dizer que essa seria uma regra fundamental das atividades que envolvem um maior contato com a natureza, seja em intensidade ou duração.

Os praticantes procuram seguir essa coletividade, que se torna necessária, na maioria das vezes. Seja em um passeio turístico realizado em um parque nacional, em uma prática de *rafting* ou em uma expedição para atravessar longas distâncias. Dessa forma, a convivência com outros praticantes são inerentes e, muitas vezes, as pessoas se associam umas às outras com elos de amizade.

A amizade com o outro é uma aproximação de crenças, valores e interesses com significações comuns. Pode-se observar a diferença entre relações de amizade em situações de aproximação de interesses e relações de amizade em situações convencionais, como em um ambiente de trabalho. A primeira tende a ter caráter mais profundo. As práticas corporais vivenciadas na natureza oferecem a possibilidade de exercitar e intensificar uma relação renovada consigo próprio e com o outro. O envolvimento com essas práticas coletivas de lazer pode ser configurado como uma experiência existencial importante na relação renovada do sujeito consigo mesmo, com o outro e com a natureza, podendo resultar em formas de amizade mais livres, criativas e solidárias. Esses laços podem perder em duração ou frequência, porém ganham em intensidade, pois as experiências vividas e compartilhadas são repletas de significação para os sujeitos que a vivenciam, traduzindo, assim, uma forma de amizade intensa (Monteiro, 2007).

Quando há uma disposição para a amizade ou para escolher as pessoas com as quais praticar as AFANs ou esporte de aventura, seja por elo de amizade ou por nível de habilidade do parceiro, diante das dificuldades e riscos inerentes à prática na natureza, ocorre um estreitamento das relações ou uma maior coesão entre os membros. Dessa forma, as dificuldades e os riscos tendem a unir as pessoas para que superem os obstáculos e as dificuldades encontradas na natureza (Moretti, 2009).

2.5   Busca pela emoção

As AFANs e os esportes de aventura são conhecidos pela busca por sensações novas e prazerosas, de plenitude pessoal, divertida e o contato com a natureza (Lavoura e Machado, 2006). As emoções (e suas manifestações) que afloram durante determinada atividade são pessoais, pois foram desenvolvidas durante a vida do indivíduo. Estudar as emoções é extremamente complexo, sendo necessário conhecer e compreender as dinâmicas do comportamento humano em sua plenitude, incluindo, também, o fato de que as emoções e suas formas de expressão mudam no decorrer da vida da pessoa. Mesmo com o desenvolvimento da ciência e o amplo conhecimento das funções cerebrais, algumas perguntas ainda continuam sem resposta. A forma como a cognição se relaciona e interage com a emoção depende da história de vida da pessoa e sua composição biológica. Ou seja, é necessário levar em conta a idiossincrasia de cada um. Em razão dessa complexidade e nosso reduzido espaço, priorizaremos uma emoção primária que se encontra frequentemente nas AFANs: o medo.

Os riscos são uma causa concreta que despertam medo, sendo útil para preservar a vida. Diante de uma situação ameaçadora, reações fisiológicas são ativadas em nosso organismo como forma de nos preservar. Quanto maior e mais intenso o contato com a natureza, maior a probabilidade de o medo ocorrer. Portanto, o risco e o medo fazem parte das AFANs em maior ou menor intensidade.

O medo é uma emoção, um sentimento complexo no qual se distinguem dois componentes: o alarme e a ansiedade. O alarme é um sinal que é acionado quando, inesperadamente, surge uma situação em que é necessário fugir ou lutar. Algumas reações fisiológicas fazem que o corpo se prepare para a ação. A ansiedade é um estado emocional de apreensão e tensão, no qual o indivíduo responde a uma situação, não perigosa, mas de ameaça, com um grau de intensidade e magnitude desproporcional ao objeto em questão. É um sentimento que proporciona um estado de alerta demonstrado pelo receio de fazer alguma coisa, geralmente por estar se sentindo ameaçado tanto física como psicologicamente (Tuan, 2006).

O significado simbólico do medo reflete o componente cognitivo em relação ao sentido que o mundo externo assume ao nível da vida psíquica. Se o olharmos por uma abordagem psicossocial, veremos presente nele as representações sociais, por meio do papel dos significados que uma situação representa. Esse tipo de abordagem pressupõe uma passagem da cognição individual para a cognição social, ou seja, para compreender o comportamento humano, devem ser consideradas as estruturas e organizações cognitivas e suas formas de interação e combinação, juntamente com o conteúdo e as origens sociais delas (Roazzi, Federicci e Wilson, 2001).

Sendo o medo uma emoção com características individuais, uma mesma situação pode estimular esse tipo de emoção com diferentes intensidades, que dependerão de fatores internos ao indivíduo. Embora existam situações em que a representação social dessa emoção seja impactante quanto ao medo, nem todos respondem da mesma forma ao estímulo que o provocou. A sensação de medo pode causar sofrimento ou prazer. Uma situação de extremo risco pode levar o indivíduo a uma percepção de fraqueza, incapacidade quando é malsucedido, ou de vitória quando consegue vencê-la. Isso dependerá da forma com que esses indivíduos lidam com aquela situação, que, consequentemente, resultará em sofrimento ou prazer.

O enfrentamento do medo nos remete à coragem. Ter coragem é ser coerente com seus princípios, não se importando com a dor ou o prazer. É a capacidade de enfrentamento de situações adversas, que podem ser traduzidas como a confiança que o indivíduo tem em si mesmo para enfrentar os problemas e as barreiras que provocam medo. É a habilidade de confrontá-lo, assim como a dor, o perigo, a incerteza ou a intimidação. É ter firmeza de ânimo ante o perigo, os reveses e os sofrimentos.

As AFANs, muitas vezes, colocam seus participantes em situação de risco e perigo e, ao enfrentá-los, tornam-se mais corajosos. A coragem sempre esteve relacionada a homens especiais, com capacidades muito acima dos demais: é tida como virtude. Podemos especular sobre a representação dos desafios de situações extremas promovidas pelas AFANs e a coragem em enfrentá-los. As AFANs podem servir de meio para exacerbar a superação de obstáculos. Vencer obstáculos aumenta nossa autoconfiança, tornando-nos mais corajosos. A autoconfiança é a crença de que se pode realizar com sucesso um comportamento esperado, sendo caracterizada por uma alta expectativa de sucesso (Weinberg e Gould, 2001).

A pesquisa realizada por Moretti (2009) com praticantes de corridas de aventura relata que a superação do desgaste físico e de riscos enfrentados no decorrer de vários dias de prova faz que o praticante se sinta mais forte e confiante para enfrentar outras corridas e, inclusive, outras situações da vida de maneira geral.

A superação, a coragem e a autoconfiança vividas na prática aventureira auxiliam a superar situações cotidianas.

Vencer o medo, ter coragem, ser um indivíduo diferenciado dos demais pode impelir muitas pessoas à aventura das AFANs. Quando vivenciada no coletivo, pode ser uma espécie de aventura compartilhada, podendo ser capaz de gerar laços interpessoais mais estreitos entre aqueles indivíduos que se unem em busca de um fim comum, como na superação dos obstáculos desafiadores do meio natural. Esse estreitamento de laços pode suplantar o terreno da aventura para o terreno das atividades da vida cotidiana (Villaverde, 2003).

Curiosamente, o risco, um fator que "normalmente" afasta as pessoas das situações que o produzem, exerce efeito contrário nos praticantes das AFANs. Embora muitas vezes negada, a existência do risco acaba por se tornar um dos maiores atrativos da prática, sendo encarada positivamente por seus participantes como risco-aventura, compelindo-os à sua prática.

O risco positivado pode contribuir para o estreitamento de laços afetivos quando os indivíduos enfrentam coletivamente as situações de risco e seus medos. Auxiliando no autoconhecimento, também pode ser terapêutico, uma vez que proporciona um meio a ser superado por seus diversos obstáculos naturalmente impostos e uma experiência que é levada para outras áreas da vida.

A mudança de valores e atitudes perante o enfrentamento da vida, representada muitas vezes em desafios das AFANs, transforma a visão do homem com relação ao seu mundo interior e ao mundo real. Esse tipo de experiência traz ao praticante a possibilidade de experimentar sensações prazerosas importantes para seu crescimento psicológico, como o prazer e a alegria, que podem ajudá-lo a ampliar seu senso de liberdade.

As AFANs proporcionam o conhecimento de nossa "natureza" (autoconhecimento), reconhecer os próprios limites e, muitas vezes, superá-los por meio de um contato íntimo com a natureza.

2.6   Considerações finais

Sendo o risco uma condição do momento histórico pelo qual estamos atravessando, cada pessoa tem de lidar com ele à sua maneira, ou seja, essa variável social nos leva, sem exceção de gênero, idade, crença, nível socioeconômico e cultural, a encontrar maneiras de lidarmos com a sua inerência.

As AFANs surgem em meio a esses aspectos sociais como uma forma de lazer ou esporte que, de certa forma, recria e contribui para lidar com esses aspectos exacerbados pela modernidade tardia.

Referências

BECK, U. *Modernização reflexiva*: política, tradição e estética na ordem social moderna. São Paulo: UNESP, 1997.

_____. *Risk Society*: Towards a New Modernity. Cambridge: Polity Press, 1993.

BETRÁN, J. O. Las actividades físicas de aventura en la naturaleza: análisis sociocultural. *Apunts Educación Física y Deportes*, Barcelona, n. 41, p. 5-8, 1995.

COICERO, G. A. *O imaginário social de aventureiros do extremo*. Tese (Doutorado em Educação Física) – Universidade Gama Filho, Rio de Janeiro, 2007.

COSTA, V. L. M. *Esporte de aventura e o risco na montanha:* uma trajetória de jogo com limites e incertezas. Tese (Doutorado em Educação Física) – Universidade Gama Filho, Rio de Janeiro, 1999.

_____. *Esporte de aventura e o risco na montanha*: um mergulho no imaginário. São Paulo: Manole, 2000.

_____. Esportes de aventura e risco na montanha: uma trajetória de jogo com limites e incertezas. *The FIEP Bulletin*, Brasil, v. 72, n. 1, 2002, p. 26-35.

COSTA, V. L. M.; MARINHO, A.; PASSOS, K. C. M. Esportes de aventura e esportes radicais: propondo conceitos. In: CONGRESSO INTERNACIONAL DE EDUCAÇÃO FÍSICA E MOTRICIDADE HUMANA, 5., RIO CLARO E SIMPÓSIO PAULISTA DE EDUCAÇÃO FÍSICA 11, UNESP, Rio Claro, SP. *Revista Motriz*, Rio Claro, SP, v. 13, n. 2, maio/ago. 2007. Suplemento.

DUMAZEDIER, J. *Lazer e cultura popular*. São Paulo: Perspectiva, 2001.

FERREIRA, A. B. H. *Novo dicionário Aurélio*: século XXI. São Paulo: Nova Fronteira, 1999.

GIDDENS, A. *As consequências da modernidade*. São Paulo: UNESP, 1991.

_____. A tradição. In: BECK, U. *Modernização reflexiva*: política, tradição e estética na ordem social moderna. São Paulo: UNESP, 1997.

LASH, S. A estética na ordem social moderna. In: BECK, U. *Modernização reflexiva*: política, tradição e estética na ordem social moderna. São Paulo: UNESP, 1997.

LAVOURA, T. N.; MACHADO, A. A. Esporte de aventura de rendimento e estados emocionais: relações entre ansiedade, autoconfiança e autoeficácia. *Revista Motriz*, Rio Claro, SP, v. 12, n. 2 p. 143-8, maio/ago. 2006.

MARINHO, A. Lazer, aventura e risco. *Movimento*, Porto Alegre, v. 14, n. 2, 2008, p. 181-206.

MONTEIRO, S. V. Subjetividade, amizade e montanhismo: potencialidades das experiências de lazer e aventura na natureza. In: ALMEIDA, C. P. C.; COSTA, L. P.

Meio ambiente, esporte, lazer e turismo: estudos e pesquisas no Brasil 1967-2007. Rio de Janeiro: Gama Filho, 2007. v. 2, p. 329-44.

MORETTI, A. R. Corridas de aventura: processos de coesão grupal na superação de obstáculos. Dissertação (Mestrado em Psicologia Social) – Pontifícia Universidade Católica de São Paulo, SP, 2009.

ROAZZI, A.; FEDERICCI, F. C. B.; WILSON, M. A estrutura primitiva da representação social do medo. *Psicologia: Reflexão e Crítica*, 2001, v. 14, n. 1, p. 57-72. Disponível em: <http://www.scielo.br/pdf/prc/v14n1/5207.pdf>. Acesso em: 18 mai. 2010.

RUBIO, K. *O imaginário esportivo contemporâneo*: o atleta e o mito do herói. São Paulo: Casa do Psicólogo, 2001.

SPINK, M. J. P. Os contornos do risco na modernidade reflexiva: considerações a partir da psicologia social. *Psicologia & Sociedade*, v. 12, n. 1/2, 2000, p. 156-73.

_____. Trópicos do discurso sobre risco: risco-aventura como metáfora da modernidade tardia. *Cadernos de Saúde Pública*, Rio de Janeiro, v. 17, n. 6, 2001, p. 1.277-311.

_____. Perigo, probabilidade e oportunidade: a linguagem dos riscos na mídia. *Psicologia: reflexão e crítica*, v. 15, n. 1, 2002, p. 151-64.

SPINK, M. J. P.; MENEGON, V. M. Práticas discursivas como estratégia de governamentalidade. *Manual de análise do discurso em ciências sociais*. Rio de Janeiro: Vozes, 2004.

TUAN, Y. F.; OLIVEIRA, L. *Paisagens do Medo*. Tradução Lívia de Oliveira. São Carlos: UNESP, 2006.

VILLAVERDE, S. Refletindo sobre lazer/turismo na natureza, ética e relações de amizade. In: MARINHO, A.; BRUHNS, H. T. (Org.). *Turismo, lazer e natureza*. São Paulo: Manole, 2003. p. 53-73.

WEINBERG, R. S.; GOULD, D. *Fundamentos da psicologia do esporte e do exercício*. Porto Alegre: Artmed, 2001.

3
Surfe

Julio Cézar Magalhães de Souza

3.1 História do surfe

A maior evidência é de que o surfe tenha surgido há aproximadamente 1.500 anos no triângulo polinésio (Oceano Pacífico), formado pelas ilhas Cook, de Páscoa, Pitcairn, Samoa, Taiti, Tuvalu e Havaí. Porém, alguns historiadores questionam que sua origem se deu no Peru, onde se afirmava que "nativos deslizavam sobre as ondas" em troncos de madeira, porém, as maiores evidências históricas sustentam a primeira versão.

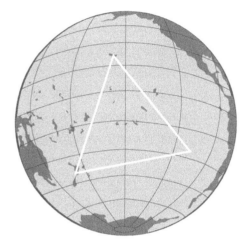

Figura 3.1 – Localização das ilhas que pertencem ao triângulo polinésio.

Os povos que habitavam aquelas ilhas tinham o mar como fonte de trabalho (do qual extraíam parte de seu alimento) e também como lazer. Inicialmente, o surfe era privilégio dos reis e nobres daquela época, porém, conforme eles substituíam suas pranchas por outras mais novas, as antigas eram dadas como presente aos súditos mais próximos e assim por diante. Mais adiante, o surfe se tornou uma diversão popular e era praticado em família por aquele povo, cujo pecado era fazer infeliz a si próprio ou o seu próximo.

Em 1778, um conquistador inglês chamado James Cook, em expedição, conheceu o surfe e o difundiu pela Europa. Em seguida, o povo europeu migrou para o Havaí, levando consigo doenças que dizimaram as civilizações das ilhas.

O surfe sempre foi praticado pelos nativos como uma forma de cerimônia religiosa, cultural e também social. Porém, em 1821, a prática desse esporte foi considerado imoral pelos missionários europeus devido a preconceitos religiosos, os quais queriam pregar sua fé e impor seus costumes. Eles alegaram que os havaianos levavam uma vida muito tranquila (preguiçosa) e precisavam trabalhar mais, sendo assim, a prática do surfe junto a outros costumes passaram a ser coibidos pelos imigrantes.

Séculos após, Duke Kahanamoku "faz ressurgir" o surfe, sendo o responsável pela popularização em todo o mundo. Em 1912, ao ganhar uma medalha de ouro de natação nas olimpíadas de Estocolmo (Suécia), ele emocionou o mundo dos esportes ao afirmar que sua forma de treinamento e condicionamento baseava-se no *He'e nalu Surf*. De volta aos EUA, Duke foi apelidado de "Homem-peixe" e, imediatamente, influenciou a Califórnia ao esporte e, posteriormente, por um estilo de vida caracterizado pelas atitudes de rebeldia da juventude californiana, influenciada pela sensação de liberdade e independência.

A Austrália, hoje, a maior nação surfista do mundo, também foi iniciada por Duke, que, ao visitar o país em 1915, fez várias apresentações. Duke morreu em 1968 de ataque cardíaco, aos 75 anos de idade. Desde então, ele ficou conhecido como o pai do surfe moderno.

No Brasil, as primeiras pranchas, então chamadas de *tábuas havaianas*, começaram a chegar por meio de turistas e soldados americanos que, na década 1940, durante a Segunda Guerra Mundial, estavam sediados no Rio de Janeiro, local que serviu de base naval para os aliados estadunidenses, que trouxeram suas pranchas de surfe, máscaras de mergulho e nadadeiras, dando início aos esportes na praia. Porém antes disso, na cidade de Santos (litoral sul paulista) Osmar Gonçalves, ganhou de seu "pai", uma revista chamada *Popular Mechanic* (trazida dos Estados Unidos). Nessa revista, havia um arquivo que ensinava como fabricar uma prancha. Foi aí que Osmar, com a ajuda de dois amigos, fez uma prancha que pesava cerca de 80 quilos e media mais de 3 metros. Sendo assim,

Osmar foi considerado o primeiro surfista brasileiro (década de 1930), e, em sua homenagem, existem dois monumentos na praia de Santos. Algumas pesquisas contestam essa versão afirmando que João Roberto "Jua" Hafers tenha sido o primeiro surfista (também na cidade de Santos).

Figura 3.2 – Monumentos em homenagem a Osmar Gonçalves em Santos.

Então, o esporte começava a se popularizar. As primeiras pranchas de fibra de vidro, importadas da Califórnia, só chegaram aqui em 1964. Nos anos 1970, o estilo era a evidência do surfe, o tubo era (e ainda é) considerado o ápice do *feeling* do surfista. Nos anos 1980, houve a explosão comercial deste esporte, as competições, e o dinheiro acabaram deturpando o real espírito do surfe. Na década de 1990, as pranchas passaram a ser mais leves, aumentando sua velocidade e flexibilidade das manobras dos surfistas, caracterizando uma nova geração. Nos últimos anos, os *longboarders* começaram a ressurgir nas praias, possibilitando a volta dos surfistas mais antigos e promovendo uma mistura de gerações.

3.2 Estilos de surfe

Ao longo dos anos, com as modificações e a evolução dos equipamentos, o surfe imprimiu diferentes estilos. Os mais conhecidos são:

- *Long board*: o surfe com *long board* é praticado com pranchas maiores, que retratam melhor as raízes e o início da popularização do surfe. Este estilo é subdividido em outras duas categorias:
    - *Long board clássico*: definido por pranchas cujo tamanho partem dos 9'6" (nove pés e seis polegadas); suas manobras exigem um alto grau de intimidade do surfista com o equipamento e com o mar. É portanto, praticado pelos mais experientes por exigir um alto grau de controle em que interagem a leitura do mar, a capacidade de antecipação do movimento (*feedforward*) e a habilidade sobre a prancha. Uma manobra característica a se observar é o *hang ten*, em que o surfista permanece com os dois pés no bico da prancha e com os dez dedos posicionados fora dela.
    - *Long board progressivo*: é praticado em um long board de tamanho menor que o clássico. Suas medidas partem dos 9'0" (nove pés) e suas formas (com menor flutuação, tipos de quilhas, fundo e bordas) proporcionam um estilo de surfe com manobras mais rápidas e agressivas do que o estilo clássico.
- *Short board*: é o estilo mais conhecido e apreciado pelos simpatizantes do surfe e pela mídia. São praticados com pranchas pequenas e de baixa flutuabilidade, que proporcionam manobras velozes e agressivas. É o estilo mais evidenciado em competições nacionais e internacionais, e sua prática exige muita habilidade dos surfistas para permanecerem estáveis na onda.

- *Tow-in*: também conhecido como surfe de reboque, no qual o surfista é rebocado por um *jet-ski*. Indiscutivelmente, é o estilo mais radical da prática do surfe, devido ao seu alto grau de periculosidade, pois a base de sua prática se dá (teoricamente) em ondas grandes, as quais não seriam possíveis de serem surfadas na remada. O Brasil já sediou eventos desta modalidade proporcionados pela chegada de grandes frentes frias à nossa costa, que resultam em grandes ondulações. A Ilha dos Lobos, no Rio Grande do Sul, e a praia de Maresias, no litoral norte de São Paulo (entre outras), são palcos conhecidos desta prática, porém o litoral norte do Havaí é o principal "pico" para os praticantes de *tow-in*. Diferentemente dos demais estilos, as pranchas são mais pesadas e possuem presilhas para prenderem os pés dos surfistas.

- *Parafina*: ao ser aplicada no *deck* (parte superior) da prancha, aderência será criada entre os pés do surfista e a prancha. Opcionalmente, este acessório pode ser substituído por um *deck* de borracha.
- *Raspador*: utilizado para raspar a parafina, criando um maior perfil de atrito entre o surfista e a prancha ou perfil de ancoragem entre a parafina velha e a nova a ser aplicada. Também utilizado para remover total ou parcialmente a parafina.
- *Camiseta de lycra*: utilizada para proteger o surfista do sol, reter maior calor (em dias mais frios) e evitar o atrito direto do peito do surfista com a parafina da prancha, prevenindo lesões superficiais ou escoriações.
- *Roupas de neoprene*: utilizadas somente em dias de frio intenso e/ou em águas de temperatura muito baixa, tem a função de manter a temperatura corporal, proporcionando maior conforto térmico aos surfistas.

3.3 Equipamentos

3.3.1 Tipos de pranchas e seus respectivos tamanhos

- *Short board* (pranchinhas): 5'10" (cinco pés e dez polegadas ou menores) a 6'9" (seis pés e nove polegadas).
- *Fun board*: 7'0" (sete pés) a 8'9" (oito pés e nove polegadas).
- *Long board*: 9'0" (nove pés) a 10'0" (dez pés, ou maiores).

3.3.2 Acessórios

- *Leash*: prende o tornozelo do surfista à rabeta (parte traseira) da prancha, distanciado por uma corda de material sintético resistente.

3.4 Meio ambiente

A preocupação com o meio ambiente aumentou consideravelmente nos tempos atuais. Entre surfistas isso não é diferente, aliás, tal consciência definida pelo próprio estilo de vida naturalista dessa "tribo" sempre esteve um passo à frente quando se trata da preservação da natureza e dos ecossistemas. Para melhor esclarecer a interação do surfista com o meio ambiente, enfatizam-se alguns tópicos essenciais ao conhecimento de um surfista:

- *Conscientização*: à medida que o surfe foi se popularizando, diferentes estágios do ponto de vista sociocultural foram atingidos. Na década de 1940, por exemplo, os surfistas eram vistos como rebeldes, e tais traços ainda permeiam os dias atuais. Porém, isso está mudando, visto que a sociedade atual busca por apelos comportamentais mais saudáveis e adotar atitudes ecologicamente corretas. Os surfistas estão sendo vistos como um reflexo à imagem da saúde e de um exemplo de práticas ambientalmente corretas. Ao ensinar a prática do surfe, não se deve privilegiar apenas o aspecto técnico, mas incrementá-lo a um trabalho de conscientização para a formação completa de um surfista. Questões como nunca sujar as praias, não jogar lixo nas ruas, adotar a prática de coleta seletiva e manter hábitos de vida saudáveis são cada vez mais importantes na formação do surfista.

- *Sustentabilidade ambiental*: pode ser definida como um conceito sistêmico relacionado à continuidade dos aspectos ambientais. Por exemplo: hoje em dia, quando compramos uma prancha de surfe, devemos nos preocupar com sua origem, como foi fabricada e qual o destino dados aos resíduos gerados, devendo sempre privilegiar e optar pelas fábricas que trabalham corretamente quanto aos quesitos ambientais. Atualmente, existem projetos e organizações lideradas por surfistas em prol da sustentabilidade.
- *Seres marinhos*: o meio aquático é dotado por milhares de espécies marinhas, as quais oferecem pouco risco aos surfistas, pois a probabilidade de ocorrência é muito pequena. As mais comuns são causadas por contato com águas-vivas, que causam queimadura superficial (leve) na pele; ataques de algumas espécies de tubarões são pouco prováveis, embora a mídia costume dar destaque nessas ocorrências pontuais, gerando alarde muitas vezes desnecessário, visto que é sabido que não fazemos parte da cadeia alimentar desses seres. No entanto, existem praias cuja prática do surfe é proibida por o risco de ataque por tubarões ser maior. Nesses casos, as autoridades sinalizam as praias proibindo a prática do surfe e advertem os banhistas desse perigo (por exemplo: praia de Boa Viagem, Recife/PE). Acidentes envolvendo arraias ocorrem quando alguém (acidentalmente) pisa sobre elas, que se defendem com um esporão (ferrão) localizado na ponta de sua cauda. As ocorrências também são pouco comuns.

3.5 Oceanografia

Corredores extensos de vento formados por tempestades no oceano são os responsáveis pela formação das ondas, e o movimento turbulento do ar perturba o equilíbrio da água, até o ponto em que as ondas já são suficientemente grandes para afetar (oferecer resistência) ao vento. Essas ondas se deslocam através das tempestades até encontrarem um fundo raso (areia, pedras ou corais) em uma costa para quebrarem, proporcionando, assim, a prática do surfe. O fato de as frentes frias serem mais comuns no inverno justifica essa época como sendo a mais propícia à prática do surfe. Apesar de o tempo frio gerar maior desconforto, a qualidade das ondas é melhor se comparada ao verão.

Figura 3.3 – Ondas em série na zona de arrebentação.

3.6 Por que inserir o surfe no meio acadêmico?

A costa brasileira é repleta de praias ideais para a prática do surfe, merecendo, portanto, uma maior atenção da comunidade científica, pois já existem estudos que comprovam que o surfe já é um dos esportes mais praticados no Brasil.

Dentro do mar e sujeito a alterações dos ventos, diferentes ondulações em formato, intensidade e correnteza, o fundo de areia (tipo de fundo mais comum na costa brasileira) move-se deslocando a zona onde a onda arrebentará. Sol, chuva, calor, frio e vento local influem sobre o mar, causando maior agitação e, consequentemente, maior instabilidade. Todas essas e outras variáveis são comuns na prática do surfe, em que o sistema perceptivo motor do surfista deve se adaptar a essas diversas situações para simplesmente poder "pegar sua onda". A leitura da onda, o posicionamento, a remada e o *timing* para se erguer sobre a prancha (já definida a direção em que vai) são ações coordenadas e sincronizadas em um intervalo de tempo muito pequeno.

A interpretação e o entendimento de todas essas variáveis envolvidas na prática do surfe são riquíssimos para toda a comunidade acadêmica, seja nas áreas da saúde, do esporte ou da educação.

Atualmente, existem o surgimento e o crescimento de escolas de surfe em todo o nosso litoral e também em grandes centros urbanos que, apesar de distarem das praias, optam pelo aprendizado dos fundamentos iniciais do surfe em ambientes controlados (piscinas).

O preparo dos profissionais de Educação Física que abrangerão esse público torna-se cada vez mais essencial. Muitas instituições de Ensino Superior já saíram na frente e possuem em sua grade curricular esse diferencial. Justificando-se economicamente, segundo dados obtidos no 6º Congresso Brasileiro de Surfe (2009), o referido esporte cresce em torno de 10% ao ano em nosso país e movimenta cerca de R$ 3 bilhões por ano.

Figura 3.4 – Professor Julio Magalhães – aula teórica e prática no módulo de Surfe da Pós-Graduação em Esportes de Aventura – UNIFMU.

3.7 Benefícios proporcionados pela prática do surfe

São diversos os benefícios físicos e mentais proporcionados pela prática do surfe, pois, assim como os demais esportes de aventura, este tem interação direta com a natureza. É, também, um excelente exercício cardiovascular, trabalhando tanto a resistência aeróbia quanto a anaeróbia, envolvendo todos os grupos musculares.

Pelo fato de a prática se realizar em um ambiente instável, o surfe trabalha equilíbrio e coordenação motora na tentativa que o surfista tem de, a todo o momento, recuperar seu equilíbrio. O bem-estar gerado pela prática do surfe intuitivamente faz que o praticante tenha (ou procure) hábitos saudáveis, como cuidados com a alimentação, evitar o consumo de cigarros e bebidas alcoólicas e procurar outras atividades físicas com o intuito de auxiliar seu melhor desempenho no surfe, tais como: corridas, musculação, natação, ioga, treinamento funcional, pilates, entre outras.

3.8 Processo pedagógico do surfe

Para que se possa compreender cientificamente o processo pedagógico do surfe, é imprescindível defini-lo primeiramente como uma habilidade aberta, na qual o desempenho da habilidade é executado em um ambiente imprevisível em movimento e que exige que os indivíduos adaptem seus movimentos em respostas contínuas às propriedades dinâmicas do ambiente.

No início do aprendizado de uma habilidade, o aprendiz deve coordenar vários segmentos de um membro. Uma estratégia inicial comum para isso é manter rígidas algumas articulações (Magill, 2002). Múltiplos fatores neuronais e biomecânicos trabalham em conjunto para atingir o equilíbrio para a prática dessa modalidade. Para Ganança et al. (1983), o sistema visual, em conjunto com os sistemas vestibular e proprioceptivo, seria o responsável pela manutenção do equilíbrio corporal humano.

3.9 Escolha do equipamento adequado

Normalmente, quando o indivíduo tenta aprender a surfar por si só, ele adentra a uma loja para comprar uma prancha e escolhe aquela que melhor agrada aos olhos (devido ao design). Comumente, essa não será a melhor prancha para sua iniciação, podendo tornar o aprendizado mais árduo quando, muitas vezes, o iniciante acaba desistindo de surfar. O professor (instrutor) deve estar preparado para orientar o aluno em todos os processos técnicos, pedagógicos, ambientais e comportamentais para sua formação.

O equipamento ideal deve ser adequado ao biótipo de cada praticante, ou seja, a prancha deve ter dimensões e flutuação suficiente para tornar a iniciação prazerosa e bem-sucedida. Normalmente, são recomendados dois tipos de pranchas:

- *Fun boards*: para crianças e pré-adolescentes.
- *Long boards*: para adolescentes e adultos.

Ambas devem ter *deck* largo para acomodar bem a base de um iniciante e borda espessa para garantir uma boa flutuação.

É importante recomendar ao aluno sempre experimentar a prática do surfe antes de comprar o equipamento, pois essa experiência deve sempre ser orientada por um profissional ético e competente.

Com a evolução do aprendizado, o aluno vai definindo seu estilo e, ao longo do tempo, haverá uma nova escolha de prancha que melhor atenda a suas expectativas.

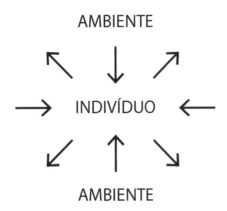

Figura 3.5 – Interação recíproca entre o indivíduo e o ambiente.

Figura 3.6 – Interação de múltiplos sistemas.

3.10 O profissional de Educação Física como instrutor de surfe

A ética é a base de formação para qualquer tipo de profissional. Como professores, sabemos que serviremos de referência para nossos alunos; portanto, o comportamento do professor (instrutor) de surfe deve ser exemplar na forma de se comunicar e em seus gestos, hábitos e costumes. O grande diferencial nesse aspecto é ser, além de tecnicista, educador, formador de um cidadão digno através do aprendizado do surfe.

Tecnicamente, o profissional ideal desta modalidade é aquele que assimila seus conhecimentos práticos do surfe com a aplicação de seus conhecimentos teóricos sobre Biomecânica, Comportamento Motor, Psicomotricidade, Fisiologia do Exercício, Psicologia do Esporte, pesquisa, primeiros socorros, entre outros conhecimentos multidisciplinares básicos como Geografia, Oceanografia e Biologia.

Quando falamos sobre aprendizado e processo pedagógico, existem dois tópicos que precisam ser ressaltados e evidenciados:

Dessa forma, temos:

Indivíduo ◄———————► Tarefa: surfe

O professor diferenciado é aquele que consegue enxergar o indivíduo com suas características particulares, a tarefa e suas variáveis, e servir como um elo no aprendizado por meio do processo pedagógico, fazendo que ele cumpra a tarefa proposta da melhor forma possível.

- *Indivíduo*: aluno, com suas predisposições e dificuldades motoras, seus sentimentos, anseios, vivências. Enfim, o aluno deve ser considerado como ser de características particulares ao seu desenvolvimento.
- *Tarefa*: surfe. Devem ser levadas em consideração todas as variáveis ambientais citadas e sua interação com o indivíduo para melhor compreendermos o processo pedagógico desta modalidade.

Sendo assim, o professor deve, além de tudo, agir como um facilitador (elo) para que o indivíduo aprenda a surfar, sendo respeitadas e evidenciadas as suas particularidades (predisposições e dificuldades). Esse deve ser o grande diferencial do professor de Educação Física quando comparado a outro profissional que tem apenas a vivência prática do surfe, ou seja, saber exatamente onde e como atuar quando as dúvidas e as dificuldades surgem, e explorar o potencial de aprendizado individual, entendendo e respeitando as variáveis envolvidas no contexto. Ao contrário dessas premissas, o profissional seria limitado às suas experiências práticas, não compreendendo a real necessidade e os anseios do aluno.

3.11 Segurança

A segurança sempre está em primeiro lugar. Havendo segurança e conforto, o aprendizado virá como uma consequência. Para tanto, existem regras básicas de segurança quanto ao aprendizado no surfe (professores e/ou alunos):

- saber nadar;
- ter à disposição um professor competente;
- manter distância segura dos banhistas, evitando acidentes;
- comunicar o guarda-vidas quanto à sua presença e de seus alunos na praia;

- não expor os alunos quando o mar estiver agitado e, em caso de dúvida, perguntar ao guarda-vidas;
- respeitar os códigos de segurança da praia;
- não conduzir alunos sob o efeito de álcool ou drogas ao mar;
- evitar praias de tombo.

É importante ressaltar que o professor jamais deverá expor ou exigir de seus alunos algo que eles ainda não estão preparados para fazer.

3.12 Condições climáticas

O verão é, sem dúvida, a melhor época para a iniciação ao surfe. O calor proporciona melhor conforto, e o mar, normalmente, se encontra em condições favoráveis. Seguem abaixo as condições ideais para a aula de principiantes:

- ondas de até 0,5 metro;
- praias de fundo de areia regular (ondas cheias);
- condições climáticas favoráveis.

Em condições adversas a essas, o professor deverá avaliar a situação em razão do nível de aprendizado de seus alunos e das condições climáticas apresentadas.

3.13 A aula prática

Como a prática do surfe é considerada uma habilidade motora aberta (sob o ponto de vista de estabilidade do ambiente), recomenda-se fazer que as primeiras tentativas de prática partam de uma situação controlada, em que haja uma transferência positiva de aprendizagem para as situações posteriores, até o próprio ato de surfar. As etapas de uma aula são:

- atividade inicial (aquecimento e alongamento);
- prática desportiva (habilidade motora fechada).
- prática desportiva (habilidade motora aberta);
- exercícios de compensação.

Entendendo cada uma das etapas:

3.13.1 Aquecimento e alongamento

O aquecimento e o alongamento devem ter duração mínima de 10 minutos, devendo ser específicos para o surfe. O alongamento deve partir das regiões superiores para as inferiores: pescoço, membros superiores, tronco e, por fim, membros inferiores. O objetivo deste trabalho inicial é prevenir as lesões, tendo em vista a atividade que será realizada.

3.13.2 Prática desportiva (habilidade motora fechada)

Nesse momento, o aluno realizará os movimentos envolvidos na prática do surfe em ambiente controlado (estável). Esta técnica é conhecida por ser realizada na areia da praia, onde, posteriormente, o aluno tentará transferir a aprendizagem para a próxima etapa em ambiente aberto.

O professor deverá fazer um contorno na areia (com base na prancha que será utilizada), aproveitando a situação para corrigir posicionamento, remada e o *drop* (posicionamento da base na posição em pé).

3.13.3 Prática desportiva (habilidade motora aberta)

Nessa parte da aula, os alunos deverão entrar no mar acompanhados pelo professor e tentar desempenhar o que lhes foi instruído na areia.

É o momento em que o aluno terá de sentir confiança no professor, que deve lhe transmitir segurança e (se for o caso) controlar sua ansiedade. Nesta etapa, o professor coloca o aluno na onda, impulsionando a rabeta da prancha no tempo correto. Posteriormente, o aluno tentará por si só entrar na onda com seus recursos próprios de remada, momento em que o professor deverá dar a retroalimentação (*feedback* extrínseco) pertinente à sua necessidade.

3.13.4 Exercícios de compensação

Durante a remada, ocorre a hiperextensão das regiões cervicais, torácicas e lombares; o alongamento dessas regiões deve ser feito imediatamente após o término da aula. Uma forma conhecida de realizar este alongamento é deitar-se na areia, abraçar os joelhos e levar a parte superior da cabeça junto a estes (posição "caracol"). Alongamento para os membros superiores e inferiores também devem ser feitos.

Referências

FINNEY, B.; HOUSTON, J. D. *Surfing*: a History of the Anciente Hawaüan Sport. San Francisco: Pomegranate Artbooks, 1995.

GALLAHUE, L. G.; OZMUN, J. C. Compreendendo o desenvolvimento motor. In: GALLAHUE, L. G. *Crescimento e desenvolvimento na infância*, p. 232-42, 2003.

GANANÇA, M. M.; et al Exame Vestibular. In: ENCONTRO DE ESPECIALISTAS: AVANÇOS EM LABIRINTOLOGIA, 34., 1983, Bauru. *Anais...* Bauru: USP, 1983. 101 p.

GANANÇA, M. M.; CAOVILLA, H. H. Desequilíbrio e reequilíbrio. In: GANANÇA, M. M. (Ed.) *Vertigem tem cura?* São Paulo: Lemos,1998. p. 13.

MAGILL, R. A. *Aprendizagem motora*: conceitos e aplicações. São Paulo: Edgard Blucher, 2002. 369 p.

SCHIMIDT, R. A.; WRISBERG, C. A. *Motor learning and performance: a problem based learning approach*. 2. ed. Macomb, L: Challenge Publications Limited, 2000.

TEIXEIRA, L. A. Sobre a generalidade de estratégias de controle sensório motor. *Rev. Paul. Educ. Fís.*, São Paulo, p. 89-96, 2000, Suplemento 3.

FIGURA 3.7 – Alunos da pós-graduação em Esportes de Aventura da UNIFMU realizando prática na areia.

FIGURA 3.8 – Professor Julio Magalhães colocando o aluno na onda nas primeiras tentativas de prática.

Sites sugeridos

<www.waves.terra.com.br>;

<www.camerasurf.uol.com.br>;

<www.almasurf.com.br>;

<www.adaptsurf.org.br>;

Universidade da Prancha (Unimonte): <http://www.unipran.com.br>.

4

Mergulho

Simone Tolaine Massetto
Marcellus Bellezzo

O mergulho como atividade de aventura, desde que bem executado, oferece riscos mínimos. Sua prática recreacional oferece a seus praticantes vivências únicas que podem auxiliar no desenvolvimento biopsicossocial do indivíduo. Primeiramente, abordaremos o histórico da modalidade seguido da descrição das práticas e dos equipamentos necessários. Em um segundo momento, abordaremos os benefícios que esta modalidade oferece a seus praticantes.

4.1 Breve história do mergulho

A história do mergulho se confunde com a da humanidade. Desde que o homem adentrou os mares, teve contato com o mergulho. Por subsistência, por questões bélicas ou mesmo por recreação, a prática do mergulho sempre esteve presente na história do homem. A tentativa de permanecer embaixo d'água por mais tempo trouxe a evolução do mergulho.

Aristóteles registra que mergulhadores catadores de esponjas recebiam jarros de vidro virados para baixo com ar para que pudesse receber ar e permanecer no fundo por mais tempo. Há registros de que, em 1690, Edmund Halley enviou homens para trabalhar no fundo do mar dentro de um grande sino (até a profundidade de mais ou menos 20 m). Ele ainda ampliou sua inovação enviando para seus mergulhadores tonéis de ar para reabastecer o suprimento subaquático. A Giovanni Alfonso Borelli foi atribuída a primeira tentativa de mergulhar com segurança e conforto. Em 1679, ele confeccionou um traje impermeável, feito de couro e untado de sebo, para um bem-sucedido passeio subaquático na tentativa de reduzir um dos principais problemas dos mergulhadores: o frio (Norton, 2001; Vasconcelos, 2007).

Em 1715, John Lethbridge desenvolveu a "máquina de mergulho": um cilindro de madeira preso a um guindaste, com possibilidade de comunicação com a superfície por meio de códigos por uma linha, podendo o mergulhador utilizar livremente seus braços que passavam por orifícios com mangas vedadas com graxa. O mergulhador podia atingir, com esse equipamento, uma profundidade máxima de 18 m. Entre 1864 e 1965, Augustus Siebe, que é considerado o pai do mergulho, inventou um capacete vedado que recebia ar da superfície. Este era unido a uma roupa de borracha e recebia ar que era bombeado da superfície por uma mangueira. Um sistema de válvulas fazia o ar sair pela parte inferior do traje, porém o mergulhador não podia nadar na horizontal, pois, se assim o fizesse, o escafandro alagaria. A profundidade máxima de mergulho com o escafandro chegava a 50 metros (Vasconcelos, 2007).

Em 1919, Benoit Rouquayrol e Augustus Denayrouze idealizaram um aparato que permitia aos mergulhadores caminhar no fundo do mar com um tanque de ar comprimido montado nas costas do mergulhador alimentado pelo umbilical. Esse aparato permitia também que, por alguns minutos, o umbilical fosse desconectado, enquanto o ar guardado no tanque garantia a respiração. Finalmente em 1943, com base em uma invenção de Besnoit Rouquayrol, que data de 1899, tivemos a invenção do primeiro traje de mergulho totalmente autônomo, desenvolvido pelos oceanógrafos Jacques Yves Cousteau e Émile Gagnan. Denominado aqualung, esse equipamento consiste em cilindros de ar comprimido que permitem aos indivíduos nadar sem conexão com a superfície. O ar é garantido pelo cilindro e pelo regulador, válvula que equilibra a pressão dos cilindros à dos pulmões (Vasconcelos, 2007).

4.2 Tipos de mergulho

O ato de mergulhar compreende a submersão. Em outras palavras, é a exploração subaquática utilizando ou não equipamentos especiais. Existem três tipos de mergulho:

- O mergulho livre, também conhecido como mergulho em apneia, consiste em submergir a diferentes profundidades sem nenhum tipo de aparelho que permita a respiração subaquática, com exceção do *snorkel*.[1] Nele, o mergulhador utiliza diferentes técnicas de submersão sem o auxílio de equipamentos que possam assegurar a respiração subaquática, ficando dependente exclusivamente de sua capacidade pulmonar, sua preparação física e seu controle emocional. Existem várias modalidades de mergulho livre que podem ser competitivas ou não. O mergulho livre recreacional ou contemplativo consiste em contemplar o ambiente aquático interagindo com ambientes naturais. Competitivamente, podemos citar o mergulho com lastro constante, no qual o mergulhador desce a uma profundidade predeterminada por ele usando um cinto de lastro,[2] porém ele não pode utilizar (tracionar) nenhum cabo-guia. Uma variação deste é o lastro constante sem nadadeiras. Igual ao anterior, nesta categoria o mergulhador não pode utilizar nadadeiras.[3] Outra modalidade competitiva é a imersão livre, considerada a modalidade mais natural, pois o mergulhador utiliza somente um cabo-guia para descer o mais profundo que conseguir e retornar à superfície. Assim como o lastro constante, temos o lastro variável, modalidade na qual o mergulhador desce com o auxílio de lastro controlado (*sled*) ligado a um cabo-guia. Assim que ele atinge a profundidade desejada, ele abandona o lastro e retorna à superfície utilizando o cabo-guia

ou apenas suas nadadeiras. Existe ainda uma modalidade denominada *no limits*, na qual os mergulhadores utilizam a mesma estratégia de submersão da modalidade lastro variável, porém, para retornar à superfície, podem utilizar um balão ou colete inflável ou, ainda, outro meio mecânico para subir o mais rápido possível devido à grande profundidade atingida. Esta é a modalidade dos grandes profundistas. O recorde mundial de profundidade é de 225 metros do mergulhador Stig Aavall Severinsen, na data de 16 de junho de 2007.

- O mergulho autônomo é um tipo de mergulho no qual o mergulhador é auxiliado por equipamentos que carrega consigo, permitindo que ele respire embaixo d'água. Nesta modalidade, o mergulhador pode permanecer por mais tempo submerso em razão do auxílio do equipamento de respiração. O mergulho autônomo pode ser dividido basicamente em: mergulho recreativo e mergulho técnico (ou descompressivo). Para realizar esse tipo de mergulho, é necessário realizar um curso oferecido por uma das diversas certificadoras que administram o mergulho autônomo no mundo. No Brasil, as mais conhecidas são a PADI (Professional Association Diving of Instructor), a NAUI (National Association Underwater Instructor), a CMAS (Confédération Mondiale des Activités Subaquatiques) e a PDIC (Professional Diving Instructors Corporation). Os manuais das várias certificadoras de mergulho recreacional apontam 40 metros para a profundidade limite nesse tipo de mergulho, sendo que, a partir daí, os efeitos advindos da pressão sobre o ar atmosférico (composto por aproximadamente 21% de oxigênio e 79% de nitrogênio) dentro do cilindro e,

---

[1] *Snorkel*: tubo curvo com a função de auxiliar na respiração, levando o ar atmosférico até os pulmões enquanto flutuamos na superfície com o rosto dentro d'água.

[2] Cinto de lastro: cinto no qual são afixados pesos (geralmente feitos de chumbo) que têm como função tornar o mergulhador com flutuação negativa, ou seja, fazer que ele afunde.

[3] Nadadeiras: popularmente denominadas *pés-de-pato*, as nadadeiras são equipamentos calçados pelos mergulhadores para aumentar a propulsão aquática originada dos membros inferiores.

consequentemente, dentro do corpo humano podem ser nocivos e até mesmo fatais. Para outros tipos de mergulho não recreacionais ou esportivos, são usadas misturas de gases, como por exemplo o "trimix", substituindo determinada porcentagem de nitrogênio ou mesmo de oxigênio por gás hélio. Esse tipo de mergulho é muito arriscado e não são autorizados para mergulhadores recreacionais. O sul-africano Nuno Gomes é o recordista mundial de mergulho autônomo descendo, em junho de 2005 na costa do Mar Vermelho, a 318,25 metros utilizando o sistema SCUBA. O mergulho autônomo, além de recreacional, pode ser utilizado para estudos da biologia marinha ou mesmo para trabalhos subaquáticos diversos.

- No mergulho dependente (mergulho técnico), o suprimento de ar é fornecido por um compressor de ar por intermédio de uma mangueira, a partir da superfície. Ele não é praticado por mergulhadores amadores, recreacionais ou esportistas, pois, como não há quantidade limitada de ar para a permanência sob a água, os limites não descompressivos são facilmente ultrapassados, exigindo diversas paradas programadas para descompressão. Esse tipo de mergulho é geralmente realizado para trabalhos subaquáticos técnicos. É largamente utilizado por profissionais, especialmente os que trabalham em plataformas de petróleo e na construção civil.

4.3 Equipamentos de mergulho

Alguns equipamentos são necessários para que se possa realizar um mergulho seguro e bem-aproveitado. É extremamente importante conhecer e saber utilizar todos os equipamentos que envolvem o mergulho. Um bom uso destes trará mais conforto e mais segurança durante o seu mergulho.

- Máscara de mergulho: serve, basicamente, para proporcionar visão dentro d'água. A máscara criará uma camada de ar entre o olho e o meio líquido, dando-nos a possibilidade de ver nitidamente, porém a refração entre os dois meios (água e ar) promove uma distorção, aumentando e aproximando a imagem com relação ao observador. Por isso, quando vemos um objeto submerso com auxílio da máscara, ele aparentará ser maior na ordem de 25% e também mais próximo do que realmente está. É imprescindível que a máscara cubra a cavidade nasal, pois só assim poderemos regular a pressão interna da máscara soprando ar pelo nariz, evitando, assim, o barotrauma ocular. Nunca devemos mergulhar com óculos de natação, por não existir a possibilidade de regular a pressão interna nos óculos.

- Respirador: também chamado de snorkel, compreende um tubo que tem a função de auxiliar na respiração, levando o ar atmosférico até os pulmões enquanto flutuamos na superfície com o rosto dentro d'água. Existem dois tipos: com válvula (facilita o esgotamento da água contida no seu interior) e sem válvula.

- Nadadeiras: popularmente denominadas "pés-de-pato", servem para ajudar no deslocamento do mergulhador. Existem nadadeiras abertas e fechadas: as mais comuns são as fechadas, em que o mergulhador as calça utilizando uma meia para proteção dos pés. As abertas possuem tiras de ajuste no calcanhar e são geralmente usadas com botas, aumentando o conforto durante o mergulho. Contudo, a melhor nadadeira é aquela com que o mergulhador se sinta confortável, não importando modelo, cor ou preço. Existem diferenças no tamanho das palas das nadadeiras, sendo que cada uma delas é recomendada para um tipo de mergulho. Quanto maior elas forem, mais velocidade podem imprimir ao mergulhador; contudo, são mais desajeitadas para iniciantes.

- Roupas isotérmicas: como o próprio nome diz, as roupas de mergulho têm a função de proteger física e termicamente o mergulhador. A água é, em média, 25 vezes mais termocondutiva que o ar, fazendo que nosso corpo perca calor para a água muito mais rápido que em nosso ambiente nato, a atmosfera. Mesmo em regiões tropicais, nossa permanência na água por algum tempo pode fazer que a temperatura do corpo abaixe, podendo levar a um quadro de hipotermia. Nossa pele também se torna muito frágil depois de um contato prolongado com a água, podendo ferir-se com facilidade. Sendo assim, as roupas servem também para proteção da pele contra possíveis escoriações. Existem diferentes tipos de roupas confeccionadas com materiais diversos. A mais comum é a de neoprene, um tipo de borracha que contém milhares de minúsculas bolhas em seu interior, que permitem a passagem de água segurando-a em seu interior, fazendo que essa água seja utilizada como isolante térmico. Outro tipo é a roupa seca, feita de neoprene ou borracha vulcanizada, que impede totalmente a passagem da água. Esse segundo tipo é muito usado em locais muito frios, como cavernas, mergulhos profundos, altitudes e embaixo do gelo ou, ainda, durante atividades muito prolongadas, como no caso do mergulho comercial.

- Cinto de lastro: equipamento utilizado para compensar a flutuabilidade causada pela roupa isolante e pela gordura corporal. A quantidade de lastro varia de acordo com cada mergulhador sendo dependente da sua flutuabilidade natural. O lastro é composto, basicamente, de chumbo emborrachado, preso por uma fita de náilon com sistema de fecho de abertura rápida.

- Cilindros: os cilindros são a base do mergulho autônomo e nossa reserva de ar durante o mergulho. O que diferencia a capacidade e a quantidade de ar dentro dele é seu tamanho e a pressão utilizada em seu enchimento. Os cilindros mais utilizados pelos mergulhadores pesam de 12 a 15 kg e operam com aproximadamente 200 BAR de pressão, tendo um volume interno de aproximadamente 11 a 15 litros de ar. A relação tempo/cilindro depende da profundidade (pressão em que se encontra o mergulhador), do gasto energético e do ritmo respiratório.

- Regulador: mecanismo que permite respirar embaixo d´água com o ar comprimido. Ele é acoplado ao cilindro de ar comprimido, tendo a função de reduzir sua pressão até a pressão ambiente além de conduzir o gás por mangueiras até a boca do mergulhador, abrindo e fechando para liberar o ar a cada respirada.

- Colete equilibrador: como equipamento de segurança, o colete equilibrador ou compensador de flutuabilidade é utilizado para manter uma flutuabilidade perfeita do mergulhador. Os cilindros são presos a ele e podem ser cheios com o ar dos pulmões ou do próprio cilindro, garantindo flutuabilidade positiva quando inflado. É um verdadeiro salva-vidas na superfície. Ao retirarmos o ar contido no colete, o mergulhador pode iniciar o mergulho. Com o aumento da profundidade e consequente aumento da pressão ambiente, o mergulhador tende a ficar com a flutuabilidade cada vez mais negativa e, nesse momento, deve-se adicionar gradualmente ar no colete para corrigir a flutuabilidade e voltar ao equilíbrio.

- Manômetro: equipamento que monitora a pressão e, consequentemente, a quantidade de ar que temos no cilindro. É fundamental durante o mergulho, garantindo que se termine o mergulho com uma reserva segura de ar. Deve estar acoplado no primeiro estágio de regulador, na saída de alta-pressão, para registrar a pressão manométrica do cilindro e não a pressão intermediária.
- Profundímetro: registra a profundidade por variação de pressão. Assim como o manômetro, o profundímetro é um instrumento de grande importância no mergulho, pois devemos monitorar nossa profundidade e relacioná-la com o tempo de mergulho.
- Materiais acessórios: são todos os equipamentos não essenciais ao mergulho como facas, luvas, capuz, lanterna, carretilha, computadores, entre outros. Alguns acessórios podem tornar-se essenciais em mergulhos específicos, como a lanterna em um mergulho noturno ou uma carretilha em mergulhos de exploração em naufrágios.

4.4 Riscos do mergulho

Mergulhar pode ser um exercício saudável e prazeroso desde que alguns cuidados básicos sejam tomados. O ambiente aquático não é o habitat natural do homem e, além de dependermos de um equipamento para podermos respirar submersos, a água exerce sobre nossos corpos pressão superior a que estamos acostumados em ambiente terrestre. Essa pressão aumenta

com a profundidade e com a densidade do líquido (Wilcock et al., 2006). Quando mergulhamos, todos os espaços aéreos são comprimidos (lei de Boyle),[4] como as bolhas contidas no neoprene e o ar remanescente em nosso colete equilibrador. A diminuição desses volumes fará que o mergulhador desloque menos água e, por consequência, tenha menos empuxo, o que o levará a compensar a sua flutuabilidade adicionando ar ao colete. Quando subimos, a pressão diminui (processo inverso), aumentando o empuxo.[5] Por isso, durante a subida, devemos estar atentos para retirar o excesso de ar do colete, uma vez que a subida deve ser sempre lenta.

4.4.1 Problemas provenientes da variação de pressão

Barotrauma é o termo usado para determinar qualquer ferimento que seja resultado direto da variação de pressão. (Becker e Parell, 2001). Um mergulhador está constantemente sofrendo variações de pressão e devemos saber como evitar as possíveis lesões. Um volume de ar inspirado sob a água se expande em proporção direta com a redução da pressão externa, à medida que o mergulhador retorna à superfície. Inspirar profundamente o ar comprimido de um cilindro a 10 m de profundidade e retornar imediatamente à superfície sem soltar o ar já é suficiente para que o ar nos pulmões expanda rápida e progressivamente durante a ascensão, podendo romper os tecidos pulmonares antes mesmo que se atinja a superfície. A ruptura do tecido pulmonar força bolhas de ar para dentro do sistema circulatório, caracterizando assim a embolia gasosa,

---

[4] Lei de Boyle: "Em temperatura constante, a pressão de um gás é inversamente proporcional ao seu volume."
[5] Empuxo: força vertical que age de baixo para cima sobre os corpos imersos em um líquido. Sua magnitude é igual ao peso do volume do líquido deslocado pelo corpo aos ser imerso (Princípio de Arquimedes).

que pode ser fatal. Esse perigo também pode ocorrer em pequenas profundidades, como em uma piscina de 2,5 m de profundidade, desde que o mergulhador esteja usando equipamento de Scuba (McArdle et al., 1998).

- Compressão da máscara: a máscara aprisiona ar junto ao nosso rosto, e essa quantidade de ar é necessária para podermos enxergar embaixo d'água. Porém, ao aumentarmos a pressão ambiente, esse espaço aéreo diminui de volume, causando o efeito ventosa da máscara no rosto. Para equilibrar a máscara, basta soltar um pouco de ar pelo nariz. Esse é o motivo pelo qual as máscaras de mergulho devem envolver o nariz do mergulhador. Óculos de natação não podem ser utilizados, pois não temos como compensá-los.

- Aerotite: é a compressão da orelha média: após a membrana timpânica, existe um espaço aéreo que sofrerá variação de volume em função da variação de pressão. Existe um orifício ligando a orelha média à parte posterior da garganta, porém, por se tratar de um canalículo estreito, temos de auxiliar, por vezes, essa equalização, soprando ar delicadamente contra as narinas fechadas. Bocejar, deglutir ou movimentar as maxilas de um lado para outro também pode ajudar na equalização da pressão. Caso o mergulhador não consiga equalizar as pressões interna/externa, sentirá inicialmente um desconforto que pode evoluir para o barotrauma, caso ele insista na descida. O uso de tampões de orelha (utilizados em natação), capuz de mergulho apertado ou grande quantidade de cerúmen no conduto auditivo cria um espaço aéreo entre o tímpano e as obstruções que podem causar seu rompimento, ocasionado pela diminuição do volume do ar entre o tampão auricular e o tímpano (vácuo relativo), sugando-o literalmente para fora (McArdle et al., 1998).

- Aerossinusite: os seios da face, quando inflamados ou congestionados, impedem a equalização de pressão caracterizando o barotrauma dos seios da face. Se a pressão do ar não for igualada durante a descida, promoverá um vácuo relativo criando uma compressão sinusal e causando sangramento das membranas sinusais quando o sangue se desloca para igualar a diferença de pressão (McArdle et al., 1998). Durante a subida, a mucosa e o sangue contido no seio serão expulsos pela expansão dos gases e o mergulhador terá um possível sangramento pelo nariz (característica do barotrauma sinusal).

- Pneumotórax: nossos pulmões são compensados constantemente quando respiramos, porém existem situações em que o mergulhador inadvertidamente poderá prender a respiração, potencializando o risco de uma hiperextensão pulmonar, principalmente se iniciar a subida. A hiperextensão pulmonar pode gerar uma ETA (embolia traumática aérea). A embolia é uma das mais agressivas lesões do mergulho, porém a mais fácil de ser evitada: basta respirar constantemente. O barotrauma pulmonar pode também ocorrer quando o mergulhador solta todo ar dos pulmões e continua descendo. Conforme aumenta a profundidade, aumenta também a pressão externa, que comprime a caixa torácica, levando os pulmões a sofrerem uma redução de volume maior que a permitida pela sua elasticidade. Nessa situação, pode haver colabamento alveolar ou a passagem de fluidos para dentro dos alvéolos pulmonares, onde se acumulam e provocam dificuldades respiratórias. Por esse motivo, a profundidade teórica para mergulhos em apneia é de

40 m. Os conceitos que envolvem esse tipo de barotrauma são ainda muito discutidos pela classe médica, uma vez que a prática nos mostra que seres humanos já desceram a profundidades de aproximadamente 170 m apenas com o ar dos pulmões.

- Dentes: o barotrauma dental pode ocorrer se existir um espaço aéreo intradental, resultado de uma cárie ou tratamentos mal-executados. A grande questão sobre esses espaços é que não há como compensá-los. O mergulhador vitimado por um barotrauma dental deve abandonar o mergulho até que tenha resolvido o motivo do seu desconforto.

4.4.2 Efeitos indiretos da pressão

A solubilidade de um gás em um líquido é proporcional à pressão do gás sobre a solução (Lei de Henry). Como exemplo, suponhamos que em uma xícara de café acrescentamos açúcar até que este não se dissolva mais (solubilidade). Consequentemente, o açúcar começará a se acumular no fundo da xícara (saturação). Um gás também pode ser incorporado a um líquido, podendo haver a dissolução e, também, a saturação. Aumentando a pressão do gás, sua absorção também será aumentada. Observando um refrigerante gaseificado antes de abri-lo, não é possível ver o todo o gás que existe incorporado a ele; contudo, ao abrir a tampa, a solução será desestabilizada e será possível ver a formação de bolhas no seu interior. O ar que respiramos (composto por 78% de N_2, 21% de O_2 e 1% de outros gases), irá se dissolver nos líquidos corporais aumentando a saturação de nitrogênio em nosso corpo. Ao nível do mar, uma pessoa tem em média um litro de N_2 dissolvido no organismo. À medida que mergulhamos, com o aumento da pressão de ar que respiramos, uma quantidade maior de N_2 passa a se incorporar nos

nossos tecidos e, à medida que retornamos à superfície, esse N_2 é eliminado lentamente por meio da respiração. Quanto mais fundo o mergulhador estiver, maior a pressão do gás respirado e, consequentemente, mais rápido o N_2 é absorvido.

Ao retornar de um mergulho (descompressão), o mergulhador estará sujeito a uma mudança muito mais rápida de pressão, gerando uma instabilidade no N_2 dissolvido nos tecidos e promovendo bolhas deste gás dentro deles, o que é chamado de *doença descompressiva* ou DD. Evitar a DD é muito simples: basta seguir as regras de uma tabela de mergulho.[6]

Quando excedemos o tempo de fundo e/ou a profundidade segura, a subida direto á superfície pode gerar DD (doença descompressiva). Também conhecido como mal da descompressão, ocorre quando o nitrogênio dissolvido dentro dos tecidos corporais se expande devido a uma rápida ascensão (diferença de pressão), transformando-se em bolhas. A eventual formação e parada dessas bolhas na corrente sanguínea pode causar diversas lesões no corpo humano, desde gravíssimas hemorragias até paradas cardiorrespiratórias, podendo levar o mergulhador ao óbito. Se o mergulhador emergir lentamente, o nitrogênio terá tempo suficiente de ser eliminado pela respiração, porém, sempre após um mergulho, teremos uma quantidade desse gás que não conseguimos eliminar completamente, que chamamos de nitrogênio residual (NR). Quanto mais tempo e mais profundamente se mergulha, maior a concentração de nitrogênio no sangue e nos tecidos.

Concluído um mergulho, retornamos à superfície carregando nitrogênio em nossos tecidos (NR), que não causará nenhum mal ao nosso organismo se permanecer estável e for lentamente eliminado através da respiração. Nosso organismo leva por volta de 24 horas para eliminar o N_2 absorvido durante o mergulho. Caso o mergulhador queira mergulhar antes desse

---

[6] Tabela de mergulho é um instrumento criado por mergulhadores da marinha americana e utilizado por mergulhadores. Essa tabela relaciona a profundidade, o tempo de fundo e a velocidade de subida para evitar a formação de bolhas em nosso organismo.

intervalo, deve considerar o NR em seu organismo no momento de planejá-lo na tabela de mergulho.

4.5 Mergulho livre — apneia

Como dissemos no início deste capítulo, existem várias categorias de mergulho livre, e todas elas têm em comum o bloqueio respiratório (apneia) durante sua prática. Quando um indivíduo inspira profundamente, coloca em seus pulmões cerca de 1 litro de ar, e, ao bloquear a respiração, apenas 0,6 litro é utilizado no metabolismo antes que as pressões parciais de oxigênio e dióxido de carbono assinalem a necessidade de renovar a respiração. Grande parte das pessoas consegue prender o ar por 1 minuto, em média, mas, durante o exercício, esse tempo pode ser bem reduzido, pois o metabolismo aumenta, incrementando, assim, a necessidade de oxigênio (McArdle et al., 1998).

> O mergulho em apneia quando precedido de hiperventilação, acarretará um prolongamento significativo no período de apneia; ao mesmo tempo, observa-se um grande aumento nos riscos para o mergulhador. (McArdle et al., 1998, p. 501)

Essa manobra comum pode ser fatal ao provocar desmaios nos mergulhadores, muitas vezes em ascensão. O sinal de alerta para que o indivíduo respire é deflagrado pelo aumento da PCO_2 no sangue, porém, durante o exercício em apneia após uma hiperventilação, esse alerta é retardado. Concomitantemente, a PO_2 chega a níveis tão baixos que fazem que o cérebro pare de funcionar em plena atividade subaquática, levando o mergulhador a "apagar" (desmaiar). Estando submerso, existe grande possibilidade de afogamento (McArdle et al., 1998). No mergulho esportivo, existem técnicas de respiração que aumentam significativamente o volume

de ar nos pulmões (hiperinsuflação pulmonar). Essa técnica garante a entrada de mais ar nos pulmões, que serão vitais durante a atividade. Todo exercício que promova o aumento do tempo de apneia deve ser supervisionado por profissionais capacitados para evitar possíveis acidentes.

No mergulho livre, não é possível equalizar a pressão pulmonar com a pressão externa, pois o suprimento de ar está exclusivamente contido dentro dos pulmões. Assim, quanto mais profundo for o mergulho, maior será a pressão sobre as cavidades aéreas corporais, fazendo que o ar contido dentro delas reduza significativamente de volume. O efeito da pressão hidrostática excessiva pode causar lesões no tecido respiratório (McArdle et al., 1998). Entretanto, para que isso ocorra, o indivíduo deve atingir uma profundidade crítica que, para a maioria das pessoas, é em torno de 30 m.

Mergulhos profundos repetitivos também podem ser perigosos pelo acúmulo de nitrogênio nos tecidos, assim como no mergulho autônomo. É possível acumular grande quantidade de nitrogênio caso o mergulhador realize mergulhos repetitivos, a profundidades consideráveis, com curtos intervalos de tempo na superfície. O aumento da PN_2 ocorre por volta dos 20 m de profundidade. Mesmo que pequeno, o acúmulo de N_2 no organismo, associado a mergulhos profundos repetitivos, pode contribuir para a ocorrência de bolhas nesses tecidos podendo comprometer seriamente a saúde do mergulhador (Bove e Davis, 1990).

4.6 Aplicações práticas na Educação Física

A utilização do conhecimento específico do mergulho livre e mesmo do mergulho autônomo colabora na formação de um indivíduo mais crítico e participativo, à medida que ele conhece melhor seu meio ambiente e aprende a respeitá-lo.

O mergulho é realizado em ambiente diferente ao natural do ser humano. Por não conseguirmos respirar naturalmente dentro d'água, esta modalidade muitas vezes pode causar certo temor. O conhecimento do ambiente aquático, assim como a locomoção aquática, é importante para a prática da modalidade. É certo que para a prática do mergulho autônomo não é necessário saber nadar, pois a roupa de neoprene, mais o colete equilibrador, auxilia o indivíduo em sua flutuação, porém acreditamos ser de extrema importância saber nadar.

4.7 Benefícios da prática do mergulho

O ambiente aquático apresenta características determinantes para a locomoção humana. Embora água e ar sejam fluidos e possuam as mesmas características, locomover-se na água é muito diferente de se locomover em terra firme. O simples fato de estar imerso em água já promove algumas modificações que alteram o comportamento do indivíduo, que são de ordem fisiológica (cardiovasculares, renais, respiratórios) (Datta e Tipton, 2006; Wilcock et al., 2006) e psicológica (medo, ansiedade, euforia) (Scoton, 2001).

O desenvolvimento motor aquático está intimamente relacionado ao desenvolvimento motor geral. Assim como nas crianças, ao se tratar de indivíduos adultos ou mesmo idosos, o aprendizado de algumas habilidades motoras aquáticas também são dependentes das vivências motoras anteriores, bem como da fase em que esse indivíduo se encontra no ciclo da vida. Embora o mergulho autônomo tenha idade mínima de 12 anos para sua prática, o mergulho livre pode ser praticado por crianças de qualquer idade, desde que muito bem-monitorado.

A prática do mergulho promove o autoconhecimento de nossas capacidades e limitações. Pelo fato de ser uma atividade em que os erros podem ser fatais, sua prática promove o aumento da concentração e da disciplina auxiliando no desenvolvimento da administração pessoal. Dificilmente acontecem acidentes com mergulhadores que planejem com seriedade seus mergulhos; sendo assim, o desenvolvimento da responsabilidade é promovido com a prática da modalidade. A reflexão sobre a interação humana com o meio ambiente vem apontando o compromisso com mudanças de atitudes e valores, que estão interferindo positivamente nessa relação (Bruhns, 1997).

Embora pareça uma prática solitária, o fato de sempre dependermos de um parceiro para que possamos mergulhar torna a atividade uma prática compartilhada, favorecendo a solidariedade, a cooperação e o cuidado com o outro (Monteiro, 2003).

A prática dessa atividade promove um aumento das sensações de bem-estar e satisfação pessoal devido a um misto "atividade física de aventura e contato direto com a natureza". A prática do mergulho caracterizada por um contato íntimo com o meio natural pode proporcionar a seus praticantes maior condição de experimentar sensações prazerosas e relevantes para seu enredo psicológico, além de oferecer a

> possibilidade de vivenciar sentimentos de prazer e alegria em função de suas características que promovem, inclusive, a ampliação do senso de limite da liberdade e da própria vida. (Tahara et al., 2006)

A sensação de liberdade vivenciada dentro d'água parece ser um dos principais fatores de busca pelo mergulho. O fato de se sentir livre da ação gravitacional simulando um mergulho no espaço causa uma sensação única. A ausência de impacto associada à liberdade de movimentos leva os mergulhadores a experimentar uma emoção extrema associada ao fato de vislumbrar a vida marinha.

Quando se fala em mergulho, subentende-se a prática da modalidade na natureza, por sua vez parcialmente imprevisível. A diferença na temperatura da água, na sua densidade e a altitude do local de prática interferem diretamente nas adaptações orgânicas ao meio. A temperatura da água também está associada aos efeitos cardiovasculares e renais. Águas mais frias potencializam a resposta renal à imersão, assim como a resposta cardíaca (bradicardia) (Graef et al., 2005).

A prática de qualquer atividade aquática promove melhora no sistema cardiorrespiratório, associado a um aumento da diurese decorrente da influência da pressão hidrostática[7] e, também, associado à temperatura da água.

4.8 Efeitos cardiovasculares da imersão

O reflexo do mergulho é responsável por bradicardia, vasoconstrição periférica e desvio do sangue para as áreas vitais. Os efeitos da redução da gravidade em indivíduos submersos promovem o desvio do sangue para a parte superior do corpo (tórax). Essa centralização aumentada do volume sanguíneo e líquidos promove o aumento do retorno venoso, que, por sua vez, estimula os barorreceptores, aumentando o enchimento cardíaco e o volume-contração e reduzindo de forma reflexa a frequência cardíaca. O efeito bradicárdico de imersão é maior quando combinado à imersão da face e da cabeça com a imersão corporal, o que caracteriza o mergulho. Essa bradicardia, por sua vez, não reduz as demandas de oxigênio para os tecidos (Bookspan, 2000).

4.9 Efeitos renais da imersão

A resposta renal à imersão inclui édito urinário aumentado (diurese), perda de volume plasmático e perda de sódio e potássio. A imersão em água fria potencializa a resposta. Basicamente, esses efeitos são provocados pelo aumento do volume sanguíneo torácico, que promove a supressão do hormônio antidiurético (vasopressina), e pela pressão hidrostática sobre o tórax. Outros fatores que estão relacionados ao aumento da diurese e o mergulho é a densidade do líquido em que se mergulha, a hidratação do indivíduo, estados emocionais (estresse aumenta a diurese – medo) e a prática de exercícios (Bookspan, 2000).

4.10 Apneia

A apneia (bloqueio respiratório) diminui a frequência cardíaca. Um dos fatores que estimulam a bradicardia em apneia é a supressão dos movimentos respiratórios. A bradicardia é estimulada quando é realizada apneia após uma inspiração completa; o inverso pode provocar taquicardia. O reflexo do mergulho não aumenta o tempo de retenção da respiração embaixo da água, porém a água fria pode encurtar o tempo de apneia em humanos (Datta e Tipton, 2006).

O desempenho no mergulho é influenciado pelo treinamento físico e de suas técnicas. Conhecer os ajustes fisiológicos durante esta prática auxilia na segurança do mergulhador. O desenvolvimento do autoconhecimento corporal é favorecido pela modalidade, pois é ponto-chave na interação com o meio líquido para o aumento do desempenho. O mergulho desenvolve o relaxamento, a concentração e a atenção. A modificação da audição e visão subaquática pode promover aguçamento dos outros órgãos sensoriais, melhorando a percepção do praticante.

---

[7] A pressão hidrostática é uma força exercida por um fluido (como a água) sobre um corpo nele imerso.

4.11 Efeitos psicológicos

Várias são as alterações psicológicas causadas por atividades na natureza. O medo do desconhecido, das profundezas, de animais marinhos, enfim, o medo da morte pode desencadear reações fisiológicas que podem prejudicar o desempenho do mergulhador. Porém, uma vez vencido o medo, o indivíduo torna-se mais forte e confiante, podendo um simples mergulho ser o ponto de partida no aumento da autoestima e autoconfiança. O medo é apenas um exemplo de como os fatores psicológicos podem ser alterados com a modalidade. O relaxamento corporal promovido pela água pode auxiliar na redução do estresse, assim como o exercício promove a melhora nos quadros de depressão (Brosse et al., 2002).

4.12 Benefícios psicossociais

O mergulho, por ser uma modalidade compartilhada, cria vínculos. O ambiente natural também ajuda na manutenção e no reforço desses vínculos, uma vez que dependemos de amigos e colegas durante a prática. O ambiente social nos grupos de mergulhadores recreacionais é divertido e agradável, além de promover a troca de experiências técnicas e pessoais, resultando em crescimento individual de seus participantes. Enfim, a prática do mergulho livre ou autônomo auxilia no desenvolvimento físico e emocional de seus praticantes, promove alterações biopsicossociais positivas e auxilia seus praticantes na manutenção da saúde. Desde que observadas as técnicas adequadas a cada situação e tomadas as devidas precauções, o mergulho é uma atividade segura. Deve ser incentivada como prática alternativa nas escolas, pois promove a responsabilidade e autonomia de seus praticantes. Mesmo que seja realizado em piscinas, o fato de os alunos terem de se responsabilizar por sua prática individual e pelo seu parceiro já torna a atividade interessante. Acreditamos que o mergulho deva ser estimulado e difundido nas escolas e nos clubes, por se tratar de uma atividade na qual os benefícios são muitos.

Referências

BECKER, G. D.; PARELL, G. J. Barotrauma of the Ears and Sinuses After Scuba Diving. *Eur. Arch. Otorhinolaryngology*, v. 258, p. 159-63, 2001.

BOOKSPAN, J. Efeitos fisiológicos da imersão em repouso. In.: RUOTI, G. R.; MORRIS, D. A.; COLE, A. J. *Reabilitação aquática*. São Paulo: Manole, 2000. cap. 3, p. 29-42.

BROSSE, A. L. et al. Exercise and the treatment of clinical depression in adults: recent findings and future directions. *Sports Medicine*, Auckland, v. 32, n. 12, p. 741-60, 2002.

BRUHNS, H. T. Lazer e meio ambiente: corpos buscando o verde e a aventura. *Rev. Brasil.Ciênc. Esporte*, São Paulo, v. 18, n. 2, p. 86-91, 1997.

DATTA, A.; TIPTON, M. Respiratory responses to cold water immersion: neural pathways, interactions, and clinical consequences awake and asleep. *J. Appl. Physiol.*, v. 100, p. 2057-64, 2006.

DUARTE, M. *Princípios físicos da interação entre ser humano e ambiente aquático*. São Paulo, 2004. Apostila de Biofísica – Escola de Educação Física e Esporte da USP. Disponível em: <http://demotu.org/pubs/agua2004.pdf>. Acesso: em 13 jun. 2010.

GRAEF, F. et al. Frequência cardíaca em homens imersos em diferentes temperaturas de água. *Rev. Port. Cien. Desp.*, v. 5 n. 3, 266-73, 2005.

McARDLE, W. D.; KATCH F. I.; KATCH V. L. *Fisiologia do exercício*: energia nutrição e desempenho humano. Rio de Janeiro: Ganabara Koogan, 1998. cap. 26, p. 498-509.

MONTEIRO, V. S. Refletindo sobre lazer/turismo na natureza, ética e relações de amizade. In.: MARINHO, A.; BRUHNS, H. T. (Org.). *Turismo, Lazer e Natureza*. São Paulo: Manole, 2003.

NORTON, T. *Sob o mar*: a extraordinária vida dos prisioneiros do mergulho. Tradução Geroge Schlesinger São Paulo: Alegro, 2001.

SCOTON, D. R., Você tem medo de água? *Scuba*, ano 6, n. 50, nov. 2001, p. 55.

TAHARA, A. K.; CARNICELLI FILHO, S.; SCHWARTZ, G. M. Meio ambiente e atividades de aventura: significados de participação. *Motriz*, Rio Claro, v. 12, n. 1, p. 59-64, jan./abr. 2006.

VASCONCELOS, Y. Do sino ao Scuba, conheça as roupas modernosas e os trajes conceituais que fizeram a história do homem rumo ao fundo do mar. *Superinteressante*, ed. 235, jan. 2007. Disponível em: <http://super.abril.com.br/superarquivo/2007/conteudo_485254.shtml>. Acesso em: 8 maio 2010.

WILCOCK, I. M.; CRONIN, J. B.; HING, W. A. Physiological response to water immersion: a method for sport recovery? *Sports Medicine*, n. 36, v. 9, p. 747-65, 2006.

5

Canoagem, meio ambiente e turismo

Marcelo Caetano dos Santos

Este trabalho visa a servir como fonte de pesquisa aos interessados e iniciantes da canoagem, bem como aos profissionais de Educação Física. Nossa ideia é despertar e ampliar a linha de percepção neste universo com o foco no desenvolvimento e aprimoramento acadêmico.

No conteúdo deste capítulo, o leitor encontrará, de forma objetiva, informações básicas quanto à estrutura da atividade, além de outros assuntos pertinentes à prática, elaboração de metodologia de aula, turismo, entre outros.

Com base nas experiências vividas pelo autor, com seus mais de vinte anos na atividade ao ar livre, este trabalho visa trocar experiências e avançar para um futuro mais evolutivo de todo o desenvolvimento acadêmico.

A evolução da humanidade, na busca incansável por novos horizontes e descobertas, trouxe desenvolvimento e conhecimento em todas as esferas de aprendizado. Essa evolução e busca levam-nos à utilização por meios de locomoção e transportes em diversas formas e categorias, fazendo-nos enxergar e ampliar novas descobertas. Nesse cenário evolutivo, a mãe natureza oferece em seu ambiente aquático as mais variadas formas para esse processo de transformação e descoberta.

A água, uma substância líquida, incolor, insípida e inodora, cuja forma tão singela é fonte de vida, é um dos elementos mais preciso para a nossa subsistência. Se pensarmos que a superfície terrestre, de sua totalidade, está com mais de 75% cobertos por água, podemos dizer que estar em contato com esse universo aquático nos contagia para um mergulho profundo de conhecimento e mistério.

Esse elemento serve de estrada e via de locomoção, diversão e entretenimento para os amantes e adeptos do universo da canoagem.

5.1 Histórico

Se pensarmos na evolução humana e em povos como índios, portugueses etc., podemos perceber que os respectivos desenvolvimentos ocorreram por meio de novas conquistas em diversos momentos históricos. Essas conquistas estão ligadas ao desenvolvimento das ferramentas associadas à navegação.

Os primeiros povos com indícios comprovados na utilização de ferramentas para a navegação com propulsão humana surgiram há milhares de anos com os povos nativos da América do Norte, Polinésia e até da Amazônia. Tais indícios citam que os índios utilizavam os troncos de árvores para a construção rudimentar desses utensílios para a navegação.

Figura 5.1 – Indígenas utilizando embarcação para pesca.

Outro indício forte desse desenvolvimento são os esquimós oriundos da América do Norte, que utilizavam ossos de baleia para a construção da estrutura da embarcação, pele de focas, bem como suas tripas para a confecção de seu revestimento. Essas embarcações eram utilizadas para a prática da pescaria para sua sobrevivência.

Posteriormente, os europeus também tiveram influência na história relacionada às embarcações com propulsão humana. Temos como exemplo um explorador dos rios da Europa e, principalmente, da Inglaterra chamado MacGregor, um escocês que utilizou um caiaque e cujo nome de batizado era Rob Roy.

No Brasil, segundo relatos informais, no início da década de 1940 a prática foi trazida por imigrantes alemães na Região Sul. Porém, somente em meados das décadas de 1970-1980 a canoagem nacional foi retomada com a chegada dos primeiros caiaques em fibra de vidro trazidos da Europa e da Argentina. Tais embarcações serviram como molde para a construção dos primeiros caiaques nacionais em resina de poliéster reforçada com fibra de vidro (Imbriaco, 2001; Robba, 2001).

Até hoje no Brasil ainda temos povos e comunidades ribeirinhas, principalmente caiçaras, que se utilizam da mesma técnica de construção em tronco de árvores para a confecção de canoas nas mais variadas formas e utilização.

Essa técnica também se destina à fabricação de peças artesanais que são comercializadas por associações de artesãos locais e são utilizadas na construção de canoas para o transporte local e para a prática da pescaria. Uma das árvores utilizadas para essa construção é a caixeta, árvore de estrutura interna não muito rígida que permite a facilidade de manuseio em sua construção.

FIGURA 5.2 – Sr. Dico, artesão do Saco do Mamanguá, na cidade de Parati/RJ, que ainda preserva ativamente viva a cultura da construção de canoas (Imagem: Chisthian Fuks).

5.2 Atividade

A canoagem é uma atividade náutica praticada com canoa e caiaque em ambientes naturais e artificiais como rios, lagos e mares. A sua principal característica é o remador, que está posicionado à frente, utilizando de forma propulsora o remo, que contém duas pás em suas extremidades.

No Brasil, o órgão oficial regulamentador das modalidades esportivas é a Confederação Brasileira de Canoagem, a CBCa. A canoagem é uma modalidade olímpica desde 1936. Hoje, há várias modalidades associadas à canoagem:

- velocidade;
- *slalom;*
- caiaque-polo;
- descenso;
- maratona;
- oceânica;
- rodeio;
- canoagem em ondas (caiaque surfe);
- canoa havaiana;
- *rafting.*

Na canoagem, deve-se escolher a embarcação mais adequada para a situação de navegação, utilizando o remo como ferramenta de propulsão para o deslocamento. O caiaque é uma embarcação que permite ao remador escolher seu próprio caminho, contando apenas com sua capacidade física para poder contemplar o que há à sua frente, alcançando qualquer ponto em que haja água para se deslocar.

Também devemos citar a canoagem oceânica, que utiliza caiaque específico para a prática, pois nossa faixa costeira, com mais de 7.500 km de praias, merece um lugar de destaque no cenário da canoagem. Os caiaques do tipo oceânico são os mais propícios para remadas que envolvem longas distâncias, pois são rápidos e possuem compartimento de carga que permite levar mantimentos e equipamentos de *camping*. Há algumas empresas especializadas na construção de embarcações oceânicas e cursos, bem como expedições pelo Brasil.

A canoa canadense tradicionalmente feita de madeira, normalmente utilizadas em águas abrigadas (rios, represas, lagos), são uma opção interessante dentro da canoagem, pois não são tão rápidas quanto os caiaques, mas possuem uma capacidade imensamente superior no transporte de carga. Numa expedição que envolve vários dias, as canoas canadenses são bem-vindas, pois nelas poderão ser transportados equipamentos maiores, além de acomodarem com conforto duas pessoas.

O bote é uma embarcação inflável utilizada na prática do *rafting* com capacidade de carga e passageiros muito elevada. É construído geralmente em PVC ou, também, de trama emborrachada flexível, materiais muito resistentes a pequenos impactos, mas que requerem uma atenção maior quanto aos cuidados de manutenção.

O caiaque inflável é ideal para a prática de esportes de aventura, com capacidade até para duas pessoas. Esse tipo de embarcação tem excelente estabilidade e desempenho em mar e rios com águas agitadas. Conhecido popularmente como *duck* em razão do formato de sua popa e proa, é semelhante a um caiaque, mas com características e estrutura parecidas com um bote de *rafting*. Possui facilidade nas manobras e média *performance*, robusto, leve e resistente, com a vantagem de ser acondicionado em mochila de transporte que acompanha o produto. Tem fundo tipo colchão com sistema de escoamento de água. É uma embarcação que ganhou muitos adeptos das competições de corridas de aventura, porém sua manutenção exige um pouco mais de cuidados.

Figura 5.3 – Caiaque do tipo oceânico (Imagem: Christhian Fuks).

Temos os caiaques *fun*, embarcação com característica recreativa feita de composição plástica, que tem melhor durabilidade. Esses modelos de caiaque não fornecem performance em seu desempenho, mas concentram suas virtudes na estabilidade e durabilidade. São muito utilizados em centros de lazer e entretenimento populares por causa de seu baixo custo.

Figura 5.4 – Caiaque inflável (Imagem: Caio Buzaranho).

5.3 Turismo, o futuro da atividade esportiva

O turismo na natureza é um dos segmentos que mais cresce no Brasil, assim como em outros países, pelo fato de sua prática ser realizada junto às belezas naturais de nosso planeta.

O turismo de aventura é uma vertente do turismo que se disseminou pelo Brasil em meados dos anos 1980. Isso também está associado à grande quantidade de empresas de turismo de aventura criadas em nosso país. Nesse contexto, o Ministério do Turismo (MTur) passou a considerar o turismo de aventura como um dos segmentos prioritários seguindo as tendências internacionais e criou, em 2004, a Associação Brasileira de Empresa de Turismo de Aventura (ABETA) conforme todos os ritos formais exigidos por lei, que foi responsável pela criação do Projeto de Normatização em Turismo de Aventura

Quadro 5.1 – Modalidades diversas associadas à canoagem

Lagos	Mar	Rios	Piscinas
Velocidade	Oceânica	*Slalom*	Caiaque-polo
Maratona	Onda	Descida	
Canoa havaiana		*Rafting*	
		Rodeio	

segundo os padrões de normas técnicas Associação Brasileira de Normas Técnicas (ABNT).

No turismo de aventura, a canoagem tem como premissa a aproximação do ser humano ao meio ambiente, utilizando como pano de fundo o universo aquático. Ao mesmo tempo, seu contato permite aos adeptos e simpatizantes da prática de turismo de aventura um convívio nesse cenário de contemplação, criando uma percepção de conscientização e de hábitos saudáveis empregados no esforço de atuação na atividade.

5.4 Canoagem de turismo

Podemos elencar algumas atividades consideradas como canoagem de turismo:

- passeios no mar, rios, lagos e represas;
- expedições e travessias;
- manobras em águas turbulentas, chamadas de rodeio ou *freestyle*;
- descida de ondas no mar, similar ao surfe;
- canoagem ecológica com ênfase na educação ambiental;
- descida de corredeiras, chamada de águas brancas (*white water*).

Na canoagem no turismo de aventura, o que mais merece destaque é o *rafting*, que é a descida de rios com corredeiras utilizando botes infláveis.

Emoção, aventura, natureza e espírito de equipe são alguns dos ingredientes dessa atividade de recreação e lazer, que já se tornou a mania de muitos brasileiros. O *rafting* tem atraído muitos adeptos da canoagem, pois, em sua forma mais tradicional, propicia o convívio e harmonia de seus participantes.

Seu surgimento se deu nos Estados Unidos no século XIX, porém sua forma mais atual se deu na década de 1970. No Brasil, apareceu em 1982 no Rio de Janeiro e, depois, consolidou sua definitiva expansão no mercado brasileiro com o surgimento de diversas empresas de turismo de aventura espalhadas pelo país, ganhando novos adeptos em São Paulo, Rio Grande do Sul e Santa Catarina e, mais adiante, os demais Estados.

Alguns aspectos da embarcação de *rafting* contribuem para o sucesso da atividade pelo mundo afora, como facilidade de remar, estabilidade da embarcação na navegação em águas calmas e turbulentas, grande números de passageiros. Esses são alguns aspectos que favorecem essa multiplicação da atividade. Toda a atividade de canoagem, bem como o *rafting*, tem como premissa a utilização de equipamentos de segurança em sua concepção.

5.5 *Rafting*

O *rafting* se desenvolve em passeios em trechos fluviais curtos (de 4 a 7 km), médios (de 8 a 20 km) e longos (que duram em torno de dois ou mais dias com caráter expedicionário).

A atividade de *rafting* em forma comercial exige certa quantidade de equipamentos específicos para sua prática. Graças ao desenvolvimento da atividade, há uma razoável quantidade de produtos e empresas brasileiras que confeccionam e comercializam os equipamentos específicos e técnicos para a prática da modalidade, gerando assim uma pequena renda e contribuição na economia brasileira.

As operadoras de *rafting* no Brasil contêm estruturas bastante complexas para o atendimento ao público que se destina a conhecer essa atividade de aventura. Hoje, essas operadoras de *rafting* estão adaptadas a receber públicos diversificados, podendo atuar com escolas, clubes, academias, terceira idade e portadores de necessidades especiais.

No atendimento específico a portadores de necessidades especiais, requer uma sensibilidade do condutor da atividade para a viabilização.

Outro nicho que tem tido crescimento vertiginoso no *rafting* são os trabalhos voltados para as corporações ou empresas que estão utilizando práticas de atividades ao ar livre como instrumento para fortalecimento de conceitos corporativos, valorizando atributos de trabalho em equipe, liderança, superação, entre outros.

5.5.1 Locais de prática do *rafting* no Brasil

O *rafting* é praticado em rios com diferentes níveis de perigo e dificuldade. Esses níveis de dificuldade são chamados de classes.

Cada roteiro de *rafting* trata especificamente de uma seção ou trecho de determinado rio, e cada seção tem seus níveis de perigo e dificuldade expressos

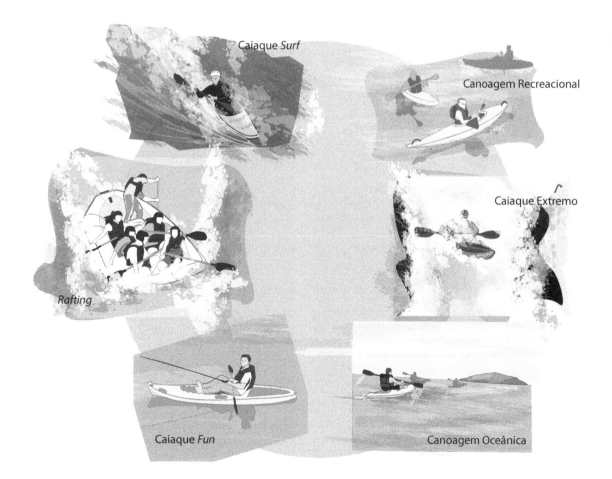

Figura 5.5 – Canoagem de turismo.

por sua classe. Existem seis classes de corredeiras, sendo a classe I de menor dificuldade e a classe VI a extrapolação do limite da navegabilidade, proibida para descidas comerciais de *rafting*.

Seguem os principais estados e cidades com os locais mais propícios à prática da atividade do *rafting*. A relação dos níveis de dificuldade está relacionada a seguir:

São Paulo

Rio Juquiá (II/III) – Juquitiba

Rio Paraibuna (II/IV) – S. L. Paraitinga

Rio do Peixe (III/IV+) – Socorro

Rio Jacaré-Pepira (II/IV) – Brotas

Rio Pardo (III) – Caconde

Rio Atibaia (III) – Campinas

Rio de Janeiro

Rio Paraibuna (III/IV) – Três Rios

Rio Paraíba do Sul (III/IV+) – Sapucaia

Rio Piraí (II/III) – Rio Claro

Rio Mambucaba (II/III) – Angra dos Reis

Ribeirão das Lages (III/IV) – Paracambi

Rio Macaé (III/IV+) – Casimiro de Abreu

Tocantins

Rio Novo (II/III+) – Deserto Jalapão

Santa Catarina

Rio Itajaí-açu (III / IV+) – Ibirama

Rio Hercílio (III / IV) – Ibirama

Rio Cubatão – Florianópolis

Rio Grande do Sul

Rio Paranhana (II/III+) – Três Coroas

Rio das Antas (III/IV) – Antonio Prado e Nova Pádua

Paraná

Rio Iapó (II/IV) – Tibagi

Rio Cachoeira (II/III) – Antonina

Rio Jaguariaíva (IV) – Jaguariaíva

Rio Tibagi – Tibagi

Mato Grosso

Rio Tenente Amaral (II/III+) – Jaciara

Minas Gerais

Rio Jaguari – Extrema

Rio das Velhas – Uberlândia

Rio Capivari – Lauras

Amazonas

Presidente Figueiredo

Goiás

Rio das Almas – Pirinópolis

Bahia

Rio de Contas (III / IV) – Itacaré

Rio das Fêmeas (II / III) – Barreiras

Rio Cimão (III) – Costa do Sauípe

Mato Grosso do Sul

Rio Formoso – Bonito

5.5.2 Competições de *rafting*

A grande expansão do *rafting* no aspecto comercial gerou um interesse muito grande na modalidade competitiva e, hoje, campeonatos de *rafting* já podem ser vistos com frequência pelo mundo. As competições de *rafting* são disputadas na Europa há mais de 20 anos e chegaram ao Brasil em 1996, com a realização do primeiro Campeonato Brasileiro.

Além do campeonato anual, existem alguns campeonatos regionais que são realizados todo ano. Internacionalmente, existem o mundial e os campeonatos continentais (exemplo: pan-americano e europeu).

A Federação Internacional de Rafting (IRF – International Rafting Association) regula os aspectos esportivos do *rafting* mundialmente; já no Brasil, essas regulamentações cabem à CBCa – Confederação Brasileira de Canoagem.

Segundo a Associação Internacional de Rafting, os critérios de apontamento dos campeonatos possuem uma configuração de quatros provas; tiro de velocidade, *sprint*, *slalom* e descenso, e a somatória de pontos entre todas as provas define o campeão. São disputadas por equipes nas categorias de seis pessoas e, a partir de 2010, haverá também a categoria com quatro integrantes por bote.

No Brasil, merece destaque a equipe Alaya Bozo D'agua da cidade de Brotas/SP, atual bicampeã mundial de *rafting*.

Atualmente, o município de Brotas ainda possui uma economia predominantemente agropecuária. Considerando-se a tradição de uso da terra e os recursos naturais do município (cachoeiras, matas preservadas, serras e rios), a economia turística com base no ecoturismo, no turismo de aventura e no turismo rural tem se tornado outra atividade de destaque e importância para a economia local (Brotas, 2003). O município de Brotas é muito rico em recursos hídricos, possuindo muitos rios, ribeirões e nascentes, sendo esse um fator que possivelmente contribuiu para a escolha do nome da cidade e determinante para a prática do *rafting* e demais práticas de turismo na natureza. Brotas pode ser considerado atualmente um município que está servindo de escola, experimento e pano de fundo para os atuais campeões mundiais de *rafting*.

5.5.3 Metodologia de ensino da atividade

Aspectos da embarcação

Modelos de embarcação: *sit on top* abertos, oceânicos, de águas brancas, canoas, balsas e turismo.

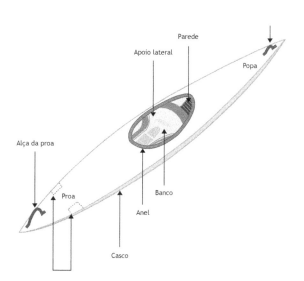

FIGURA 5.6 – Partes do caiaque.

Especificidade do caiaque

Embarcação versátil, confortável.

Nomenclatura usada para identificar as partes da embarcação

Proa, popa, convés, assento, casco, *cockpit*, finca-pé, apoio lombar, alças de transporte.

Equipamentos envolvidos na atividade

Coletes salva-vidas, remos, capacetes, apito, regras de sinalização, regras de trânsito marítimo, saia, cabo de reboque, bomba, caneca e esponja.

Vestimentas adequadas

Proteção contra sol, desidratação e hipotermia, roupas de neoprene e calçados.

Aspectos antrópicos

Ventos, ondas e a mecânica das águas afetam a navegabilidade.

Meteorologia

Sinais e riscos, sazonalidade das estações no Brasil.

Como transportar o caiaque

Veículos, entre outros.

Posicionamento de remada

Pegada no remo, ângulo das pás, tamanho do remo, remada com o tronco (treino em seco, depois em água).

Remada básicas

Remada frente (que é a remada de propulsão), remada ré e remadas corretivas direcionais.

Aspectos de segurança

Conceitos básicos de segurança, uso do colete salva-vidas e de cabo de resgate para reboque em casos de emergência.

5.6 Dicas para o desenvolvimento da atividade

Quando se é "marinheiro de primeira viagem", a situação de estar dentro de uma embarcação de canoagem pode ser desconfortável. Deve-se começar em águas calmas com caiaques com fundo chatos de melhor estabilidade, pois com esse modelo a velocidade é bem reduzida. Seu posicionamento dentro da embarcação deve ser confortável e tranquilo. Devem-se manter as costas apoiada no encosto do assento (se houver) e os pés apoiados no finca-pé.

Quando iniciar as remadas, escolha um ponto fixo em alguma margem e reme na direção escolhida, efetuando remadas curtas próximo à embarcação. Remadas iguais de cada lado ajudam a manter a embarcação, em linha reta, afundando na água toda a circunferência da pá do remo. Pode-se usar a pá do remo como leme e projetar sua lâmina de forma vertical sobre a água na popa da embarcação, a fim de obter o direcionamento desejado.

Referências

ADDISON, G. *Whitewater Rafting*: The Essential Guide to Equipment and Techniques. London: New Holland Publishers, 2001. 96 p.

BENNET, J. *The Complete Whitewater Rafter*. New York: Ragged Mountain Press, 1996. 196 p.

HISLDORF, L. V. *Canoagem*: Aventura e Ecologia Fluindo com a Natureza. 1997. 116 p.

KUHNE, C. *Whitewater Rafting an Introductory Guide*. Lions & Burford Publishers, 1995. 169 p.

MERKLE, L. A. Apostila Curso Básico Rafting, 2002.

NEALY, W. *Kayaks*: The Manual of Intermediate and Advanced Whitewater Technique.

WALBRIDGE, C.; SUNDMACHER, W. *Whitewater Rescue Manual*: New Techniques for Canoeists, Kayakers and Rafters. New York: Ragged Mountain Press, 1995. 198 p.

Sites sugeridos

<www.abeta.com.br>;

<www.cbca.org.br>;

<www.americancanoe.org>;

<www.intraraf.com>;

<www.hidro2.com.br>;

<www.aroeiraoutdoor.com.br>.

6
Esportes aéreos — voo livre

Demitrius Bellezzo

6.1 História do voo livre

Inúmeras modalidades compreendem os esportes aéreos. Enquanto no paraquedismo a adrenalina está na queda livre, no voo de parapente e de asa-delta (voo livre) o objetivo é ganhar altura e se sustentar por mais tempo e percorrer a maior distância. Pela sua maior acessibilidade na atualidade, este capítulo abordará apenas o voo livre.

O exato momento em que o voo livre começou no Brasil é bastante divergente, mas se sabe que tudo começou na década de 1970 pelas mãos de turistas europeus.

O sonho de voar acompanha o homem desde a Antiguidade. Dos magníficos desenhos de Leonardo da Vinci no século XVI até Santos Dumont, muitos foram os protagonistas na história do voo livre. Até mesmo na mitologia, muitas são as referências a esse desejo, como o mito de Ícaro que, com suas próprias asas, voou tão alto até queimá-las com o calor do Sol.

O engenheiro aeronáutico americano Francis Rogallo foi o primeiro a registrar a patente das asas flexíveis em 1951, mas foi apenas em 1966, com Al Hartig, que se desenvolveu o desenho da asa-delta como conhecemos hoje.

Para Duarte (2003), a procura pelo voo livre é uma tradução do sonho de Ícaro, pois quem voa se sente livre como um pássaro.

Com adeptos em inúmeros estados como São Paulo, Rio de Janeiro e Minas Gerais, em 1975 foi realizado o 1º Campeonato Brasileiro de Voo Livre e, em seguida, fundada a Associação Brasileira de Voo Livre (ABVL) com o intuito de controlar o acesso à rampa de São Conrado, no Rio de Janeiro.

Segundo Ambrosini (2007), o surgimento do parapente está relacionado com as pesquisas para retorno de cápsulas espaciais à Terra. Após desenvolver paraquedas especiais para o projeto Apollo, o engenheiro americano David Barish construiu em 1965 uma espécie de velame e com ele decolou do Monte Hunter, nos EUA. Apesar da forma peculiar, algumas características desse protótipo permanecem até hoje. Em 1973, Barish escreveu o primeiro manual de *paragliding*, já mostrando o esporte como uma variante do voo livre.

6.2 A asa-delta

A base metálica de sustentação da asa-delta, ao mesmo tempo que lhe confere um desenho característico, também representa sua principal desvantagem, uma vez que exige suportes específicos para seu transporte e pelo menos duas pessoas para transportá-la.

Figura 6.2 – Velame construído por David Barish.

Figura 6.1 – Francis Rogallo e seus protótipos.

O esqueleto da asa-delta é composto por dois tubos de alumínio que moldam as extremidades e uma quilha que divide o ângulo frontal, conferindo o formato de triângulo. Atrás do "nariz" situa-se uma barra transversal que fornece apoio para conectar a quilha com os tubos que moldam as extremidades. Atrás dessa barra, encontra-se um tubo menor, também em formato triangular, que corresponde à barra de controle usada pelo piloto para manobrar a asa.

A superfície planadora da asa geralmente é feita de náilon ou fibra sintética. Ligado à quilha do outro lado da barra de controle encontra-se o mastro, cuja função é apoiar os cabos de aço que dão sustentação à asa-delta.

Conectada ao centro de massa da asa-delta se encontra a alça, que mantém o piloto suspenso na posição de bruços e lhe permite certa liberdade de movimentos.

6.3 O parapente

A estrutura do parapente possui algumas características peculiares, sendo basicamente composta por dois itens: o velame e a *selete*.

O velame em si constitui a maior parte do equipamento e é dividido em três partes: a vela, as linhas e os tirantes. A vela é feita de um tipo de náilon especial chamado *rip stop* e funciona como uma asa. Pinto (1996) descreve como uma das principais características da vela a resistência e a capacidade de alterar sua forma quando necessário. A vela (aerofólio) é composta por algumas partes, como:

- Extradorso: compõe a parte superior do aerofólio.

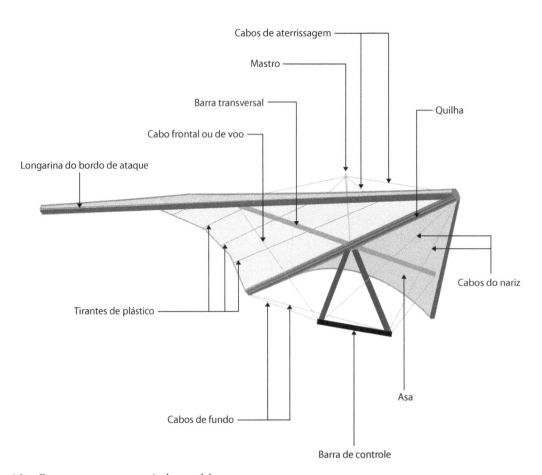

Figura 6.3 – Componentes estruturais da asa-delta.

- Intradorso: compõe a parte inferior do aerofólio.
- Bordo de ataque: é a parte frontal do aerofólio, que se mantém com uma abertura que é por onde entra o ar no momento de inflar o parapente, e é o que dá formato ao perfil do aerofólio.
- Bordo de fuga: parte posterior do aerofólio, mantém-se fechado impedindo a passagem do ar pela parte posterior do aerofólio.
- Células: são os espaços que compreendem a distância entre o extradorso e o intradorso e são separadas pelas nervuras que dão formato de gomos à vela. Essas nervuras são vazadas, fazendo que toda a extensão da vela tenha uma comunicação interna.

As linhas são divididas em grupos A, B, C, e, em alguns modelos de parapentes, D. Compostas por um material denominado *dynema* ou *kevlar*, as linhas possuem uma capa protetora e são responsáveis pela ligação da vela aos tirantes. Somente a linha de freio, que está ligada ao bordo de fuga e fica sob o controle do piloto para que ele possa controlar a direção do parapente, não está ligada aos tirantes. Os tirantes são divididos da mesma forma que as linhas, tendo por função conectar o grupo de linhas correspondente a um único ponto que será conectado à *selete*.

A *selete* funciona como um casulo que proporciona comodidade e proteção ao piloto. É fundamental que o tamanho da *selete* seja adequado e possua regulagem para melhor se ajustar a cada piloto. Existem vários modelos de *selete* que se diferem, principalmente quanto ao seu posicionamento, apresentando uma configuração mais sentada ou mais deitada.

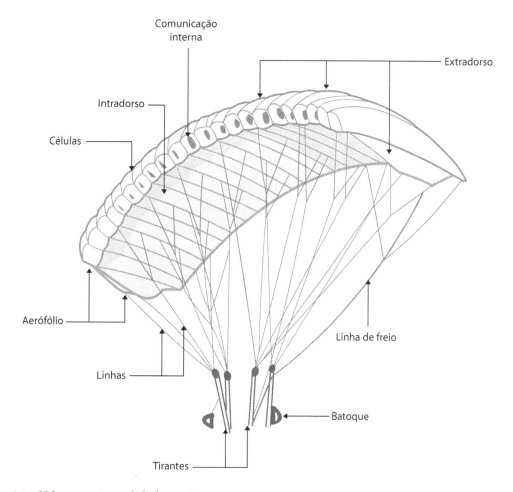

FIGURA 6.4 – Velame, conjunto de linhas e tirantes.

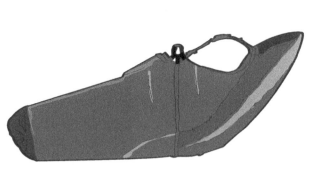

Figura 6.5a – Modelo de *selete* deitada.

Figura 6.5b – Modelo de *selete* sentada.

6.4 Equipamentos de segurança e instrumentos

Tanto no voo de parapente quanto no de asa-delta, alguns equipamentos são obrigatórios para garantir a segurança do piloto. O principal deles é o paraquedas de emergência ou simplesmente "reserva". Acoplado à *selete*, esse equipamento pode ser lançado através de uma alça lateral (Figura 6.5a/b) quando alguma pane impede o controle da vela pelo piloto. Ao contrário do paraquedismo, no parapente não se descarta o velame principal, mas se provoca uma manobra de estol para retirar o velame de voo. Além disso, existem os equipamentos de proteção individual como capacete, luvas, botas e óculos.

Instrumentos eletrônicos auxiliam o piloto durante o voo em relação ao direcionamento, ao deslocamento horizontal e vertical e à comunicação. Entre os mais utilizados destacam-se o variômetro, que monitora a razão de subida e descida do piloto; o GPS, que dá as coordenadas do voo; e o rádio comunicador, que possibilita o contato do piloto com o suporte de terra.

6.4.1 Aprendendo a voar

Para se iniciar no voo, várias etapas precisam ser vencidas. Além de todos os conhecimentos teóricos, há a necessidade de intenso treinamento prático em solo, que exige muita coordenação motora, resistência física e disciplina. É nesse momento que muitas pessoas percebem que o controle de uma vela não é tão simples quanto parece.

Stoeterau (2008) define quatro estados de aprendizagem que servem para qualquer processo de aprendizado: incompetência inconsciente, incompetência consciente, competência consciente e competência inconsciente. No primeiro estado, não estamos conscientes da nossa incompetência diante de uma tarefa que imaginamos ser simples. O estágio seguinte corresponde à experimentação, quando tomamos consciência da nossa incompetência. Quando o processo de aprendizado avança e nos tornamos competentes, ainda precisamos estar conscientes de cada movimento, pensando antes de agir. A etapa final corresponde à automação dos movimentos, quando somos competentes, mas já não precisamos estar conscientes a cada passo.

Para a decepção de quem acha que já vai ganhar os céus ao iniciar um curso de voo livre, um longo treinamento em solo o aguarda. Conhecer o equipamento e aprender a controlar cada comando da vela e mantê-la equilibrada sobre sua cabeça exige muito esforço e atenção. Ao contrário do que se possa imaginar, não é a força bruta que manda, mas a técnica. Não é à toa que muitas mulheres se destacam no voo de parapente.

Completada essa primeira fase, ainda não é hora de voar. A decolagem também exige certos cuidados. Controlar o velame estando parado é diferente de fazê-lo durante uma corrida para decolagem. O primeiro voo ainda é instrucional (voo duplo) para que o instrutor passe orientações de pilotagem e comandos na prática. Somente após cada etapa ser cuidadosamente aprendida é que o aluno estará apto para finalmente voar sob a orientação via rádio do instrutor até que ele adquira segurança para tomar suas próprias decisões.

6.4.2 Aerodinâmica

Fundamental para se entender qualquer modalidade de voo, alguns conceitos de aerodinâmica merecem ser explorados. Segundo Stoeterau (2008), a Aerodinâmica e a Física estão para o voo assim como a Psicologia e a Psiquiatria estão para a mente humana.

O objetivo deste capítulo não é realizar nenhum estudo avançado nem apresentar fórmulas complicadas, mas demonstrar como um pedaço de pano conectado a algumas linhas cria forma e dá sustentação a uma pessoa planando no céu.

Partindo do princípio de que o ar é comprimível e a Aerodinâmica é a ciência que estuda o comportamento dos corpos envoltos pelo ar, cada parte da geometria de um parapente (aerofólio) terá uma função específica na sua sustentação.

A vista lateral de um corte do aerofólio é denominada perfil. A asa-delta e a vela são formadas por vários perfis que configuram a sustentação do conjunto.

Conforme citado por Homa (2002), o princípio de Bernoulli explica a relação do fluxo de ar com a pressão correspondente, de forma que quanto maior a velocidade do fluxo, menor será a pressão e vice-versa.

Sempre que se força a passagem de um fluido por um tubo, este obedece ao princípio de escoamento, ou seja, quanto mais estreito for um tubo, maior será a velocidade do fluido e vice-versa, desde que o volume não se altere. Se considerarmos que um lado do tubo é o perfil de um parapente, em que o ar tem distância maior a percorrer por cima do perfil que por baixo, para uma mesma velocidade, isso fará que a partícula de ar que se desloque para cima e exerça menor pressão que a partícula que se desloca para baixo, pois acelera mais. Assim, sobre o extradorso da superfície do parapente, aparece uma região invisível que exerce menos pressão que no intradorso, onde a pressão não se altera.

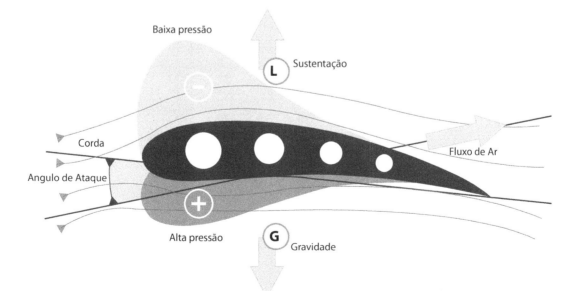

Figura 6.6 – Perfil aerodinâmico.

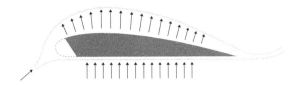

Figura 6.7 – Sustentação no aerofólio.

Já em um perfil assimétrico, o caminho mais comprido na parte superior do perfil é construído. Dessa forma, a maior velocidade sobre a parte superior tem como efeito o espaçamento das partículas de ar (menor densidade) que na parte inferior, onde as partículas de ar tornam-se mais coesas (maior densidade).

Mesmo que aparentemente não exista nenhum tipo de vento (vento real), ao se deslocar em uma massa de ar, haverá a percepção de um vento (vento relativo) que configura a sustentação de um parapente desde que se desloque com uma velocidade suficiente para que o vento relativo lhe dê sustentação adequada.

O ângulo com que o vento relativo encontra uma asa é denominado ângulo de ataque, ou seja, é a trajetória do movimento realizado em relação ao ar. Contudo, de acordo com Stoeterau (2008), o ângulo de ataque não deve ser confundido com o ângulo do parapente em relação ao chão, tampouco em relação ao horizonte, uma vez que o ar é um ambiente que não conhece chão nem linha do horizonte.

No caso de o vento relativo incidir a um ângulo de 90° em relação à vela, pode-se dizer que há a perda da capacidade de planeio, denominado estol.

6.5 Meteorologia

O estudo da meteorologia para o voo livre é de suma importância. Os tipos de nuvens, a umidade do ar e a pressão barométrica nos fornecem dados para determinar com segurança se aquele será um dia propício para um voo tranquilo e seguro.

Você já ouviu falar em cirros ou cúmulos nimbos? Existem pelo menos 10 tipos de nuvens que variam basicamente no seu formato, na sua composição e na sua distância em relação ao solo. Elas têm diversos formatos podendo parecer algodão, estreitas, transparentes ou escuras e com aspecto bem carregado. Graças aos satélites, hoje em dia é muito mais fácil definir e medir os tipos de nuvens, mas mesmo assim isso não é uma tarefa simples, podendo nos confundir.

Para entendermos melhor as nuvens, primeiro falaremos sobre a sua formação. Para que elas se formem, é preciso ter umidade e ocorrer o processo físico chamado condensação do vapor de água. Uma das formas de se obter esse processo é aumentar a quantidade de moléculas no ar que já está úmido; outra é diminuir a temperatura resfriando ainda mais o ar atmosférico.

A condensação acontece quando o ar úmido e quente que está perto do solo sobe a níveis mais altos da atmosfera, onde as camadas de ar são mais frias. O ponto em que o ar entra no processo de condensação é chamado de ponto de orvalho. Por isso, quando o ar está seco e com pouca umidade, não há formação de nuvens.

As montanhas também causam a elevação do ar, chamado de elevação topográfica. O ar quente pode ser deslocado por uma massa de ar frio, que é mais denso, e empurrar a massa de ar quente, fazendo-a se elevar e, assim, tomar o seu lugar.

Uma vez que as nuvens são formadas, elas são deslocadas pelos ventos. Quando os ventos as forçam para cima, encontram temperaturas muito frias e as gotículas de água acabam por se congelar. Quando são forçadas para baixo, elas encontram temperaturas mais quentes e podem simplesmente se dissipar. Uma coisa muito interessante é que dentro das nuvens podemos encontrar grãos de poeira que ajudam na aglutinação do vapor de água, facilitando a formação de chuva.

De acordo com Ambrosini (2007), as nuvens são divididas em três grupos segundo a altura:

- Nuvens altas: acima de 6 km.
- Nuvens médias: de 2 a 4 km, podendo ser líquidas ou mistas.
- Nuvens baixas: até 2 km, são constituídas por muitas gotículas de água.

Cada grupo possui uma subdivisão:

- Cirros: são nuvens com aspecto sedoso que lembram rabos de cavalo ou até um anzol. Ficam em torno de 8 km de altitude a uma temperatura inferior a 0 °C e são basicamente formadas por cristais de gelo.
- Cirro-estratos: localizam-se logo abaixo dos cirros e também são formadas por cristais de gelo em forma de véus. São finas e não ocultam o Sol, dando origem a um fenômeno conhecido como halo, que é um arco-íris ao redor do Sol ou da Lua cheia.
- Cirros-cúmulos: são bem pequenas e em forma de bolinhas quase transparentes. São remanescentes dos Cirros e cirrostratos e ficam a cerca de 5 e 11 km de altitude. Em geral, anunciam a chegada de um tempo instável.
- Altos-estratos: altera na luminosidade normal do Sol sem que possam ser vistos claramente. Sua cor varia entre azul e cinza, e sua base está entre 2 e 6 km de altitude. Esse tipo de nuvem já pode provocar chuva bem leve.
- Altos-cúmulos: lembram flocos de lã de carneiro e ficam a 4 km de altitude. De acordo com o movimento, podem tomar formas variadas e às vezes se colocam uma ao lado da outra, mantendo o mesmo espaçamento entre si.
- Nimbos-estratos: são formadas por uma camada nebulosa espessa e cinzenta, com base entre 900 m e 3 km de altitude. Podem gerar temporais, granizo e até neve, dependendo da temperatura abaixo deles.
- Estratos-cúmulos: cobrem grandes faixas do céu com diversos tons de cinza. Podem parecer com grandes rolos pouco espessos e provocar chuvas fracas ou chuvisco. Ficam entre 400 m e 2 km de altitude.
- Estratos: formados por uma camada nebulosa baixa e cinzenta, têm uma base formada a 400 m do solo ou até mais baixa. Não chegam a produzir chuva. O máximo que se consegue com esse tipo de nuvem é um chuvisco ou garoa. De formação extensa, deixam o céu completamente nublado. Quando estão muito próximas ao solo, comumente chamamos de nevoeiro ou neblina.
- Cúmulos: elas são frequentes em dias quentes e úmidos, quando o Sol está forte. Seu formato característico lembra uma couve-flor. Quando estão pequenos e sem muito desenvolvimento vertical, é sinal de bom tempo e excelentes voos.
- Cúmulos-nimbos: são as nuvens de crescimento vertical e que podem formar uma imagem de bigorna no seu topo. São comuns em temporais e seu aspecto escuro dificulta a passagem da luz solar. Quando as gotas de água congelam, são responsáveis também pelas chuvas de granizo. São nuvens que oferecem enormes riscos ao voo livre.

Após entendermos um pouco mais sobre a formação das nuvens e seus tipos, fica fácil entender como é possível se manter às vezes por horas voando sem nenhum tipo de motor a combustão. Pinto (1996) descreve que os motores do voo livre são as correntes de ar quente ascendentes que fazem parte da formação das nuvens e que chamamos de térmicas.

As térmicas são compostas por ar quente e instável, que gera turbulência ao voo. De acordo com sua formação, podem ter diversos aspectos, desde a forma de bolhas somente ou se manter do solo até a base da nuvem de forma bem-comportada. É por meio das térmicas que o piloto consegue se manter e ganhar altura.

Dessa forma, o piloto tem de se manter nessa ascendência de ar quente, que é determinada pelo grau de incidência do Sol sobre o solo e o tipo de solo que está sendo aquecido.

Quanto mais próximo do centro da térmica o piloto estiver, maior será sua razão de subida. Da mesma forma que o ar aquecido sobe, quando ele se depara com temperaturas mais frias em camadas superiores, o ar quente é resfriado e enquanto parte dele forma as

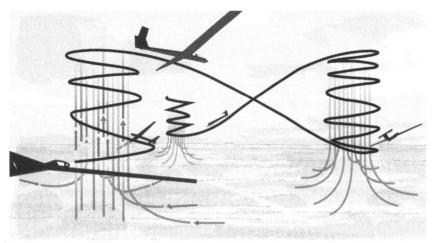

Figura 6.8 – Térmicas.

nuvens a outra parte forma uma corrente de ar descendente na mesma intensidade, como mostra a Figura 6.5.

Podemos também utilizar um recurso chamado ascendência dinâmica, em que não há necessidade de correntes de ar quente para manter o piloto no ar, mas de uma massa de ar incidindo diretamente em um obstáculo que forneça uma elevação do ar, sustentando o voo em uma região próxima ao obstáculo em questão. Esse fenômeno é denominado "*lift*".

Atrás do obstáculo, existe uma desconfiguração da trajetória linear da massa de ar provocando um turbilhonamento que denominamos "rotor".

Esse fenômeno do rotor impossibilita uma trajetória segura para o parapente, muitas vezes causando colapsos e acidentes.

6.6 O voo livre e a Educação Física

Apesar de as características do voo livre dificultarem sua aplicabilidade em escolas, clubes e academias, seu grande valor está na possibilidade de oferecer uma nova maneira de explicar conceitos até então meramente teóricos.

Como demonstrado neste capítulo, o voo livre como um esporte de aventura abrange muito mais que apenas o desejo de voar.

O educador físico, juntamente com professores de Física, Biologia, Geografia e Meio Ambiente, pode demonstrar a seus alunos, por meio de visitas orientadas a sítios e escolas de voo livre, todas as peculiaridades desse esporte e a sua interação com o meio ambiente, promovendo, assim, a interdisciplinaridade.

Uma boa visita orientada pode proporcionar educação, informação, reflexão, integração intrapessoal, interpessoal, ambiental e lazer, além de despertar a curiosidade do visitante, sensibilizá-lo, incentivá-lo a tomar iniciativas, agir e participar em assuntos relacionados a meio ambiente, cultura e esporte.

Referências

AMBROSINI, S. *Voando de parapente*. São Paulo: IBRASA, 2007.

DUARTE, O. *História dos Esportes*. 3. ed. São Paulo: Senac, 2003.

PINTO, P. Cmte. *MAPIL – Manual do Piloto de Parapente*. 3. ed. Rio de Janeiro: Gávea Sky Walkers, 1996.

HOMA, J. M. *Aerodinâmica e teoria de voo*: noções básicas. São Paulo: Artes Gráficas, 2002.

STOETERAU, K. W. *Voando com ciência voando com consciência*. São Paulo: Art, 2004.

_____. *Manual do parapente obediente*. São Paulo: Traços, 2008.

7

Corridas de aventura

Alexandre Ricardo Machado

Siff e Caldwell (2001) citam que a busca por desafios sempre foi um dos motores da história humana. Ao longo de todos os milênios, pessoas romperam barreiras naturais desafiando a natureza e seus caprichos e tendo consigo um compromisso de seguir sempre adiante. Esse é o espírito da corrida de aventura, um esporte que nasceu para confirmar o desejo do homem em atingir pontos extremos usando formas de transporte que não danifiquem o planeta (Adamson, 2004).

A corrida de aventura também pode ser definida como uma expedição competitiva. Elas acontecem em lugares que podem oferecer a maior diversidade possível de terrenos e paisagens e que possibilitam a prática de várias modalidades, como *trekking*, *mountain biking*, técnicas verticais, canoagem, equitação, natação, patins, costeira e outras que variam de acordo com o lugar onde são realizadas e ficam a critério de seu organizador (Paterson, 1999; Mann e Schaad, 2001; Marais e Speville, 2004).

Na formação mais tradicional, cada equipe deve ter de três a cinco pessoas, e uma delas deve ser do sexo oposto. Em algumas competições, teremos a equipe de apoio, responsável por auxiliar nas zonas de transição (ATs), transportando equipamentos e cuidando do reabastecimento (Paterson, 1999; Mann e Schaad, 2001; Marais e Speville, 2004; Adamson, 2004). Equipes cujos membros são do mesmo sexo podem participar, assim como atletas individuais, mas não marcam pontos na categoria clássica da modalidade, chamada por alguns organizadores de "pro" (Adventuremag, 2008).

No mundo, há corridas de algumas horas até quinze dias ininterruptos, nas quais o sono, o frio, o cansaço extremo e pouco tempo para alimentação devem ser considerados tão adversários quanto as outras equipes (Mann e Schaad, 2001; Marais e Speville, 2004). Excelente preparo físico, equilíbrio mental para lidar com problemas de relacionamento e suportar privações são características fundamentais para o atleta de corrida de aventura, além do gosto por atividades em equipe e o bom humor (Adamson, 2004).

A ideia principal das corridas de aventura é sair de um ponto e chegar a outro. As equipes recebem previamente um mapa no qual o navegador, com a ajuda dos companheiros, deve traçar o percurso a ser seguido e marcar nele os postos de controle (PCs), locais onde se deve carimbar o passaporte, documento que deve ser mantido com a equipe durante todo o tempo (Paterson,1999; Adamson, 2004).

A localização das áreas de transição (ATs), lugares onde acontece a troca de uma modalidade para a outra e é possível descansar um pouco, comer ou encontrar a equipe de apoio (quando permitido) ou suas caixas de reabastecimento, também deve ser referenciada no mapa, além de outras características marcantes que forem observadas no terreno. Entretanto, cada equipe deve estabelecer sua própria estratégia para alcançar tais pontos, assim como o ritmo a seguir (Mann e Schaad, 2001).

A equipe que cumprir o percurso vence a competição. Entretanto, o conceito de vencer numa corrida de aventura não é o mesmo que em esportes tradicionais nem em outras modalidades de aventura. Aqui, não só a equipe que chega primeiro vence, mas todas as que superaram os percalços da geografia, do clima e de si mesmas serão campeãs. A sensação de tarefa cumprida numa prova desse tipo de competição é indescritível (Paterson, 1999; Marais e Speville, 2004; Adamson, 2004).

7.1 História e evolução das corridas de aventura

De acordo com Paterson (apud Adventuremag, 2009):

> Existem muitos indícios na história humana pela procura do desafio final. A cada objetivo alcançado, um evento novo e maior é

organizado. Para alguns, a corrida de aventura representa o próximo passo pela procura ao desafio final. Quando as pessoas sentiram que a maratona estava se tornando "fácil", o triátlon foi criado. Quando todos estavam ficando cansados do triátlon, foi criado o ironman, o maior dos triátlons. Agora as pessoas passaram a completar dois ironmans e ultramaratonas enquanto outras seguiram para as corridas de aventura. Mas as corridas de aventura são muito mais do que aumentar as distâncias e dificuldades físicas. Uma nova geração do esporte foi criada com a exigência de mais habilidade técnica, estratégia e planejamento.

Apesar de existirem controvérsias a respeito da origem das corridas de aventura, são profundos os debates quanto à sua aparição nos tempos modernos. Alguns aficionados apontam para a Karrimor International Mountain Marathon (KIMM) como a precursora da modalidade, a qual fora realizada pela primeira vez em 1968, no Reino Unido, e dura até hoje. Seu formato é de duplas, com duração de dois dias, através de terrenos montanhosos, carregando durante todo o trajeto material necessário para sua sobrevivência (OMM, 2010).

Segundo Paterson (1991), as primeiras competições multiesportivas das quais se tem notícia foram as de triátlon, que viraram mania no final dos anos 1970, como uma evolução natural da maratona. O triátlon foi um caminho para as corridas de aventura moderna. O Ironman do Havaí, iniciado em 1978 e que consistia em 4 km de natação, 180 km de bicicleta e 42 km de corrida, foi um dos primeiros eventos multiesporte de longa duração. Em 1980, tomando conhecimento desse novo esporte nos EUA, Robin Judkins teve a ideia de organizar o primeiro evento multiesporte na Nova Zelândia (Marais e Speville, 2004).

Segundo Siff e Caldwell (2001), surgia o Alpine Ironman, competição que reunia esqui, corrida e caiaque em águas brancas. Não muito satisfeito, Judkins decidiu acrescentar um nível de desafio maior, criando uma competição que pudesse romper barreiras pessoais e físicas e estar junto a belas paisagens; nasceu, assim, o Coast to Coast, que teve sua primeira edição em setembro de 1980 (Paterson, 1999; Mann e Schaad, 2001). Essa corrida de 242 km que acontece anualmente, desde então, engloba caiaque em águas brancas, corrida em montanhas e ciclismo em estrada e é oferecida em três categorias: individual em um dia, individual em dois dias e para equipes de duas pessoas em dois dias. Três anos depois, os norte-americanos criariam o Alaska Moutain Wilderness Classic, que não teria o mesmo prestígio de sua rival neo-zelandesa. Depois disso, vieram os primeiros *rallies*, como o Baja 1000 e o Paris Dakar, que também tinham como objetivo proporcionar aventura em meio a paisagens inóspitas (Paterson, 1999).

Mas quem não tinha especial gosto em navegar e dirigir tentou achar outras formas de juntar a atividade esportiva a uma expedição. Em meados da década de 1980, o francês Patrick Bauer criou a Marathon des Sables (Maratona das Areias), que acontece até hoje no Marrocos. Bauer realizou a competição após fazer um *trekking* de 300 km pelo deserto do Saara (Paterson, 1999; Mann e Schaad, 2001).

O formato de corrida de aventura que temos hoje, que tem como modalidades básicas orientação, *trekking*, a canoagem, *mountain bike* e técnicas verticais, surgiria oito anos depois. Foi o jornalista francês Gerard Fusil a primeira pessoa a questionar o que seria a experiência de conhecer lugares e paisagens novas usando formas de competição que não agredissem o meio ambiente (Paterson, 1999).

Foi durante uma viagem à Terra do Fogo, no extremo Sul da Argentina, que Fusil ficou impressionado com a grandiosidade do local e com as dificuldades de acesso aos recantos mais belos da região. Pensou que as formas ideais de se movimentar por aquela região seriam com barco, a pé, a cavalo ou mesmo em um caiaque, dando início à sua ideia em 1986 (Paterson, 1999).

Dois anos depois da forte impressão vivida na Argentina, Fusil criaria o Raid Gauloises. O objetivo da competição era usar apenas meios não motorizados de progressão por paisagens cada vez mais inóspitas, desafiando o equilíbrio físico e mental e testando a união de uma equipe de três ou quatro pessoas. A primeira edição do Raid Gauloises aconteceu na Nova Zelândia, em 1989, sendo considerada a primeira corrida de aventura nos formatos que se conhecem hoje em dia.

A partir daí, ficaria definido que a competição aconteceria anualmente em locais diferentes, mas sempre com belas paisagens e pontos fascinantes, como Costa Rica, Madagascar, Nepal etc.

Segundo Marais e Speville e Adamson (2004), outras provas apareceriam em todo o mundo. Em 1995, Mark Burnett, com o objetivo de introduzir as corridas de aventura na América do Norte, realizou a primeira edição do Eco Challenge no Estado de Utah. Naquele mesmo ano aconteceu a segunda edição no Estado de New England e, graças à grande cobertura da mídia e à transmissão pelo Discovery Channel, cerca de 60 milhões de pessoas em 124 países tomaram conhecimento dessa fantástica competição. Em 1996, o Eco Challenge ganhou um parceiro de peso, o Discovery Channel, e a prova passou a se chamar Discovery Channel Eco Challenge.

Em 2001, foi criado o AR World Championship com o objetivo de organizar o esporte no mundo e definir um campeão mundial do esporte. Ao mesmo tempo, foi criado o AR World Series, com a escolha de provas ao redor do mundo que servem como seletivas para a grande final, realizada em um país diferente a cada ano (Adventuremag, 2008; Arworldseries, 2010).

Em 2001, surge o Desafio de Los Volcanes, sendo a única corrida no mundo realizada em dois países em suas sete edições. Em um ano, a largada acontecia na Argentina e chegada ao Chile; no ano seguinte, o caminho se invertia (Adventuremag, 2008; Volcanes, 2010). Alguns anos depois, o geólogo profissional Stjepan Pavicic organizou a primeira Patagonia Expedition Race, no extremo sul do continente americano, no Chile, mais precisamente na Tierra del Fuego (Adventuremag, 2009; Patagonia, 2010).

Segundo Adamson (2004), a corrida de aventura é a oportunidade de as pessoas se desafiarem. É uma chance de testar seus limites ou até mesmo redefini-los. Há muito mais nas corridas de aventura que estar em forma. De fato, você não precisa terminar uma corrida para colher os louros, porque nem todos os percursos são montados para que todos os participantes terminem. Um exemplo dessa afirmativa foi o Eco Challenge 1996 (Colúmbia Britânica): das 71 equipes que largaram, apenas 14 completaram a prova, e apenas quatro fizeram o percurso completo (Marais e Speville, 2004).

7.1.1 Principais provas de aventura no mundo

Historicamente, classificam Paterson (1999), Marais e Speville (2004) e Adamson (2004), como as mais importantes competições de aventura já realizadas:

Marathon des Sables: o desafio dos limites humanos

O significado de Marathon des Sables, em francês, é maratona das areias. O evento foi criado em 1986 depois que um jovem francês, Patrick Bauer, percorreu 300 km através do deserto do Saara. A competição é dividida em sete dias, num total de 230 km, sendo a cada ano disputada em uma região diferente. O percurso é mantido em sigilo até a véspera da largada. O vencedor é aquele que obtiver o menor tempo na soma das etapas. O que mais vale em uma competição como esta não é o prêmio pela vitória, mas o desafio de superar os próprios limites.

Raid Gauloises

Criado em 1989 pelo jornalista francês Gerard Fusil, o Raid Gauloises é considerado por muitos como a primeira corrida de aventura nos moldes que conhecemos hoje. As regras são muito simples: existem uma saída e uma chegada e, entre elas, alguns pontos de passagem obrigatória em locais de difícil acesso. As equipes determinam seu próprio ritmo e se orientam por bússolas e mapas. Em determinados pontos, haverá inúmeros caminhos para se escolher. Existem muitas decisões a serem tomadas e, obviamente, o time que fizer a melhor escolha vencerá. As equipes são formadas por cinco atletas (sendo pelo menos um do sexo oposto) e duas pessoas para auxiliar nas mudanças dos esportes. A competição dura de sete a dez dias e se utiliza de inúmeros esportes para percorrer aproximadamente 550 km. Além dos esportes tradicionais que fazem parte de qualquer corrida de aventura, o Raid Gauloises já utilizou diversos esportes não tradicionais: *canyoning*, iatismo, exploração de cavernas, escalada em rocha, paraquedismo, cavalgada em camelo e até voo livre.

Southern Traverse

Realizada anualmente na Nova Zelândia desde 1992, esta prova, com previsão de 5 dias e 350 km de percurso, reúne as modalidades de orientação, *mountain bike*, canoagem e técnicas verticais nos arredores de Queenstown.

Discovery Channel Eco Challenge

A Discovery Channel Eco Challenge é uma competição em forma de expedição, na qual equipes de quatro aventureiros compostos por homens e mulheres deverão percorrer cerca de 550 km de terrenos acidentados, 24 horas por dia, carregando tudo o que for necessário para completar a prova (incluindo a alimentação), que poderá durar até dez dias. O time que terminar em primeiro com a equipe completa é considerado o vencedor.

Elf Authentic Adventure

O Elf Authentique Aventure é um novo conceito que combina ao mesmo tempo uma expedição, uma competição que respeita a natureza e uma operação de intercâmbio com o país de acolhida. Os competidores, assim como os organizadores, defendem os princípios do respeito às culturas e ao meio ambiente. A prova desenrola-se num percurso de orientação contínuo em área virgem e natural e em total autonomia.

7.2 História no Brasil

No Brasil, as primeiras corridas de aventura de 24 horas aconteceram apenas no final da década de 1990, chamadas de Circuito Ecoaventura e organizadas pelo saudoso Mário Lopes (Inema, 2001; 360graus, 2001; Adventuremag, 2008). Na sequência, iniciou-se o Circuito Brasileiro, organizado pela SBCA e idealizada pelo empresário e atleta Alexandre Freitas. A primeira edição da "Expedição Mata Atlântica (EMA)", cujo conceito era unir o esporte, a aventura e a preocupação com a conscientização ambiental, aconteceu em 1998, no litoral norte de São Paulo, com a participação de 30 equipes, 220 km e com duração de três dias. Vale lembrar que nesse mesmo ano o Brasil foi representado pela primeira vez no Eco Challenge, considerada uma das maiores corridas do mundo, com a equipe mineira Brasil 500 anos (360graus, 2002; Ema, 2002; Webventure, 2008; Adventuremag, 2009).

Alexandre Freitas, seguindo o modelo de Mike Burnett e Patrick Bauer, decidiu se tornar organizador após participar da Southern Traverse em 1997 com a equipe Síntese Funds. Alexandre, paralelamente ao mercado financeiro, entrou de cabeça naquele fantástico esporte que nascia. A experiência deu tão certo que a EMA (Expedição Mata Atlântica) é reconhecida entre as maiores corridas do mundo e serviu de força propulsora para atletas e organizadores da modalidade no Brasil.

O empresário também criou a Sociedade Brasileira de Corridas de Aventura (SBCA), entidade responsável por organizar a EMA, o Circuito Brasileiro de Corridas de Aventura, além da Ema Escola, atividade para aqueles que querem aprender as modalidades e se adaptar ao ritmo de prova, e das corridas de curta duração. O circuito de corridas foi criado para incentivar o crescimento do esporte no país, principalmente o lado técnico das equipes brasileiras, interessadas em disputar provas importantes e competir em condições de igualdade com as equipes internacionais, principalmente com as que vêm ao Brasil participar da EMA (EMA, 2002; Webventure, 2008; Adventuremag, 2009).

Sendo considerada referência durante cinco anos no mercado de aventura, a EMA, no final de 2002, interrompeu repentinamente suas atividades. Após um trágico incidente ocorrido nas Ilhas Fiji durante a competição Eco Challenge, realizada no Pacífico Sul, a equipe EMA Brasil, então formada por Alexandre Freitas, Carmen Silva, Eduardo Coelho e José Roberto Pupo, sofreu uma baixa: Alexandre fora infectado por um parasita, o que quase o levou à morte. Depois de uma longa e delicada reabilitação, Alexandre surgiu em condições de organizar novos eventos, com data historicamente marcada, em 20 de novembro de 2011, quando a EMA voltou a despontar no cenário nacional (EMA, 2011).

A princípio, o formato das provas era muito parecido: etapas com duração de 24 a 30 horas, percurso aproximado de 120 km, orientação bastante complexa e muito esforço físico. Após um tempo, esse formato começou a limitar a participação de novos adeptos, pois exigia muito dos participantes, principalmente dos iniciantes. As próprias equipes tidas como mais experientes e veteranas começaram a sofrer as consequências de disputar essas provas mensalmente. Além das despesas financeiras, o condicionamento físico era afetado pelas exigências nessas etapas e muitas equipes ficaram desfalcadas para provas importantes, pois o tempo de recuperação entre uma etapa e outra era insuficiente (360Graus, 2002; EMA, 2002; Webventure, 2008; Adventuremag, 2009).

Assim, em meados de 2001, a SBCA decidiu investir em um novo formato de prova, com duração de 6 a 12 horas e percurso aproximado de 50 km, com custos bem menores para os competidores. Diminuíram o grau de exigência para a participação, atraindo inúmeros novos adeptos. Basta ver que na primeira dessas provas curtas, que aconteceu em 2001, em Campos do Jordão, reuniram-se nada menos de 200 participantes, um evento inédito em se tratando de corrida de aventura (EMA, 2002; 360 Graus, 2006; Webventure, 2008; Adventuremag, 2009).

As etapas mais curtas servem como treinamento para provas maiores, como a Mini-EMA e a própria EMA, além das competições internacionais proporcionam experiência às equipes iniciantes para enfrentarem desafios maiores. As provas tornaram-se mais competitivas e é necessário esforçar-se para garantir bons resultados. Além da parte física, as provas menores exigem mais da estratégia e do companheirismo. É mais difícil reparar um erro de navegação nesse tipo de prova, pois o tempo é muito curto. Logo, exige-se muito mais concentração e competência na hora de analisar mapas, instruções e escolher o melhor caminho (EMA, 2002; 360 Graus, 2006; Webventure, 2008; Adventuremag, 2009).

A princípio, os atletas estavam concentrados no eixo Rio-São Paulo, mas com o tempo esse tipo de atleta de corridas de aventura começou a se proliferar pelo país. Os eventos eram realizados com o objetivo de trazer novos atletas e preparar os mais experientes para a terceira edição da EMA, até então a maior corrida realizada no Brasil. Nesse mesmo ano, foi organizada também a primeira edição do Rio Eco e a primeira corrida do Ecomotion Circuit – Reebok Swatch Ecomotion, e as provas *short adventures*, de apenas 12 horas de duração, ideais para quem estava começando nas corridas (360 Graus, 2006; Webventure, 2008; Adventuremag, 2009).

Em 2000, a realização do Elf Authentic Adventure, outra das criações do francês Gerald Fusil, levou o espírito do esporte para o Sertão nordestino. A corrida teve participação de atletas de todo o mundo e aliou a competição a um cuidadoso trabalho social aplicado às comunidades cortadas por seu percurso (360 Graus, 2006; Adventuremag, 2009).

Em 2001, a EMA troca de região e realiza sua quarta edição na Amazônia enquanto novas corridas começavam a ser organizadas em outros estados brasileiros. Essa foi a última edição da prova e fez parte do recém-criado AR World Series. Atualmente, são organizadas corridas em praticamente todo o país, mas a grande concentração ainda está na Região Sudeste, mais especificamente em São Paulo. Porém, outros Estados estão se organizando e criando circuitos independentes, como o nordestino, e associações como a criada pelos organizadores de Santa Catarina (Naturesporte), Espírito Santo (FCCA – Federação Capixaba de Corrida de Aventura) e a APCA (Associação Paulista de Corrida de Aventura) (360 Graus, 2006; Webventure, 2008; Adventuremag, 2009).

Atualmente, a maior corrida de aventura no Brasil é o Ecomotion PRO, que teve sua primeira edição realizada em novembro de 2003, na Chapada Diamantina. A corrida teve um percurso de 460 km, até 6 dias de duração e passou a fazer parte do AR World Series com a não realização da EMA. A quarta edição da maior prova brasileira foi realizada no Rio de Janeiro, quando Geoff Hunt, organizador do AR World Series, esteve acompanhando e analisando a prova. Durante a festa de premiação, anunciou que o Ecomotion PRO seria a sede da final do circuito, o AR World Championship, em 2008 (Adventuremag, 2008).

No primeiro semestre de 2008, aconteceu a primeira edição do Brasil Wild Extreme e, pela primeira vez, o país teve duas provas de longa duração, com percursos de aproximadamente 400 km (Adventuremag, 2008).

Também em 2008, comemoram-se 10 anos da primeira prova de corrida de aventura no país, a EMA, que foi realizada em Ilhabela (SP) em 1998, dando origem à corrida de aventura no país. A EMA Remake é uma homenagem aos 10 anos da EMA, a primeira corrida de aventura no país, e foi organizada por Sergio Zolino e teve o mesmo formato da prova que lhe deu origem (Webventure, 2008; Adventuremag, 2008)

7.2.1 Principais circuitos de aventura no Brasil

Atualmente os principais circuitos e competições de aventura em destaque no Brasil são:

- Adventure Camp (SP)
- Haka Race (SP)
- Troféu SP de Corrida de Aventura (SP)
- Hyundai Adventure Race (SP)
- Expedição Chauás (SP)
- Expedição Terra de Gigantes (RJ)
- Circuito Pro Adventure (PR)
- Extremaventura (PR)
- Campeonato Brasil-FCCA de Corrida de Aventura (ES)
- Circuito Nordestino (PE)
- Circuito Pernambucano de Miniaventura (PE)
- Solo Brasileiro de Corrida de Aventura (RN)
- Trilhas Pé de Poeira (CPCA) (RN)
- Solo Brasileiro de Corrida de Aventura (RN)
- Explorer (BA)
- Desafio dos Sertões (BA)
- Ecomotion Pro (BA)
- Desafio Bahia DAVENTURA (BA)
- Circuito Apoena de Aventura (CE)
- Corrida de Aventuras da Brou (MG)
- Desafio de Aço (RS)
- Circuito dos Vales (RS)

7.3 Tipos de corrida de aventura

Segundo Jamison, Moslow-Benway e Stover (2005) e Adventuremag (2008), as corridas de aventura são classificadas da seguinte forma:

- *Curtas*: são as que têm de três a sete horas de duração, como a Adventure Camp, corrida didática para estreantes na qual 95% dos competidores completam o percurso.

- *Corrida de 24 horas*: começam num dia e terminam no outro; nela, os competidores ultrapassam a noite e não descansam, como a *Expedição Chauás*.
- *Corrida com mais de 24 horas*: este tipo de corrida, com mais de dois dias os planejamentos mudam muito de equipe para equipe. Algumas descansam algumas horas, outras preferem não parar nenhum minuto. Normalmente, a maior mudança de resultados acontece durante a noite.
- *Corrida por etapas*: as equipes param durante a noite ou em horários determinados pela organização. Geralmente, dura de três a cinco dias.
- *Expedições*: são as corridas mais longas, com mais de cinco dias, normalmente. O *Ecomotion PRO* se encaixa neste tipo, assim como o *Brasil Wild Extreme*. As equipes montam uma estratégia complexa, determinando quanto e quando vão descansar durante esses dias. É quase impossível terminar uma "*expedition race*" sem dormir em nenhum momento.

7.4 Modalidades esportivas em corridas de aventura

Não existem modalidades fixas em corridas de aventura, no entanto, as básicas são *trekking*, *mountain biking*, canoagem, orientação e técnicas verticais. Os organizadores podem, contudo, acrescentar outras modalidades de acordo com a geografia e os costumes locais (Paterson, 1999; Adamson, 2004; Jamison, Moslow-Benway e Stover, 2005).

Durante o *Elf Authentic Adventure 2000*, que aconteceu no Nordeste do Brasil, o precursor Gerard

Fusil aproveitou os trechos do belo litoral do Ceará para usar jangadas. Na *Eco Challenge* no Marrocos, em 1998, foi a vez dos camelos (Paterson, 1999; Adamson, 2004; Jamison, Moslow-Benway e Stover, 2005).

7.4.1 *Acquaraid*

É uma versão mais desenvolvida do boia *cross*, esporte rústico brasileiro no qual os atletas descem rios e corredeiras deitados sobre uma boia, ou melhor, uma câmara de pneu de caminhão ou boia de PVC. Para remar, usam-se os próprios braços com uma luva especial para auxiliar os movimentos, tornando as boias mais dirigíveis. O boia *cross* é praticado de barriga para baixo, deitando-se sobre a boia com a cabeça na extremidade frontal dela e os pés na parte final, já praticamente dentro da água (Adventuremag, 2008; Acquaride, 2010).

7.4.2 Canoagem[1]

As etapas aquáticas estão ganhando cada vez mais espaço nas corridas de aventura. Além de proporcionarem à equipe uma oportunidade de treinar seu espírito de união, por meio da precisão e sincronia das manobras e remadas, também são uma oportunidade para apreciar as belezas locais. Em rios com corredeiras, as melhores embarcações são os *ducks* e botes de *rafting*. Quando em locais onde não há corredeiras, utilizam-se canoa canadense, caiaques oceânicos e barcos plásticos rígidos. No mar, valem desde canoas canadenses a veleiros e embarcações regionais, como as jangadas improvisadas (Paterson, 1999; Adamson, 2004).

7.4.3 *Canyoning/Cascading*

O *canyoning*, ou canionismo, é uma modalidade que surgiu na Europa (França e Espanha, principalmente)

---

[1] Vide Capítulo 5.

no início do século XX. O *cascading* é uma modalidade dentro do *canyoning* e sua prática é recomendada para pessoas que possuem experiências com rapel em rocha. O *canyoning* surgiu por acaso. Conhecido como "alpinismo em cachoeira", reúne técnicas da espeleologia e escalada. Com uma corda presa num ponto de segurança (uma árvore ou uma rocha), a pessoa desce o leito de um cânion, vencendo cachoeiras (Paterson, 1999; Marais e Speville, 2004; Adamson, 2004).

7.4.4   Montanhismo[2]

É o esporte de escalada de montanha, cujos adversários são os obstáculos naturais que, muitas vezes, são superfícies íngremes e perigosas, oferecendo aos praticantes vários riscos. Não há regras que enquadrem a ação do montanhista, cujo maior prêmio é a satisfação de vencer a natureza e a si próprio, superando regiões desérticas ou montanhas geladas (Paterson, 1999; Marais e Speville, 2004; Adamson, 2004).

7.4.5   *Mountain bike*

É o esporte ciclístico que utiliza bicicletas para percorrer lugares onde há contato direto com a natureza e ausência de caminhos pavimentados. Dependendo do tamanho da corrida, o *mountain bike* pode ser a modalidade com o maior percurso. Provas mais curtas pedem pernas maiores de *bike*, que as tornam mais velozes. Não há cenário ideal para sua prática: pode ser na areia, na lama, pedras, trilhas, *single tracks*, estradas de terra e de asfalto. Há duas outras modalidades-filhas do *mountain bike* em corridas de aventura: empurra-*bike* e carrega-*bike*, disputadas em circuitos com subidas e descidas, trechos de caminhos abertos e trilhas fechadas, com obstáculos como barrancos, pontes estreitas e toda a diversidade de complicadores que os organizadores desses eventos julguem interessantes. As

equipes pedalam em *single tracks*, estradas de terra e pequenos trechos de asfalto, que são realizados em circuitos abertos, indo de um ponto a outro sem repeti-lo (Paterson, 1999; Marais e Speville, 2004; Adamson, 2004; Webventure, 2008; Adventuremag, 2008).

7.4.6   Natação/Costeira

As equipes atravessam áreas costeiras, transpondo obstáculos como encostas rochosas, sendo, às vezes, necessária a natação em águas profundas ou em outras situações, como em rios e lagoas. É obrigatória a todos competidores a prática da natação (EMA, 2002; 360 Graus, 2006; Webventure, 2008; Adventuremag, 2009).

7.4.7   Orientação/Navegação[3]

Com certeza, a navegação é a qualidade básica de uma equipe competitiva nas corridas de aventura e é a base para as outras modalidades. A maioria das provas passa, em pelo menos uma parte do percurso, por locais pouco explorados, e assim o uso do mapa e da bússola de forma precisa é fundamental. O objetivo final de uma corrida de aventura é sair de um ponto e chegar a outro, e a orientação pela bússola e cartas cartográficas é que direcionará esse procedimento. Não adianta uma equipe ser muito forte fisicamente se não escolher o caminho mais adequado, pois poderá andar na direção errada ou escolher um caminho mais longo ou mais difícil, perdendo assim para uma equipe menos apta fisicamente. Os mapas são entregues, normalmente, em escala de 1:50.000. Com o passar dos dias, na ausência de sono e estresse físico constante, é muito difícil manter a concentração. Por isso, o ideal é que numa equipe sempre exista mais de um navegador para, assim, revezar essa responsabilidade. Cabe lembrar também que, em algumas provas, exige-se a divisão da equipe em dois grupos que seguem caminhos diferentes, daí a

---

[2] Vide Capítulo 10.

[3] Vide Capítulo 8.

necessidade de um segundo navegador ser ainda maior (Paterson, 1999; Marais e Speville, 2004; Adamson, 2004; Jamison, Moslow-Benway e Stover, 2005).

Nas provas nacionais, o tipo de mapa mais utilizado é o editado pelo IBGE, na escala de 1:50.000. São mapas relativamente antigos (alguns com mais de 20 anos) e, portanto, podem deixar de mostrar algumas modificações feitas pelo homem, como trilhas, casas, estradas etc. Isso torna a navegação uma tarefa desafiadora, exigindo muita atenção e observação durante todo o trajeto, não só na altitude como na distância percorrida. Geralmente, os organizadores dos eventos procuram atualizar os mapas, mas isso se limita aos detalhes mais notáveis, como estradas e trilhas bem-demarcadas. De qualquer maneira, a representação topográfica, que permanece praticamente inalterada ao longo do tempo, tem uma qualidade razoável (360 Graus, 2006; Jamison, Moslow-Benway e Stover, 2005; Webventure, 2008; Adventuremag, 2009).

Nas corridas de aventura, os PCs são localizados no mapa por suas coordenadas geográficas. Essas coordenadas podem ser fornecidas em vários formatos, mas o mais comumente utilizado é o UTM (Universal Tranversa de Mercator). Esse sistema baseia-se numa distância em metros a partir de uma referência (exemplo: o Equador e o Meridiano principal). Com ele, tornam-se muito fácil plotar os PCs, pois, com base na escala do mapa e nas coordenadas fornecidas, calcula-se a medida em milímetros a partir de uma das linhas de referência da quadrícula. Todos os mapas do IBGE, usados nas corridas de aventura no Brasil, usam coordenadas UTM (Paterson, 1999; Marais e Speville, 2004; Adamson, 2004; Adventuremag, 2009).

7.4.8   *Ride & Run*

Nesta modalidade, também conhecida como cavalgada, as equipes escolhem um de seus atletas para a montaria e, dependendo dos organizadores da prova, os demais acompanham a pé ou praticando o *mountain bike*.

Há outras versões em que, por exemplo, metade da equipe pratica *mountain bike* e a outra metade, *trekking* (Paterson, 1999; Marais e Speville, 2004; Adamson, 2004).

7.4.9   Técnicas verticais

É o nome genérico dado a todas as modalidades praticadas com cordas fixas. Rapel, tirolesa, ascensão e descenso usando "jumar" são algumas técnicas utilizadas para a transposição de grandes desníveis, como abismos de até 200 m, obrigatoriamente realizados com equipamentos. Nessas modalidades, é exigido pela organização desses eventos certificados ou atestados de conhecimento em técnicas verticais (Paterson, 1999; Marais e Speville, 2004; Adamson, 2004; Jamison, Moslow-Benway e Stover, 2005).

7.4.10   *Trekking*

O *trekking* é sempre a modalidade com maior grau de dificuldade na navegação durante uma corrida de aventura, feita num ritmo veloz, em trilhas pouco marcadas ou mesmo inexistentes, em que é necessário bom senso de navegação. As equipes passam por áreas de florestas tropicais inexploradas pelo homem, com árvores centenárias e uma fauna selvagem. O conhecimento em navegação por mapas, bússola e procedimentos de sobrevivência na selva são de extrema importância (Paterson, 1999; Marais e Speville, 2004; Adamson, 2004).

7.5   Regras básicas aplicadas à corrida de aventura

As regras variam de acordo com a competição e sua localidade. No entanto, praticamente todas as provas incluem algumas regras principais (Paterson,

1999; Adamson, 2004; 360 Graus, 2006; Webventure, 2008; Adventuremag, 2008):

- nenhum deslocamento será motorizado;
- é proibido o uso de instrumentos de localização (GPS), salvo quando o regulamento assim o permitir;
- não haverá ajuda externa, exceto em áreas de transição designadas, quando permitido;
- os equipamentos obrigatórios serão transportados em todo o percurso.

Além disso, cada competição terá as suas próprias regras. Por exemplo, *Primal Quest* abrange as sanções por conduta antidesportiva, protestos públicos ou manifestações de desagrado com as regras da corrida, destruição de propriedade, danos a equipamentos de corrida, teste positivo para substâncias proibidas etc. (Marais e Speville, 2004; Adamson, 2004; Jamison, Moslow-Benway e Stover, 2005).

7.6 Principais equipamentos

Segundo 360 Graus (2006), Adventuremag (2008) e Webventure (2009), são estes:

- *Apito*: fundamental nas etapas aquáticas, serve para que um membro de uma equipe avise aos companheiros da sua localização.
- *Bicicleta*: nas corridas de aventura são usadas apenas as *mountain bikes*.
- *Bússola*: imprescindível para a navegação. As mais usadas são da marca Silva, equipada com uma pequena régua que auxilia na declinação dos graus.
- *Cadeirinha*: usada nas etapas de técnicas verticais.

- *Capacete*: deve ser usado ao longo de toda a corrida. Pode ser apenas um para todas as modalidades.
- *Cobertor de sobrevivência*: usado para aquecimento e para prevenção de hipotermia.
- *Colete salva-vidas*: usado nas etapas aquáticas.
- *Faca ou canivete*: para comida, galhos ou qualquer outro obstáculo.
- Kit *de primeiros socorros*: deve conter antitérmicos, anti-inflamatórios, hidrotesteril (ou produto semelhante que possa ser usado para purificar a água), esparadrapos, curativo adesivo, luvas de látex e outros medicamentos que a equipe julgar necessário ou a organização exigir.
- *Lanterna ou* head-lamp: cada membro da equipe deve ter a sua para as etapas noturnas. Pilhas extras não devem ser esquecidas!
- Light stick: bastão que contém fluido fluorescente. É usado como auxiliar na sinalização de bicicletas, canoas ou outros veículos durante as etapas noturnas.
- *Rádio lacrado* (*expedition race*).
- *GPS lacrado* (*expedition race*).
- *Lâmpada estroboscópica branca por barco*.
- *Luvas*: podem ser usadas em etapas de *bike*, técnicas verticais ou equitação. Cada atleta deve ter o seu par, que pode ser usado em todas as modalidades, sem problemas.
- *Luz frontal*: lanterna dianteira da *bike*.
- *Luz traseira*: lanterna traseira da *bike*.
- *Mosquetões*: geralmente, os mais usados nas corridas de aventura são os de rosca por garantirem maior segurança.
- *Remos*: são oferecidos pela organização da prova na maioria das corridas.

- *Solteiras*: fitas usadas nas etapas de técnicas verticais para dar segurança.

O que levar na mochila?
- saco estanque;
- *anorak* (blusão corta-vento);
- *fleece* (casaco térmico leve);
- água (*Hidro Camel*);
- pilhas extras;
- equipamento obrigatório – Atleta + Equipe.

O que vestir?
- calça;
- bermuda de ciclismo;
- camisa técnica;
- meias de secagem rápida;
- calçados (tênis, botas, sapatilha, papete);
- *fleece*;
- casacos técnicos (*gore-tex*, neoprene);
- luvas.

Equipamentos especiais:
- *piolet* – piquetas de gelo;
- *crampon*;
- capacete;
- botas;
- roupas térmicas;
- luvas;
- óculos;
- roupas claras e leves.

7.7 Projeto social, sustentabilidade e preservação

Geralmente, as corridas de aventura sempre vêm acompanhadas por um projeto social que, na maioria das vezes, faz parte da corrida ajudando os atletas na pontuação e até mesmo definindo posições na classificação. A finalidade é melhorar as condições de vida das comunidades que ocupam regiões de interesse ambiental. Alguns desses projetos são de atividades práticas em que os atletas devem comprometer-se a colaborar voluntariamente em um trabalho de campo na região envolvida, realizado em data anterior ao início da prova ou no decorrer dela (Paterson, 1999; Mann e Schaad, 2001; EMA, 2002; Marais e Speville, 2004; Adamson, 2004; Jamison, Moslow-Benway e Stover, 2005; Adventuremag, 2009).

Os projetos socioambientais têm como objetivo conscientizar colaboradores e, principalmente, a comunidade próxima ao percurso da prova. Os projetos desenvolvidos a cada evento dependem das características da região e são definidos de acordo com as necessidades encontradas durante o levantamento do percurso (Paterson, 1999; Mann e Schaad, 2001; EMA, 2002; Marais e Speville, 2004; Adamson, 2004; Jamison, Moslow-Benway e Stover, 2005; Adventuremag, 2009; Azimute, 2009).

7.8 Corrida de aventura na escola — uma aplicação prática

Atualmente entende-se que a Educação física, como disciplina escolar, deve tratar da cultura corporal em sentido amplo: sua finalidade é introduzir e integrar o aluno a essa esfera, formando o cidadão que vai produzir, reproduzir e também transformar essa cultura. Para tanto, o aluno deverá deter o instrumental necessário para usufruir de jogos, esportes, danças, lutas e ginásticas em benefício do exercício crítico e da cidadania e da melhora da qualidade de vida. (Brasil, 1997)

Com o objetivo de desenvolver atividades diferenciadas no contexto escolar, em nosso caso, a *implantação da corrida de aventura na escola*, nossa responsabilidade aumenta significativamente, antes de tudo, por sermos educadores. A didática a ser aplicada e as formas que utilizaremos em nossa jornada não deverão fugir dos objetivos curriculares impostos pela legislação vigente, tanto LDB como os PCNs específicos de cada período. Para tanto, apresentarei uma pequena revisão acerca dos conteúdos que devem ser observados e trabalhados na composição das aulas de aventura em Educação Física.

7.8.1 Pensando a interdisciplinaridade e a transversalidade

Segundo os PCNs (2000), eixo norteador das escolas públicas no Brasil, diz-se: "a cooperação integrada entre professores é um ponto-chave para a interdisciplinaridade escolar ser possível." .

Qualquer trabalho do gênero deve ir além de misturar intuitivamente a Geografia, História, Física, Química, Matemática e Português. O que é ser interdisciplinar, então? "É tentar formar alguém a partir de tudo que você já estudou em sua vida, busca dar visibilidade ao movimento, ao talento que existe escondido dentro de cada um de nós."

A *transversalidade* e a *interdisciplinaridade* são modos de se trabalhar o conhecimento que buscam uma reintegração de aspectos que ficaram isolados uns dos outros pelo tratamento disciplinar. Assim, consegue-se uma visão mais ampla e adequada da realidade, que tantas vezes aparece fragmentada pelos meios de que dispomos para conhecê-la, buscando superar o conceito de disciplina por projetos integrativos.

7.8.2 Esportes de aventura e inclusão escolar

A educação inclusiva se caracteriza como o processo de inclusão de portadores de necessidades especiais ou com distúrbios de aprendizagem na rede regular de ensino, em todos os seus graus, pois nem sempre a criança que é portadora de necessidades especiais (deficiente) apresenta distúrbio de aprendizagem ou vice-versa. Então, todos esses alunos são considerados portadores de necessidades educativas especiais. A LDB nº 9394/96, em seu Artigo 58, diz que se entende:

> Por educação especial, para os efeitos desta Lei, a modalidade de educação escolar oferecida preferencialmente na rede regular de ensino para educandos portadores de necessidades especiais.

Logo, a lei determina que a educação especial deva ser oferecida na rede regular de ensino, gerando uma modificação nos estabelecimentos de ensino e no sistema educacional. A inclusão é consequência de uma escola de qualidade, isto é, uma escola capaz de perceber cada aluno como um enigma a ser desvendado. Acredita-se que, a partir da escola inclusiva, haverá uma maior aceitação das crianças com necessidades especiais pela sociedade e não se pode mais ignorar a urgência de universalização da cidadania, que, por sua vez, requer uma nova ética e, por conseguinte, uma escola de educação e cidadania para todos. Segundo os PCNs:

> participar de atividades corporais, estabelecendo relações equilibradas e construtivas com os outros, reconhecendo e respeitando características, físicas e de desempenho de si próprio e dos outros, sem discriminar por características pessoais, físicas, sexuais ou sociais.

O papel da Educação Física na educação inclusiva nos faz refletir que é possível, mas é preciso querer e estar disposto a modificar a concepção da sociedade e a nossa própria forma de ver o mundo. Então, quando falamos de uma Educação Física com base em esportes de aventura, necessitamos analisar de forma criteriosa e desenvolver alternativas para a inclusão desses alunos tidos como especiais. A criatividade passa a ter papel relevante no desenvolvimento de uma didática segura e objetiva com base em conceitos educacionais e técnicos visando atender essa nova realidade e não simplesmente deixá-los de lado, alegando preservá-los.

7.8.3 Por onde e como começar?

O conhecimento técnico/científico de cada modalidade a ser aplicada pelo professor de Educação Física é de fundamental importância na construção do componente pedagógico, sua inter-relação com os demais professores passa a ter papel fundamental para o bom funcionamento do trabalho, assim como o conhecimento de técnicas e normas de segurança aplicadas aos esportes de aventura. Mais que nunca, a educação continuada se fará necessária para o aprimoramento e desenvolvimento desse tipo de atividade na escola.

7.8.4 Como trabalhar?

Estudos apontam o método dos projetos como uma alternativa viável. Entre esses estudos, destacamos o de Fernando Hernández (1998), que trata especificamente da "organização do currículo por projetos de trabalho". A proposta do autor está vinculada à perspectiva do conhecimento globalizado e relacional. Essa modalidade de articulação dos conhecimentos escolares é uma forma de organizar a atividade de ensino e aprendizagem, que implica considerar que tais conhecimentos não se ordenam para sua compreensão de uma forma rígida nem em razão de algumas referências disciplinares preestabelecidas ou de uma homogeneização dos alunos.

A função do projeto é favorecer a criação de estratégias de organização dos conhecimentos escolares quanto ao tratamento da informação e à relação entre os diferentes conteúdos em torno de problemas ou hipóteses que facilitem aos alunos a construção de seus conhecimentos, a transformação da informação procedente dos diferentes saberes disciplinares em conhecimentos próprios. A globalização e a significatividade são, pois, dois aspectos essenciais que se encontram nos projetos.

> É necessário destacar o fato de que as diferentes fases e atividades que se devam desenvolver num projeto ajudam os alunos a serem conscientes de seu processo de aprendizagem e exige do professorado responder aos desafios que estabelece uma estruturação muito mais aberta e flexível dos conteúdos escolares. (Hernández, 1998)

Lembramos que, para um projeto funcionar adequadamente, deverá basear-se em um planejamento coletivo e coordenado por alguém que seja hábil para unir e motivar os colegas e, ao mesmo tempo, orientar e dar suporte às atividades interdisciplinares, na construção de materiais didáticos que criem conexões entre a Educação Física e temas diversos.

7.8.5 Avaliação do trabalho

Devemos entender que a avaliação como processo contínuo, que existe a partir do instante em que nasce a intenção de um projeto até o dia em que seus efeitos e resultados não possam ser ligados ou atribuídos a esse mesmo projeto, deve ser integrada ao planejamento, à execução e à conclusão de cada uma das partes que o compõem. Articular-se-ão as avaliações diagnóstica, formativa e somativa para a construção de uma aprendizagem significativa.

7.8.6 Como tratar os espaços disponíveis para as aulas de aventura

Um caminho possível, muitas vezes, é o do envolvimento da comunidade local nos problemas da escola. As parcerias devem ser estimuladas com empresários, pais de alunos e o próprio gestor municipal/estadual. Observamos que a escassez de espaços públicos para o lazer e o esporte coloca-se como uma realidade social a ser analisada. Seria ingênuo acreditar que a simples construção de uma quadra ou equipamento lúdico/esportivo qualquer traria soluções para os problemas estruturais da sociedade. Cabe aos envolvidos com a escola refletirem e procurarem soluções para a diminuição ou, mesmo, extinção dessa problemática. Refletir sobre essas questões, bem como desenvolver atitudes de preservação e conservação, configura-se como mais uma possibilidade que pode ser trabalhada nas aulas de Educação Física (Marinho e Schwartz, 2005).

7.8.7 Como propor a prática de esportes de aventura quando a maioria desses esportes requer áreas e materiais específicos e de alto custo?

É muito importante que as áreas da natureza para essas práticas possam e devam ser/estar ligadas diretamente ao contexto espaço-temporal dos sujeitos (alunos), logo a reflexão sobre seus contextos de vida e moradia passam a ser fatores importantes para a sua formação crítica e política, bem como social. Aproveitar parques e equipamentos municipais, assim como praias e trilhas, faz que o custo de muitas dessas atividades sofra uma redução significativa.

As parcerias com a iniciativa privada, assim como as discussões a respeito de soluções para o problema, deverão ser atribuídas a professores e alunos. No rol dos esportes de aventura, temos algumas modalidades que podem ser realizadas com um custo relativamente baixo como o *trekking*, a orientação e outras que podem ser desenvolvidas a partir de materiais reciclados e adaptados. O mais importante é não desistir e lembrar-se de que a finalidade principal desse projeto é a educação e que o esporte de aventura será uma mera ferramenta para que atinjamos nossos objetivos. Quando aplicamos o conceito de interdisciplinaridade, aumentamos o número de agentes participando do projeto e acabamos, assim, por aumentar também o número de colaboradores e contatos futuros às nossas necessidades e por ganhar mais força dentro e fora do contexto escolar (Marinho e Schwartz, 2005).

7.9 Iniciação em corridas de aventura na escola

Segundo DeJager e Himberg (2008), não se faz necessário que tenhamos os mais variados equipamentos para iniciarmos a corrida de aventura na escola, mas muita criatividade. O simples fato de incentivarmos os desafios físicos, utilizando uma forte dose de diversão, funcionará como agente motivador. Bancos, plintos, barreiras, corda, cones, quadras, trilhas, praças, campos etc. funcionam adequadamente como equipamentos e áreas de aprendizagem.

Nos conceitos educacionais já observados, na questão do planejamento e dos objetivos multidisciplinares, dividiremos as classes em equipes de 2 a 4 alunos e determinaremos a duração, local e material da atividade (DeJager e Himberg, 2008).

Conforme Paterson (1999) e DeJager e Himberg (2008), a corrida de aventura é um esporte que combina duas ou mais disciplinas e enfatiza o trabalho em equipe. De fato, os alunos combinaram talentos individuais aplicados em equipe para terminarem a prova de obstáculos o mais rapidamente possível.

Ao determinar uma pontuação para etapa cumprida ou estipular a vitória pelo tempo final, consegue-se obter uma primeira avaliação. Em minha experiência, prefiro a pontuação por etapa colaborando, assim, com os alunos que não conseguem finalizar o percurso adequadamente em um primeiro momento. Outro fator a ser levado em consideração é o das modalidades a serem trabalhadas. Acredito que a orientação e o *trekking* são as mais acessíveis e de maior interdisciplinaridade entre as matérias escolares. Em nosso caso, utilizaremos a orientação como exemplo prático.

A introdução dessa atividade desportiva nos programas de Educação Física vai ao encontro das atuais tendências sociais – o indivíduo procura cada vez mais atividades de lazer ligadas aos grandes espaços, ou seja, com grande apelo ambiental, e cabe à escola promover esses ideais ecológicos; então, nada melhor que proporcionar aos alunos atividades fora dos espaços tradicionais, onde é possível desenvolver as várias finalidades e objetivos da Educação Física, nomeadamente no domínio da autonomia, sociabilidade, cooperação, desenvolvimento de capacidades de raciocínio e das próprias qualidades físicas. Não podemos igualmente nos esquecer da importância da orientação na relação com outras disciplinas como Geografia, Matemática, Física, Biologia, História, Educação Artística e outras disciplinas.

7.10 Estruturação dos conteúdos da prática da orientação em três níveis

As informações que seguem são adaptadas de *Learning Orienteering Step by Step* – IOF, 2005. Detalharemos apenas o nível I – iniciação.

Nível I – Iniciação – Utilização de croquis das salas de aula e mapas da escola

1. Enquadramento da atividade no contexto pedagógico da escola

Deve-se avaliar os alunos e a atividade a ser aplicada sempre pensando no contexto pedagógico da escola e quais os objetivos que se desejam atingir, quais os tipos de prática e suas possibilidades interdisciplinares, sua história, os materiais e equipamentos utilizados (mapa, ponto de controle – baliza + picotador, cartão de controle, bússola, calçados e roupas), simbologia da marcação dos percursos. Podemos recorrer a vídeos e/ou a textos de apoio como forma didática de aplicação.

2. Noções de planificação

Devemos transmitir ao aluno noções básicas sobre a forma como é construído um mapa (projeção vertical dos objetos), o que é possível pela representação de objetos simples e espaços reduzidos conhecidos pelos alunos, por exemplo, mesas, cadeiras, plintos ou mesmo da sala de aula e do ginásio.

Figura 7.1 – Planificação.

- Desenha-se seu próprio mapa de um espaço conhecido;
- Marcar um percurso para o colega: os alunos, agrupados em pares, utilizam a projeção vertical do ginásio, onde o professor dispôs vários objetos (plinto, banco sueco, mesa, cone etc.) que os alunos terão de representar em seus mapas. O primeiro aluno do par utiliza três balizas/cartão que esconderá e assinalará a sua localização no mapa. Seguidamente, entrega o mapa ao seu colega, que localizará e recolherá as balizas, repetindo, depois, a tarefa realizada pelo primeiro aluno.

3. Localização e orientação no mapa por pontos de referência

Quando o aluno tiver acesso a determinado mapa, deverá, em primeiro lugar, saber qual o espaço que este representa e tentar indicar no mapa a sua localização. Para tal, o professor fornecerá indicações sobre os pontos de referência (elementos característicos) do local em que se encontra e a sua representação no mapa. Após localizar com precisão o local em que se encontra, o aluno deverá orientar o mapa de acordo com a disposição no espaço dos pontos de referência. Deveremos procurar transmitir ao aluno a sensação de estar dentro do mapa no local indicado.

4. Automatização do gesto (localização e orientação permanente do mapa)

A aquisição desta etapa é de suma importância para o desenvolvimento das capacidades e conhecimentos dos alunos, pois dela depende a capacidade de realizar os percursos de forma correta e com sucesso. Assim, deveremos deixar bem clara a necessidade de manter o mapa permanentemente orientado, seja pelas indicações dadas aos alunos, seja pelas situações de aprendizagem propostas. Nessa fase, devemos também indicar aos alunos a "regra do polegar", dedo que se coloca no local em que nos localizamos e deve sempre acompanhar os movimentos efetuados. Essa regra, quando bem-executada, permite indicar sempre com precisão e rapidez o local em que se encontra, uma vez que restringe a zona do mapa a consultar às imediações do local onde está colocado o dedo.

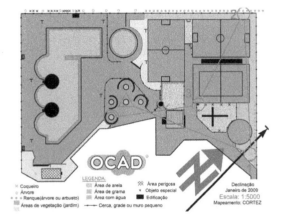

Figura 7.2 – Leitura de mapa.
Fonte: SESC.

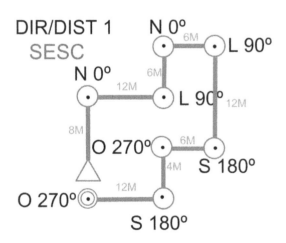

Figura 7.3 – Deslocamento variado.
Fonte: SESC.

- Deslocamento variado: utilizando um croqui de um espaço predeterminado, cada aluno realizará seu deslocamento, variando mudanças de direção de 90° e procurando manter o mapa sempre orientado.
- Jogo de palavras relacionadas: utilizando um croqui (iluminado) de uma quadra de linhas marcadas, determina-se um percurso com mudanças variadas de direção. No início e fim de cada trecho (encontro de linhas), há um cartão com duas palavras que se relacionam. Os alunos devem realizar o percurso sempre pelas linhas traçadas no solo e iluminadas no croqui e manter o mapa sempre orientado. O êxito na realização do percurso é verificado pela correta relação entre as palavras.

5. Leitura simplificada do mapa (identificação da simbologia básica inserida no mapa)

A aprendizagem da simbologia inserida no mapa e sua relação com o terreno revelam-se importantes para o sucesso na realização de percursos de orientação, uma vez que permitem uma fácil localização e orientação do mapa, bem como facilita a opção pelo trajeto mais correto. As situações de aprendizagem devem ser organizadas de modo que o aluno adquira os conhecimentos sobre a simbologia básica do mapa por meio da consulta da legenda nele inserida ou demonstradas no caixão de areia ou maquete. Sempre que ocorrer uma mudança no tipo de mapas utilizado, devemos fazer uma recapitulação dessa fase, chamando a atenção para as diferenças existentes na simbologia utilizada em cada mapa.

- Interpretação das legendas ou observação do mapa/terreno: a partir de um mapa pré-confeccionado em relação a um caixão de areia ou maquete, orienta-se o mesmo mapa em relação ao terreno, identificando os principais acidentes, objetos, vegetação etc.

6. Noções simplificadas de relevo

O conhecimento do relevo e a sua correta leitura no mapa são importantes quando se efetuam percursos de orientação, uma vez que constitui um elemento característico de grande fidelidade que permite uma "navegação" com grande precisão e uma correta dosagem do esforço a realizar pela opção pelos trajetos mais leves. A aquisição dos conhecimentos da terceira dimensão é fundamental para o sucesso na realização de percursos de orientação técnicos em que os pontos de controle estão colocados nos acidentes do terreno (reentrâncias, esporões, colinas, depressões etc.). Nesse momento, o professor deve explicar o que são as curvas de nível, o que representam e dar exemplos da representação de diferentes formas do terreno.

- Os alunos deverão comparar o mapa e o caixão de areia e maquete, indentificando os diferentes acidentes do terreno, curvas de nível e suas variações altimétricas.

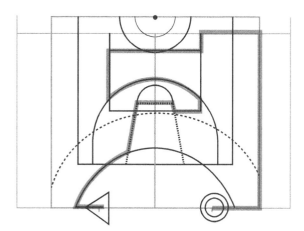

Figura 7.4 – Palavras relacionadas.

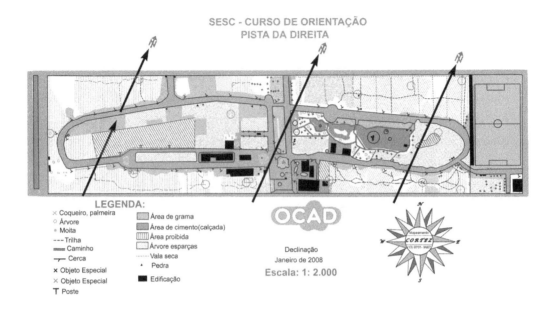

FIGURA 7.5 – Observação do mapa.
Fonte: SESC.

7. Noção de distâncias e escalas

A noção do espaço percorrido ou a percorrer pelos alunos durante a realização do percurso também é importante para seu sucesso. Assim, o aluno deverá saber relacionar o espaço representado no mapa à sua correspondência no terreno. A noção dos espaços percorridos desenvolve-se com a prática, sendo possível de ser melhorada pela contagem de passos duplos que, quando aferidos, forneceram-nos uma informação positiva sobre o espaço percorrido.

- Medir distâncias: os alunos, após aferirem o passo (número de passo duplos em 100 m – média de 6 deslocamentos variados) – desprezam o maior e o menor número de passos, calculando-se a média. A maneira de andar ou correr deve ser a mesma para todas as vezes que se for aferir o passo, podendo variar somente quando for utilizar para outros ritmos de corridas. Exemplo: o orientador realizou seis vezes e obteve as seguintes contagens: 1ª – 66; 2ª – 65; 3ª – 64; 4ª – 64; 5ª – 63; 6ª – 62.

Eliminam-se a 1ª e a 6ª aferição (extremos) e tira-se a média das 2ª, 3ª, 4ª e 5ª aferições; média = 64.

8. Realização de percursos de opção simples

Os alunos deverão realizar percurso predeterminado na escola em que as opções para atingir os pontos de controle são, normalmente, simples e consistem na escolha do trajeto mais curto

FIGURA 7.6 – Noções de relevo.

para atingir o ponto de controle sem utilização da bússola.

Figura 7.7 – Percurso de opção simples.
Fonte: SESC.

Nivel II – Intermediário – Utilização de mapas da escola e matas, à escala 1:2.000 a 1:5.000

- Leitura do mapa (identificação das cores e símbolos mais comuns).
- Noção das distâncias e escalas.
- Noções intermediárias de relevo: curvas de nível e acidentes geográficos.
- Orientação ao longo de uma referência linear (percurso com "corrimão") com uma única opção.
- Orientação ao longo uma referência linear (percurso com "corrimão") com várias opções.
- Introdução da bússola como meio auxiliar para orientar o mapa.
- Localizar objetos próximo de referências lineares ("corrimão").

Nivel III – Avançado – Utilização de mapas de orientação – Escala 1:10.000 a 1:15.000

- Noção das "novas" distâncias e escalas.
- Orientação ao longo de uma referência linear (percurso com "corrimão") com uma única opção.
- Orientação ao longo de uma referência linear (percurso com "corrimão") com várias opções.
- Localizar objetos próximo de referências lineares ("corrimão").
- Realização de pequenos atalhos e mudanças de direção.
- Realização de atalhos em direção a referências que limitam o percurso.
- Noção de relevo e sua planificação.
- Realização de opções na escolha entre dois percursos.
- Utilização da bússola para realização de percursos com azimute, direção e referências lineares.
- Estudo da sinalética específica de orientação.

7.11 Percurso permanente na escola

A existência de percursos permanentes nas escolas e nos espaços verdes circundantes (parques, pequenos bosques etc.) é de particular interesse para a abordagem da orientação em nível curricular ou mesmo extracurricular.

Vantagens

- A organização das aulas é facilitada.
- Menor tempo de gestão da atividade.

- Possibilita a abordagem da orientação por todos os professores, mesmo os menos habilitados tecnicamente.
- Permite ter em atividade um número elevado de alunos.

Desvantagens

- As ações de confirmação da passagem pelo ponto de controle são diferentes das utilizadas num percurso formal.
- Pela razão anterior, é possível confirmar a passagem pelo ponto de controle sem ir ao local se alguém lá esteve disser qual é o código de letras (números ou objetos) inscrito no local.

7.11.1 Como montar o percurso permanente

Na escola, pintaremos nos edifícios e muros o símbolo da orientação com 10 a 15 cm², nos quais são inscritas letras que os alunos devem transcrever para o cartão de controle. Pinta-se um elevado número de pontos de controle de forma a possibilitar a marcação de vários percursos. No parque, utilizam-se como material para fazer os pontos de controle estacas em madeira, que são enterradas. Podem ser também utilizados outros materiais como marcos de pedra, fitas ou plásticos rígidos que são colocados em volta dos elementos característicos.

7.12 Glossário

Elaborado segundo 360 Graus, 2006; Adventuremag, 2008; Webventure, 2009:

AT: local onde acontece a troca de uma modalidade para outra. A parada no AT é o momento em que a equipe para para comer algo (com ou sem o auxílio da equipe de apoio), trocar e conferir equipamentos.

Apoio (equipe de): duas ou três pessoas encarregadas de cuidar da organização do equipamento, da alimentação, das roupas, do carinho e das palavras de ânimo nas transições. Tem sido cada vez menos solicitada nas corridas brasileiras.

Ancoragem: técnica de segurança para fixar apoios para a realização de descidas com cordas.

Azimute: é o caminho ou direção que é traçado no mapa a partir de uma angulação.

Briefing: é uma espécie de reunião que acontece antes da prova e na qual o organizador esclarece dúvidas dos atletas. É também no *briefing* que as equipes recebem os mapas para se orientar no percurso.

Categorias: as corridas de aventura brasileiras, na maioria dos casos, contam com duas categorias:

- *Expedição*: em que figuram as equipes que tenham cumprido o trajeto completo da prova.
- *Aventura*: quando as equipes passaram por cortes no percurso e fizeram um itinerário menor.

Carta: é o mapa, geralmente entregue à equipe no dia anterior à largada.

Capitão: líder do time. Isso não significa, no entanto, nenhuma forma de hierarquia, mas uma necessidade de se ter uma pessoa para coordenar o ritmo dos membros da equipe e tomar as decisões cabíveis.

Corte: redução do trajeto da prova, que acontece em hora e local (sempre um PC ou AT) determinados previamente pela organização da prova. As equipes que chegarem após esse horário devem cumprir um trajeto menor e caem para a categoria imediatamente inferior.

Dark zone: interrupção da prova durante a noite. No Brasil, a maioria das provas acontece em sistema *non stop*, ou seja, sem *dark zone*.

Fiscais: profissionais responsáveis por conferir equipamentos e checar passaportes em todos os PC ou AT.

GPS: sigla de *Global Position Satellite* ou Satélite de Posicionamento Global, equipamento eletrônico que determina a localização exata de determinado ponto por meio de suas coordenadas. Também pode mostrar altura, temperatura e velocidade do vento. Não é permitido seu uso nas corridas brasileiras. Entretanto, nas corridas mais longas, um exemplar é entregue lacrado às equipes para ser usado apenas em caso de resgate.

Hipotermia: diminuição excessiva da temperatura normal do corpo.

Manta aluminizada: é uma espécie de lençol de alumínio que é usado como cobertor para manter a temperatura do corpo. É usado para evitar hipotermia.

Navegação: colocar em prática a orientação.

Non stop: significa "sem parada". Uma prova *non stop* é aquela na qual as equipes fazem o percurso sem *dark zone*, sem local próprio para descanso.

Orientação: técnica usada para se localizar em terras desconhecidas com uso de mapa e bússola.

Passaporte: cartão que deve ser assinado ou carimbado pelo fiscal a cada posto de controle (PC) ou área de transição (AT). A equipe deve mantê-lo sempre com o capitão e conferir sua presença junto ao equipamento obrigatório antes de iniciar cada uma das pernas da prova. A perda do passaporte resulta em perda de pontos ou acréscimo de tempo no cômputo geral da equipe.

Perna: cada uma das etapas da corrida.

Plotar: marcar os PCs e ATs de uma corrida num mapa com o auxílio de canetas hidrográficas e de bússola.

PC: sigla de posto de controle: ponto da prova, determinado no *ride book*, em que fiscais conferem a presença do equipamento obrigatório e do passaporte da equipe.

PC virtual: posto de controle que não conta com a presença de fiscal.

Reboque: mecanismo usado pelos atletas para impor o mesmo ritmo à equipe durante as pernas de *mountain bike*. O atleta mais forte prende sua *mountain bike* à dos companheiros por meio de um elástico.

Resgate: é quando a organização ou a equipe médica precisa retirar alguém da prova. Isso acontece geralmente quando o atleta se machuca ou se perde na orientação.

Ride book: documento entregue pela organização pelo menos um dia antes da largada da corrida. Ele traz indicações topográficas ou geográficas sobre o percurso da prova. Entretanto, essas informações devem ser interpretadas e aplicadas ao percurso da prova pela navegação. Pelas informações nele contidas, a equipe deve determinar sua estratégia para terminar a corrida.

Road book: documento semelhante ao *ride book*, mas com indicações dirigidas às equipes de apoio, imprensa e demais pessoas que acompanham a prova.

Trilha: caminho utilizado para se chegar a um local determinado.

Referências

Adamson, I. *Runner's World Guide to Adventure Racing*: How to Become a Successful Racer and Adventure Athlete. New York: Rodale Books, 2004.

Arsénio, V., Baltazar, J. *A Orientação nas escolas*: didática da orientação. In: Congresso Nacional de Orientação, 1, Portugal, 1994.

Brasil. Secretaria de Educação Fundamental. *Parâmetros curriculares nacionais: Educação Física*. Secretaria de Educação Fundamental. Brasília. MEC/SEF. v. 7, 1997.

_____. Secretaria de Educação Fundamental. *Parâmetros curriculares nacionais: apresentação dos temas transversais, ética*. Secretaria de Educação Fundamental. Brasília. MEC/SEF. v. 8, 1997.

_____. *Parâmetros Curriculares Nacionais. Educação Física*. Secretaria de Educação Fundamental. Brasília. MEC/SEF. v. 7, 2. ed., 2000.

Costa, V. L. M.; Marinho, A.; Passos, K. C. M. Esportes de aventura e esportes radicais: propondo conceitos. *Revista Motriz. In:* Congresso Internacional de Educação Física e Motricidade Humana, 5., e Simpósio Paulista de Educação Física, 11., *Anais... Rio Claro:* UNESP, v. 13, n. 2, mai/ago 2007. Suplemento.

Confederação Brasileira de Orientação. Política Nacional de Desenvolvimento do Desporto Orientação. Rio Grande do Sul, CBO, 2008. Disponível em: <http://www.cbo.org.br/site/projetos/index.php>. Acesso em: 25 abr 2010.

Dejager, D.; Himberg, C. *Adventure racing activities for fun and fitness.* Human Kinetics, 2008.

Hernández, F. *Transgressão e mudança na educação*: os projetos de trabalho. [s.l]: Artmed, 1998.

Jamison, N.; Moslow-Benway, M.; Stover, N. The *Thrill of Victory, The Agony of My Feet*: Tales from the World of Adventure Racing. Breakaway Books, 2005.

Mann, D., Schaad, K. The Complete Guide to Adventure Racing. U.S.: Hatherleigh Press, 2001.

Marinho, A.; Schwartz, G. M. Atividades de aventura como conteúdo da educação física: reflexões sobre seu valor educativo. *Revista Digital*, Buenos Aires, 2005.

Marais, J.; De Speville, L. *Adventure Racing.* Human Kinetics, 2004. Edition illustrated.

McNeill, C.; Cory-Wright, J.; Renfrew, T. *Teaching Orienteering.* Reino Unido: Ed. Harveys, Human Kinetics, 2001.

Paterson, D. *Adventure Racing*: Guide to Survival. Sporting Endeavours, 1999.

Siff, B. Caldwell, L. *Adventure Racing*: The Ultimate Guide. Velo Press, 2001.

Sites Sugeridos

360 Graus. *Texto sobre a Histoóia da corrida de aventura no Brasil.* São Paulo, 2002a. Disponível em: <http://360graus.terra.com.br/adventurerace/default.asp?did=5009&action=hist%C3%B3ria>. Acesso em: 20 mai. 2010.

360 Graus. Texto sobre Glossário. São Paulo, 2006b. Disponível em: <http://360graus.terra.com.br/adventurerace/default.asp?did=5011&action=geral>. Acesso em: 20 mai. 2010.

_____. *Texto sobre a Historia das corridas de aventura no Brasil.* São Paulo, 2001c. Disponível em: <http://360graus.terra.com.br/adventurerace/default.asp?did=1576&action=entrevista>. Acesso em: 20 mai. 2010.

_____. *Texto sobre equipamentos.* São Paulo, 2006d. Disponível em: <http://360graus.terra.com.br/adventurerace/default.asp?did=5001&action=reportagem>. Acesso em: 20 mai. 2010.

_____. *Links sobre corridas de aventura.* São Paulo, 2002e. Disponível em: <http://360graus.terra.com.br/adventurerace/default.asp?did=5003&action=geral >. Acesso em: 20 mai. 2010.

Acquaride. *Texto sobre Acquaride*: Esporte de Aventura Brasileiro. São Paulo, 2010. Disponível em: <http://www.acquaride.com.br/modulos/canais/descricao.php?cod=1&codcan=1>. Acesso em: 20 mai. 2010.

Adventuremag. *Texto sobre Equipamentos.* São Paulo, 2010a. Disponível em: <http://www.adventuremag.com.br/dicas/EpAFVZuEZForTLZhaL.php>. Acesso em: 12 mar. .2010.

_____. *Calendário Nacional das Corridas de Aventura.* São Paulo, 2010b. Disponível em: <http://www.adventuremag.com.br/corridadeaventura/calendario/>. Acesso em: 1 jul. 2010.

_____. *Texto sobre Historia das Corridas de Aventura no Mundo.* São Paulo, 2009c. Disponível em: <http://www.adventuremag.com.br/descrico.php>. Acesso em: 30 abr. 2010.

_____. *Texto sobre Historia das Corridas de Aventura no Brasil.* São Paulo, 2009d. Disponível em: <http://www.adventuremag.com.br/descrico.php>. Acesso em: 30 abr. 2010.

_____. *Listagem de Associações e Federações no Brasil.* São Paulo, 2010e. Disponível em: <http://www.adventuremag.com.br/compet.php>. Acesso em: 30 abr. 2010.

Arworldseries. Texto sobre a competição. New Zealand, 2010. Disponível em: <http://www.arworldseries.com/>. Acesso em: 12 mar. 2010.

AZIMUTE. *Texto sobre ação social - Chauas*. São Paulo: 2009. Disponível em: <http://revistaazimute-com-br. baresebotecos.com/blog/?p=293>. Acesso em: 12 mar. 2010.

DESAFIO DEL LOS VOLCANES. *Texto sobre a Competição*. Argentina, 2010. Disponível em: <http://www.eldesafiodelosvolcanes.com/>. Acesso em: 14 mar. 2010.

ECOPRIMALQUEST. *Texto sobre a competição*. USA, 2010. Disponível em: <http://www.ecoprimalquest.com/wp--primal/>. Acesso em: 12 mar. 2010.

EXPEDIÇÃO MATA ATLÂNTICA. *Histórico sobre a corrida Expedição Mata Atlântica*. São Paulo: EMA, 2002a. Disponível em: < http://www.ema.com.br/portugues/index.htm>. Acesso em: 10 abr. 2009.

_____. *O sistema de graduação das corridas de aventura*. São Paulo: EMA, 2002b. Disponível em: <http://www.corridasdeaventura.com.br/corridas/graduacao.htm>. Acesso em: 10 abr. 2009.

_____. *Texto sobre a EMA escola*. São Paulo: EMA, 2002c. Disponível em: <http://www.corridasdeaventura.com.br/emaescola/index.htm>. Acesso em: 10 abr. 2009.

_____. EMA Mix Terra, texto sobre a história da empresa. São Paulo. EMA, 2011. Disponível em: < http://www.ema.com.br/v4/ema.php> Acesso em: 15 de dezembro de 2011.

INEMA. *Texto sobre a Historia das corridas de aventura no Brasil*. Paraná. Disponível em: <http://inema.com.br/mat/idmat001507.htm?>. Acesso em: 12 mar. 2010.

MARINHO, A.; SCHWARTZ, G. M. Atividades de aventura como conteúdo da educação física: reflexões sobre seu valor educativo. *Revista Digital*, Buenos Aires, set. 2005. Disponível em: <www.efdeportes.com>. Acesso em: 10 abr. 2010.

INTERNATIONAL ORIENTEERING FEDERATION. Learning Orienteering Step By Step. Finlândia: IOF, 2005. Disponível em: <http://www.orienteering.org/index.php/iof2006/IOF>. Acesso em: 10 out 2009.

ORIGINAL MOUNTAIN MARATHON. *Texto sobre a origem das corridas de aventura*. England, 2010. Disponível em: <http://www.theomm.com/>. Acesso em: 12 mar. 2010.

PATAGONIA EXPEDITION RACE. *Texto sobre a competição*. Chile, 2010. Disponível em: <http://www.patagonianexpeditionrace.com/>. Acesso em: 14 mar. 2010.

USARA NATIONALS. *Texto sobre corridas de Aventura - Evolução*. USA, 2010. Disponível em: <http://www.usaranationals.com/home.aspx>. Acesso em: 12 mar. 2010.

WEBVENTURE. *Texto sobre 10 anos de corridas de aventura*. São Paulo, 2008a. Disponível em: <http://www.webventure.com.br/corridadeaventura/conteudo/noticias/index/id/21872>. Acesso em: 20 mai 2010.

_____. *Texto sobre Equipamentos*. São Paulo, 2008b. Disponível em: <http://www.webventure.com.br/corridadeaventura/dicas/equipamentos>. Acesso em: 20 mai 2010.

_____. Texto sobre Glossário. São Paulo: 2010. Disponível em: <http://www.webventure.com.br/corridadeaventura/dicas/vocabulario>. Acesso em: 20 mai 2010.

<http://www.adventuremag.com.br>;

<http://www.webventure.com.br/corridadeaventura>;

<http://www.apca.esp.br/apca>;

<http://www.acaerj.esp.br>;

<http://www.paranaventura.org>;

<http://www.adventuremag.com.br/cn>;

<http://www.ema.com.br>;

<http://www.corridasdeaventura.com.br>;

<http://www.ecomotion.com.br>;

<http://www.sulbrasilis.com.br>;

<http://www.adventurecamp.com.br>;

<http://www.extremaventura.com.br>;

<http://www.trofeusp.com.br>;

<http://www.hakarace.com>;

<http://www.chauas.com.br>;

<http://www.solobrasileiro.com.br>;

<http://www.hyundaiadventure.com.br>;

<http://www.circuitoproadventure.com.br>;

\<http://www.fcca.org.br\>;

\<http://www.cpca.com.br\>;

\<http://www.fbca.com.br\>;

\<http://www.eldesafiodelosvolcanes.com\>.

8
Corrida de orientação

Rogério Campos

A corrida de orientação ou simplesmente orientação é um esporte em que o praticante orienta-se ao longo de uma série de pontos de controle (PC) demarcados no terreno usando, para isso, uma bússola e um mapa. A sequência de passagem nos PCs é obrigatória; contudo, a escolha de uma rota entre eles é livre.

Também conhecido como "*rally* a pé", na corrida de orientação o atleta percorre os mais variados tipos de terreno, como campos, matas, trilhas e até áreas urbanas. O objetivo de cada praticante é terminar o percurso no menor tempo possível. Para participar desse esporte, deve-se aprender a ler um mapa, manusear uma bússola, além de adquirir a habilidade de selecionar rotas seguras através de terrenos desconhecidos.

A corrida de orientação é muito praticada nos países nórdicos (Suécia, Finlândia e Noruega). Como muitos desportos modernos que se difundiram mundialmente durante os últimos anos, a corrida de orientação foi aplicada inicialmente para solucionar um problema, da mesma maneira que o vôlei e o basquete.

A corrida de orientação foi pensada para encorajar os jovens a utilizarem a natureza como meio de desenvolvimento físico e mental. Foi o major Ernest Killander, militar e líder escoteiro sueco, que, em 1918, observando a queda do número de participantes em corridas rústicas e *cross-country*, decidiu usar a própria natureza para motivar a participação nessas competições. Assim, organizou percursos e iniciou as primeiras competições de orientação. Esses eventos pioneiros constituíram-se num sucesso absoluto, o que o incentivou a continuar montando os eventos.

As primeiras competições eram muito fáceis e os postos de controle eram colocados em acidentes do terreno muito característicos em razão da má qualidade dos mapas da época.

Por volta de 1935, porém, com o aprimoramento nos mapas de orientação, melhorou consideravelmente o nível das competições. Com esse advento, o corredor de longas distâncias, que sempre ganhava as competições, cedeu lugar ao atleta mais completo (o bom orientador), que coloca sua aptidão física a serviço de sua capacidade de orientar-se corretamente (leitura da carta, utilização da bússola, escolha da rota etc.).

No Brasil, a orientação se iniciou na década de 1970, com a ida de três observadores (oficiais das três Forças Armadas) ao IV campeonato do CISM (*Counceil International Du Sports Military*), que se realizou em Alborg, na Dinamarca.

Em 1971, o Brasil competiu no V campeonato do CISM, realizado na Noruega, obtendo o nono lugar entre 11 concorrentes. A partir desse momento, o esporte começou a ser difundido entre os militares. Já entre os civis, o esporte se iniciou aproximadamente na década de 1990, com campeonatos regionais. As competições são para ambos os sexos, que são distribuídos por categorias que obedecem a faixas etárias e aos graus de experiência dos atletas. As faixas etárias competitivas iniciam-se a partir dos dez anos de idade e vão até os noventa anos.

Cada faixa etária é subdividida por graus de dificuldade (fácil, difícil, muito difícil e elite), sendo este último grau de dificuldade aplicável apenas às categorias acima de 14 anos até os 21 anos, inclusive.

Além da modalidade a pé, que é a tradicional, a orientação ainda pode ser realizada com bicicletas, esquis, cavalos, por portadores de necessidades especiais etc., sempre com as devidas adaptações.

8.1 Um pouco de história

A corrida de orientação enquanto esporte é tão ou mais antiga que esportes contemporâneos mais conhecidos, como o futebol, o vôlei e o basquete, e muito mais antiga que esportes correlatos como o *trekking* e a corrida de aventura, como o comprova seu histórico.

Resumo histórico mundial

- 1850: a orientação nasceu nessa data como desporto nos meios militares escandinavos, que a utilizavam como meio de entretenimento para suas tropas.

- 1893: primeira competição similar à orientação de que se tem conhecimento, sem mapas, realizou-se numa guarnição de jogos atléticos perto de Estocolmo.
- 1898: é organizada, em Oslo, a primeira prova de revezamento de orientação em esqui.
- 1904: primeira prova em Helsingfors. Nascimento da Orientação como disciplina desportiva civil.
- 1910: após as provas de orientação em Copenhague, com utilização de cartas de 1:100.000 e de croquis esboçados à mão pelo organizador, em que os controles eram sinalizados por pessoas, realizou-se o primeiro campeonato dinamarquês e o primeiro campeonato de revezamento de orientação de esqui, em que os percursos podiam ir até 50 km. A condição física era mais importante que a capacidade de orientação.
- 1920: primeiros campeonatos regionais na Suécia.
- 1922: primeiro campeonato nacional (Suécia)
- 1925: primeiros campeonatos regionais na Noruega.
- 1945: após a Segunda Guerra Mundial, a orientação estendeu-se e desenvolveu-se em outros países, como EUA, Canadá, Grã-Bretanha, Bélgica, Austrália, Espanha e França, sendo editada a primeira Revista de Orientação na Finlândia.
- 1946: criação de um organismo nórdico para controle da corrida de orientação, tendo como tarefas: elaboração de um regulamento para encontros internacionais, organização de campeonatos nórdicos, melhoramento do material cartográfico, incentivo, normatização e desenvolvimento da modalidade.
- 1949: a orientação em esqui é reconhecida pelo COI.
- 1961: em Copenhague, Dinamarca, 10 países (Bulgária, ex-Checoslováquia, Dinamarca, Finlândia, Hungria, Noruega, ex-RDA, ex-RFA, Suécia e Suíça) fundaram a *International Orienteering Federation* (IOF).
- 1977: o esporte orientação é reconhecido pelo COI.
- 1986: criada a Copa do Mundo de Orientação.
- 1994: a IOF engloba 45 países, quatro dos quais são membros associados.

Resumo histórico no Brasil

- 1970: militares brasileiros observam as competições de orientação do CISM.
- 1974: a corrida de orientação foi incluída no currículo da Escola de Educação Física do Exército (EsEFEx).
- 1984: realizado em Curitiba, o XVII Campeonato Mundial Militar de Orientação.
- 1986: em 6 de julho, foi realizado o I Campeonato Metropolitano de Corrida de Orientação de Curitiba. A competição se repetiu nos anos de 1987 e 1988.
- 1996: realizado em 15 de dezembro de 1996, em São José dos Campos, o I Troféu Brasil de Orientação, prova precursora e antecessora dos cinco dias de Orientação do Brasil. Essa competição culminou com uma reunião em que foram definidos os primeiros passos para a criação da CBO (Confederação Brasileira de Orientação).
- 1998: organizado o I Campeonato Brasileiro Universitário de Orientação em Sta. Maria/RS. A prova contou com a participação de

125 acadêmicos de diversas universidades e faculdades.

- 1999: em 11 de janeiro, na cidade de Guarapuava/PR, foi fundada a Confederação Brasileira de Orientação – CBO, sendo eleito como primeiro presidente o Sr. José Otavio Franco Dornelles.
- 2000 – Em 20 de dezembro de 2000, o Comitê Olímpico Brasileiro concedeu vinculação à Confederação Brasileira de Orientação.

8.2 Principais eventos no Brasil e no mundo

A corrida de orientação tem hoje um amplo calendário de eventos internacionais e nacionais. Em âmbito mundial, esses eventos são regulados pela IOF, não obstante, a realização de eventos coordenados pelas 73 federações e confederações nacionais a ela filiadas. Nacionalmente, os eventos são regulados pela CBO, existindo ainda eventos realizados pelas 11 federações e as mais de cem instituições de administração (clubes e afins).

Listamos abaixo os principais eventos mundiais e nacionais:

World Games

- World Orienteering Championships.
- World Cup in Orienteering.
- Junior World Orienteering.

Championships

- World Masters Orienteering Championships.
- Campeonato brasileiro de orientação (CAMBOR).
- 5 dias do Brasil.

Campeonato Sul-americano

- Ori praia.
- Campeonato Estudantil.
- Campeonato Universitário.
- Maratona de Ori.

8.3 Formas de organização de atividades

As diferentes formas de organização das atividades de orientação estão diretamente relacionadas às suas quatro vertentes reconhecidas e promovidas pela IOF (orientação pedestre, orientação em esqui, orientação em *mountain bike* e "*trail orienteering*" (para portadores de necessidades especiais motoras), a seguir detalhadas juntamente às suas evoluções e variantes.

Orientação a pé

Forma original da prática da orientação em que o meio de locomoção é a corrida ou a caminhada, essa modalidade é disputada pelo competidor nas distâncias *sprint*, média, longa e maratona, além do revezamento (prova em que dois ou mais participantes por equipe participam consecutivamente na prova, sendo a partida de todos os primeiros concorrentes feita simultaneamente).

Orientação em esqui

Forma bastante divulgada nos países nórdicos. No terreno, são abertos trilhos para facilitar a locomoção, sendo estes assinalados no mapa em cor verde e classificados quanto à sua transitabilidade.

Orientação em mountain bike

Forma de prática da orientação disputada pelo competidor usando uma bicicleta. O atleta tem de chegar aos PCs com a bicicleta. Pode cortar caminho, mas não pode trafegar fora da trilha.

Trail orienteering

Forma de prática da orientação para deficientes motores, com percursos específicos em que a competição não se realiza cronometrando a duração do percurso, mas pela quantidade de PCs marcados corretamente. Para cada PC, existem vários prismas no elemento característico ou próximo dele, devendo o atleta indicar qual deles está corretamente colocado.

Essa modalidade é disputada por atletas especiais, enquadrados nas regras do Comitê Paraolímpico.

Orientação a cavalo

Similar à orientação com *mountain bike*, substituída pelos cavalos.

Orientação em canoa

Forma de orientação praticada em lagos com margens muito recortadas por enseadas e braços de rio.

Orientação em parques (Sprint)

Forma recente de prática de orientação surgida da necessidade de promover a modalidade. São provas de curta duração realizadas em espaços pequenos em que as capacidades fundamentais são a velocidade de execução (decisão e marcação do PC) e a resistência de média duração.

Orientação em zonas edificadas (City "O")

Surgiu com o mesmo objetivo da orientação em parques; realiza-se em cidades utilizando mapas de orientação ou toponímicos.

8.4 A montagem dos percursos

A correta montagem dos percursos para a execução de competições ou treinamentos, oferece ao organizador do evento uma gama enorme de possibilidades quanto à realização das pistas, podendo atender os mais variados propósitos, desde competitivos, passando pelos educacionais ou meramente recreativos. Apresentamos a seguir algumas possibilidades, lembrando que existe farta bibliografia enumerando outras tantas.

Percursos Normais

Tipo de percurso em que o mapa é marcado previamente, sendo a partida assinalada por um triângulo, os pontos de controle por círculos numerados e a chegada por dois círculos concêntricos. Os pontos de controle são unidos, segundo a sua ordem, por traços. É a forma mais comum de organização de treinos e provas.

Percursos de SCORE

Neste tipo de organização, são marcados mapas com a partida, a chegada e vários PCs, aos quais é atribuída uma pontuação em razão do grau de dificuldade de sua localização. Não é indicada a ordem de passagem pelos PCs, pois é de escolha livre do atleta. Pode ser atribuído um tempo máximo de realização da prova ou não, mas o objetivo sempre será conseguir o maior número de pontos.

Percursos de revezamento

No mapa, são marcados três ou mais percursos combinados que são realizados consecutivamente por equipes, sendo a partida de todos os primeiros concorrentes feita simultaneamente. A totalidade dos percursos é igual para todas as equipes, mas os diferentes participantes realizam percursos diferentes.

8.5 Os materiais

Como material indispensável para a prática da orientação, há o mapa com o percurso marcado. A bússola é desejável, mas não obrigatória. Os tênis devem ser de livre escolha dos participantes, mas deverão sempre ser escolhidos de forma a gerar conforto e segurança, quer seja correndo ou caminhando. As roupas, por sua vez, devem ser leves e proteger integralmente as pernas e os antebraços. O uso de caneleiras é aconselhável em áreas com maior incidência de galhos e tocos baixos ou caídos.

8.6 Metodologia de ensino

A abordagem metodológica para o ensino da orientação é tema exaustivamente explorado por pesquisadores europeus, mas pouco explorado no Brasil. Buscando normatizar procedimentos do ensino do desporto, a CBO publicou portaria na qual consta a formação mínima para a iniciação na prática esportiva da modalidade, e é com base nessas diretrizes que estruturamos os conteúdos a seguir.

Apresentação do esporte

Neste tópico, busca-se ambientar o aluno com o esporte que passa a praticar. Na primeira abordagem com os alunos, deve-se apresentar o esporte e todas as suas possibilidades (competitiva, recreativa e educacional), bem como seu histórico, os materiais e equipamentos utilizados (mapa, prismas, picotador, cartão de controle, roupas) e simbologias dos percursos. O uso de filmes, fotos e do material é a estratégia adequada.

Apresentação e uso da bússola

Instrumento destinado à medida de ângulos horizontais, a bússola também serve para a orientação do mapa, bem como para a indicação da direção ou do azimute a seguir de um ponto para o outro. Embora a bússola seja um objeto novo para o aluno, o aprendizado antecipado e descontextualizado é prejudicial no início do processo de ensino na orientação. É preciso apresentar aos alunos a possibilidade de orientação do mapa, associando-o ao terreno e a elementos característicos. A bússola deve ser entendida como um complemento, e não como um elemento essencial para obtenção de informação.

Partes da bússola

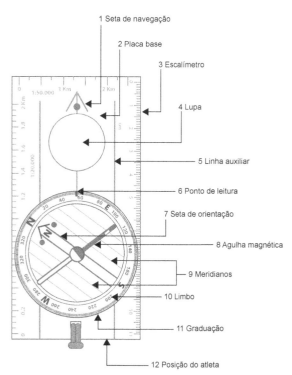

Figura 8.1 – Partes da bússola.

Utilização da bússola

1º passo: colocar a bússola sobre o mapa e fazer que uma das laterais maiores ligue o ponto onde estamos ao ponto para onde desejamos ir (cuidado: manter a seta de navegação na direção desejada).

2º passo: girar o limbo de modo que as linhas da bússola (meridianos da bússola) coincidam com as linhas do norte do mapa (meridianos do mapa) (cuidado: manter a seta de orientação ao N).

3º passo: girar todo o conjunto (mapa/bússola) até coincidir a agulha magnética (parte vermelha da seta da bússola) com a seta de Orientação.

Após o 3º passo, a carta estará orientada e basta seguir a seta de navegação.

Orientação do Mapa

- Identificar no mapa as linhas meridionais.
- Colocar uma das laterais da bússola sobre uma das linhas meridionais do mapa, tomando o cuidado para que as setas de navegação e de orientação apontem para o *norte* do mapa.
- Girar o conjunto bússola/mapa até que a agulha imantada fique sobre a seta de orientação, feito isso, o mapa está orientado.
- Indicação da direção a seguir (azimute).

- Colocar uma das laterais da bússola coincidindo com a linha da direção desejada.
- Girar o limbo móvel até coincidir as linhas meridionais da bússola com as do mapa, tendo o cuidado para que a seta de orientação fique voltada para o norte; o azimute será o ângulo mostrado pela seta de orientação.

Passo duplo (confecção da tabela)

Ao longo de uma "pernada", o atleta tem de saber exatamente o local onde se encontra para não perder tempo, ou seja, tem de medir a distância em ritmo de competição e de forma instintiva, pois a mente do competidor estará envolvida ao mesmo tempo com outras técnicas.

O passo duplo é um método estimado de medir distância que usa a própria passada do competidor e consiste em contar o número de vezes que um dos pés toca no solo entre dois pontos. O passo duplo é diferente para cada pessoa, varia com o tipo de terreno e o ritmo de corrida ou caminhada do praticante.

O passo duplo varia também à medida que o indivíduo adquire condicionamento físico e aumenta a amplitude da passada. Para saber quantos passos temos de andar entre dois pontos ou para fazer a tabela de passos duplos (Pd), devemos multiplicar a distância encontrada em metros (Dm) pela quantidade de passos duplos que aferimos em 100 m (Pd100) e dividir por 100.

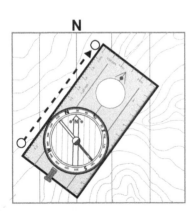 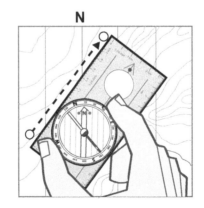 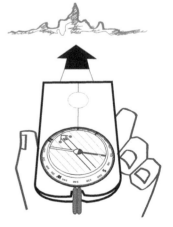

Figura 8.2 – Como utilizar a bússola.

Pd = D(m) x Pd(100)/100

Por exemplo, se no mapa observamos que o PC estará a aproximadamente 200 m de distância e sabendo que o indivíduo em questão conta 66 passos duplos em 100 metros, teremos então:

Pd = 200 x 66/100
Pd = 13200/100 = 132

Portanto, nessa "pernada" o indivíduo deverá contar 132 passos duplos para chegar próximo ao PC.

8.7 Simbologia do mapa de orientação

O mapa de orientação é fácil de interpretar. Ele é a representação em escala sobre um plano dos acidentes naturais e artificiais da superfície terrestre que sejam perfeitamente identificáveis e de valor do ponto de vista do atleta, a fim de que tenha sucesso na corrida, por exemplo, edificações, árvores, moitas, estradas etc. O mapa obedece a uma escala e é orientado com o norte magnético da bússola.

Para os praticantes de orientação, um mapa é um guia de confiança para a escolha das rotas de um ponto ao outro, permitindo-lhes navegar ao longo da rota escolhida.

Qualquer coisa que não permita o progresso do atleta (penhascos, águas, vegetações densas etc.) é informada, bem como a classificação detalhada dos graus de dificuldade ou facilidade para correr, pois tais informações ajudarão o praticante a tomar a exata decisão.

O mapa contém inscrições laterais escritas em estilo de letras simples, de oeste para leste e colocadas de maneira que não tampem símbolos importantes que têm por finalidade auxiliar o praticante a se orientar para o norte. Linhas que indicam o norte magnético são normalmente pretas, sendo interrompidas quando passam por cima de pequenos símbolos como: pedras, colinas, penhascos, junções, trilhas etc.

As laterais dos mapas são paralelas com as linhas do norte magnético e pontas de flechas são usadas para mostrar o norte magnético. O mapa tem precisão de tamanho (altura e forma), forma (desenho do objeto) e de posição, de maneira que o praticante possa se deslocar de um ponto a outro com o uso da bússola (azimute) e do passo duplo.

A confecção de mapas de orientação exige muito conhecimento e técnicas por parte do mapeador de orientação. Este precisa selecionar no terreno aquilo que é mais importante para o praticante, representando-o no mapa. Os mapas podem ser feitos partindo de um mapa-base, feito por foto aérea ou partindo do papel em branco, sendo, dessa forma, muito trabalhoso.

Na confecção do mapa, o mapeador lança mão da simbologia cromática e da simbologia iconográfica prevista nas regras da Federação Internacional.

Curvas de nível, auxiliadas pelos símbolos especiais de pequenas colinas, depressões etc. e complementados pelos símbolos de rochas e penhascos mostram o formato do terreno.

A rocha é uma categoria especial de formato do terreno, dando informações úteis sobre perigos e dificuldades para correr, sendo mostradas em preto para distinguir de formatos de terreno e o desenho, perfil do símbolo, representa exatamente o formato da face da rocha projetada no plano horizontal.

Águas e charcos abrangem tanto águas abertas como tipos especiais de vegetação existentes pela presença de água (charcos), indicando o grau de dificuldade para o praticante. Uma linha preta em volta da água indica que esta não pode ser transposta em condições normais. Em campos secos, estas podem conter água só em alguma estação.

A representação da vegetação é feita em várias cores, sendo as principais as seguintes:

- *Azul*: representa todos os elementos de água (hidrografia) – poços, rios, lagos, nascentes, açudes, córregos etc.

- *Verde*: representa vegetação. Quanto mais escuro o verde, mais intransitável a vegetação. Verde escuro representa mata intransitável; verde mais claro é para mata em que a corrida é lenta. Listras verdes indicam trânsito em apenas numa direção, árvore isolada, moita, mata, floresta etc.
- *Branco*: representa a floresta com excelentes condições de corrida. Floresta limpa (árvores, mas sem vegetação rasteira); eucalipto, pinus etc.
- *Amarelo*: representa vegetação, campos abertos com vegetação rasteira com ou sem árvores esparsas. A intensidade da cor mostra quão limpo é o campo. Amarelo vivo para gramados e amarelo claro para campos com vegetação mais alta. Representa áreas abertas – campos abertos, clareiras, gramado, pasto etc.
- *Púrpura ou vermelho*: usado para marcar o percurso de orientação no mapa e também para designar condições especiais do terreno como zona proibida ou perigosa, ponto de controle, passagem obrigatória.
- *Marrom*: tudo o que está relacionado com diferenças de altitude; representa todos os elementos topográficos como curvas de nível, buracos, colinas, depressões, barranco, vala, buraco, montículo, montanhas, ravinas etc.
- *Preto*: representa elementos construídos pelo homem (estradas, edificações, postes, torres, cercas etc.) e também todos os elementos rochosos (pedras, solo rochoso etc.). É a cor mais utilizada e representa variados objetos e características do terreno, geralmente artificiais ou rochosos – estradas, caminhos, linhas de alta-tensão, edifícios, rochas e precipícios.

Além disso, a correta locação da rede de trilhas é importante informação para o praticante, e a simbologia é claramente reconhecível no mapa.

Nos mapas são impressos, ainda, os percursos (sobre impressos, pelo menos na categoria elite), nome da competição, escala, equidistância das curvas de nível, região do mapa, legenda, mapeador, categoria e patrocinadores.

Escalas do mapa

Escala é a relação entre a distância gráfica no mapa (d) e a distância real no terreno (D).

A leitura da escala de um mapa de orientação se dá pela seguinte fórmula:

$$E = \underline{d} \text{ (medida no mapa)}$$
$$D \text{ (medida no terreno)}$$

Dessa maneira, numa escala de 1:1.000, cada 1 cm no mapa equivale a 1.000 cm no terreno, ou seja, 1 cm no mapa equivale a 10 m no terreno.

Uma dica é cortar os dois últimos algarismos da distância no terreno. Exemplo:

Escala: 1:15.000 ---------- 1 cm = 150 m
1:10.000 ---------- 1 cm = 100 m

O praticante do esporte orientação poderá usar dois tipos de escalas para determinar a distância entre dois pontos:

Escala em milímetros da bússola

Esta é a escala que mais envolve o raciocínio, pois fornece ao competidor a quantidade de milímetros entre dois pontos, sendo necessário calcular mentalmente a distância entre os dois pontos e, depois, quantos passos corresponde à distância. Pode ser usada com mapas de qualquer escala. É um trabalho bom para exercitar a capacidade de concentração e de fazer cálculos.

Escala gráfica da bússola

Esta escala fornece ao competidor a distância em metros entre dois pontos, sendo necessário calcular mentalmente a quantidade de passos. Só pode ser usada quando o mapa for da mesma escala da bússola.

A escala para um mapa de Orientação é normalmente de 1:15.000. Mapas de escala 1:10.000 normalmente são utilizados pela notável legibilidade ou em terrenos específicos cuja complexidade exija. Para ensino, é normalmente empregada uma progressão de escala, começando com mapas na escala de 1:2.500, passando para 1:5.000 e, depois, 1:10.000.

8.8 Orientação do mapa

Quando o atleta tem acesso a um mapa deverá, em primeiro lugar, saber que espaço o mapa representa. Após isso, deverá tentar indicar no mapa a sua localização. Para tal, deverá buscar indicações sobre os pontos de referência (elementos característicos) do local em que se encontra e a sua representação no mapa. Após localizar com precisão o local em que se encontra o atleta, deverá orientar o mapa de acordo com a disposição no espaço dos pontos de referência. O atleta deverá ter a sensação de estar dentro do mapa no local indicado.

Dobrar o mapa

A possibilidade de manuseamento do mapa ao longo de todo o percurso facilita a sua leitura. Normalmente, o percurso indicado no mapa é muito menor que o mapa, havendo áreas de informação marginal que não são determinantes para a correta leitura do mapa. Salvo as situações iniciais de aprendizagem em que os atletas necessitam recorrer permanentemente à legenda do mapa, devemos dobrar o mapa de forma a reduzir o seu tamanho de área a aproximadamente 15 cm.

Uso do polegar

Quando agarramos o mapa, o dedo polegar opõe-se aos restantes e, ao ser colocado no local em que nos localizamos, indica-nos a nossa localização.

Sempre que nos deslocamos, o dedo deve acompanhar no mapa os movimentos efetuados.

Essa regra, quando bem-executada, permite indicar sempre com precisão e rapidez o local em que se encontra, uma vez que restringe a zona do mapa a consultar as imediações do local onde está colocado o dedo.

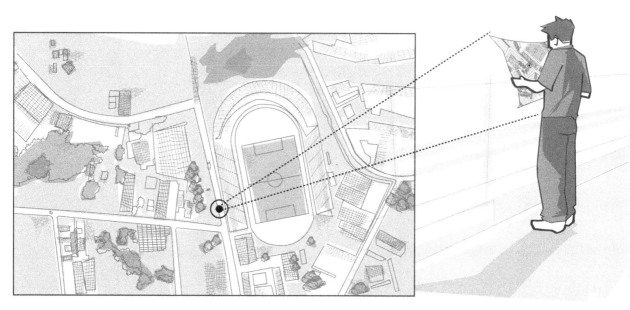

Figura 8.3 – Orientação do mapa.

Manter o mapa permanentemente orientado

A aquisição dessa valência é de importância capital para o desenvolvimento das capacidades e conhecimentos dos atletas, pois dela depende a capacidade de realizar os percursos de forma correta e com sucesso.

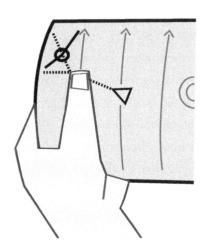

Figura 8.4 – Uso do polegar.

8.9 Pontos de checagem

Durante a corrida de orientação, o atleta necessita conhecer de quanto percorreu para que possa saber na carta onde está. Eleger *checkpoints* (pontos nítidos existentes na rota que se pretende utilizar no deslocamento) é a melhor solução.

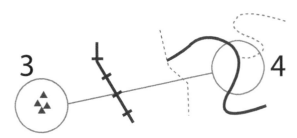

Figura 8.5 – Pontos de checagem.

Direção de segurança (corrimão)

Nos primeiros percursos realizados, os atletas devem adotar ações que garantam o seu sucesso e reduzam a possibilidade de erro ao longo das pernadas. Um dos métodos mais seguros é lançar mão da técnica do "corrimão", que consiste em utilizar elementos significativos (estradas, caminhos, valas, muros, cercas, linhas de alta tensão etc.), assim designados como referência segura a serem seguidas até o controle.

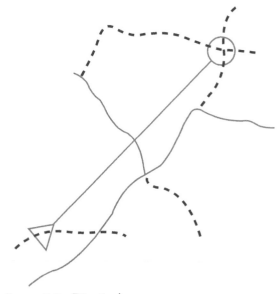

Figura 8.6 – Direção de segurança.

Pontos de ataque

A eleição de elementos característicos importantes (estradas, caminhos, áreas abertas, linhas de alta tensão etc.), que estão posicionados próximos ao PC, constitui-se em excelente ponto de ataque para atingir o PC sem o risco de cometer erros.

Relevo (curva de nível)

O conhecimento do relevo e a sua correta leitura no mapa são importantes quando se efetuam percursos de orientação, uma vez que constitui um elemento característico de grande fidelidade que permite uma "navegação" com grande precisão e uma correta dosagem do esforço a realizar por meio da opção pelos trajetos mais eficazes.

A aquisição dos conhecimentos da terceira dimensão é fundamental para o sucesso na realização

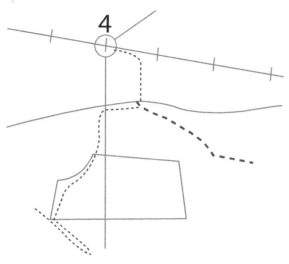

Figura 8.7 – Pontos de ataque.

de percursos de mais técnicos em que os pontos de controle estão colocados nos acidentes do terreno (reentrâncias, esporões, colinas, depressões etc.).

As curvas de nível são a base dos mapas de orientação e permitem visualizar o relevo da região, sendo o elemento mais confiável de uma carta, pois as florestas são derrubadas, casas são construídas ou destruídas, cercas e estradas poderão ser modificadas, mas os morros, as ravinas, os colos e os rios pouco ou nada são alterados ao longo dos anos. É como se fatiássemos o terreno e passássemos para o plano.

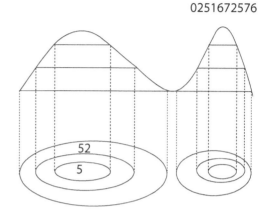

Figura 8.9 – Curvas de nível.

Imagine se pudéssemos cortar o Pão de Açúcar em fatias horizontais de mesma grossura (equidistância) como se fosse um simples pão.

Olhando de cima, os cortes aparecem formando círculos concêntricos. São as chamadas *curvas de nível* (CN).

Quanto mais próximas estão as CN, mais íngreme é a encosta; quanto mais afastadas estão as CN, mais suave é a encosta.

A equidistância entre as curvas de nível mais habitual nos mapas de orientação é de 5 m, o que quer dizer que entre duas curvas seguidas temos um desnível de 5 m. Quando o relevo do terreno não nos permite definir perfeitamente a sua forma com curvas a cada 5 m, temos duas opções: a primeira seria introduzir curvas de nível intermédias, as chamadas "auxiliares", que nos permitiriam poder definir perfeitamente o terreno nesse ponto. A segunda solução seria reduzir a equidistância, mas, normalmente, esse caso só se encontra em terrenos muito planos ou de relevo muito detalhado. Também para facilitar a leitura do relevo é usual utilizar uma "curva de nível

Figura 8.8 – Relevo.

Verificar a estrutura do terreno

Quando pretendemos tomar uma opção sobre o melhor itinerário a realizar, a noção da estrutura do terreno possibilita-nos realizar opções mais corretas. Assim, numa leitura "grosseira" devemos visualizar as formas principais do terreno, ficando a leitura detalha restrita à zona dos pontos de controle.

Curvas de nível são linhas imaginárias no terreno que definem a *altitude* (altura em relação ao nível do mar) das elevações na região do mapa.

mestra" a cada 25 m ou (o que é o mesmo) a cada cinco curvas de nível.

8.10 A corrida de orientação e a educação física escolar ou recreacional

Os Parâmetros Curriculares Nacionais (PCNs) preconizam procedimentos para o ensino da Educação Física Escolar, privilegiando a interdisciplinaridade e a formação integral do aluno.

Nesse sentido, todas as aulas devem ser contextualizadas, e aspectos transversais como meio ambiente, cidadania, pluralidade cultural e saúde devem ser abordados.

Essas normatizações, contudo, deixam de considerar que as matérias abordadas nas aulas de Educação Física deixaram há muito de corresponder às motivações dos alunos e professores e não atraem mais a atenção de uma geração ávida por desafios.

Na sociedade contemporânea, assiste-se ao cultivo de atividades corporais *outdoor* que, por um lado, aproximam o cidadão do meio natural, mas, por outro, geram consequências ambientais como o barulho, a poluição visual e ambiental.

O uso de equipamentos caros e sofisticados, a exigência de equipes de apoio e/ou meios de locomoção específicos e os níveis de condicionamento físicos exigidos as tornam por demais seletivas a um número considerável de potenciais praticantes.

Na corrida de Orientação, verificamos um elevado valor fruto de suas características próprias, a indução a um melhoramento da condição física geral, o desenvolvimento da capacidade de cooperação pela utilização frequente do trabalho em grupo, a interdisciplinaridade que proporciona uma maior unidade do saber, o conhecimento e respeito pela natureza e o desenvolvimento de capacidades do domínio cognitivo como a tomada de decisão, a autoconfiança, a concentração, a visualização e a memorização, tornando-se um meio altamente eficiente para desenvolver os interesses e envolvimento de jovens com os esportes.

A introdução dessa atividade desportiva nos programas de Educação Física vai ao encontro das atuais tendências, fora do vulgar leque da cultura física. Não podemos igualmente nos esquecer da importância da orientação na relação com outras disciplinas como a Geografia, a Biologia, a Ecologia, a Educação Ambiental etc.

Essas valências justificam claramente a existência da orientação nos programas de Educação Física. Obviamente, as atividades de orientação podem ser feitas em escolas, clubes e empresas de forma adaptada, usando uma planta do local como mapa e inserindo de forma simples as principais referências físicas existentes.

Referências

ARSÉNIO, V.; BALTAZAR, J. *A Orientação nas escolas*: Didática da Orientação. In: CONGRESSO NACIONAL DE ORIENTAÇÃO, 1., 1994.

BRAGGINS, A. *Trail Orienteering.* Sports Council e British Orienteering Federation. Harveys, s/d.

_____. *Trail orienteering.* Harveys, 1993.

BRASIL. Lei n. 9795, de 27 de abril de 1999. Dispõe sobre a educação ambiental, institui a Política Nacional de Educação Ambiental e dá outras providências, 1999.

_____. Secretaria de Educação Fundamental. *Parâmetros curriculares nacionais*: Secretaria de Educação Fundamental. Brasília: MEC/SEF, 1998.

CARVALHO, A. M. Corrida de Orientação: Desporto e Aventura na Natureza. *Horizonte*, v. 1, n. 5, p. 152-5, jan./fev. 1985.

HASSELSTRAND, G. *Learning orienteering step by step International Orienteering Federation (IOF)*. Sweden, 1987.

LOURTIE, A. La Course d'Orientation: Sport Populaire. *Rev. Educ. Phys.*, v. 7, n. 4, dez. 1967.

MADEIRA, M.; VIDAL, J. C. A Orientação na escola. *Horizonte*, v. X, n. 55, 1993.

MARIVOET, S. *Aspectos sociológicos do desporto*. [s.l]: Caminho, 1998.

MCNEILL, C.; CORY-WRIGHT, J.; RENFREW, T. *Teaching Orienteering*. Reino Unido: Harveys, Human Kinetics, 1998.

MCNEILL, C.; MARTLAND, J.; PALMER, P. *Orienteering in the National Curriculum*. 2. ed. Reino Unido: Harveys, 1998.

_____. *Orienteering for the young*. Suécia, IOF: 1993.

MENDONÇA, C. Corrida e Orientação na Escola. *Horizonte*, v. 3, n, 17, p. 154-9, jan/fev. 1987.

_____. *Orientação:* desporto na Natureza. Lisboa, DGD: 1987. n.1 (Coleção Desporto e Sociedade).

NORMAN, B.; YNGSTRON, A. *Orienteering Technique From Start to Finish*. Sweden: The Swedish Orienteering Federation, 1991.

OSMA, A. M. *La Pratica del Deporte de Orientación en Centros Educativos Y Deportivos*. Madrid: Gymnos Editorial Deportiva, 1996.

PALMER, P. *The Complete Orienteering Manual*. Reino Unido: Crowood, 1997.

PALMER, P. MARTLAND, J. *The Coaching Collection*. British Orienteering Federation. Derbyshire: GB, 1989.

RAPOSO, J. V.; CARVALHO, M. *Normas gerais para a elaboração de trabalhos escritos*. UTAD, Vila Real, 1998.

RENFREW, T.; MICHIE, D. D. P. E. *Orienteering in the Scottish 5-14 Curriculum*. Reino Unido: Harveys, 1994.

RENFREW, T.; MCNEILL, C.L; PALMER, P. *Orienteering for the Young*: guidelines. Sweden, IOF: 1993.

SILVESTRE, J. C. *La Carrera de Orientación*. Espanha: Hispano Europa 1987.

THIBON, J. P. *L'Orientation*. EPS, 181, p. 60-3, maio/jun. 1983.

Sites sugeridos

Federação Internacional de Orientação. Disponível em: <www.orienteering.orr>.

Confederação Brasileira de Orientação. Disponível em: <www.cbo.org.br>.

Federação de Orientação de São Paulo. Disponível em: <www.fosp.com.br>.

Organização Não Governamental Navegar. Disponível em: <www.ongnavegar.org>.

9
Enduro a pé — *trekking* de regularidade

Luciano Andrade Bernardes

As atividades de aventura na natureza são um conjunto de práticas corporais realizadas no meio natural que vem se tornando uma nova possibilidade para o lazer. Dentre várias modalidades, falaremos, neste capítulo, sobre o enduro a pé. De todas atividades de aventura na natureza, talvez seja esta a que mais permite a inclusão de pessoas de diferentes faixas etárias, classes sociais e sexos, sendo competitivas entre si, fato que em outras atividades na natureza é mais incomum.

Isso faz que essa atividade seja um potencial enorme para os profissionais de Educação Física explorarem, seja na forma convencional ou adaptada. Vamos, então, conhecer um pouco sobre essa atividade.

Trekking de regularidade, *rally* a pé, caminhada esportiva, todas essas nomenclaturas são sinônimas de uma mesma modalidade de aventura, que é mais conhecida como enduro a pé.

9.1 História do enduro a pé

Muitas são as versões que tratam do nascimento do enduro a pé. Sabe-se que é uma atividade competitiva criada no Brasil entre o final da década de 1980 e início da década de 1990. Há relatos de que atividades similares e com fins de treinamento foram realizadas anteriormente no Chile e em Israel (Santos, 2005), porém, com moldes competitivos, não existem informações anteriores.

O enduro a pé tradicionalmente é conhecido, também, como "*trekking* de regularidade", mas essa utilização acaba confundindo muitas pessoas que não conhecem o esporte (o enduro a pé está em uma fase intermediária de esportivização com o surgimento de federações, confederações e associações), visto que, na área da aventura, *trekking* é a denominação dada a trilhas na natureza sem competição, sendo uma atividade apenas contemplativa.

Segundo Gomes (2007), a palavra *trekking* deriva de *vortrekkers*, que era a designação dada aos trabalhadores holandeses que foram enviados para trabalhar na África do Sul no século XIX. Os *vortrekkers* sempre estavam migrando de um local para o outro e, com a dominação britânica sobre a região, o verbo *trekken* se estabeleceu no vocabulário inglês com o significado de migração, caminhada longa ou sofrida. Daí em diante, o termo *trekking* se propagou e, na atualidade, tem o significado de longas caminhadas (frequentemente usada em caminhadas de mais de um dia).

Romanini e Umeda (2002) citam três tipos diferentes de *trekkings*:

- *Trekking*: o *trekking* propriamente dito é aquele dito "turístico", na qual uma pessoa ou grupo de pessoas se desloca de forma livre e espontânea de um ponto a outro como forma de contemplar a natureza, atingir um destino ou afins. Não é competitivo, mas usualmente contemplativo.
- *Trekking* de velocidade: é o deslocamento de pessoas ou equipes de um ponto a outro de forma competitiva e com base no tempo dispensado (quanto menor o tempo, melhor a classificação). É também chamado de *speed trekking* e é usado em competições de corrida de aventura e corrida de orientação.
- *Trekking* de regularidade: é o sinônimo de enduro a pé.

O termo "*trekking* de regularidade" ainda permanece em uso pelo poder de *marketing* que a palavra *trekking* oferece no mercado de aventura, porém, por se utilizar duas palavras de línguas diferentes, vem sendo gradativamente substituído por "enduro a pé".

As primeiras informações sobre o enduro a pé vêm de 1989, ano em que a empresa Mazinho Bender Eventos faz uma competição em moldes semelhantes ao enduro a pé atual, batizando-a de *enduro a pé*.

Martins apud Zolet (2006) cita outra versão na qual alguns praticantes de trilhas em jipes resolveram fazer uma prova sem os veículos, utilizando-se o mesmo tipo de planilha (a simbologia usada nas planilhas é a mesma, denominada "tulipa") usada no *rally* de regularidade de jipes.

No início da década de 1990, começam os primeiros campeonatos de enduro a pé no Estado de São Paulo, primeiramente na região próxima à capital e, logo depois, em cidades do interior mais distantes. A partir do ano 2000, o enduro a pé tem uma grande expansão, desenvolvendo-se em Minas Gerais, Rio de Janeiro, Espírito Santo, Santa Catarina e Ceará. Em 2003, surgem campeonatos na Bahia e no Paraná, e é realizado o primeiro campeonato brasileiro de enduro a pé.

Para muitos, 2005 é o ano do ápice do enduro a pé, com cerca de 30 campeonatos em vários Estados e o campeonato brasileiro apresentando aproximadamente 70 equipes. Após isso, alguns organizadores fecham as portas, outros aparecem, e segue-se um momento de instabilidade no esporte.

Figura 9.1 – Esdras Martins, organizador do Campeonato Brasileiro de 2005, passando orientações para os atletas participantes.
Fonte: <www.enduroape.com.br>.

A situação atual, tendo aproximadamente 7.000 competidores espalhados pelo Brasil (Camargo, 2008), é de retomada de crescimento com base na formação de novas equipes por alguns organizadores que elaboram cursos de iniciação, bem como a aplicação da atividade no meio acadêmico por meio de artigos científicos e demonstrações de vivências práticas para educadores físicos.

9.2 Entendendo a atividade

Algumas regras podem variar de acordo com o campeonato. As regras aqui disponíveis são oriundas do regulamento padronizado pela Federação Paulista de Enduro a Pé e *Trekking* (FEPEP, 2010).

O enduro a pé é uma modalidade disputada entre equipes de três a seis pessoas, que têm de caminhar por um trajeto discriminado em planilha, obedecendo a velocidades estipuladas e tendo, portanto, um tempo exato (tempo ideal) para passar em cada ponto do percurso. Essas equipes largam separadamente a cada dois ou três minutos, e o percurso pode passar por diversos tipos de terreno como trilhas, asfalto, estradas de terra, mata fechada, cursos d'água, montanhas, entre outros. No meio do percurso, estão colocados os postos de controle (PC), que são pessoas ou equipamentos eletrônicos que marcam o tempo exato de passagem de cada equipe.

Se a equipe passar no tempo exato previsto naquele ponto da trilha, ela "zerará" o PC, ou seja, terá zero ponto de punição naquele PC. A cada um segundo atrasado que a equipe passar no PC, ela terá um ponto de punição; a cada um segundo adiantado, ela terá dois pontos de punição.

A equipe que ao final da prova tiver *menos* pontos (somando todas as pontuações dos PCs) será a vitoriosa. Em caso de empate, a equipe com maior número de PCs com zero ponto será a vencedora. Mantendo-se o empate, repete-se a regra com PCs com um ponto de punição, depois com dois pontos e assim sucessivamente.

É muito comum que as equipes vencedoras das provas de enduro a pé acabem a prova com mil, dois mil ou mais pontos, visto que, além dos pontos somados nos PCs, existem outras punições, por exemplo, não passar em um dos postos de controle (o que acarreta 1.200 pontos) ou passar mais de 7min30s adiantado ou 15 minutos atrasado (punição de 900 pontos), além de outras punições disciplinares (disponíveis no regulamento padrão: <www.fepep.com.br>).

9.3 Por que inserir o enduro a pé na Educação Física

Muitas pessoas confundem o enduro a pé com outras atividades de aventura semelhantes, como a corrida de orientação e a corrida de aventura, porém ela se difere principalmente por não priorizar a velocidade e a resistência como as duas práticas citadas, mas a regularidade, a perfeição, o ritmo, a consciência corporal, o trabalho em equipe e a resolução rápida de problemas, unindo em um único contexto atividade física, mental, consciência ambiental, diversão e competição para qualquer pessoa, independentemente do condicionamento físico (Prates et al., 2007).

O enduro a pé é uma prática facilmente aplicável em clubes, escolas, academias e em todos os locais possíveis de atividade do profissional de Educação Física, pois é uma atividade barata, com baixo índice de lesões e altamente inclusiva. Por ser uma atividade que prima pela regularidade, nem sempre uma equipe de "atletas" vence uma equipe de "sedentários" (sendo muito comum o inverso!). É normal assistirmos a uma equipe de mulheres vencendo uma formada por homens e uma equipe de "senhores" superando uma equipe de "jovens". Essa é parte da graciosidade da atividade em questão: o fato de você olhar para as equipes e não conseguir apontar favoritos.

Outro fator interessante na aplicação dessa modalidade pelos educadores físicos é que, por ser uma disputa entre equipes, há a necessidade de um trabalho em grupo, e uma das responsabilidades internas dos participantes é a de se utilizar muitos cálculos matemáticos, além de ter raciocínio rápido e resolver rapidamente problemas impostos. Muitas vezes, aquela pessoa que não tem perfil de "atleta" ou é menos habilidoso e costuma ser excluído em outras atividades físicas é peça primordial para o sucesso da equipe no enduro a pé.

Se observarmos a atividade pela ótica dos PCNs (para professores que atuam em escolas), além do fator "inclusão" previsto em suas linhas, o enduro a pé traz a oportunidade de abordar alguns temas transversais propostos.

Vieira e Mendes (2007) citam as possibilidades de abordar várias temáticas, por exemplo, o meio ambiente, visto que o enduro a pé é essencialmente praticado em ambientes naturais e é natural o surgimento de discussões sobre o assunto. Já o tema orientação sexual pode ser trabalhado na divisão de equipes, que podem ser mistas, além de mostrar os resultados que podem ser diferentes daqueles esperados (equipes mistas ou femininas vencendo equipes masculinas); quanto à ética, podem ser abordados os valores envolvidos na competição e entre os integrantes da equipe (respeito, união); finalmente, o tema saúde é abordado mostrando a importância da atividade física na qualidade de vida, bem como os efeitos benéficos proporcionados por uma atividade de lazer em meio natural.

Figura 9.2 – Diferentes biótipos, diferentes sexos, diferentes idades: tudo em uma mesma equipe. Equipe Maizena – 3ª colocada – Campeonato Brasileiro, 2005.

A possibilidade interdisciplinar do enduro a pé (orientação + *trekking*) é clara e, talvez, a mais aguçada das atividades de aventura, principalmente quando pensamos em disciplinas como Matemática, Física, Biologia e Geografia (Boyero; Serna e Valle, 2002).

9.4 Benefícios proporcionados pela prática

Em geral, os benefícios advindos da prática do enduro a pé são os mesmos que a caminhada comum: aumento da capacidade aeróbia, melhora do condicionamento físico, melhora da composição corporal, baixo impacto, prevenção de doenças e aumento da secreção de endorfina (Silva; Santos Filho; Gobbi, 2006). O enduro a pé, porém, propicia também um aumento da capacidade de concentração decorrente da necessidade da atenção na leitura e interpretação da planilha, além do trabalho da consciência rítmica e corporal por existir a necessidade de um controle de velocidade, tempo e tamanho dos passos (abordaremos essas funções mais à frente). Podemos citar também outros benefícios advindos da maioria das atividades de aventura, nas quais incluímos o enduro a pé, tais como: melhora no trabalho em equipe, aumento da autoestima, superação de limites, redução do estresse diário (Cantorani e Oliveira Jr., 2005) e a possibilidade de praticar uma atividade física com os próprios familiares. Lacruz e Perich (2000), quando abordam as atividades de aventura em seu estudo, evidenciam outros benefícios que também podem ser observados no enduro a pé, como a interiorização (autoconhecimento), solidariedade, prova de limites pessoais, entre outros.

9.5 Materiais necessários para a prática

Obviamente, esta lista variará de acordo com a prova que o profissional de Educação Física for montar:

- calçado apropriado para caminhadas (botas ou tênis);
- roupa adequada a uma prática de caminhada (agasalho, camiseta, bermuda etc.);
- bússola simples (caso a planilha tenha pontos de bússola);
- relógio digital (para controle do tempo de prova);
- pochete ou mochila (em caso de provas longas para levar alimento e água);
- *squeeze*/cantil (transporte de água);
- prancheta e caneta (anotações nas planilhas e elaboração de cálculos);
- calculadoras (elaboração de cálculos);
- boné/chapéu/protetor solar (em casos de provas diurnas);
- plástico de proteção (para colocar a planilha em dias de chuva);
- *kit* de primeiros socorros (curativo adesivo e merthiolate para eventuais quedas e arranhões)

Figura 9.3 – Poucos esportes permitem que gerações diferentes de uma família participem em uma mesma equipe e tendo resultados satisfatórios. Equipe Família Amorim.

9.6 A equipe e suas funções

Uma boa equipe de enduro a pé deve saber trabalhar suas habilidades inter e intrapessoais, atuando como um grupo, porém com responsabilidades individuais, sabendo suportar momentos de estresse, fadiga e agindo com raciocínio lógico e rápido na resolução de problemas.

Basicamente, uma equipe tem três funções distintas: navegador, calculista/ritmista e contador de passos, todos com sua devida importância no grupo. Em equipes com mais de três integrantes, cada função pode ter mais de uma pessoa executando seus trabalhos de acordo com a estratégia da equipe.

Navegador: é o elemento responsável por ler e interpretar a planilha conduzindo a equipe pela trilha desconhecida. Em geral, é quem identifica as referências desenhadas na planilha, tais como riachos, cupinzeiros, árvores, pedras, casas, pontes, postes, com seus correspondentes na trilha que está percorrendo, além de ser o personagem da equipe responsável pela leitura de bússola quando necessário.

FIGURA 9.4 – Navegador com planilha e efetuando a leitura da bússola.

Contador de passos: na planilha, temos a indicação de metragem entre uma referência e outra, e é o contador de passos que deverá comunicar aos demais integrantes da equipe que a metragem indicada já foi atingida pela sua própria contagem dos passos. O responsável por essa função deverá, antes da prova, "treinar" a sua medida de passo em uma trena.

Se em uma trena de 20 metros o contador de passos deu 14 passos duplos (aquele em que se conta um passo quando o pé do mesmo lado toca o solo), ele saberá que a cada 7 passos duplos ele terá percorrido 10 m. Suponhamos que a aferição de passos citada seja a usada pelo contador de passos para o exemplo que citaremos agora. Imaginemos, então, que, na planilha esteja indicado que a equipe deverá passar por uma bifurcação da trilha e a próxima referência é uma subida de barranco a 80 m de distância; o contador de passos, utilizando a regra de três, saberá que, contando 56 passos duplos, ele estará em frente ao referido barranco, pois terá percorrido os 80 m.

Obviamente, o tamanho da passada se altera conforme o tipo de terreno (se é plano, aclive, declive, piso duro, lamaçal ou água) e conforme a velocidade aumenta ou diminui; é nesse ponto que começam a se destacar os bons e maus contadores de passos: os que conseguem manter o tamanho da passada ou usam tabelas de cálculos diferenciadas para cada situação e os que tentam acertar "na sorte". Entre os competidores da elite do enduro a pé, é comum que se coloquem os contadores de passo como os personagens mais importantes na equipe, pois deles se espera o erro mínimo, que pode selar uma vitória ou uma derrota.

FIGURA 9.5 – Nem sempre é fácil a contagem de passos! Juliano Benassi – Equipe Caiçara.net.

Calculista/ritmista: é o participante responsável pelos cálculos dos tempos ideais em cada trecho da trilha. Esse cálculo é realizado de forma prévia conforme a disponibilização das planilhas, que pode ser de mais de um dia de antecedência até alguns minutos antes da largada, conforme orientação do organizador. No decorrer da prova, a função desse integrante muda para o controle do tempo da equipe, chamada ritmista (avisando se a equipe está adiantada ou atrasada). Para isso, ele deverá estar atento ao navegador para saber em que ponto da trilha está e conferir o tempo ideal calculado com o tempo real da prova (daí a necessidade de um cronômetro ou relógio digital). Em competições de equipes de alto nível, é comum e permitida a utilização de aparelhos eletrônicos de contagem de passo e cálculo de tempo ideal.

9.7 A prova de enduro a pé

Em geral, as provas de enduro a pé são realizadas em meio natural, porém nada impede que sejam executadas em território urbano ou misto.

No local de largada estipulado pela organização há o que chamamos de *check-in*, que é um local reservado onde os organizadores recebem as equipes e dão todas as orientações necessárias, como alterações ou erros nas planilhas que já foram entregues, entrega de camisetas ou brindes promocionais, conferência do número de integrantes de cada equipe, ordem e horário de largada de cada equipe e exposição do relógio com o tempo oficial de prova (todos os relógios dos participantes devem estar sincronizados com o oficial).

Não há um momento de largada oficial; cada equipe se dirige ao local indicado na planilha ou pela organização e, no seu horário indicado (da ordem de largada), deve iniciar a sua prova. A cada dois ou três minutos (em média), larga outra equipe de forma escalonada (Maroum e Vieira, 2006).

No decorrer da prova, temos trechos com velocidade média informada pela planilha (a maioria), nos quais as equipes devem tentar se deslocar na velocidade indicada, trechos de deslocamento, que são momentos em que não há uma velocidade estipulada, mas um tempo mínimo para se cumprir o espaço (em geral se usa em travessias de estradas/ruas ou terrenos de difícil locomoção) e trechos neutralizados/neutros, que são paradas em alguns locais por tempo determinado em planilha, em geral para descanso e alimentação/hidratação.

Durante os trechos com velocidades médias se encontram os PCs (postos de controle).

9.8 Postos de controle

Os postos de controle podem ser humanos, quando uma pessoa fica parada em determinado trecho da trilha anotando o tempo em que passam as equipes (ou usando aparelhagem eletrônica do tipo *chip*), ou de aparelho, usados em campeonatos, quando a equipe pluga um *chip* no aparelho eletrônico (PC) e fica registrado o tempo exato de sua passagem.

Os PCs podem ser:

- PC de tempo: como no exemplo acima, marca o horário exato de passagem da equipe em determinado ponto da trilha. É o mais comum no enduro a pé.
- PC virtual: é um posto de controle que anota a distância em metros medida pela equipe de um ponto demarcado na planilha até ele.
- PC especial: pouco utilizado em campeonatos, pode ser usado em alguma prova especial que, se não executada, acarretará uma punição. Um exemplo de prova especial muito utilizada em provas adaptadas é a de caça a fotografias (uma série de fotografias tiradas na trilha e cuja equipe deverá indicar em qual trecho elas se encontram).

- PC do erro: é colocado fora da trilha estipulada; caso alguma equipe passe por ele, terá uma penalidade em pontos. Dificilmente se usa em competições oficiais, porém, bastante em provas adaptadas.

Figura 9.6 – O posto de controle pode ser de máquina (PC eletrônico) ou uma pessoa (PC humano) que anota o tempo da equipe. Gilson del Santo e Equipe Sedentários.

9.9 Interpretando a planilha

A planilha do enduro a pé tem o mesmo formato "tulipa" que as utilizadas em *rallies* de carro e jipes (como o *Rally* dos Sertões, por exemplo). Nela estão desenhadas as referências com as respectivas metragens e as setas com a direção a ser seguida. Em alguns casos, a metragem pode ser omitida e informada somente em uma referência mais à frente. Em caso de navegação por bússola, não há a seta de direção a ser seguida, mas a indicação de qual o grau de bússola deve se tomar à direção.

A planilha a seguir (Figura 9.7a) apresenta três colunas: uma à esquerda, em que aparecem, em cada quadro, dois números. O de cima é a metragem parcial do trecho, ou seja, a distância percorrida da referência anterior até o ponto atual. O de baixo é a metragem total do trecho, ou seja, a metragem acumulada desde o início do trecho em questão (uma prova é formada por vários trechos com velocidades distintas, trechos de deslocamento e trechos neutralizados).

A coluna central tem os desenhos das referências. Nela, podem-se ver um trinômio formado por uma bola, um quadrado e uma seta. Esses três elementos significam, respectivamente, passado, presente e futuro; em outras palavras, onde a equipe estava, onde está e para onde vai. As linhas significam os caminhos existentes no local.

Na referência de exemplo, podemos entender que a equipe vem por uma trilha que termina em uma trilha perpendicular em frente a uma casa. Nessa trilha, a equipe deve entrar à direita e seguir por ela (Figura 9.7b).

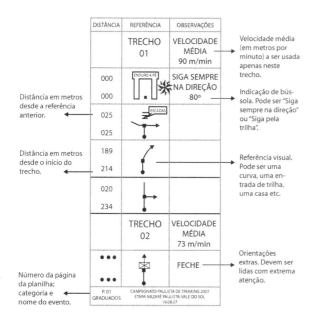

Figura 9.7a – Exemplo de planilha utilizada no enduro a pé.

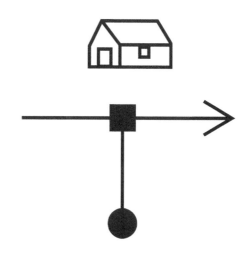

Figura 9.7b – Forma de se interpretar uma planilha.

A terceira coluna apresenta as informações complementares, por exemplo, as velocidades médias a serem seguidas, a indicação de grau de bússola, a orientação para pular ou fechar portões e as advertências de locais com arame farpado, espinhos, buracos. Em casos de planilhas para iniciantes, o tempo ideal da equipe poderá vir naquela referência.

9.10 Executando os cálculos

Em geral, para os iniciantes, o tempo ideal já vem anotado na planilha, porém é interessante saber e ensinar a fórmula de cálculo de tempo ideal principalmente para professores que utilizarão o enduro a pé como ferramenta interdisciplinar na escola, englobando Física, Matemática, Biologia, interpretação de texto e Geografia.

Para se conseguir o tempo ideal em determinado ponto, deve-se usar a fórmula:

Tempo = Espaço/Velocidade

Exemplo: a velocidade média é 50 m/min. Qual o tempo em que estarei nos 150 m?

$$X = 150/50 = 3,00 \text{ minutos}$$

Exemplo: a velocidade média é 60 m/min. Qual o tempo em que estarei nos 400 m?

$$X = 400/60 = 6,66666 \text{ minutos}$$

Isso significa que o tempo ideal é de 6 minutos (valor antes da vírgula) e mais 0,66666 minuto.

Quanto é 0,66666 minuto?

$$0,66666 \times 60 \text{ segundos} = 40 \text{ segundos!}$$

Tempo ideal nos 400 m = 0h06min40s

Maroum e Vieira (2006) exemplificam a interpretação de planilha com a Figura 9.8:

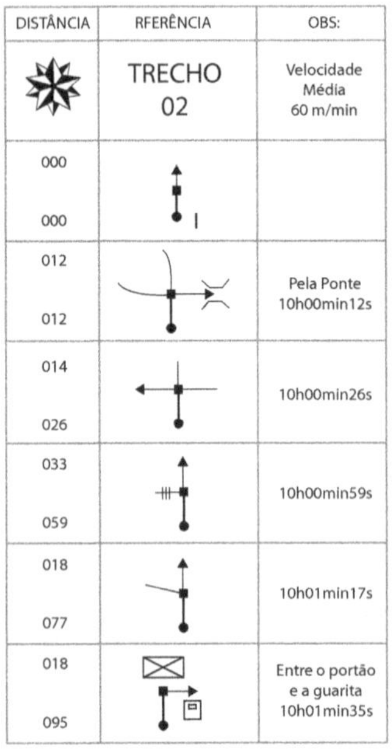

DISTÂNCIA	RFERÊNCIA	OBS:
✳	TRECHO 02	Velocidade Média 60 m/min
000 000	↑	
012 012		Pela Ponte 10h00min12s
014 026		10h00min26s
033 059		10h00min59s
018 077		10h01min17s
018 095	⊠	Entre o portão e a guarita 10h01min35s

FIGURA 9.8 – Planilha com as referências.

Velocidade média do trecho 2 = 60 m/min – Distância a percorrer até a primeira referência: 12 m.

Supondo que o horário de chegada ao final do trecho 1 fosse 10h00min00s (sempre se usa como base o tempo de chegada na referência anterior), então: 12 m/60 m/min × 60 = 12 segundos.

Então, como o tempo anterior era 10h00min00s e os 12 m a 60 m/min deverão ser percorrido em 12 s, a equipe deverá chegar à primeira referência às 10h00m12s.

Da primeira para a segunda referência serão percorridos 14 m (26 m no total do trecho, pois se somam os 12 m iniciais mais os 14 m até a segunda referência). Calculando: (14 m/60 m/min) X 60 = 14 s. Como no final da primeira referência a equipe deverá chegar às 10h00m12s, somam-se 14 s, o que resulta em 10h00m26s como o horário de chegada à segunda referência e assim por diante.

Ainda utilizando como exemplo a mesma planilha, a interpretação ficaria da seguinte forma:

Primeira referência: a equipe deverá percorrer 12 m (o círculo preto na segunda coluna é a origem da equipe, isto é, de onde ela está vindo) e chegar em um cruzamento (o quadrado na segunda coluna é o ponto de medição, ou seja, a equipe deve chegar neste ponto às 10h00m12s). Nesse cruzamento, deverá virar à direita e passar por uma ponte.

Segunda referência: devem-se percorrer 14 m e chegar novamente em um cruzamento (devendo estar nesse ponto às 10h00m26s) e, em seguida virar, à esquerda.

Os cálculos podem também ser efetuados utilizando a metragem total do trecho, porém, nesse caso, o horário para base de cálculo é o final do último trecho e não o da última referência.

Em atividades adaptadas, podem ser removidos os cálculos e as velocidades dos trechos, sendo colocados os horários ideais em cada referência de acordo com a vontade do montador da prova. Nesse caso, os PCs obrigatoriamente deverão estar nas referências, pois não há possibilidade de a equipe efetuar cálculos do tempo ideal se o PC estiver entre as referências.

9.11 Interpretando a bússola

Qualquer bússola pode ser utilizada no enduro a pé desde que tenham os graus e pontos cardeais em seu entorno. Porém, a tarefa fica muito mais simples com o uso da bússola cartográfica. Algumas das principais partes desse tipo de bússola são citadas por Nery (2010):

- *Seta de direção ou azimute*: é usada para localizar a direção, em graus, de determinado ponto, ou seja, o azimute de um ponto. *Azimute* é um termo que significa "caminho ou direção"; para nós, ele é uma direção indicada em graus, indo de 0 até 360°.
- *Limbo giratório*: possui a marcação dos pontos cardeais e dos graus.
- *Portão*: uma marcação logo abaixo da marca do norte que fica no limbo, usado no processo de navegação. Pode ser uma seta como na foto ou duas marcas paralelas.
- *Agulha imantada*: é a agulha que aponta o norte (parte vermelha).

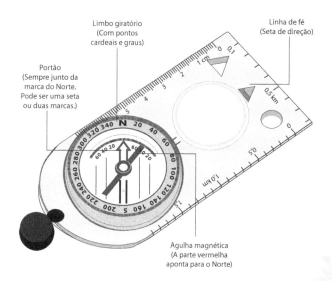

FIGURA 9.9 – Interpretando a bússola.

No enduro a pé, em algumas situações, a referência da planilha não tem a seta da direção a ser seguida pela equipe, mas somente o *azimute* a ser seguido. Imagine a seguinte situação: você está caminhando por uma trilha e chega até a metragem indicada na planilha. A próxima referência da planilha diz para você seguir em 270°. Nesse caso, basta o navegador pegar a sua bússola e encontrar essa direção e o azimute para 270°.

Sabendo que a equipe deverá ir para a direção de 270°, basta fazer o seguinte: gire o limbo da bússola até que o grau do azimute (270°, em nosso exemplo) fique alinhado com a "linha de fé" (seta vermelha no acrílico). Segure a bússola em frente ao seu corpo de forma que ela fique completamente reta (horizontalmente) e estável. Gire o seu corpo até que a ponta vermelha da agulha fique alinhada com o norte da bússola (portão). A direção apontada pela linha de fé da bússola é a direção para onde você deve seguir, ou seja, é o seu azimute de 270°.

9.12 Processo pedagógico de ensino do enduro a pé

As atividades a seguir são sugeridas para os profissionais de Educação Física que pretendam trabalhar com o enduro a pé, porém vale a imaginação e a percepção de cada um no enriquecimento das atividades propostas. Algumas dessas atividades foram propostas por Vieira e Mendes (2007) e outras por outros profissionais que já trabalham com esse tema em suas escolas.

Dividimos o processo pedagógico em quatro partes: *contagem de passos*, *ritmo e velocidade*, *navegação com bússola* e *navegação pura*.

1. Contagem de passos

Para ensinar como se faz uma boa contagem de passos, a sequência de atividades descrita é utilizada como facilitadora:

- Estendendo uma trena de no mínimo 20 m em um local plano, pedir para os "alunos" contarem quantos passos duplos (aquele que só conta quando se coloca o mesmo pé, esquerdo ou direito, no chão) executam nos 20 m. Repetir algumas vezes a atividade e descobrir qual o tamanho médio do passo (metragem da trena dividida pelo número de passos executados). Por exemplo: se um aluno contou 14 passos duplos nos 20 m, teremos o tamanho de seu passo duplo em aproximadamente 1,43 m (20 dividido por 14).
- Tirar a trena e pedir para os alunos andarem uma metragem qualquer (por exemplo: 36 m). O aluno, munido de uma calculadora, deverá calcular quantos passos dará para atingir a distância (36 m divididos pelo tamanho do passo; em nosso exemplo 1,43 m). O cálculo sugerirá para o aluno que ele ande aproximadamente 25 passos.
- Repetir a atividade mudando a metragem e fazendo uma competição entre os alunos para ver qual se aproxima mais da metragem real (mensurada posteriormente com a trena).
- Repetir a atividade em outro tipo de terreno (se estava na quadra, vá para um gramado ou terra).
- Repetir a atividade em subida, descida, escadas, terrenos irregulares e em caminhos sinuosos.

Figura 9.10 – Contagem dos passos.

2. Controlando a velocidade e o ritmo

- Cada aluno, com um relógio ou cronômetro, deverá cumprir o deslocamento de determinada metragem em um tempo determinado pelo professor. Por exemplo, percorrer os 20 m da trena em 20 s.
- Fazer o mesmo sem o relógio para a percepção do controle rítmico de cada um.
- Munidos novamente do relógio, alterar o tempo para 15 s, depois para 25 s, 10 s

e 30 s, fazendo que o aluno perceba a dificuldade em manter o passo em velocidades diferentes.
- Idem, sem o relógio.
- Colocando cones a cada 20 m (por exemplo), pedir para que os alunos mudem o tempo de deslocamento de um cone para outro (colocar o tempo anotado em papel e grudado no cone que o aluno deverá percorrer até o próximo cone).
- Idem, sem relógio.
- Idem, utilizando a velocidade média (ex: 50 m por minuto) em vez de tempo nos papéis grudados no cone. Essa alteração forçará o aluno a fazer um rápido cálculo para descobrir o tempo que deverá percorrer.
- Repetir a atividade em forma de competição entre os alunos (quem chega ao final dos cones no tempo ideal calculado pelo professor).

3. Navegando com bússola

- Combinar com o professor de Geografia/Ciências que os alunos tenham uma aula teórica sobre pontos cardeais e bússola antes da atividade prática.
- No círculo central da quadra, colocar os quatro pontos cardeais (aferidos com uma bússola) com papel adesivado ou escrever com giz. Colocar os graus (de 15° em 15° ou de 30° em 30°) da mesma forma. Colocar os alunos no centro do círculo e, ao comando do professor, ir à direção do azimute determinado.
- Idem, retirando alguns azimutes adesivados no chão (ou apagados, caso esteja escritos com giz).
- Idem, deixando somente os quatro pontos cardeais.
- Idem, retirando tudo e cada aluno com uma bússola.
- Idem, adicionando uma metragem a seguir a determinado azimute (exemplo: andar 15 m a 230°).
- Idem, em forma de competição (quem mais se aproximar da metragem no azimute correto vence).

Figura 9.11 – Navegando com bússola.

4. Navegando

- Explicar o formato "tulipa" para os alunos (bola – quadrado – seta), já explicado nas páginas anteriores.
- Montar uma pequena planilha, sem metragens, usando como referências locais e objetos de fácil reconhecimento pelos alunos (bebedouro, portões, escadas etc.). Pode-se colocar no local da referência o mesmo desenho que está na planilha, adesivado no chão.
- Dividir os alunos em grupos e pedir para que cada grupo monte uma pequena planilha utilizando a mesma simbologia.
- Montar outra planilha, agora usando as metragens (distância) entre as referências para que os alunos utilizem-se do aprendizado conjunto da navegação e da contagem de passos.
- Idem, com a colocação de velocidade média e tempo predeterminado em cada referência.

- Idem, com a colocação da velocidade média e sem o tempo pré-calculado, forçando os alunos a calcular o tempo em cada referência.
- Montar uma pequena prova de enduro com todas as características de um campeonato, dividindo os alunos em equipes e cada integrante com uma função apenas (aquela que mais o aluno se adaptou).

- *Levantamento da área (macro)*: é quando o organizador vê por meio de mapas, fotos do satélite (Google Earth) ou se deslocando com veículos automotores na área no entorno do local onde se pretende fazer a atividade e observar as possibilidades de trilhas, ruas, rios, morros e trechos inviáveis.
- *Visitação da área*: percorre-se o trecho observado anteriormente, porém a pé para a averiguação de trilhas menores e, mentalmente, inicia o desenho do percurso.
- *Elaboração das trilhas*: percorre-se o trajeto imaginado, passando para o papel já no formato de tulipa o esboço da planilha e observando se não há invasão de propriedades privadas ou locais proibidos; em caso afirmativo, solicitar autorização por escrito para os proprietários ou responsáveis.
- *Medição das trilhas*: com uma trena de roda (facilmente encontrada em produtos de agrimensura ou construída de forma adaptada em bicicletarias), medir as trilhas, dividindo-a em trechos com velocidades diferentes conforme o relevo e dificuldade em se deslocar pelo caminho.

Figura 9.12 – Navegando. Observe que uma folha no chão repete o desenho que se encontra na planilha, facilitando o aprendizado.

9.13 Montando uma prova de enduro a pé

Os passos para se montar uma prova de enduro a pé variará de acordo com dificuldade, local, distância total, faixa etária e número de participantes, entre outras variáveis. A sequência descrita a seguir é sugerida para provas oficiais, porém deve ser adaptada de acordo com o evento:

Figura 9.13 – A medição das trilhas deve ser feita com uma trena de roda. Paulo Tonello e Gilson Del Santo, diretores da FEPEP, montam a prova dos Jogos Regionais de Caraguatatuba, 2008.

Elaboração e confecção das planilhas: com base nos esboços já desenhados na elaboração e medição das trilhas, montar as planilhas oficiais no computador ou manualmente de forma clara e limpa. Após o término, fazer o número de cópias pretendido ou disponibilizar para que os participantes possam fazer.

Escolha dos locais de posicionamento dos PCs: escolher de forma estratégica os locais onde ficarão os PCs. Lembrar de que ficarão no local por um tempo razoável, portanto, evitar locais perigosos, desprotegidos de sombra ou com muitos insetos. Calcular o tempo ideal que as equipes passarão por todos os PCs para posterior apuração.

No dia da prova:

- Check-in: organizar um local centralizado e próximo da largada, onde os participantes tenham fácil acesso quando chegarem ao local para receber orientações sobre o horário oficial da prova, local da largada, horário de largada de cada equipe, correções de planilhas etc.
- *Posicionamento dos PCs*: o organizador ou outra pessoa que esteja a par do local de todos os PCs, leva as pessoas (ou equipamentos) até o local predeterminado quando da escolha dos locais de posicionamento de PC.
- *Observação da prova*: no decorrer da prova, observar se em algum ponto da trilha as equipes estão se confundindo muito e, pelos radiocomunicadores, orientar uma pessoa (resgate) para orientar as demais equipes naquele ponto.
- *Apuração dos resultados*: pode ser feita por *chip* (geralmente em competições oficiais, pois há um custo maior), por planilhas de computador (tipo Excel) ou manualmente. A opção manual é interessante quando se usa em escola, pois abre a possibilidade de mostrar aos alunos como usar cálculos

matemáticos não convencionais (utilizando horas, minutos e segundos).

Exemplificando: suponhamos que a largada de uma prova é às 10h00min00s para a primeira equipe, 10h02min00s para a segunda e assim por diante.

O PC 1 tem o tempo "ideal" de passagem (calculado ou estipulado pelo organizador da prova) em 6 minutos e 42 segundos depois da largada, portanto, a primeira equipe deverá passar por ele às 10h06min42s, a segunda equipe, às 10h08min46s e assim sequencialmente.

Imaginemos que a primeira equipe passou no PC às 10h06min55s. Se o tempo ideal era 10h06min42s, podemos observar que a equipe passou 13 s atrasada no PC, ou seja, tem 13 pontos perdidos nesse PC 1. Imaginemos também que a segunda equipe passou no referido PC às 10h08min12s. Como o horário ideal dela era 10h08min42s, podemos afirmar que ela passou 30 s adiantada. Como para cada segundo adiantado perdem-se 2 pontos, temos: 30 x 2 = 60 pontos perdidos no PC 1. Somando-se todos os pontos perdidos em todos os PCs, temos a equipe vencedora.

Para melhor utilização dessa ferramenta educacional que é o enduro a pé, sugerimos que os professores busquem vivenciar uma prova em qualquer organização filiada às federações de seus estados para que se habituem às características dessa atividade de aventura.

Boas trilhas!

Referências

Boyero, M. P.; Serna, C. R.; Valle, P. L. Aproximación taxonómica de las actividades físicas en la naturaleza en centros educativos. *Nuevas tendencias en Educación Física, Deporte y Recreación*, FEADEF, n. 1, p. 6-14, 2002

Camargo, L. Na onda do trekking. *Revista da Folha*, ano 16, n. 810, 2008.

CANTORANI, J. R. H.; OLIVEIRA JUNIOR, C. R. Insatisfação, transformação social e necessidades: aportes para um estudo das atividades de aventura na natureza. *Lecturas Educacíon Física y Deportes*, v. 10, n. 89, 2005.

FEPEP. *Federação Paulista de Enduro a Pé e Trekking*. Disponível em <http://www.fepep.com.br/default.asp?id=regulamento>. Acesso em: 16 jan. 2010.

GOMES, N. *Fuja da Rotina*: 51 atividades de ação e aventura. Rio de Janeiro: Corifeu, 2007

LACRUZ, I. C.; PERICH, M. J. Lãs emociones em la práctica de las actividades físicas em la naturaleza. *Lecturas Educacíon Física y Deportes*, ano 5, n. 23, 2000.

MAROUN, K.; VIEIRA V. Enduro a pé: o esporte de aventura como aliado na adesão à prática de atividade física. *Revista Digital*, Buenos Aires, ano 11, n. 102, nov. 2006. Disponível em: <http://www.efdeportes.com/efd102/enduro.htm>.

NERY, M. *Orientação com bússola e mapa*. Disponível em: < http://trekking.marionery.com/2009/09/15/orientacao-com-bussola-e-mapa-parte-1/>. Acesso em: 14 jan. 2010.

PRATES, U. et al. *Grandezas e medidas no esporte trekking de regularidade*. Belo Horizonte: UFPE, 2007.

ROMANINI, V.; UMEDA, M. *Esportes de Aventura ao seu alcance*. São Paulo: Bei, 2002.

SANTOS, J. J. *Almanaque do Trekking*. Sorocaba: Cidade, 2005. v. 1.

SILVA, M. P; SANTOS FILHO, J. A. A; GOBBI S. Aptidão funcional de mulheres idosas mediante programa supervisionado de atividades físicas generalizadas ou caminhadas regulares sem supervisão. *Rev. Brasil. Ativid. Fís. Saúde*, v. 11, p. 3-12, 2006.

SILVA, M. S. *Enduro a pé: uma possibilidade de trabalho transdisciplinar*. In: ENCONTRO FLUMINENSE DE EDUCAÇÃO FÍSICA ESCOLAR – EnFEFE – A formação de professores: Licenciatura em foco, 2005, Niterói. *Anais*... Niterói: Departamento de Educação Física – UFF, 2005. v. único. p. 170-3.

VIEIRA, V.; MENDES, A. P. *O trekking na educação física escolar*. In: CONGRESSO CARIOCA DE EDUCAÇÃO FÍSICA, 1., 2007, Anais... Rio de Janeiro: Rio de Janeiro. FIEP-RJ, 2007.

ZOLET, N. E.; *Trekking de regularidade na grande Florianópolis*: uma abordagem histórica. 2006. 87 p. Monografia (Bacharelado em Educação Física) – Centro de Educação Física, Fisioterapia e Desportos – CEFID-UDESC, Florianópolis, 2006.

Sites sugeridos

<www.cbtrekking.com.br> (Confederação Brasileira);

<www.fepep.com.br> (Federação Paulista);

<www.femep.com.br> (Federação Mineira);

<www.fecatep.com.br> (Federação Capixaba);

<www.trekkeirosonline.com.br> (Rio de Janeiro);

<www.brasileirodetrekking.com.br> (Campeonato Brasileiro – 2º semestre);

<www.brasileiraodetrekking.com.br> (Brasileirão – 1º Semestre);

<www.enduroape.com.br>;

<www.northbrasil.com.br>;

<www.ironadventure.com.br>;

<www.taefit.com.br>;

<www.procuesta.com.br>;

<www.minastrekking.com.br>.

10
Montanhismo e escalada

Dimitri Wuo Pereira

10.1 História e evolução

A escalada como prática esportiva nasceu na Europa, entre montanhas geladas, no século XV, quando se acreditava na existência de monstros e seres mitológicos nos picos. Três séculos depois, a região de Chamonix, um vilarejo nos Alpes, tornou-se o berço desse esporte pela exuberância natural. Um fato é considerado como o marco histórico: a ascensão de Jean Michel Paccard e Jacques Balmat ao *Mont Blanc*, com seus 4.800 m (Costa, 2004). A ascensão às montanhas indicava um impulso dominador europeu sobre os outros povos no mundo moderno, e a escalada fez parte desse processo.

Os termos *alpinismo* ou *montanhismo* são usados para nos referirmos a todas as formas de escalar montanhas em qualquer lugar. Beck (2002) utiliza a palavra *escalada* para definir todos os tipos de subida em paredes verticais. Assim, *alpinismo*, *montanhismo* e *escalada* são sinônimos, apresentando diferenças apenas no local ou na forma de se subir montanhas ou paredes.

A história do montanhismo passou por diversos momentos. Começou pela obsessão por atingir os maiores picos do planeta, principalmente na metade do século XX, chegando ao desenvolvimento das técnicas de escalada em rocha, na década de 1960, nos EUA, até a criação das paredes de escalada artificial construídas pelo ser humano (ou *indoor*) no fim dos anos 1970, na Ucrânia. No final dos anos 1980, já surgiam os primeiros campeonatos de escalada, estabelecendo uma relação direta com o esporte tradicional com regras, competições e institucionalização, ao que Ferrer (2002) chamou esportivização do montanhismo.

A escalada sofreu alterações e subdivisões em modalidades que podem ser praticadas na natureza ou em meio urbano. Propomos a seguinte classificação: escalada em gelo, escalada em rocha e escalada em ambientes construídos (Pereira, 2007a).

A escalada em gelo se refere às montanhas altas com mais de 3.000 metros de altitude e que envolve expedições com planejamento para vários dias em ambientes inóspitos. Também pode ser feita em cascatas de gelo, mesmo em baixas altitudes.

A escalada em rocha pode acontecer de quatro formas:

Boulder: São escaladas em blocos de pedra com cerca de 5 m de altura. Apresentam grande dificuldade técnica, usando-se apenas colchões como segurança. Seus focos são problemas motores com grande complexidade e exigência física. Seu precursor, John Gill, buscava movimentos de grande força explosiva. Para ele, a face íngreme de um bloco era um problema a ser resolvido com o vigor dos dedos, movimentos criativos e força de vontade.

Escalada livre: Usa-se apenas a habilidade do corpo para subir, não valendo artifícios como segurar na corda ou em proteções na rocha. O equipamento de segurança é usado para o caso de quedas, não para apoio. Em geral, compreende alturas que vão de 50 a 300 m com proteções fixas ou móveis na rocha, podendo ocasionar quedas potenciais de mais de 15 m. Esse tipo de escalada é o mais difundido, pois exige conhecimento e técnica do praticante.

Escalada livre esportiva: esta deriva da livre, porém o praticante busca a perfeição dos movimentos em rotas mais atléticas com, no máximo, 50 m de altura e proteções presas em definitivo na rocha. A distância entre proteções não supera 4 m, diminuindo o perigo. Além disso, a inclinação da rocha é mais acentuada, aumentando a necessidade de força nas mãos para suportar o peso do corpo.

Big Wall: é uma escalada em grandes paredes, onde se dorme pendurado à rocha. Consiste em uma expedição, e o escalador depende da habilidade de usar os equipamentos e da capacidade de criar estratégias eficientes de segurança. Usa-se a escalada livre e a progressão artificial. Nesse tipo, o comprometimento com a segurança é maior, pois nem sempre há possibilidade de retornar ao ponto anterior, não permitindo descer.

Na escalada em ambientes construídos, o foco é a dificuldade do movimento, pois os riscos são minimizados pelo controle do ambiente. Paredes artificiais facilitam o acesso de quem não está disposto a se aventurar em uma rocha ou para quem está longe da natureza. Esse segmento cresceu, variando as formas e os materiais. As agarras, feitas de resina plástica, imitam as reentrâncias da rocha e podem ser mudadas de posição para aumentar a variabilidade de prática.

10.2 Regras e conquista de montanhas e rochas

A evolução das conquistas de diversos escaladores permitiu comparar e classificar o nível de dificuldade das rotas. Seja no gelo, na rocha ou na escalada *indoor*, todas as vias, isto é, os caminhos para se atingir o topo possuem uma dificuldade. Antes de se aventurar numa escalada, é importante verificar o grau da via. Isso é possível graças a um sistema de graduação. Esse sistema serve para informar os escaladores das dificuldades que podem encontrar numa via (Beck, 2002).

Os conquistadores da via, isto é, os escaladores que a subiram em primeiro lugar, descobrindo os melhores pontos de proteção, determinam seu grau. É antiético alterar a via, colocando ou retirando proteções nela sem o consentimento dos conquistadores, pois a eles é dado o direito autoral por ela (www.femerj.org). Como uma obra de arte, uma via deve ser escalada respeitando a essência da sua criação.

10.3 Equipamentos e técnicas

Ao uso de cordas e outros equipamentos chamamos técnicas verticais. Entre elas, temos:

- *Escalada móvel*: utiliza proteções em fendas, que são peças de metal nas quais se passa a corda do escalador. Depois de colocadas na rocha podem ser retiradas, não deixando nada dentro dela; a progressão artificial é a subida pelos equipamentos, como cordas fixas e grampos nas quais o escalador sustenta seu corpo.
- *Guiada*: é a escalada em que se leva a corda presa na cintura com um companheiro provendo a segurança na outra ponta dela.
- Top rope: é a escalada com a segurança feita com a corda no topo da via, o que gera mais segurança.
- *Rapel*: é a descida pela corda.
- *Ancoragem*: é a ligação do escalador com um ponto fixo do ambiente vertical, podendo ser uma proteção ou uma fenda (Pereira, 2007a).

O avanço tecnológico possibilitou mais segurança e, ao mesmo tempo, desafios maiores mantendo o risco da atividade tão elevado quanto as pretensões do praticante. Roupas de lã foram substituídas por jaquetas sintéticas, botas de couro com cravos por impermeáveis com *crampons*, cordas de fibra vegetal por poliamida e poliéster, cunhas de madeira por grampos de aço, ganchos de ferro por mosquetões de alumínio ultrarresistente e sapatos de sisal por sapatilhas com solado de borracha antiderrapante. Os desafios agora não são apenas atingir o topo, mas fazê-lo da maneira mais difícil, pelo lado mais exposto ao risco ou pela via com maior grau de dificuldade.

Esses materiais garantem maiores desafios, e a correta utilização deles é essencial, gerando a padronização das técnicas. Cursos e normas de segurança se espalharam pelo mundo, nos quais duas informações essenciais costumam ser veiculadas:

- os riscos da modalidade e a responsabilidade devem ser assumidos por quem deseja praticá-la;
- o manual não ensina por si, e quem o lê deve, antes de praticar, buscar um curso ou orientações com pessoas mais experientes.

Os acidentes nos levam a questionar a formação de guias e instrutores. Costa (2004) propõe a criação de um modelo brasileiro de formação profissional para a escalada e observa um conflito existente entre as pessoas que já atuam nesse mercado, resistindo a novas regras e padrões.

10.4 Os principais equipamentos

As cordas são, atualmente, feitas de material sintético com alta resistência à tração e à abrasão. São divididas em dinâmicas (as que têm propriedades elásticas para absorver quedas com grande impacto) e as estáticas (que têm ótima utilização em situações de tração constante sem grandes impactos e não têm poder elástico).

As fitas são materiais sintéticos ultrarresistentes utilizados para unir o escalador ou a corda a uma rocha ou ponto de ancoragem.

Figura 10.1 – Corda.

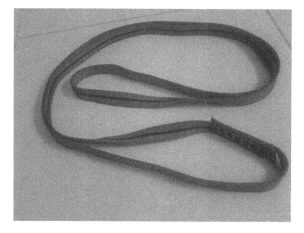

Figura 10.2 – Fita.

A cadeirinha é um cinto de segurança, que tem por característica uma fita para a cintura e duas alças para as pernas. Esse cinto é preso por de fivelas e se ajusta ao corpo do escalador.

Figura 10.3 – Cadeirinha.

O mosquetão é um elo de alumínio ou aço com um gatilho que se abre e fecha para a passagem de cordas e outros materiais. Podem ter ou não trava.

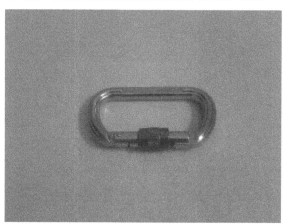

Figura 10.4 – Mosquetão.

Os freios (oito, atc, gri-gri) são equipamentos usados para diminuir a velocidade de deslize do corpo na corda. Pelo aumento de atrito, podem ser manuais, isto é, precisam ser segurados todo o tempo pelo escalador, ou automáticos, que travam sozinhos quando há uma carga de tração na corda.

a.

b.

c.

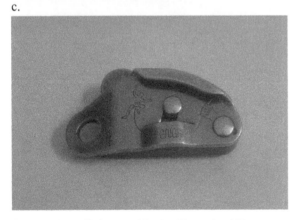

FIGURA 10.5 – Freios: atc (a), oito (b) e gri-gri (c)

A sapatilha é feita com solado rígido de borracha bastante aderente à rocha. Geralmente, tem a ponta fina para se fixar melhor em pequenas saliências na rocha.

FIGURA 10.6 – Sapatilha.

Nós são usados para nos prender às cordas. Os principais são:

Oito duplo – Forma uma alça, que é usada para unir o escalador na ponta de uma corda durante a subida.

FIGURA 10.7 – Nó oito duplo.

UIAA – Utilizado para segurança durante a escalada ou o rapel.

FIGURA 10.8 – Nó UIAA.

Prussik – É um blocante, isto é, permite que a corda deslize num sentido, mas não no outro. Pode ser usado para subir por uma corda ou como segurança extra durante o rapel.

Figura 10.9 – Nó prussik.

Pescador – Usado para unir as pontas de uma corda sem permitir que ela desate.

Figura 10.10 – Nó pescador.

Nó de fita – Tem a mesma serventia do pescador, mas é usado em fitas.

10.5 Competição

Competições de escalada ocorrem apenas em ambientes construídos (*indoor*), porque as vias devem ser sempre novidades. Caso fossem realizadas na rocha, haveria muita destruição destas. Outro motivo é a necessidade de manter regras rígidas. O Comitê Olímpico Internacional estuda a possibilidade de incluir a escalada *indoor* nas Olimpíadas.

No Brasil, com a criação Confederação Brasileira de Montanhismo e Escalada (<www.cbme.org>), surgiram diversos campeonatos.

Tipos de competição:

- *Velocidade* – Deve-se escalar uma via no menor tempo possível sem cair durante o trajeto. Essa via normalmente tem baixa dificuldade técnica, com grandes agarras e pequena inclinação vertical. Marca-se o tempo de cada escalador ou se montam duas vias idênticas para cada um dos competidores. Vence aquele que atingir o topo primeiro;
- *Dificuldade* – O objetivo é atingir a última agarra sem cair. Cada agarra recebe uma pontuação e a somatória do número de agarras atingidas também é contada caso ninguém atinja o final. Vence quem chegar ao fim ou somar mais pontos. Em caso de empate, escala-se outra via para ver quem é o melhor. A competição de dificuldade pode ser praticada em escalada guiada, isto é, paredes altas com uso de corda para segurança ou em *boulder* ou paredes menores com colchões de segurança, mas as regras são parecidas.

10.6 Locais de prática

No Brasil, há montanhas que podem ser escalada em um dia, por meio de caminhadas que podem ou não necessitar de equipamentos de segurança, como o Pico da Neblina (RR), o Pico da Bandeira (ES), as Agulhas Negras e Itatiaia (RJ), entre outras.

As escaladas em rocha podem ocorrer em diversos locais, como Pão de Açúcar (RJ), Serra do Cipó (MG), Pedra do Baú (SP) etc.

Há locais específicos para o *boulder,* como Pontão da Fortaleza (Ubatuba – SP) e Conceição do Mato Dentro (MG).

Os ginásios de escalada estão dispersos pelo país, como 90 Graus, Altitude e Casa de Pedra (SP), 11A (RJ), Campo Base e Via Aventura (PR).

10.7   Treinamento

A compreensão da escalada deve levar em conta fatores físicos, psicológicos e sociais. Sempre que falamos em escaladores, remetemos à noção de que são fortes e corajosos, pois precisam superar limites humanos.

Quando se fala em escalar grandes montanhas sob a influência do ar rarefeito e da neve, o treinamento prioriza a capacidade aeróbia e a força resistente. Os membros inferiores são destacados, necessitando exercícios e cargas específicas. A adaptação do corpo à baixa pressão de oxigênio também é fator preponderante, mas ela depende de se aclimatar durante tempo suficiente para que se obtenha melhor rendimento.

O treinamento sistematizado e a prática contínua geram adaptações nesses praticantes, que influenciam seu modo de agir e pensar. Alguns aspectos analisados por Poblador Vallez et al. (2004) para se identificar as necessidades de rendimento na escalada são:

- condições externas (superfície a ser subida);
- condições do meio (saúde, talento, tempo disponível para treino);
- condição técnica (coordenação, habilidade);
- forma física (resistência, força, flexibilidade);
- aspectos táticos (experiência, estratégia);
- aspectos psicológicos (ansiedade, motivação, concentração).

A escalada, portanto, é um exercício que exige várias capacidades físicas, como coordenação, flexibilidade, resistência, equilíbrio e força, e requer competências emocionais e de relacionamento com os parceiros.

Quando se trata da escalada esportiva, com vias mais curtas e grande intensidade de força nos membros superiores, estudos fisiológicos mostram que o controle motor, além dos aspectos fisiológicos, tem grande influência no desempenho. Dimensões corporais como estatura, por exemplo, não são definidas como medidas determinantes de desempenho. Já as variáveis morfológicas e funcionais, como força muscular dos grupos flexores e extensores do joelho e ombro, força e resistência de preensão manual, potência de membros superiores e inferiores, percentual de gordura e maior habilidade na escalada influenciam diretamente nos resultados de escaladores que escolhem a modalidade escalada esportiva (Bertuzzi, 2004).

Na escalada esportiva, a variável força dos membros superiores é percebida como muito importante entre os escaladores. A força de preensão manual não depende exclusivamente dos aspectos fisiológicos que acontecem nos membros superiores quando o corpo está em situação de suspensão, mas de uma interação desses com o atrito que ocorre entre tendões, polias e articulações quando se expõe o organismo a esse tipo de estímulo, demonstrando a especificidade desse esporte (Quaine e Vigoroux, 2004).

A variabilidade de prática na exposição ao estímulo de segurar com diferentes tipos de atrito age melhorando, inclusive, a textura e a sensibilidade da epiderme da mão. Acredita-se que não basta apenas aumentar a força muscular dos membros superiores; as articulações, os tendões e as polias dos dedos das mãos e a própria pele precisam se desenvolver para gerar força de atrito e sustentar a empunhadura fechada quando suspendemos o corpo. Estudos reforçam a ideia de que o atrito das polias e tendões atua na aplicação da força, pois é nessa região que ocorre a maioria das lesões (Klauser et al., 2005).

Vigoroux et al. (2005) acreditam que a experiência é fator decisivo para um bom desempenho, pois quanto mais tempo ficamos pendurados, mais nossos tendões e polias se fortalecem e melhor é a nossa técnica e tática para vencer os desafios. O fortalecimento das estruturas mais densas, como as articulações e os tendões, demanda mais tempo de exposição ao estímulo em relação ao que se observa com os músculos, indicando que o treinamento não deve ser de grande intensidade principalmente na iniciação. Impacto e tensão são a forma ideal para fortalecer esses segmentos.

O posicionamento de pés e mãos nas agarras leva a uma movimentação em equilíbrio estático e/ou dinâmico dependendo da situação, o que proverá eficiência mecânica para o escalador. A forma como se decide realizar os movimentos, isto é, como percebemos a via e escolhemos a estratégia para chegar ao topo também é essencial.

A partir da grande variedade de posições que a escalada esportiva suscita, percebemos que em cada postura haverá uma intensidade de preensão manual e, portanto, o balanceamento entre equilíbrio e aplicação de força é importante. Noé et al. (2001) mostraram que a utilização da força para manutenção do equilíbrio em situações de inclinações verticais e tetos muda a forma de utilização dos apoios, exigindo controles motores diferenciados em cada situação. Isso significa que mais estabilidade pode gerar menos desgaste físico. A estabilidade na escalada está associada ao uso eficiente dos membros inferiores, às distâncias entre os apoios dos pés e entre todos os apoios, à manutenção da linha de gravidade na maior base de sustentação possível e à manutenção dos cotovelos estendidos com os ombros abduzidos (Schweizer et al., 2005).

No aspecto psicológico, Sanches e Torregrosa (2005) apontam fatores que influem decisivamente sobre a escalada: a captação e o processamento de informação (atenção, concentração, memorização), a motivação (autoconfiança, autoeficácia) e os mecanismos emocionais (estresse, gestão do risco). Sobre a atenção, estudos mostram que os ruídos sonoro, visual

e cinestésico podem atrapalhar o desempenho. Não é raro um escalador ter sua ansiedade elevada quando está no seu limite de dificuldade. O escalador treina a manutenção do foco em si mesmo para vencer a pressão natural das vias. Portela (2005) sugere maior atenção à visualização e à concentração para um desempenho satisfatório, pois percebendo o caminho se discrimina melhor os pontos de apoio, mantendo o foco no planejamento e realizando os movimentos que se imaginou. Dois processos mentais são importantes na escalada: um no momento antes de escalar, quando se faz a leitura da via, criando uma estratégia mental para executar a trajetória, e outro durante a subida, quando se retroalimenta o sistema efetor com variações possíveis dentro do plano traçado para corrigir possíveis dificuldades não percebidas na leitura.

Moraes e Oliveira (2006) afirmam que não se deve distorcer a percepção da realidade ocasionada pela dificuldade do desafio. Pijpers et al. (2005) confirmam essa necessidade pois, segundo eles, escaladores percebem seu esforço máximo antes de atingirem a fadiga.

Escaladores costumam perceber e reagir mais rapidamente a um estímulo peculiar, no caso uma agarra, do que pessoas que não escalam pela familiaridade com o objeto, melhorando seu tempo de reação e possibilitando realizar movimentos em equilíbrio dinâmico com mais precisão. Essa reação rápida leva um escalador experiente a conseguir sustentar-se em uma agarra mesmo que esteja em equilíbrio dinâmico, o que dificilmente ocorre com uma pessoa pouco experiente. Essa situação de se mover velozmente com precisão acontece pela familiaridade entre estímulo e resposta e pelo conhecimento do próprio potencial através de experiências anteriores.

Zavaschi (2005) confirma a necessidade de experiência para lidar com situações estressantes. Os graus mais elevados são conseguidos por escaladores mais experientes, significando que mais tempo de escalada e não apenas mais idade pode ser fator decisivo. A experiência aqui simboliza tempo para que as estruturas articulares e os processos neurofisiológicos e psíquicos sejam estimulados o suficiente para produzir resultados duradouros.

10.8 Variações da escalada

Algumas técnicas de segurança que surgiram com a prática da escalada tornaram-se atividades com finalidade própria, como é o caso do rapel, da tirolesa e da "falsa baiana".

O rapel surgiu nas montanhas francesas no século XIX com Jean Charlet, que, após escalar, precisava recuperar sua corda para utilizá-la em outras descidas. Ele, em vez de fixar uma ponta da corda e descer, passou o meio da corda num ponto de ancoragem deixando as duas pontas juntas na parte mais baixa da rocha. Assim, deslizou segurando-se nas duas partes da corda e, quando chegou ao final, puxou uma das pontas, recuperando ou rapelando a corda, isto é, trazendo-a de volta consigo.

O rapel continuou a ser usado pelos escaladores como forma de retornar das rochas e montanhas e foi introduzido mais tarde pelos espeleólogos para descer em abismos. Daí em diante, começou a ser usado por outras profissões, como em resgates e ações militares, limpeza e pintura de prédios e torres e, finalmente, como lazer para se sentir a emoção de descer por cordas. O rapel evoluiu desde seu surgimento, quando se descia passando a corda por detrás do corpo, pelas costas e por debaixo da perna, utilizando o corpo como atrito, até hoje, com o uso de mosquetões e freios (oito, atc, gri-gri etc.) presos a cadeirinhas. É uma técnica bastante segura desde que não se desça muito depressa nem se subestimem os equipamentos e as próprias habilidades; caso contrário, podem acontecer acidentes graves e até fatais.

A tirolesa é uma técnica de travessia surgida nas montanhas da Áustria, mais precisamente no Tirol. Ela servia para atravessar pessoas e animais em penhascos ou rios e consistia em fixar as pontas de uma corda paralela ao solo, permitindo deslizar por ela se estiver inclinada em uma das extremidades. A "falsa baiana" é semelhante. Utilizam-se duas cordas paralelas entre si, uma acima da outra, nas quais se apoiam os pés e as mãos. Na tirolesa e na "falsa baiana", utiliza-se uma fita com mosquetão presa à cadeirinha e corda ou cabo de aço para que a pessoa atravesse com segurança. A diferença consiste no uso de roldanas ou polias para a tirolesa, permitindo deslizar sem segurar na corda ou no cabo de aço.

Essas técnicas de travessia foram usadas por estudiosos da natureza na Costa Rica, no final do século XX, como forma de observação de animais e plantas nas copas de árvores muito altas.

Essa atividade ficou conhecida como arvorismo ou arborismo. Nele, as pessoas entram em contato com a natureza sem que se exija grande conhecimento de técnicas verticais, pois são criados circuitos que trespassam as árvores ou postes de madeira e que exigem equilíbrio do participante. São montadas diferentes formas de atravessá-los, como pontes suspensas de madeira, redes de corda, cabos balançantes, cordas penduradas ou outras formas que exigem destreza e coordenação nas alturas.

FIGURA 10.11 – César Augusto Grosso em treinamento.

10.9 A escalada nas escolas

Maurice Herzog, primeiro homem a chegar ao topo de uma montanha com mais de 8.000 m, em 1950, tornou-se Ministro da Juventude na França e inseriu a escalada nas escolas de seu país por acreditar no seu potencial educacional e formativo dos valores montanhísticos nos jovens (Atali et al., 2007).

Propostas com materiais e equipamentos adaptados para desenvolver a habilidade de escalar foram descritas por Sorin e Favre (1987), como uso de cordas, bancos, bastões e espaldar para exercícios de suspensão corporal, favorecendo os membros superiores. Demelier et al (1974) apontam a escalada em rocha como proposta a adolescentes. Nessas atividades, são descritos diversos benefícios: agilidade, consciência corporal, adaptação ao meio ambiente natural, responsabilidade, respeito, autonomia e equilíbrio.

A escalada também faz parte de atividades ao ar livre, que compõem o currículo de programas educativos nos EUA há mais de dez anos, como afirma Mittelstaed (1997). Ensinar atividades que proporcionem criação de estratégias, cooperação em grupo e desenvolvimento motor adequado atraiu tanto os educadores como os alunos e fez crescer essa prática por lá.

Hyder (1999) propôs uma série de jogos e brincadeiras na parede de escalada para crianças, utilizando estratégias de ensino próprias da Educação Física. Assim, pôde constatar que muitos benefícios poderiam ser alcançados numa aula cujo elemento central era a escalada. Essa talvez tenha sido uma das primeiras propostas a estabelecer uma relação mais integrada entre a escalada e a Educação Física escolar. Ramos (1999) concorda que a prática na escola deve ocorrer em paredes artificiais com altura aproximada de 3 m e com a maior largura possível. Assim se favorece a participação de vários alunos ao mesmo tempo num sistema de travessia, na qual se progride lateralmente na parede de escalada, minimizando os riscos da prática e favorecendo a criação de jogos verticais. Jogos em paredes mais baixas e largas estimulam diversas habilidades, entre elas a observação de escaladores mais experientes para, através da informação visual, ser mais eficiente e fluente em seus próprios movimentos (Boschker; Bakker, 2002).

Hyder também observou que a escalada também favorece:

> nas relações interpessoais (cooperação e habilidade de comunicação), no intrapessoal ou pessoal (autoestima e autoconfiança), no cognitivo (tomada de decisão e resolução de problemas) e no aspecto físico (capacidades físicas e habilidade motora). (Hyder, 1999, p. 33)

A autora ainda aponta valores e atitudes nas ações e comportamentos dos alunos – confiança em si mesmo e nos equipamentos e sistemas de segurança – e que as competições na escalada escolar ocorrem mais consigo mesmo que com os outros, estabelecendo um desafio pessoal com a atividade. Ela comenta que

> os alunos são encorajados a analisar suas próprias habilidades e no que eles executam até o fim no decorrer de uma tarefa. Todos os participantes são encorajados a dar sempre o melhor de si, porém a participação é uma escolha pessoal. Eles decidem por eles mesmos quando terão de travar seus desafios internos. (Hyder, 1999, p. 34)

Oyague (2005) discute que alunos que participaram de uma escalada na rocha demonstraram vitória sobre o medo de subir uma altura superior a 50 m, mostrando um valor sobre a percepção da tarefa e da capacidade de superação pessoal. A escalada, nesse sentido, permite a obtenção de recompensas emocionais pela exposição ao risco que lhe é peculiar, e isso melhora o julgamento das pessoas sobre situações emocionais difíceis.

Desde a Educação Infantil, podemos criar condições de aprendizagem da escalada. Propor situações que levem as crianças a experimentar situações de movimentos distintas, ajudar a vencer o medo, gerar autonomia e melhorar as relações são situações que Clocksin (2006) sugere para crianças pelo aspecto da responsabilidade pessoal que geram no aluno, preparando-o melhor para tomar decisões e julgamentos no cotidiano.

No Brasil, algumas escolas adotaram a escalada em suas grades curriculares ou extracurriculares. A maioria se refere ao ensino particular (Pereira; Carceroni, 2006; Pereira; Armbrust, 2007a). Pereira e Richter (2006) apontaram a possibilidade de inserção da escalada nas escolas públicas, afirmando a necessidade de adaptar materiais e criar um planejamento participativo com os alunos para efetivar esse tipo de proposta e suprir as necessidades de equipamentos, problema encontrado comumente em nosso país.

Resende Junior (1999) apresenta, em seu estudo, como pode ser montada uma parede de escalada para a escola, especificando dimensões, materiais, como construir e identificando os aspectos de solidez, as inclinações, as superfícies, a resistência dos materiais e a certificação dos equipamentos de segurança.

A escalada nas escolas brasileiras ainda se encontra em poucas instituições, mas, mesmo assim, Pereira (2007b) descreve alguns conteúdos específicos das aulas de escalada para o Ensino Fundamental e que tem íntima estruturação interdisciplinar:

> Apresentação de equipamentos de segurança, sua utilização e cuidados; História da escalada; Geografia; Geologia; Nutrição; Graduação e ética no montanhismo; Meteorologia; Organização de uma escalada; Socorros de urgência; Nós; Ancoragens; Rapel; Tirolesa; Autorresgate; Escalada guiada; Principais pegadas; Uso dos pés; Oposições; Coordenação de movimentos dinâmicos e/ou estáticos; Oposições; *Flag; Back Step; Drop Knee; Twist lock*. (Pereira, 2007b, p. 28)

Analisando a atividade de escalada em ambiente natural, percebe-se a possibilidade de desenvolver trabalho em equipe, liderança, sociabilidade e responsabilidade. Também se observa que a escalada não apresenta dicotomia entre competição e cooperação.

Bortoletto Júnior e Pereira (2006) apresentam como estratégia lúdica o jogo simbólico para a educação infantil. Pereira (2007a) ainda apresenta as seguintes estratégias para o Ensino Fundamental e Médio:

> aula expositiva, brincadeiras, manipulação de materiais, exercícios em duplas, minicompetição, jogos adaptados, escalada em rocha, demonstração, vídeo, planejamento de escalada, participação em eventos internos e externos, atividades específicas (3 x 3, escalada vendada, criação de vias), jogos, pesquisa bibliográfica, dinâmicas de grupo. (Pereira, 2007a, p. 8)

A escalada no mundo já acontece desde a década de 1960 e se desenvolveu e alastrou na França principalmente na década de 1980. Já em nosso país ela apareceu mais tardiamente, no fim da década de 1990 e no início deste século. Os estudos e as pesquisas sobre as propostas escolares ainda são incipientes, mas já demonstram certo interesse por esse tipo de atividade nas aulas de Educação Física escolar.

Figura 10.12 – Rafael Takahace Rodrigues escalando na escola.

10.10 Escalada em clubes e academias

A escalada tem sido inserida em clubes e academias como forma de diversificar as atividades oferecidas aos sócios e clientes. Ela pode ocorrer na forma de eventos nos quais são montadas paredes ou atividades de técnicas verticais (rapel, tirolesa etc.) ou com projetos de longa duração nos quais as atividades são fixas na programação da instituição (parede de escalada fixa).

Em eventos, festas ou comemorações, essas atividades são bastante requeridas, principalmente por crianças e jovens. Costuma-se contratar uma empresa especializada para realizar tais atividades.

Quando se propõe a escalada dentro da programação fixa do clube ou academia, procura-se construir a estrutura e treinar profissionais de Educação Física para atuar com as atividades, ensinando técnicas de segurança para atender corretamente aos clientes e sócios. A maior dificuldade nesse ponto é a falta de domínio desse tipo de atividade pelo profissional de Educação Física, pois, em geral, não é uma atividade desenvolvida na graduação.

10.11 Ginásios, parques e acampamentos

Outras opções são os ginásios próprios para escalada. Neles, há grande quantidade de paredes com inclinações e posições distintas que permitem a prática por muitas pessoas ao mesmo tempo. Pode haver nesse tipo de empreendimento uma área para arvorismo, rapel e tirolesa, mas o foco é a escalada de *boulder* e esportiva. Geralmente, são ministrados cursos e saídas para escalar na natureza por profissionais desses ginásios. Atualmente, os profissionais de Educação Física estão sendo chamados para atuar nesses locais por seu credenciamento junto ao CREF, mas necessitam de conhecimento específico para isso.

Parques públicos e privados estão construindo paredes de escalada, tirolesa, arvorismo e local para a prática do rapel, atraindo pessoas interessadas em vivenciar esse tipo de emoção. Equipes de monitores são contratadas para manter a segurança dessas atividades. Em São Bernardo do Campo há, inclusive, monitores concursados pela prefeitura para fazer esse serviço. Os acampamentos de férias e hotéis também são locais em que essas atividades se difundiram.

10.12 Pessoas especiais e a escalada

Os idosos podem praticar atividades de escalada contanto que possamos conhecer o grupo e adequar algumas situações para manter a integridade deles. Em caminhadas em montanhas, por exemplo, desde que o nível de esforço seja adequado e os profissionais que acompanhem sejam experientes, pode ser feita a prática. Na escalada em paredes construídas, temos mais controle da segurança, sendo adequado que pratiquem e se familiarizem com os equipamentos e a altura. O *boulder*, por ser uma atividade na qual acontecem quedas, mesmo sendo em colchões, pode ser mais arriscado. Para pessoas que tenham os ossos e articulações já debilitados, o ideal é aplicar atividades com cordas do tipo *top rope*, assim minimiza-se impactos e quedas ao máximo. Tirolesa, rapel e arvorismo podem ser praticados, lembrando-se apenas de conhecer as pessoas e avaliar a dificuldade da tarefa.

Deficientes procuram a escalada como forma de superação e, quando atingem seus objetivos, sua autoestima é elevada. Um escalador cego já atingiu o cume do Everest, a maior montanha do mundo. Pessoas sem uma das pernas ou paralíticos escalam rochas, alguns deles guiando, o que é bem mais perigoso. Deficientes mentais têm obtido grande desenvolvimento físico e integração social. Todas essas pessoas precisam de adaptações em equipamentos ou, então, facilitação ao acesso aos locais de prática. De resto, basta-lhes uma chance para se sentirem heróis.

10.13 Metodologia

Não há um único método de aprendizagem. O jogo é sempre uma forma lúdica e dinâmica de aprender, portanto apresentaremos o 3 x 3. Esse jogo consiste em que dois ou mais jogadores criem uma via de escalada em uma parede de travessia, isto é, não muito alta e que não requeira cordas de segurança. Essa atividade pode ser praticada por qualquer pessoa, necessitando de uma parede de escalada com pelo menos 3 m de altura e quanto maior a largura, melhor.

São escolhidas duas agarras para começar o jogo. O primeiro participante deve segurá-las e, a seguir, escalar usando mais três agarras em sequência, isto é, alternando as mãos direita e esquerda. Os pés são livres para fazer qualquer movimentação. O segundo escalador deve realizar a mesma sequência do primeiro e criar mais três movimentos. O jogo continua assim com quantos jogadores existirem. Quando todos tiverem passado pela via criada, o primeiro recomeça fazendo a via completada pelos demais e colocando mais três movimentos.

Utiliza-se a regra de caso o jogador cair durante a tentativa, ele passará a vez para o próximo e não cria movimentos ao final da via, mas isso pode ser adaptado em função da habilidade do grupo. O jogo termina quando os jogadores cansarem.

Esse jogo possibilita melhorar a memorização, a percepção das agarras, a visualização dos movimentos dos amigos e a resistência muscular. É divertido e pode ser aplicado a qualquer idade e nível de habilidade.

Esse jogo é uma forma simples de começar a escalar e se divertir com esse esporte fascinante.

Referências

ATTALI, M.; SOARES, C. L.; SAINT MARTIN, J. Consequências e tentativas de democratização da Educação Física na França entre 1945 e 1981. *Rev. Brasil. Ciênc. Esporte*, Campinas, v. 28, n. 2, p. 9-20, jan. 2007.

BECK, S. *Com unhas e dentes*. 2. ed. Palhoça: Edição do Autor, 2002.

BERTUZZI, R. C. M. *Estimativa das contribuições dos sistemas bioenergéticos e do gasto energético total na escalada esportiva indoor*. Dissertação (Mestrado) – Curso de Educação Física, EEFE-USP, São Paulo, 2004.

BORTOLETTO JUNIOR, A. R; PEREIRA, D. W. O jogo simbólico e a escalada nas primeiras séries do ensino fundamental: uma proposta de estratégia. In: CONGRESSO BRASILEIRO DE ATIVIDADE DE AVENTURA, 1. *Anais...* Balneário Camboriú, Santa Catarina, jul. 2006.

BOSCHKER, M. S.; BAKKER, F. C. Inexperienced sport climbers might perceive and utilize new opportunities for action by merely observing a model. *Percept Motor Skills*, n. 95, v. 1, p. 3-9, ago. 2002.

CLOKSIN, B. D. High Adventure Activities in Elementary Physical Education. *Teach. Element. Phys. Educ.*, jul. 2006.

COSTA, C. S. *Formação profissional no esporte escalada*. Dissertação (Mestrado) – Curso de Educação Física, UGF – RJ, 2004.

DEMELIER, M.; TEXEREAU, J.; MASSON, M. L'escalade de en pays non montagneux. *E.P.S. Dossier Tiers-Temps*, n. 126, 1974.

FERRER, D. F. *Bases metodológicas para a preparação física de escaladores esportivos*. Monografia (Graduação em Educação Física) – FEF-UNICAMP, Campinas, 2002.

HYDER, M. A. Have your students climbing the walls: The growth of indoor climbing. *J. Phys. Educ. Recreat. Dance*, v. 70, n. 9, p. 32-9, 1999.

KLAUSER, A. et al. High frequency sonography in the detection of finger injuries in sport climbing. *Rontgenpraxis*, v. 56, n. 1., 2005. Disponível em: <http://www.biomedexperts.com/Profile.bme/434149/Markus_Gabl>. Acesso em: 20 dez. 2008.

MORAES, L. C; OLIVEIRA, D. C. Emoções em situação de risco em alpinismo de alto nível. *Rev. Brasil. Psicol. Esporte Exerc.*, p. 4-21, 2006.

MITTELSTAEDT, R. Indoor climbing walls: The sport of the nineties. *J. Phys. Educ., Recreat. Dance*, v. 68, n. 9, p. 26-9, 1997.

NOÉ, F; QUAINE, F; MARTIN, L. Influence of steep gradient supporting walls in rock climbing: biomechanical analysis. *Gait and Posture*, v. 13, n. 2., 2001. Disponível em: <http://www.ncbi.nlm.nih.gov/pubmed/11240356?dopt=Abstract>. Acesso em: 18 dez 2008.

OYAGUE, G. P.; LUSAR, A. C.; CERCOS, J. F. Propiedades psicométricas Del cuestionario de habilidades psicológicas en escalada deportiva. *Cuadernos del Psicologia del Deporte*, v. 5, n. 1-2, 2005.

PEREIRA, D. W. A escalada chega na escola. In: CONGRESSO PAULISTA DE EDUCAÇÃO FÍSICA, 11., 2007, Jundiaí. *Anais...* Jundiaí, SP: Universidade Anchieta, 8 jun. 2007.

PEREIRA, D. W; ARMBRUST, I. Escalada em rocha como Educação Física no ensino médio. In: CONGRESSO BRASILEIRO DE ATIVIDADE DE AVENTURA, 2., 2007, Governador Valadares. *Anais...* Governador Valadares, MG: Univale, 5 a 7 jul. 2007.

PEREIRA. D. W; CARCERONI, D. S. Escalada Esportiva na Escola da Vila: uma proposta. In: CONGRESSO PAULISTA DE EDUCAÇÃO FÍSICA, 10., 2006, Jundiaí. *Anais...* Jundiaí, SP: Universidade Anchieta, jun. 2006.

PEREIRA, D. W; RICHTER, F. A introdução do esporte de aventura na escola pública. In: CONGRESSO BRASILEIRO DE ATIVIDADE DE AVENTURA, 1., 2006, Blaneário Camboriú. *Anais...* Balneário Camboriú, SC, jul. 2006.

PEREIRA, D. W. *Escalada*. In: FERRAZ, O. L.; KNINIJK, J. D. (Org.). *Coleção Agôn*: o espírito do esporte. São Paulo: Odysseus, 2007a.

PIJPERS, J. R.; OUDJEANS, R.; BAKKER, F. Changes in the perception of action possibilities while climbing to fatigue on a climbing wall. *J. Sports Sci.*, v. 25, n. 1, p. 97-110, 2005..

POBLADOR VALLEZ, J. A.; TRULLEN, E. M. G.; GOMEZ, C. R. A. Estudio electromiográfico de la técnica del 'lanzamiento' en escalada deportiva. *Rev. Dig. Lectur.*

Deportes. v. 10, n. 75, 2004. Disponível em: <http://www.efdeportes.com/>. Acesso em: 29 dez. 2008.

PORTELA, A. *A influência da fadiga no tempo de reação de praticantes de escalada em rocha*. Dissertação (Mestrado) – UDESC, Florianópolis, SC, 2005.

QUAINE, F.; VIGOUROUX, L. Maximal resultant four fingertip force and fatigue of the extrinsic muscles of the hand in different sport climbing finger grips. *Internat. J. Sports Med.*, v. 25, n. 8, p. 634-7, 2004.

RAMOS, O. R. La escalada en el contexto escolar. *Rev. Dig. Lect. Deportes*, ano 4, n. 16, out. 1999. Disponível em: <http://www.efdeportes.com/efd16a/escalada.htm>. Acesso em: 10 dez. 2008.

RESENDE JUNIOR, O. S. *Escalada Esportiva - Uma nova proposta de trabalho para o professor de educação física*. Monografia (Graduação) – Projeto Institucional, Faculdade de Ciência da Saúde, Instituto Porto Alegre, RS, 1999.

SORIN, S.; FAVRE, P. Un savoir faire: la grimper a la corde. *EPS – Dossier Tiers-Temps*, n. 126, 1987.

SANCHEZ, X; TORREGROSA, M. El papel de los factores psicológicos en la escalada deportiva: un análisis cualitativo. *Rev. Psicol. Deporte*, 2005, v. 14, n. 2, p. 177-94.

SCHWEIZER, A. et al. Functional ankle control of rock climbers. *Br. J. Sports Med.* v. 39, n. 4, p. 429-31, 2005.

VIGOROUX, L. et al. Estimation of finger muscle tendon tensions and pulley forces during specific sport-climbing grip techniques. *J. Biomechanics*, 2005, v. 39, n. 14. Disponível em: URL: <http://www.orleijunior.com/artigos/estimationoffingermuscle.pdf>. Acesso em: 20 dez. 2008.

ZAVASCHI G. Escalada: uma via de autoconhecimento. In: FÓRUM BRASILEIRO DA ABORDAGEM CENTRADA NA PESSOA, 6., 2005, Canela. *Anais...* Canela: PUC-RS, 2005.

Sites sugeridos

<www.femerj.org>;

<www.cbme.org.br>;

<www.noventagraus.com.br>;

<www.altamontanha.com.br>.

11

Le parkour

Jonas Alfredo dos Santos
Dimitri Wuo Pereira

A criança, durante a infância, cria brincadeiras que dão sensação de liberdade, como correr, saltar, pular e até imaginar-se em locais improváveis, como fazem os personagens e heróis de histórias em quadrinhos.

Conforme cresce, essa sensação se restringe pelas imposições e barreiras sociais como, por exemplo, não sujar determinados locais, o perigo de determinadas atividades ou a vergonha de sofrer gozações. Caso infrinjam determinadas normas, serão criticadas pela sociedade e muitas vezes punidas, como se ao entrar no mundo dos adultos tivessem de adotar uma postura realista frente à vida, respeitando as regras e não havendo mais espaço para a imaginação.

Porém, no final do século XX, na França, surgiu uma vertente da atividade física que quebrou esses paradigmas e demonstrou um novo ponto de vista capaz de incluir a liberdade ao corpo em movimento chamada *parkour* (Schwartz, 2006).

A palavra *parkour* tem origem no francês *parcour* que, em língua portuguesa, significa percurso. Por isso, é também identificado como *le parkour* ou o percurso, pois em geral a movimentação do praticante ocorre num espaço que deve seguir. Hoje se usa também a abreviação PK (Serikawa, 2006).

O *parkour* é uma atividade física que não se limita a uma definição rígida. O criador David Belle não o considera um esporte, afinal ele não tem competição. Também é difícil categorizá-lo como jogo, pois possui pouquíssimas regras ou regulamentos, apesar de se constituir numa atividade física em que a pessoa pode escolher a forma de praticar e tem na ludicidade sua essência.

O objetivo do *parkour* é apenas transpor obstáculos naturais ou não, com a maior eficiência possível, saindo de um ponto X e chegando a um ponto Y com segurança, superando os obstáculos do caminho (Pereira e Armbrust, 2010). Ele pode ser considerado uma atividade de lazer pelo seu caráter lúdico, mas requer muita concentração, dedicação, equilíbrio e movimentos variados de seu praticante em razão do risco que se corre ao executar os movimentos.

Para considerar o *parkour* um esporte, é necessário ampliar o significado de esporte a toda a atividade física que seja feita com intenção de resolver um problema com o corpo. Deve-se também acreditar que o esporte tem dimensões de lazer, de rendimento e educacionais (Tubino, 2002) e não se limita a apenas uma delas excluindo as outras.

A Associação Mundial de *Parkour* define a modalidade como

> um método natural de treinar o corpo humano a fim de ser capaz de movimentar-se rapidamente fazendo uso do ambiente que nos cerca o tempo todo. [...] Trata-se de ser capaz de superar os obstáculos que aparecem pelo caminho, quer estejam eles em ambiente natural ou ambiente urbano, na busca por movimentos que combinem eficácia e controle. [...] tudo isso a fim de um único objetivo: nunca ser parado por nenhum obstáculo (Pawa apud Serikawa, 2006).

11.1 História da atividade e sua evolução

O filósofo Jean Jacques Rousseau defendia o retorno do ser humano à natureza, valorizando o contato com o ar livre e puro encontrado nas montanhas. Ele acreditava nos exercícios corporais em pleno ar e sol, nos banhos frios em rios, na alimentação saudável, na negação ao conforto excessivo, no abandono às coisas artificiais e na diminuição do ócio (Rousseau, 1992 apud Soares, 2003). É interessante perceber que Rousseau pregava o movimento útil e era contrário ao culto aos músculos, pois, para ele, o exercício deveria gerar qualidade de vida e não exibicionismo.

Em 1905, o suíço Georges Hébert foi incumbido de treinar fuzileiros navais, num total de 1.200 soldados, em situações bem naturalistas como: "resistência corporal ao frio, endurecimento, utilização do meio natural como terreno de exercício, exercícios utilitários, nudez controlada" (Soares, 2003, p. 26). Esse treinamento deu condições para uma adaptação do ser humano ao ambiente natural, tornando o corpo útil às diversas situações que poderia encontrar. Assim surgiu o Método Natural Ginástico. De acordo com Soares (2002), os movimentos naturais do ser humano (correr, saltar, escalar, arremessar, apoiar e suspender-se) existem desde os primórdios para a sobrevivência do homem na natureza.

Esse método foi decisivo para que Raymond Belle desenvolvesse o *parcours du combatant* ou percurso dos combatentes, um treinamento para soldados do exército francês.

Raymond, nascido em 1939, participou do exército francês na ocupação da Indochina (atual Vietnã) e tinha como função se infiltrar no campo inimigo. Precisava ser rápido e eficiente para sobreviver, portanto utilizava manobras arrojadas e arriscadas no meio que o rodeava, impressionando seu filho, David Belle, nascido em 1973, acostumando-o desde pequeno com as façanhas do treinamento militar, que posteriormente incorporou aos salvamentos do corpo de bombeiros da França (Pawa apud Serikawa, 2006).

O surgimento do *parkour* confunde-se com a própria história de David Belle porque ele desenvolveu essa atividade como uma filosofia para viver melhor com base na capacidade de superar obstáculos do meio ambiente, como deveria superar as adversidades do dia a dia. Para ele, não era uma questão de sobrevivência, mas de uma vivência com significado, na qual corpo e mente deveriam ser preparados para enfrentar os desafios da vida.

No Brasil, o *parkour* surgiu provavelmente em 2004, quando jovens de Brasília e São Paulo começaram a descobri-lo através da internet; desde então, espalhou-se pelo país. Diferentemente de outras práticas esportivas, o *parkour* não se difundiu por livros, cursos, competições e congressos, mas livremente pelas ondas dos computadores, como a maioria das atividades contemporâneas (<www.parkour.com.br>).

Por sua natureza contemporânea, o *parkour* se difunde de modo diferente da maioria das atividades motoras que conhecemos. Associado à tecnologia e à juventude, tem na internet seu principal veículo de divulgação (Pereira e dos Santos, 2010).

11.2 Praticando

Como nessa atividade não há regulamentos, mas apenas o movimento natural do corpo ultrapassando obstáculos, pode-se dizer que o *parkour* desenvolve habilidades e capacidades físicas, além de determinação, motivação, agilidade, coragem, destreza, entre outros atributos.

> Correndo, saltando, transpondo, escalando, suspendendo, mantendo seu equilíbrio, superando-se, desenvolvendo sua autoconfiança, tornando-se capaz de ultrapassar obstáculos para ser capaz de continuar avançando [...] todas essas coisas se tornaram uma obsessão. Uma obsessão para libertar-se a partir de todos os obstáculos, constrangimentos e medos e ser capaz de ir para qualquer lugar que ele escolhesse ir; conseguir com êxito devido ao seu desenvolvimento mental e também pela coragem física. (Pawa apud Serikawa, 2006)

No *parkour*, homens e mulheres podem praticar sem distinção de gênero, apenas respeitando-se as individualidades e o nível de competência de cada um. O praticante masculino é chamado *traceurs* (lê-se "traces") e no feminino *traceuses* (lê-se "tracese") (Serikawa, 2006).

Os movimentos de várias modalidades esportivas tradicionais são vistos no *parkour*. O atletismo tem em suas corridas com saltos, como a passagem de barreiras, muitas semelhanças com o *saut de chat* ou salto do gato, em português, que se resume num salto sobre um muro tocando uma das mãos para impulsionar o corpo.

A ginástica artística também tem semelhanças como nos saltos de precisão, em que se salta de um muro a outro caindo sobre a parte posterior dos pés em equilíbrio, tal qual se faz na finalização do salto sobre a mesa.

No *parkour*, utilizam-se movimentos de suspensão, como *franchissement*, ou com apoios das mãos para transpor os obstáculos, os chamados *passement*. Esses elementos lembram também os exercícios nas paralelas da ginástica.

A diferença mais marcante da ginástica artística com o *parkour* está na necessidade de perfeição e execução de manobras para ganhar pontos, naquela, enquanto neste basta transpor o obstáculo em segurança e com destreza.

A influência da escalada pode ser vista quando se executam movimentos como *planché* e *saut de bras* (subida e salto com os braços, respectivamente), que possibilitam subir em ambientes verticais. Deve-se perceber que a França, onde David Belle nasceu, é um dos países que mais difundiu a escalada. Portanto, há influência clara nos movimentos utilizados por ele.

David Belle também praticou artes marciais. Sugere-se que isso dê à filosofia do *parkour* elementos de autodisciplina, concentração, determinação, coragem e capacidade de suportar desafios complexos, como saltar sobre prédios.

Há algumas divergências no *parkour* quanto à sua prática. Uma delas é o *free running*, modalidade cujo objetivo é mais acrobático, não se prendendo à transposição de obstáculos com eficiência. Diz-se que um de seus precursores foi Sebastian Foucan.

11.3   Movimentos

Os movimentos do *parkour* são variados. Alguns deles são descritos como (<www.leparkourtecnicas. blogger.com.br>):

- *Atterissage* (pouso): é o movimento de queda.
- *Équilibre de chat* (equilíbrio do gato): equilibrar-se com os quatro membros como um quadrúpede.
- *Tic-tac*: impulsão com uma perna em superfície vertical, geralmente para o lado oposto, e andar na parede.
- *Saut de fond*: salto de uma superfície alta sem corrida.
- *Saut de détente*: salto de uma superfície alta com corrida.
- *Saut de précision* (salto de precisão): salto de um ponto específico para outro ponto, geralmente uma borda ou lugar pequeno, como um muro.
- *Saut de bras* (salto de braço): salto feito para se fixar em um lugar pendurando com as mãos.
- *Planché* (subida): subida em um lugar usando as mãos, como o exercício de barra.
- *Franchissement*: passar debaixo da barra usando-a para atingir um ponto mais distante.
- *Saut de chat* (salto do gato): trata-se de um mergulho sobre um obstáculo em que, ao final, as mãos tocam no obstáculo e, em seguida, as pernas passam entre os braços e aterrissam no chão.
- *Passement*: saltos usando as mãos para passar sobre os obstáculos.

11.4   Segurança

Praticar o *parkour* não depende de equipamentos e materiais sofisticados: sua base é o corpo, portanto é com ele que se deve contar. Utiliza-se no máximo um tênis com solado aderente que auxilie na absorção de impactos. Isso não significa praticar de forma displicente, pois, como qualquer atividade de aventura, exige-se conhecimento de técnicas de amortecimento e de quedas, diminuindo a incidência de lesões, principalmente nos joelhos, nos tornozelos, nos punhos e na coluna.

Compreender e treinar intensivamente as quedas, os rolamentos, as suspensões e a execução de movimentos com precisão e cuidado é o princípio da segurança do *parkour*. Treinar continuamente e perceber seu corpo para evitar supertreinamento e lesões é o modo de poder praticar sempre.

11.5   Benefícios

Estudos iniciais apontam que o *parkour* pode melhorar o desenvolvimento de força explosiva nos membros inferiores, principalmente pela repetição de saltos de precisão que exigem saídas da posição estática e queda sobre os pés em situação de equilíbrio recuperado, gerando contrações excêntricas importantes para o fortalecimento dessa região. Os saltos horizontais que ocorrem após as corridas também geram melhora da força de membros inferiores e providenciam mais agilidade ao praticante.

Todas as passagens que necessitam de apoio dos membros inferiores capacitam essa região a ganhar força suficiente para suspender o próprio corpo e melhoram o tempo de reação, pois ocorrem após os saltos.

Além disso, o *parkour* favorece o desenvolvimento da coragem, pois os desafios aumentam de dificuldade quando se consegue melhorar o desempenho. Assim, quanto maior o risco, maior a capacidade de enfrentá-lo.

Uma das características interessantes do parkour do ponto de vista social é o fato de não existir professor ou hierarquia. Os mais experientes trocam sua sabedoria com os demais. Ensina-se e aprende-se junto. O *parkour* é praticado em grupos e isso pode fortalecer as relações de amizade e cooperação. Apesar de sua intenção altruísta, Schwartz e Christofoletti (2006) apontam que nem sempre essa atividade é realmente

vista e vivida pelos praticantes respeitando-se a essência de sua criação.

11.6   Como praticar

O *parkour* é uma modalidade simples de ser praticada, mas exige alguns cuidados e conhecimentos para evitar lesões e poder ser praticada com segurança. O risco de quedas é eminente; assim, são necessários alguns procedimentos, pois os obstáculos podem causar acidentes.

Aquecimento e alongamento são aspectos importantes nessa prática, bem como prestar atenção em seu corpo e não exceder os limites. Iniciar gradualmente com exercícios mais simples e conhecidos e depois partir para os novos e mais complexos é uma forma de evitar problemas futuros.

Exercícios de equilíbrio estático e dinâmico podem melhorar a concentração e propriocepção nessa fase inicial. Realizar fortalecimento ósseo, muscular e articular com caminhadas, corridas, pequenos saltos e agachamentos ajuda a acelerar os batimentos e melhora a absorção de impactos. Saltos seguidos de agachamentos e com apoio das mãos no solo ajudam a entender o deslocamento do centro de gravidade à frente, diminuindo o impacto sobre a articulação dos joelhos, tornozelos e quadril durante as quedas. Os rolamentos também devem ser treinados para as emergências de uma queda inesperada.

Outros exercícios podem se seguir a esses, como saltos estáticos, com deslocamento, com rolamento frontal, com apoio das mãos, com distâncias maiores, com obstáculos, corrida de obstáculos, percurso de obstáculos desconhecidos, exploração de ambientes e movimentos específicos para aprimoramento das habilidades.

Não realizar essa atividade sozinho e verificar o ambiente antes de se arriscar num salto ou passagem são informações importantes para o *traceur/traceuses* (<www.parkour.com.br>).

11.7 Onde praticar

O *parkour* é uma atividade que pode ser praticada em qualquer lugar. Parques, ruas, escolas, academias, mas respeitar o meio ambiente e as pessoas que convivem nesses locais é importante. Respeitar as leis e normas locais evita o preconceito com a atividade e que seja considerada ato de vandalismo. Avisar as pessoas sobre a prática e evitar conflitos pode ajudar a conquistar novos adeptos ou simpatizantes. Procurar grupos que já praticam é uma forma de conhecer o *parkour* e se aproximar de seus conceitos com quem já tem experiência. Isso pode ser feito junto aos grupos existentes no Brasil (<www.parkour.com.br>).

11.8 *Parkour* na escola

Quando trazemos a proposta da implantação do *parkour* para a escola, visamos não apenas à mais uma atividade física, mas à contribuição da construção do acervo motor com movimentos variados, desenvolvimento de força, equilíbrio, velocidade de reação, sociabilidade e respeito aos valores morais das pessoas.

O *parkour* reúne, através de sua atividade, várias outras vertentes de atividades físicas, como rolamentos do judô, equilíbrio da dança, giros da capoeira, acrobacias da ginástica, corridas e saltos do atletismo, condicionamento físico-funcional e melhora cardiorrespiratória, necessitando de poucos materiais para se trabalhar com essa atividade.

Brincadeiras infantis como pega-pega, esconde-esconde ou polícia-e-ladrão podem ser adaptadas; basta criarmos obstáculos que devem ser ultrapassados e termos um novo jogo com os movimentos do *parkour* de forma divertida e prazerosa aos iniciantes (Pereira e Armbrust, 2010).

11.9 Metodologia de ensino

Quanto ao local apropriado, devemos avaliar quais são os ambientes possíveis para realizarmos as aulas e quais são os locais de riscos (já que, ao término da aula, os alunos têm a tendência de continuar fazendo a atividade até a sala ou no intervalo e saída da escola). O professor deve realizar uma intervenção segura explicando por que o *parkour* deve ser realizado apenas durante o momento da aula na escola e quais são os riscos em realizá-lo em locais perigosos.

Deve-se conversar com os alunos sobre o aspecto da não depredação ou destruição de locais públicos ou privados. Outra forma interessante de iniciar é mostrando vídeos de praticantes, ajudando-os a compreender seus diversos aspectos e os riscos que os praticantes enfrentam. Explicar, demonstrar e pedir aos alunos que criem exercícios de aquecimento, alongamento e preparação é uma forma de evitar lesões e ensinar a organizar sua prática.

Utilizar jogos é uma forma de ensinar o *parkour* com alegria para seus alunos na escola. Uma proposta é fazer o polícia-e-ladrão. Escolhem-se sete "policiais" e um carcereiro que tem por função fazer os prisioneiros pagarem uma pena como, por exemplo, um salto de precisão. Os "policiais" devem tocar os "ladrões" para que estes sejam pegos, mas devem formar duplas que andem de braços entrelaçados; caso se soltem, não poderão pegar os "ladrões". Estes devem fugir dos "policiais" e roubar os tesouros, que são cinco movimentos de *parkour* que deverão ser obtidos pelos "ladrões". Se forem pegos, deverão ir à prisão e pagar sua pena para retornar ao jogo. Caso passem pelos cinco obstáculos sem seres pegos, deverão levantar as mãos e esperar no lugar, pois, quando sete "ladrões" conseguirem seus tesouros, tornam-se "policiais".

Esse jogo é apenas uma das formas de se introduzir o *parkour* na escola, mas podem ser criadas outras formas que divirtam e auxiliem os alunos a compreender o *parkour*.

Referências

PEREIRA, D. W.; SANTOS, J. A Parkour, radicalidade corporal. In: CONGRESSO BRASILEIRO DE ATIVIDADES DE AVENTURA, 5., 2010, São Bernardo do Campo. *Anais...* São Bernardo do Campo: UNESP, jul. 2010.

PEREIRA, D. W.; ARMBRUST, I. *Pedagogia da Aventura.* Os esportes radicais: de aventura e ação na escola. Jundiaí: Fontoura, 2010.

SERIKAWA, C. *Parkour.* Monografia (Graduação em Educação Física) – FEFISA, Santo André, SP, 2006.

SCHWARTZ, G. M. *Estados emocionais intervenientes na aventura urbana*: Le parkour. In: CONGRESSO BRASILEIRO DE ATIVIDADES DE AVENTURA, 1., 2006. Balneário Camboriú – SC. *Anais...* Balneário Camboriú, jul. 2006.

SCHWARTZ, G. M.; CHIRSTOFOLETTI, D. F. A. *Le parkour*: significados da aventura na selva de pedra. In: 1 CONGRESSO BRASILEIRO DE ATIVIDADES DE AVENTURA, Balneário Camboriú – SC. *Anais...* Balneário Camboriú, jul. 2006.

SOARES, C. L. Georges Hébert e o método natural: nova sensibilidade, nova educação do corpo. *Rev. Bras. de Ciênc. Esporte*, Campinas, v. 25, n. 1, p. 21-39, set. 2003.

TUBINO, M. J. G. *Dimensões Sociais do Esporte*. 2. ed. São Paulo: Cortez, 2002. v. 11.

Sites sugeridos

<www.parkour.com.br>;

<www.leparkourtecnicas.blogger.com.br>;

<http://abpkbrasil.wordpress.com>.

12
Skate[1]

Igor Armbrust

---

[1] Este capítulo foi adaptado de alguns trabalhos publicados por Igor Armbrust. Entre eles, estão: a) O *skate* e suas possibilidades educacionais, que foi elaborado na conclusão de curso da especialização *lato sensu* em Ciências Aplicadas aos Esportes de Prancha – UNIMONTE, 2008, orientado pelo professor mestre Flávio Antônio Ascânio Lauro; e b) Pedagogia da Aventura (2010).

12.1 História da atividade e sua evolução

12.1.1 Fenômeno mundial

Existem algumas contradições em relação ao surgimento do *skate*. A falta de registros precisos e sistematizados impossibilita a atribuição de sua gênese a uma pessoa ou local. De acordo com Brooke (1999), o *skate*, nos EUA, estaria associado às antigas caixas de laranjas fixadas a uma madeira com rodas, nas décadas de 1920 e 1940, servindo como meio de locomoção entre os jovens estadunidenses. A partir da década de 1950, houve uma aproximação da prática do *skate* com o surfe, sendo conhecido, nesta década, como *"sidewalk surfing"* (surfe de calçada). Durante esse período, aconteciam muitos acidentes devido aos eixos estreitos e às rodinhas que eram constituídas com materiais como ferro, borracha ou argila (Gebara; Honorato, 2004).

Um grande marco na história do *skate*, tanto do ponto de vista de número de adeptos como da evolução da modalidade, ocorreu em 1974 quando um engenheiro químico, chamado Frank Nasworthy, descobriu o uretano, material mais flexível e que oferecia mais aderência às rodas; isso possibilitou novas manobras e que um maior número de pessoas inexperientes começasse na modalidade (Britto, 2000).

Em Del Mar, na Califórnia, foi realizada a primeira apresentação de *"Zephyr Team"* com profissionais que marcaram o cenário do *skate* no mundo por suas *performances* e manobras: Tony Alva, Jay Adams e Stacy Peralta.

Em meados da década de 1970, ocorreu um racionamento de água na Califórnia, o que ocasionou o esvaziamento das piscinas. Diante de centenas de casas com piscinas vazias, foi criado um ambiente propício para o surgimento de uma nova prática, o *vert skate*. Junto com a nova ideia de prática, mais ousada e divertida, surgiu um enorme problema social do *skate*: a associação da prática à marginalidade. Isso e outros fatores ocasionaram a decadência do fenômeno nessa época (Dogtown, 2001).

Ainda nos anos 1970, surgiu o *longboard skate*, que é um tipo de *skate* maior e mais utilizado para descidas em ladeiras. Muitas pistas foram fechadas nos anos 1980, mas os equipamentos continuaram a ser produzidos com melhoras tecnológicas e ergonômicas (Lauro, 2007).

Nos anos 1990, aumentou consideravelmente o público feminino participando dessa nova vertente e de algumas praticantes. Os campeonatos cresceram e surgiram grandes eventos, como o circuito mundial de *street* e vertical (World Cup of Skateboarding), o Extreme Games (X-Games), o Gravity Games e o MTV Music & Sports. O *skate* ainda fez parte da festa de encerramento das Olimpíadas de Atlanta, em 1996 (Lauro, 2007).

Adicionalmente, alguns estudos científicos sobre skatistas profissionais brasileiros foram apresentados em congressos internacionais (Lauro; Danucalov, 2005). Junto ao meio científico, especificamente do *skate*, encontrou-se disponível para acesso um *site* de divulgação de trabalhos acadêmicos nacionais e internacionais (<www.cienciadoskate.com>) com *links* para obter resumos e *downloads* de artigos ou trabalhos de conclusão de curso completos.

No início do século XXI, no cenário do *skate* começaram a acontecer provas especiais em rampas gigantes de formatos diferenciados (*mega ramp*, *loop*) e muitas pistas públicas e particulares foram abertas.

12.2 O *skate* no Brasil

O *skate* chegou ao Brasil na década de 1960 com pessoas que começavam a surfar influenciadas pelos anúncios na revista *Surfer*. O *skate* apareceu como forma de lazer e ficou conhecido como "surfinho". Foram utilizados eixos e rodinhas de patins pregados numa madeira qualquer para sua composição, e as rodas eram de borracha ou ferro (Britto, 2000, p.13).

Em 1974, com a chegada do uretano e a grande aceitação e presença de praticantes, aconteceu o 1º campeonato de *skate* no Clube Federal do Rio de Janeiro. O 1º *skatepark* surgiu em 1976 em Nova Iguaçu (RJ) e, um ano depois, houve o primeiro campeonato de pista no mesmo local (Britto, 2000, p. 13-5).

Existiram, também, fases de decadência e fechamento de pistas nos anos 1980. Mesmo assim, o esporte se manteve entre altos e baixos até se firmar com o surgimento da revista *Overall*, que mostrava o *skate* para o país inteiro. Em 1990, a imagem do *skate* brasileiro começou a se firmar com skatistas morando fora do país e sendo fotografados por revistas estrangeiras. Digo Menezes ganhou o mundial de vertical em 1995 na Alemanha e Rodil de Araújo Junior "Ferrugem" ganhou a primeira medalha de ouro no *street* dos *X-games*. Surgiu a Confederação Brasileira de *Skate* (CBSk), em março de1999, com a finalidade de divulgar, desenvolver, difundir e organizar o esporte, além de representá-lo no Brasil perante os poderes públicos (municipal, estadual e federal) e a sociedade organizada (empresas, organizações não governamentais, fundações, associações e federações).

O *skate* passou por diversos períodos de recriminações e contestações. Muitas vezes, ficou arraigada na sociedade uma visualização dessa prática associada à marginalidade e a pessoas desocupadas. Em contrapartida, a essência desse esporte resistiu a esses desentendimentos históricos, como a decisão por um estilo de vida irreverente, contestador, crítico, superador e alternativo.

Armbrust (2009) associa o *skate* ao lúdico, ao prazer, ao risco e à aventura, características muito próprias de determinados momentos do ser humano, como a adolescência. Uvinha (2001) observou isso quando associou o *skate* às transformações biológicas, psíquicas e sociais pelas quais passam os jovens, que encontram na prática do *skate* uma aliada.

Atualmente, os acontecimentos do *skate* enquanto fenômeno livraram-se de sua expressão marginal e viraram uma forma de ascensão familiar, tendo em vista aproximações de aprendizagens e práticas de lazer em parques, como é o caso do maior complexo de esportes radicais da América Latina, o Parque Cidade Escola *Cittá Di Maróstica*, localizado em São Bernardo do Campo (SP), inaugurado em 2007 e também nas propostas escolares (Armbrust, 2008a; Armbrust; Lauro, 2010).

Segundo a pesquisa realizada pelo Instituto Datafolha em dezembro de 2002, cerca de 6% dos domicílios no Brasil têm algum praticante de *skate*. O número de domicílios entrevistados foi 44.795.101 e a média etária dos praticantes foi de 15,4 anos, sendo que, na faixa dos 14 aos 16 anos e dos 17 aos 20 anos, se encontra o maior número de praticantes do esporte, respectivamente 25% e 24%. Em nova pesquisa, encomendada ao mesmo instituto, Girão (2010) aponta que o Brasil possui aproximadamente quatro milhões de praticantes de *skate* e, corroborando a informação, Cabral e Bergamo (2011) e Miranda (2011), destacam que, a cidade de São Paulo é apontada como a cidade onde as pessoas andam mais de *skate* no Brasil: 1,2%. Na reportagem de Cabral e Bergamo (2011), o *skate* é o décimo esporte mais praticado pelos brasileiros. Refletindo sobre esses dados, o *skate* deve ser encarado como uma realidade cultural no país, porém pouco difundido nas escolas como possibilidade de educação e transformação social (Armbrust, 2008b, Armbrust e Lauro, 2010).

O *skate* é um esporte acessível a todas as classes sociais, praticado em sua maioria por jovens, principalmente adolescentes, que procuram por meio dele uma forma de encontrar identidade e fazer parte de um grupo. É uma atividade que carrega, além da prática esportiva, um conjunto de elementos sociais que o transformam em um estilo de vida. A paixão que o *skate* exerce sobre o praticante é um diferencial que faz dele uma alavanca para o desenvolvimento de ações que ensinam valores de cidadania, sobretudo a jovens social e economicamente excluídos.

O *skate* hoje faz parte da cultura jovem brasileira e foi conquistando adeptos por sua característica urbana, que dita tendências e cria um estilo de vida que atrai praticantes que se identificam através da música, da moda, do comportamento e da percepção do mundo. O jovem, muitas vezes, procura ser diferente das demais pessoas, construindo sua individualidade, mas, ao mesmo tempo, quer fazer parte de um grupo e por meio do *skate* é possível que todos esses aspectos se relacionem.

12.3   Modalidades[2]

- *Street*: é a mais comumente praticada no Brasil e no mundo. Baseia-se em obstáculos encontrados nas ruas, como bordas, pequenas rampas, escadas, corrimãos, salto sobre *gaps* e outros obstáculos.
- *Freestyle*: é praticada no solo, em uma área predeterminada, deslizando e realizando manobras de equilíbrio bastante técnicas, com giros, apoio em uma das rodas ou em duas ou girando o *skate* sob os pés. Ainda podem ser notadas as sessões de apresentação em um ritmo coreográfico com músicas.
- *Slalom*: deslizar em zigue-zague entre cones, geralmente em descidas.
- Vertical: praticada em rampas com manobras aéreas, que surgiram nas piscinas esvaziadas da Califórnia. Pode ser realizada em *bowls* ou no *half pipe*, que é uma pista em forma de "U".
- *Com transição, mas sem vertical*: minirrampa e *bank* (formatos em cápsula, rim, feijão, oito, entre outros).
- *Com transição e vertical*: *half pipe* e *bowl* (formatos em cápsula, rim, feijão, entre outros).
- *Calombo* ou *hip, over vert, spine* ou *transfer*, plataforma ou *deck, canyon*, tobogã, *loop*.

- *Downhill*: descida de ladeiras e montanhas. São usados *skates* maiores para facilitar a estabilidade.
- *Obstáculos em downhill e street*: corrimãos, escadas, caixotes, rampas sem transição (retas), mesas, paredes, vãos (*gaps*), entre outros. Também podem ser elaboradas construções de minirrampas ou caixotes durante as aulas como parte integrante dos conhecimentos.
- *High jump*: saltos realizados em locais planos, nos quais o skatista deve saltar por cima de um obstáculo e o *skate* passar por baixo deste.
- *Speed*: provas de descida em velocidade.
- *Banks*: é utilizada uma pista sem vertical, mais baixa que o *bowl*, semelhante a uma piscina californiana, com vários formatos, como o de um feijão.
- Minirrampa: é utilizada uma pista sem vertical e mais baixa que o *half pipe*, apesar de possui o mesmo formato de "U". Muito praticada em pistas de madeira.
- *Park*: obstáculos de rua: corrimão, caixotes etc. em locais construídos para a prática do *street*.
- *Especiais – big air*: é a mais recente e arriscada modalidade, pois as rampas podem ter 30 m de altura e possibilitam velocidades próximas a 100 km/h. O skatista faz manobras a mais de 10 m de altura e as quedas são perigosas e podem causar lesões graves.

12.4   Equipamentos de proteção

Os principais são: capacete, cotoveleiras, luvas, protetores de punhos, protetor do quadril, joelheiras; tênis. Em alguns casos, usam-se caneleiras e macacão de couro, para modalidades de velocidade como *speed*.

---

[2] Este esquema se refere à apresentação das modalidades, dos equipamentos e dos tipos de pista e obstáculos, além das aulas ministradas pelo professor mestre Flávio Antônio Ascânio Lauro na pós-graduação em Ciências Aplicadas aos Esportes de Prancha, em 2007.

Geralmente, para iniciar a prática, não há necessidade de equipamentos de proteção, pois tiram a mobilidade articular e podem gerar até um desequilíbrio. Deve-se lembrar de que esta é uma das principais habilidades para a prática. No início, a velocidade é moderada e as vivências ocorrem em um local plano, como uma quadra.

12.4.1 Equipamentos em geral

Ferramentas de ajuste do *skate*, vela ou parafina para deslize em algumas manobras e mochila especial para o *skate*.

12.4.2 Acessórios do *skate*

O *skate* é composto basicamente por *shape*, lixa, mesa, *trucks*, parafusos, rolamentos e rodas.

- *Shape*: é uma tábua de madeira compensada e colada na qual o atleta apoia os pés. Há variação nas formas, mas, geralmente, as duas extremidades são arredondadas e com uma pequena elevação.
- Lixa: é usada na parte de cima do *skate* permitindo mais estabilidade, pois os pés não escorregam nela.
- Base: é a parte que une o *shape* ao *truck* pelos parafusos.
- *Truck*: eixo no qual vão as rodas. É uma ligação entre o *shape* e as rodas, funcionando como um amortecedor de impactos. Melhora a possibilidade de fazer curvas. O *truck* é constituído por duas peças – a *base*, que fixa ao *shape* o parafuso central, a porca, a arruela e os amortecedores, e a *trave* para o encaixe das rodas: prisioneiro, porcas e arruelas.

- Parafusos: são fixadores do *shape* no *truck* e das rodas ao eixo. Devem ser resistentes para suportar impactos.
- Rolamentos: peça de metal interna com rolimãs que giram sobre duas circunferências paralelas, permitindo o giro das rodas. Determinam a velocidade do *skate* e seu desempenho.
- Rodas: são elas que estão em contato com o solo, proporcionando também a estabilidade além da velocidade. Existem tamanhos diferentes dependendo da modalidade que se pratica.
- Com transição e vertical: *half pipe* e *bowl* (formatos em cápsula, rim, feijão, entre outros).
- Com transição, mas sem vertical: minirrampa e *bank* (formatos em cápsula, rim, feijão, oito, entre outros).

Calombo ou *hip, over vert, spine* ou *transfer*, plataforma ou *deck, canyon*, tobogã, *loop*.

Corrimãos, escadas, caixotes, rampas sem transição (retas), mesas, paredes, vãos (*gaps*), entre outros. Também podem ser elaboradas construções de minirrampas ou caixotes durante as aulas como parte integrante dos conhecimentos.

12.5 Algumas manobras

- *Frontside*: manobra de frente para o destino.
- *Backside*: manobra de costas para o destino.
- *Slide*: deslizar com o *shape* atritando as rodas de modo perpendicular à pista ou à rampa.
- *Ollie*: tirar o *skate* do chão por um momento, não perdendo o contato do *skate* com seus pés.
- *Varial*: girar o *skate* em rotação no eixo longitudinal, por baixo dos pés e para frente;

- *180º* : rotação de 180º no próprio eixo longitudinal de seu corpo, e o *skate* acompanha em seus pés.
- *360º*: rotação de 360º no próprio eixo longitudinal de seu corpo, e o *skate* acompanha em seus pés.

12.6   Processo de ensino-aprendizagem

Se um skatista observar a descrição de um texto sobre ensino-aprendizagem, provavelmente dirá que estamos malucos, pois o *skate* se aprende tomando tombos. Essa atividade, que começou com conotação marginal, entendida pela sociedade, alcança patamares de atividade que une grupos e deixa as pessoas livres para se expressarem pelos movimentos. Também se valorizam seus trajes e suas formas de comunicação. Os skatistas encontram-se em locais diferenciados na cidade, sejam parques, clubes, escolas; na rua, entre outros.

Percebemos nessa cultura (sub)culturas que se expressam autonomamente e outras que necessitam de auxílios para despertarem e, consequentemente, valorizarem sua movimentação. Nesse sentido, temos acompanhado algumas aproximações de um primeiro contato com o *skate* nos diversos cenários urbanos.

- *Escola*: local ideal para o contato com a diversidade cultural da cidade e dos esportes. Nessa perspectiva, espera-se que o professor de Educação Física escolar consiga apresentar em seu conteúdo curricular vivências de estabilização, nas quais o processo de aprendizagem possa ser construído com o aluno.

As situações-problema são bem-vindas para experimentarem a estabilização que passa por equilíbrios dinâmicos, recuperados e estáticos, e estes podem ser adaptados às faixas etárias diferentemente, destacando um momento de experimentação do indivíduo e do grupo com a situação para tentar responder ao problema com o seu próprio repertório adquirido ao longo de sua vida ou num entendimento negociado com a ajuda de outro aluno. Também podem ser exploradas situações mais refinadas de estabilização entre variados materiais, como rolos desequilibrantes (tábua ou *shape* e um cilindro de madeira, ferro ou garrafa *pet* cheia de água), deslocamentos sobre os bancos suecos, deslocamentos no próprio *skate* e de formas diferenciadas.

O professor pode ser o mediador que estimula situações, analisa o que o grupo consegue realizar e também negocia as formas de vivenciar o *skate* com o grupo e com o aluno.

Essa atividade na escola pode ser entendida em um cenário amplo das dimensões de conteúdos:

- conceituais (dos grupos e "tribos" que se formam a partir de determinado esporte ou prática, suas vestimentas, a comunicação, as musicalidades, os materiais de composição, as leis da Física para compreensão dos posicionamentos e manobras, a história dos grupos e locais de prática etc.);
- procedimentais (em suas diferentes didáticas de aplicação a partir do conhecimento de cada grupo, formas de deslocamentos, suas manobras e formas de segurança para evitar lesões);
- atitudinais (discussões de valores inerentes à prática e os auxílios que os alunos podem passar entre si).

A escola precisa começar aceitar as novas formas de praticar esportes com imprevisibilidades, resoluções de problemas e autonomia para gerir os riscos e passar pelo processo de assumi-los, valorizando os diferenciais intra e interpessoais.

- *Clubes e parques*: esses cenários recebem as práticas no contexto de lazer, mas já há alguns locais em que se estimula o processo de ensino-aprendizagem. Nesse aspecto, percebemos que a dinâmica se passa na forma de aprender as manobras, na conscientização para o uso dos equipamentos de segurança e na valorização da cultura sendo passada de um para outro. Não podemos deixar de destacar os projetos sociais em que a prática do *skate* tem sido fortemente atribuída para uma reflexão de integração à sociedade, em que os alunos se aproximam dos equipamentos de lazer e têm o direito de usufruir. Ainda nos projetos sociais, destaca-se a preocupação dos próprios skatistas em cuidar de um espaço ou até de ensinar os primeiros passos aos mais novos.

O profissional de Educação Física necessita se aproximar mais desse contexto, pois o mercado carece de profissionais capacitados e qualificados para essa iniciação. Também podem ser alertadas as instituições universitárias que precisam reformular suas estruturas curriculares, pois a cultura de movimento está mudando constantemente e alguém deverá cuidar de transmiti-la ao público que não tem acesso igualitário nas comunidades sociais, sem falar das áreas de exclusão.

12.7 Metodologia de ensino

O professor de Educação Física pode utilizar diversas ferramentas pedagógicas e estratégias de intervenção por meio de experimentações motrizes que convergem nos processos de desenvolvimento motor que se revelam basicamente por alterações no comportamento motor durante todo o ciclo da vida, em reação aos desafios enfrentados diariamente em um mundo em constante mutação. Podemos sugerir o agrupamento de três categorias para o desenvolvimento da prática do *skate*: movimentos estabilizadores, movimentos locomotores e movimentos manipulativos, que, por sua vez, podem se combinar.

Para elucidar melhor, um bom exemplo seria a atividade de se deslocar com o *skate* para determinado ponto, pois envolve a locomoção de um lugar a outro, manipulação com os pés sobre o *skate* e estabilidade para se manter equilibrado durante o percurso.

Além das habilidades que o indivíduo pode desenvolver a partir do *skate*, podemos destacar o olhar para quem é esse aluno, por que está interessado nessa atividade ou, também, como deixá-lo interessado por tal atividade. O professor precisa observar seu aluno e evoluir os desafios a partir do que o aluno é capaz naquele momento e, ainda, analisar a expectativa do próprio aluno.

Sabe-se que o indivíduo não pode ser observado e estimulado apenas para uma direção, citando o desenvolvimento motor. O desenvolvimento precisa ser de maneira integrada. Dessa forma, vale reforçar que o compromisso com o aluno, independentemente de onde essas atividades ocorrem, está nos estímulos prazerosos de se movimentar, agir e sentir. Entendemos que o processo metodológico precisa conectar-se ao educativo por meio do jogo corporal, entendido como mecanismo facilitador do conhecimento. O aluno pode aprender de maneira progressiva os processos de domínio corporal atrelado ao *skate*.

Oferecer condições para a criança se reconhecer e relacionar com os objetos e as pessoas que convivem auxiliará na integração ao mundo.

As ideias perspectivadas nessa reflexão, assim como os pensamentos de *Le Boulch* (2008), são de conciliar o respeito à autonomia pessoal e o rigor do aprendizado, tendo em vista uma metodologia que ofereça ao aluno a possibilidade de ser responsável, ele mesmo, por seu aprendizado. Adicionalmente, os educadores precisam atentar às diferenças estruturais e cognitivas das crianças. Merleau-Ponty (1994) corrobora esse pensamento quando aborda a terminologia do corpo próprio, que tem o caráter expressivo do movimento enquanto elemento principal. Assim, conforme a relação com o meio ambiente privilegiado e o corpo estimulado, o indivíduo poderá expressar suas emoções ou será instrumento eficaz de adaptação a determinado movimento.

O meio de desenvolver uma proposta metodológica e educativa não é impor um modelo exterior de maneira autoritária, mas avaliar a lógica interna das atividades e sua relação ou a referência à própria imagem que se faz do corpo. Essa associação visa respeitar as expressões de cada indivíduo e permite o experimentar, o imitar e criar. O professor precisa compreender sua mediação nas situações de ajustes e deve dar dicas para seus alunos durante as atividades com *skate*, discutindo e fazendo que o aluno reflita nas próprias possibilidades e tenha, também, o desejo de aprender cada vez mais.

Ainda no processo metodológico, deve-se estimular a autonomia. Para isso, algumas medidas simples podem diferenciar seus significados. Por exemplo: guardar os *skates* após as aulas e preservá-los, oportunizar escolhas, privilegiar as atividades em grupos, construir regras e mudá-las, permitir que os alunos tracem estratégias e, principalmente, que as testem para, assim, refletirem se foram boas ou não.

Não precisamos acelerar as respostas, mas deixar que os alunos discutam, testem, confrontem e, quem sabe, cheguem a consensos. Não devemos fazer pela criança o que esta pode fazer sozinha.

O papel do professor de Educação Física que está em busca da construção de conhecimentos por meio do *skate* deve prover segurança e estímulo para facilitar a experiência de conflito com o problema surgido em determinado jogo, atividade ou proposta. Essa conduta não deve gerar facilitação a ponto de desinteresse por perda de imprevisibilidade ou algo do gênero. Oferecer ajuda ao aluno no plano operativo não consiste em ensinar ao aluno a solução certa ou a que o professor deseje, mas orientar seus esforços e sua atenção perceptiva ao movimento, à tarefa ou a algum acontecimento do jogo.

Quanto mais experiências de aprendizado significativo tiverem os alunos (controle, manuseio, manobras sobre o *skate*, entre outros), maior será a oportunidade de que elas desenvolvam certa plasticidade de reação às diversas situações psicomotoras.

Referências

ARMBRUST, I. Os esportes de aventura na universidade. *Rev. Bras. Ciênc. e Mov.*, Brasília, v. 15, n. 4, out./dez. 2007, p. 129-144.

_____. *O skate e suas possibilidades educacionais: uma proposta metodológica*. 2008. 47 f. Trabalho de Conclusão de Curso (Especialização) – Centro Universitário Monte Serrat, Santos, 2008a.

_____. O skate associado às dimensões educacionais. In: CONGRESSO BRASILEIRO DE ATIVIDADES DE AVENTURA, 3., 2008b, Santa Teresa/ES. *Anais...* III, CBAA, ES, 2008.

ARMBRUST, I.; LAURO, F. A. A. *O skate e suas possibilidades educacionais. Motriz*, Rio Claro, v. 16, n. 3, 2010. No prelo. Disponível em: <http://cecemca.rc.unesp.br/ojs/index.php/motriz/article/view/3100>. Acesso em: jun. 2010.

BRITTO, E. A *Onda Dura*: 3 décadas de skate no Brasil. São Paulo: Parada Inglesa, 2000. 112 p.

CABRAL, O.; BERGAMO, G. País de sedentários. *Revista Veja*, São Paulo, ano 44, n. 39, p. 102-8, 2011

DOGTOWN; Z-BOYS. EUA: Agi Orsi Productions, p2001. 1 DVD (87 min).

GYRÃO, C. O skate cresce... e aparece (somos quase 4 milhões). *Tribo Skate*, São Paulo, ano 19, n. 175, p. 20-1, maio 2010.

LAURO, F. A. A. *Evolução histórica do skate*. Santos, SP, Centro Universitário Monte Serrat, 2007. 21 slides: Slides gerados a partir do software Power Point.

LAURO, F. A. A.; DANULACOV, M. A. D. O elemento aventura no meio universitário: a formação acadêmica pelos esportes com prancha. In: UVINHA, R. R. (Org.). *Turismo de Aventura*: Reflexões e Tendências. São Paulo: Aleph, 2005. p. 103-36.

LE BOULCH, J. M. *O corpo na escola no século XXI*: práticas corporais. Tradução de Cristiane Hirata. São Paulo: Phorte, 2008. 383 p.

MIRANDA, G. Maioria dos brasileiros está longe dos esportes. *Folha de São Paulo*, São Paulo, p. C12, 2011. Disponível em: <http://www1.folha.uol.com.br/fsp/saude/sd1110201101.htm> Acesso em nov. 2011.

MERLEAU-PONTY, M. M. *Fenomenologia da percepção*. São Paulo: Martins Fontes, 1994. 662 p.

PEREIRA, D. W.; ARMBRUST, I. *Pedagogia da aventura*: os esportes radicais, de aventura e de ação na escola. Jundiaí: Fontoura, 2010.

UVINHA, R. R. *Juventude, Lazer e Esportes Radicais*. São Paulo: Manole, 2001. 108 p.

Sites sugeridos

<http://www.cbsk.com.br>;

<http://www.internationalskateboardingfederation.com>;

<http://cienciadoskate.com/index_bra.htm>;

<http://cemporcentoskate.uol.com.br>;

< http://triboskate.globo.com >;

<http://www.brasilskate.com/brasilsites.html>.

13
Cicloturismo

Antonio Olinto Ferreira

Poderíamos dizer que cicloturismo nada mais é que fazer turismo utilizando uma bicicleta como veículo. Dessa forma, toda a responsabilidade do conceito estaria na palavra "turismo", que é demasiado abrangente e de difícil conceituação.

Vejamos: um paulistano pode fazer turismo em São Paulo e teoricamente poderá fazer cicloturismo em sua própria cidade ou também nos arredores. Entretanto, a melhor descrição para essa atividade seria "passeio de bicicleta". Sendo assim, acredita-se que cicloturismo esteja mais ligado à "viagem de bicicleta", pois "viagem" tem como conceito "o ato de partir de um lugar para outro, relativamente distante" (Houaiss, 2001).

Assim como o estado de espírito e a intenção diferenciam um turista que faz um circuito de "A" para "B" em bicicleta de um entregador de jornais que faz o mesmo trajeto, a relativa distância também faz a diferença entre um passeio de bicicleta e o cicloturismo, ou seja, além da diferença de enfoque do que se pretende ver, no cicloturismo a distância também é relevante e gera uma de suas principais características. Agregando "certa distância" ao conceito, por consequência da velocidade da bicicleta, deveremos obrigatoriamente incluir no conceito o "certo tempo", afinal, a bicicleta não oferece a possibilidade de realizar grande distância em um espaço muito curto de tempo.

Cicloturismo seria então mais bem-conceituado como uma viagem de bicicleta. Partindo do pressuposto de que a máquina que move a bicicleta é o próprio cicloturista, a conclusão da viagem estará vinculada à capacidade deste, ou seja, a conclusão não é garantida, pois há um risco. O risco ou incerteza de conclusão transforma qualquer viagem de bicicleta numa pequena aventura.

Agregado a isso, todas as vezes que o trajeto escolhido passar por regiões desoladas (com poucas possibilidades de apoio), de alto risco (guerras ou roubos) ou mesmo com maior grau de dificuldade de conclusão, como travessias de desertos, cordilheiras, florestas etc., o cicloturismo pode ser considerado uma atividade de aventura.

13.1 Histórico

Com base no conceito e nas características apresentadas, é notadamente difícil precisar quando e onde começou o cicloturismo; provavelmente, foi juntamente com o surgimento da bicicleta. O fato é que sendo a bicicleta um veículo tão eficiente, logo foi utilizada para deslocamentos tão grandes como os realizados a cavalo. É muito mais fácil determinar qual foi a primeira competição ciclística ou a primeira expedição para escalar o Mont Blanc, mas tendo em vista a falta de competitividade do cicloturismo, provavelmente foi iniciado por várias pessoas ao mesmo tempo e em vários locais diferentes. Segundo Hans (2003), o alemão Barão Drais, inventor de uma das precursoras da bicicleta, moveu-se, em 1818, com seu artefato conhecido como *draisiana* de Beaune a Dijon, na França (pouco mais de 50 km).[1] Resta saber se essa viagem pode ou não ser considerada cicloturismo.

Figura 13.1 – A caminho do passo Vergara (Argentina-Chile).

---

[1] O mesmo barão já havia feito o trecho entre Mannheim e Rheinau (hoje um bairro de Mannheim) em 12 de junho de 1817 e, no mesmo ano, o trecho entre Gernsbch até Baden-Baden (<http://pt.wikipedia.org/wiki/Karl_Drais>).

13.2 Características

- *Velocidade* – A bicicleta é um veículo que oferece velocidade natural, ou seja, velocidade compatível com a capacidade do ser humano de absorver todas as informações do meio ambiente. Diferentemente de um veículo automotor, além de ver, o ciclista pode sentir, ouvir e, principalmente, interagir com todo o ambiente em sua volta, ainda que em movimento.
- *Bagagem* – Mesmo no caso de quem viaja com carro de apoio, sempre existirá a necessidade de levar junto alguma bagagem, que poderá fazer o trabalho especial de atrair a atenção das pessoas e auxiliar na quebra de protocolos de apresentação, possibilitando maior relacionamento e interação com as pessoas do local, seja qual for a região ou país. Um viajante de bicicleta é facilmente reconhecido pela bagagem que carrega, o que não ocorre, por exemplo, com alguém viajando a pé com uma mochila, afinal, aos olhos de quem vê, não dá para saber se o caminhante vem da rodoviária ou se caminha desde outro país.

A facilidade de interagir faz que o viajante conheça, além dos lugares, pessoas, que são verdadeiros universos interiores.

- *Tempo* – Em velocidade natural, o cicloturista pode necessitar de muito mais tempo ou deverá reduzir a quantidade de lugares a serem explorados. Em ambos os casos, há a possibilidade de conhecer de forma mais intensa tudo o que vê e vive.
- *Custo* – A bicicleta tem sido apontada como o veículo mais democrático justamente pelo seu baixo custo de aquisição e manutenção. Em uma viagem de bicicleta, os custos podem ser mínimos, ainda mais se observarmos que o cicloturista, com seu poder de carga, pode levar todo o equipamento de *camping*, economizando com estadia e alimentação.
- *Introspecção* – Em áreas desertas, a cadência contínua e rítmica do pedalar funciona como um mantra que leva o cicloturista a uma introspecção natural. Essa introspecção possibilita ao cicloturista conhecer algo que está além das paisagens, monumentos e pessoas. Ela leva ao autoconhecimento e à aventura de enfrentar a si mesmo, nossa última fronteira.

Figura 13.2 – Olinto na Caxemira, Índia.

Figura 13.3 – Acampamento no Passo Zeballos (Argentina).

- *Quebra de valores* – Com este conjunto de características, o cicloturista pode quebrar vários conceitos da moderna sociedade de consumo. Tempo e necessidade econômica já foram mencionados; outra grande quebra pode ser observada quanto aos conceitos de competitividade e condicionamento físico.
- *Condicionamento físico* – De uma forma muito distraída, a maioria dos cicloturistas passa de passeios no parque a viagens nas quais pedalam entre 4 a 8 horas por dia (que é uma média de treinamento de um atleta olímpico). Mesmo que nunca adquira grande *performance*, o cicloturista acaba aumentando sua capacitação física e qualidade de vida simplesmente buscando o prazer de conhecer novos lugares.
- *Competitividade* – O cicloturista geralmente não está procurando recordes ou grandes velocidades, mas desafios, recreação e conhecimento, que têm conceito relativo e inibem a comparação pura e simples. Imaginemos um exemplo: fiz uma volta ao mundo de bicicleta em três anos e meio com 47.000 km pedalados. Se alguém fizer a volta ao mundo em cinco anos, provavelmente aproveitará mais que eu e terá mais oportunidades de aprender do que eu tive em apenas três anos e meio. Entretanto, um ciclista que pedalou 98.000 km em volta das praças de sua própria cidade teria tido uma experiência duas vezes mais gratificante que minha volta ao mundo? Como medir? Como classificar?

13.3 Aplicabilidade na Educação Física

De acordo com as modernas normas de ensino, às crianças é recomendado mostrar em primeiro lugar suas próprias cidades e arredores para, a partir daí, começar com conceitos estaduais e nacionais, finalmente chegando-se ao conceito de mundo. A acessibilidade da bicicleta auxilia muito essa didática.

Quando criança, vivia em uma pequena cidade do interior de São Paulo. A princípio, brincava com as crianças da minha rua e dos quarteirões vizinhos. A partir do momento em que ganhei minha primeira bicicleta, minhas fronteiras imediatamente se estenderam aos limites de cidade. Provavelmente, esse foi o mesmo sentimento que tiveram os europeus quando começaram a utilizar a bicicleta.

Nada mais interativo que um passeio de bicicleta pela cidade e arredores com as crianças de Ensino Fundamental. Do mesmo modo, as características do cicloturismo podem ser utilizadas para que os alunos possam ter vivências completas *in loco*, combinando diversas matérias curriculares como Ciências (visita a mananciais de água ou reservas de Mata Atlântica), Geografia, História etc.

Grupos poderão ser organizados combinando grandes circuitos diários com paradas em acampamentos, possibilitando a integração com o grupo e a natureza reforçando, inclusive, a fraternidade, a cooperação, o espírito de equipe e a autossuperação.

Nos mesmos moldes, passeios poderão ser feitos no Ensino Médio ou em clubes.

13.4 Acessibilidade

Acessibilidade é a palavra-chave na bicicleta. Sem qualquer compromisso com recordes ou velocidades, observei na volta ao mundo várias soluções para necessidades especiais.

Na Áustria, vi grupos inteiros de cicloturistas viajando pelas margens do Rio Danúbio. Nenhum deles podia caminhar, mas possuíam bicicletas especiais, parecidas com cadeiras de rodas com três rodas. A propulsão era feita pelos braços através de corrente, coroa e catraca normais de bicicleta. No Brasil, Alarico Moura, o Alá (Figura 13.4), viaja e ganha campeonatos de bicicleta com uma única perna.[2]

Figura 13.4 – Alarico Moura, o Alá.

Também no Brasil, Adauto Belli, deficiente visual, pedalou de Brasília a Paraty tendo à sua frente, numa bicicleta dupla, o vidente Weimar Pettengill. Mesmo podendo ver somente alguns clarões, Adauto tem dificuldade de descrever a grandeza de sua alegria e emoção ao sentir o vento em seu rosto. O tom de seus depoimentos denota que sua deficiência visual não foi empecilho para que absorvesse o que há de mais importante numa viagem de bicicleta: a vivência, o aprendizado e a introspecção.[3]

Atividade de baixo impacto, no cicloturismo não é necessário grande explosão muscular, pois suas características possibilitam sua prática em todas as idades. Quando praticado por idosos, propicia a melhora do equilíbrio, o natural fortalecimento dos músculos da perna e, principalmente, do joelho, sem comprometê-lo com impactos nocivos. Dessa forma, o cicloturismo é possível mesmo em idade avançada. Como exemplo, podemos citar o brasileiro Valdecir José Vieira (Valdo) que, em 2009, começou sua volta ao mundo aos 65 anos.[4]

13.5 Equipamento

Bicicleta – Costumo dizer que quem faz a viagem é o cicloturista, não a bicicleta. Os colegas que vi fazendo grandes viagens geralmente possuíam equipamentos bons, mas muito simples. Dessa forma, posso dizer que, basicamente, qualquer bicicleta pode ser utilizada para uma viagem, desde que devidamente lubrificada e revisada.

Existem bicicletas específicas para viagens, mas têm perdido cada vez mais seu espaço devido ao custo excessivo e pelas dificuldades na hora de encontrar peças de reposição. Essas bicicletas têm quadros geralmente mais longos e estáveis, com aros grandes (27), pneus finos e muitos pontos de fixação para bagageiros e acessórios.

Hoje em dia, em todos os países do mundo e principalmente no Brasil, as melhores opções para viajar são as *mountain bikes*. Para elas existem peças de reposição em qualquer local e, com algumas adaptações, adquirem o mesmo desempenho de qualquer bicicleta específica de cicloturismo, com a vantagem de serem mais resistentes.

Com a popularização dessas modernas bicicletas, alguns equipamentos considerados superdimensionados tornaram-se básicos. Vejamos:

- *Quadro*: o melhor material para grandes viagens é o cromo-molibdênio, pois é forte, relativamente leve e pode ser soldado facilmente. Essas características superam as do alumínio, pois, em uma grande viagem, carrega-se muito equipamento, e a leveza do

---

[2] A trajetória de Alarico pode ser conferida em seu *site*: <http://alaricomoura.wordpress.com>.
[3] As experiências de Adauto e Weimar foram descritas no livro *Brasília-Paraty, somando pernas para dividir impressões*. (Pettengill, Weimar. *Brasília-Paraty*: somando pernas para dividir impressões. São Paulo: Thesaurus, 2009.)

[4] Sobre a história de Valdo e sua volta ao mundo, acesse: <http://valdo.blogspot.com>.

alumínio torna-se irrelevante. Entretanto, em viagens curtas e médias, o alumínio pode ser usado tranquilamente. Em minha volta ao mundo, utilizei uma bicicleta de cromo, mas desde então só utilizo quadros de alumínio (de boa qualidade) e nunca tive problemas. Há uma forma simples para checar o tamanho do quadro. Fique em pé, com o quadro da bicicleta entre suas pernas. A distância entre sua virilha e o quadro deve ser de, mais ou menos, quatro dedos.

- *Freios*: a maior parte das *mountain bikes* já vem com bons freios, geralmente *V-break*, ou até disco. Ambos são excelentes, mas com características diferentes. Os *V-breaks* têm grande poder de frenagem, mas sofrem desgaste prematuro das sapatas, principalmente num dia de chuva em caminho de terra. Outra desvantagem é que perdem facilmente a regulagem com a mínima torção do aro, mas mesmo assim são meus preferidos. Os freios a disco são superdimensionados para as atividades de cicloturismo, encarecendo a bicicleta e dificultando muito na hora de encontrar peças de reposição. Geralmente, freios a disco baratos são menos eficientes que os *V-break* e devem ser evitados.

- *Câmbios*: uma bicicleta com 21 marchas já é suficiente para uma viagem, entretanto, as bicicletas de hoje já vêm com câmbios de 24 marchas ou mais. Existem várias marcas com vários grupos de câmbios e diferentes qualidades de material. Sinto-me bastante seguro em recomendar a marca Shimano, pois é a maior do mundo e com melhor custo-benefício em qualquer grupo.

Para um cicloturista, sempre é recomendada a utilização de um bom equipamento, mas aconselho evitar os grupos "top de linha". Nesses grupos,

muitas vezes, são utilizados metais bem leves, mas de baixa longevidade. O peso da relação com câmbio é irrelevante para o cicloturista, mas a durabilidade é essencial. Outro ponto importante é o conforto. Busque um câmbio indexado, em que a corrente muda automaticamente para a próxima marcha. Evite câmbios com muitas marchas (27), pois a corrente utilizada é muito fina e a regulagem para muitas catracas é perdida logo que a bicicleta adquire alguns dias de sujeira na viagem. É sempre possível ter a mesma amplitude da relação coroa e catraca (ou roda livre) em um número menor de marchas (24 ou mesmo 21 marchas).

- *Amortecedores*: Não são essenciais em uma viagem. Um bom amortecedor dianteiro pode auxiliar viagens de longa distância em estradas de terra. Amortecedores traseiros são desaconselháveis, assim como amortecedores dianteiros de baixa qualidade.

- *Sapatilha vs. pedaleira*: Ao fixar os pés nos pedais, o ciclista pode forçar a descida de um pedal ao subir o outro pedal. Dessa forma, diversifica a utilização da musculatura, ganhando energia e velocidade. Existem sapatos especiais que se fixam automaticamente nos pedais, as sapatilhas. Elas são caras e desconfortáveis para longas caminhadas. Existe, entretanto, um equipamento bem barato chamado pedaleira (ou firma pé), que se molda em qualquer calçado que o cicloturista estiver utilizando. Dessa forma, não é necessário carregar um calçado extra para grandes caminhadas. Não se deve esquecer de que em subidas muito íngremes, com superfície derrapante, quase todos têm de descer da bicicleta para empurrar. A sapatilha atrapalha muito nessa hora.

- *Rodas*: Atualmente, quase todas as bicicletas possuem aros de alumínio. É importante tentar conseguir um com parede dupla e reforços para receber os raios, que seriam ideais se fossem feitos em aço inoxidável.

- *Pneus*: Neste quesito, o cicloturista não pode tentar economizar. Procure pneus que aguentem grande pressão, como 70 a 80 PSI. Quem viaja sem bagagem pode utilizar um pneu inferior, mas nunca um pneu ruim. Quando a maior parte do circuito for em terra, busque um desenho adequado; não precisa ser muito largo: 26 x 1,75 a 26 x 2,00.

13.6 Acessórios

Em qualquer país do mundo é quase impossível encontrar uma bicicleta totalmente preparada para fazer uma viagem sem que precisemos acrescentar este ou aquele detalhe. Aqui vão relacionados alguns dos principais acessórios necessários.

- *Segurança*: Particularmente, acredito que o maior fator de segurança não está nos equipamentos, mas na atenção e observação ao pedalar sem pressa ou qualquer tipo de estresse. Refletivos nos pedais, na frente, atrás e dos lados da bicicleta são equipamentos obrigatórios por lei, assim como campainha e espelho retrovisor do lado esquerdo. Não obrigatórios, mas importantíssimos, são as luvas e o capacete adequadamente comprados e ajustados. Mesmo que não pretenda viajar de noite, sempre leve sinalizadores luminosos.
- *Ciclocomputador:* O hodômetro é muito importante, pois informa a quilometragem rodada, não para comparar com a de alguém, mas para ter a ideia do próprio desenvolvimento e qual é capacidade diária de pedalar, a fim de que se possa planejar melhor a viagem.

- *Selim* (banco): os selins originais geralmente não são adequados para pedalar longas distâncias, ainda que em fase de treinamento. Há selins de vários tamanhos e modelos, com gel, com molas ou amortecedores, em couro, de titânio e assim por diante. Uma pessoa só poderá reconhecer o melhor no momento em que o experimentar; entretanto, há alguns princípios que devem ser considerados na escolha:
  - *Superfície de contato:* apesar de parecer mais confortável, quanto maior o selim, maior sua superfície de contato, diminuindo a ventilação e aumentando a região a ser atingida pela abrasão.
  - *Excessivo movimento*: as molas, os amortecedores ou mesmo uma camada de gel excessiva podem causar um movimento extra que aumenta a abrasão.

Particularmente, minha preferência é por um selim de tamanho de médio a pequeno, com gel e sem molas ou amortecedores. No entanto, os adeptos dos selins de couro advogam que o couro, apesar de extremamente duro, molda-se perfeitamente à anatomia e depois de algum tempo passa a ser muito confortável. Como disse, cada um tem uma preferência. Escolha o seu...

- *Caramanholas* (garrafa de água para bicicleta) – O cicloturista sempre vai precisar de muita água; suportes e caramanholas extras são sempre bem-vindos. Na escolha do quadro, estude as possibilidades de instalação de suportes. Carregar água nas costas (camelback) aquece a água, as costas e aumenta o peso do ciclista em contato com o selim. Apesar de ser largamente utilizado pelos trilheiros, é tecnicamente prejudicial para o cicloturista.
- *Bagageiros* – Mesmo que o cicloturista opte por se hospedar em pousadas ou hotéis, não

há como evitar a carga (somente no caso de haver carro de apoio). A melhor técnica de viagens em bicicleta diz que o cicloturista não deve levar nada em seu corpo, pois, além de aumentar a sudorese, o calor e o desconforto, aumenta também o peso do corpo contra o selim, prejudicando ainda mais essa região tão sofrida. Sendo assim, o melhor é atar todo o equipamento na própria bicicleta. Para isso, o mais simples é instalar um bagageiro sobre a roda traseira. Conforme a necessidade, pode-se utilizar bagageiro sobre a roda dianteira ou atada ao guidão.

Como princípio, devemos buscar um bagageiro que depois de instalado deixe a bagagem mais próxima do solo e do centro de gravidade da bicicleta, ou seja, o mais perto possível do eixo central (dos pedais). Os bagageiros feitos com finos tubos de aço são melhores que os maciços por serem mais firmes, fortes e leves; ganham dos de alumínio, pois podem ser facilmente soldados (ambos são difíceis de encontrar no Brasil). Evite bagageiros de alumínio rebitados já que, com o tempo, começam a vibrar e fazer barulho (nesse caso, o único jeito é tirar o rebite e colocar parafuso). De toda forma, qualquer bagageiro do mercado costuma ser resistente o bastante para pequenas viagens.

- Trailers – Aos colegas que gostam de utilizar algum tipo de carro atado à bicicleta para levar mais equipamento peço desculpas, mas sou totalmente contra. Mesmo que após o arranque inicial o peso do arrasto seja mais suave, sempre na subida o conjunto aumentará o peso total. Realmente não vale a pena, nem em roteiros planos, pois sempre teremos o *trailer* como outro volume para carregar. A melhor utilidade do *trailer* é para carregar crianças pequenas em longas distâncias ou em raros casos em que

o abastecimento de água é precário demais (mais de 300 km sem água).

- *Alforjes* – Bolsas idênticas que ficam instaladas nos dois lados da bicicleta. É a melhor forma de carregar equipamentos, pois distribui melhor o peso na parte baixa da bicicleta. Entretanto, em viagens em que o caminho é bem-servido de pousadas, uma bolsa bem-atada ao bagageiro pode ser suficiente. Evite carregar equipamento às costas, no máximo uma pochete com máquina fotográfica, documentos e dinheiro. Caso seu alforje não seja impermeável, sacos plásticos podem ajudar ou, então, utilize uma capa de chuva externa.

- *Bolsa de guidão* – É um dos equipamentos mais característicos do cicloturista que já está sendo fabricado com sucesso no Brasil. É muito útil pelos seguintes fatores:

  · Não choca com nenhuma parte rígida da bicicleta, ideal para carregar equipamentos delicados, como máquinas fotográficas;

  · Dá suporte para o mapa, que fica sempre à vista;

  · Geralmente é facilmente destacável da bicicleta, mais prático para carregar documentos e dinheiro.

- *Visor de mapa* – É um equipamento raro em nosso país; serve para proteger o mapa de orientação (ou a planilha), mantendo-o sempre à vista. Geralmente, vem junto com a bolsa de guidão. Podemos improvisar um com uma bolsa plástica autovedante (feitas para acondicionar alimentos no *freezer*). Com um ilhós, pode-se fixá-la ao guidão ou em volta do pescoço.

- *Mesa* – É a parte da bicicleta que ata o guidão ao quadro. Busque uma mesa alta ou pelo menos que seja regulável; assim, poderá aumentar a altura do guidão. Apesar de prejudicar um pouco a aerodinâmica, melhora muito o conforto e a apreciação da paisagem. Também poderá conseguir o mesmo efeito se utilizar um guidão mais alto.

- *Descanso de bicicleta* ("pezinho") – É uma peça que se conecta ao quadro possibilitando que a bicicleta fique parada em pé. Muito útil em viagens, pois nem sempre temos onde apoiar a bicicleta para abrir os alforjes ou compor fotografias com a bicicleta e paisagem.

- *Ferramentas e peças sobressalentes* – É muito importante aprender a realizar algumas manutenções na bicicleta. Enquanto estiver treinando em casa, o cicloturista poderá observar quais são as ferramentas necessárias para concluir com êxito esta ou aquela manutenção. Cada bicicleta utiliza seus próprios padrões, sendo difícil criar um *kit* universal, mas aqui vão algumas dicas de ferramentas indispensáveis: alicate, chave de fenda, chave "*allen*" conforme o padrão da bicicleta, chaves de boca conforme o padrão da bicicleta, sacador de corrente, espátula de pneu, bomba de ar, remendo e cola a frio para câmara-de-ar, chave de raio (desde que saiba utilizar). Dentre as peças sobressalentes, destaco as seguintes (partindo-se do pressuposto de que tudo na bicicleta está em ótimas condições):
  - câmara-de-ar (é muito difícil estourar um pneu de boa qualidade, sendo dispensável carregar um pneu reserva, mas a câmara-de-ar é um assunto mais delicado; por exemplo: podemos ter pressa em seguir viagem optando pela substituição da câmara em vez do conserto);
  - cabos de freio e câmbio;
  - um par de sapatas (no caso de freios *V-break*, é aconselhável carregar dois pares – um para o dianteiro e outro para o traseiro, pois têm durabilidade muito pequena);
  - raios (se souber como trocar).

Para sair em uma viagem de bicicleta, é importante aprender a fazer os seguintes trabalhos de manutenção:

- troca de pneu e remendo da câmara-de-ar;
- troca e regulagem dos cabos de câmbio e freio;
- troca e regulagem das sapatas de freio;
- troca de raio e centragem do aro;
- troca e regulagem da corrente.

Excetuando os casos em que temos de desmontar a bicicleta para colocar no ônibus ou no avião, essas são as manutenções mais comuns. Se souber realizá-las, estará bastante seguro.

13.7 Treinamento

Numa viagem de bicicleta, geralmente não buscamos recordes, tampouco grandes velocidades, mas aprendizado, conhecimento, vivências e lazer. Por isso, o condicionamento necessita ser bom o bastante para evitar que as dores e a estafa muscular absorvam o deleite.

Não é necessário velocidade, mas constância: no ritmo de 70 pedaladas por minuto, seja em subidas ou descidas, e na frequência das saídas para treino.

Mesmo que o cicloturista não possua muita força ou resistência (grupo em que me enquadro) ou que não esteja muito treinado, poderá aprender a utilizar a paciência, a persistência e a disciplina como aliadas. Para isso, precisará também de um pouco mais de tempo na realização da viagem. Com tempo, é possível adquirir condicionamento na própria viagem.

No entanto, com a falta de tempo para uma recuperação efetiva na própria viagem, é imperativo que o cicloturista faça um forte treinamento prévio e, mesmo assim, não se esqueça de que não há treinamento que se equipare a uma viagem de verdade. Na viagem, o cicloturista enfrenta inúmeras variantes imprevisíveis como chuva, frio, relevo e acidentes de percurso, que podem atrasar o horário das refeições, do banho ou do sono.

De forma geral, aconselho como treinamento mínimo uma hora por dia e alguns testes nos finais de semana, quando o cicloturista deve pedalar por 5, 6, 7 ou quantas horas possa suportar para ter uma ideia de como e em quanto tempo poderá vencer cada etapa do caminho.

Pedalar ao menos uma hora por dia sob quaisquer condições climáticas gera um ingrediente fundamental no viajante, a endurância ou resistência, que é vital em uma viagem de bicicleta. É a endurância que nos dá coragem e disposição de prosseguir a viagem, mesmo que nas primeiras horas do dia o clima esteja péssimo ou que nos sintamos esgotados após o terceiro ou quarto dia de viagem, quando a primeira empolgação já se foi.

É importante tirar folgas antes ou depois de fazer um teste de final de semana. Em caso de assaduras na virilha, o tratamento com talco é muito eficiente. Geralmente, o bom-condicionamento físico só chega após mais ou menos três meses de treino sério; por isso, é necessário preparar-se com antecedência.

Desde o início do treinamento, é imprescindível que a bicicleta seja equipada com um ciclocomputador para que o cicloturista possa acompanhar a sua evolução física. Conforme minha experiência e a média das pessoas que encontrei pelo mundo viajando de bicicleta, um bom teste é conseguir fazer 100 km de bicicleta em um único dia (para homens e mulheres). Caso consiga realizar essa distância sem sofrer um desgaste sobre-humano, o cicloturista já pode se considerar diplomado para começar seu caminho.

13.8 Alimentação

É importante frisar que, seja qual for a atividade física praticada, a alimentação por si só não aumenta a *performance* do indivíduo.

A alimentação deve ser encarada como algo básico, que serve para prover as demandas energéticas e estruturais do organismo, bem como para manter a regulação homeostática do meio interno (Settineri, 1974) através da água e dos eletrólitos (sais minerais). Isso é mais bem-esclarecido no capítulo referente à nutrição nas atividades de aventura.

No caminho, o melhor é comer pouco, várias vezes ao dia, e beber muito líquido para mantemos as reservas energéticas e garantirmos a reposição de líquidos e sais minerais perdidos no suor, evitando problemas causados pela combinação de uma alimentação exagerada seguida de atividades físicas (com necessidade de sangue no sistema muscular e a concentração de sangue no sistema digestório). Outra dica é consumir frutas como a laranja para hidratação e banana, maçã ou pera para manter o equilíbrio eletrostático. Ter sempre algum alimento e água de reserva para emergência é importante, pois a hora da chegada ao próximo ponto de abastecimento pode demorar mais que o esperado.

13.9 Vestimenta

As roupas também são equipamentos importantes para uma viagem em bicicleta. Roupas que não oferecem proteção ou trazem grande desconforto podem até comprometer a execução do roteiro. A superestimação aumenta desnecessariamente o volume e o peso a ser carregado.

Quando decidimos trocar uma peça da bicicleta feita de aço por uma de alumínio, pagamos caro por isso e, por vezes, ganhamos somente alguns poucos gramas. Ao eliminar uma calça extra ou substituir uma calça *jeans* por uma de *tactel*, o ganho é muito maior e o custo pode ser mínimo. Por isso, é preciso muito cuidado na escolha desses equipamentos. Só a experiência poderá dar a noção real da necessidade de cada um. Procurar sentir quais as necessidades mínimas e estudar bem as possibilidades climáticas que pretende enfrentar é essencial para definir quais roupas levar.

No começo, é melhor errar para mais que para menos (eu comecei a volta ao mundo carregando 70 kg e cheguei no Brasil com apenas 50 kg de peso total da bicicleta).

Pense em uma roupa para visitar a cidade, mas pense mais ainda na roupa com que vai pedalar ou caminhar. Mais que estética, as cores vivas são sempre importantes para ser visto. Além disso, o cicloturista deve utilizar roupas que facilitem seus movimentos e o protejam das adversidades externas.

No calor – Em dias quentes, a clássica camiseta e o calção de ciclista podem ser muito confortáveis. Feitos em tecido sintético, dão muita agilidade e evitam que os pelos da perna se encravem. Geralmente, os ciclistas não usam roupa de baixo, mas nos calções, em compensação, há uma proteção especial para amaciar: pelica, feltro ou algum tecido atoalhado. As camisas de ciclista têm bolsos nas costas que facilitam o acesso e a conservação do que quer que carreguemos.

Cada um deve procurar os tecidos e as roupas a que melhor se adapta, pois não há uma regra absoluta. O que é o melhor para um ciclista pode não ser o melhor para um cicloturista. A *lycra* é mais aerodinâmica, mas o algodão é mais confortável, e por aí vai...

De qualquer modo, faço algumas considerações: em uma viagem longa, por vezes, é necessário que o calção seque rapidamente. A proteção usada no calção de ciclista, além de acumular óleo e sal do corpo, demora muito para secar (em minha volta ao mundo, esse problema me fez retirar o revestimento do calção). Por isso, caso utilize esse tipo de calção, considere a necessidade de um calção reserva.

Atualmente, utilizo calção de *tactel*, cueca (leve cuecas de modelos diferentes sem costura no cós) e

camisa de manga longa com botões. As mangas protegem do sol sem necessitar de filtro solar. Os botões permitem melhor controle da temperatura.

Para as mulheres, vale a mesma dica de calcinhas sem costura, de tecido leve e que não sejam apertadas, alternando o uso de calcinhas de modelos diferentes nos dias da viagem.

No frio – Não é fácil manter a temperatura do corpo estável; temos de prestar muita atenção em nossos sentidos. Ao perdermos calor, devemos nos agasalhar (por exemplo, em paradas de descanso). Ao começar a suar, devemos arejar melhor o corpo abrindo a blusa. Ao aquecer demais, devemos retirar alguma blusa (por exemplo, quando pedalamos mais duro em subidas). Não se deve ter preguiça de trocar a vestimenta.

Aconselho o uso de uma blusa leve, como a de moletom (ou, melhor ainda, um *polar* fino), mas é importante que possua zíper para melhor controle e compensação da temperatura e ventilação. Logo que começar a pedalar, abre-se o zíper e, quando parar, após secar um pouco, fecha-se o zíper. Em dias muito frios, pode-se usar outra blusa mais quente, que é retirada pouco antes de começar a pedalar.

Na chuva – Nunca encontrei uma verdadeira solução para um dia de chuva, mesmo o famoso *goretex* me deixa mais molhado de suor que da água da chuva. Vejamos algumas dicas:

- *Chuva em dia quente:* nem procuro proteção. Sigo pedalando e mantendo o corpo quente. Geralmente, é refrescante e seca logo. Qualquer proteção iria me fazer transpirar;
- *Chuva em dia fresco:* utilizei em toda a minha volta ao mundo um tipo de poncho feito em *nylon* impermeável, enfiado pelo pescoço e colocado por cima do guidão da bicicleta. Oferecia proteção contra a chuva que caía e mantinha o corpo arejado, já que a parte de baixo ficava toda aberta, evitando

que o suor molhasse mais que a chuva. Esse sistema não funciona bem quando temos pela frente vento, um *single trek* ou uma pedalada técnica;

- *Chuva em dia frio*: neste caso, opto pelo anoraque com zíper na frente e nas axilas. Se estiver bem frio, utilizo uma calça de náilon impermeável (como as de esquiador).

É muito bom planejar uma forma de se manter pedalando (consequentemente aquecido) até o momento de parar em algum lugar protegido onde devemos tirar a roupa molhada, secar o corpo e colocar agasalhos.

Teoria das quatro camadas:[5] Para se proteger do frio, o melhor é seguir o princípio das quatro camadas, vestindo-se com quatro tipos de agasalhos na seguinte sequência:

- 1ª camada: em contato com a pele, deve ser de tecido não absorvente (como o *tactel*, por exemplo).
- 2ª camada: um tecido bastante absorvente (algodão).
- 3ª camada: uma blusa grossa feita de um bom isolante térmico (lã, *soft*, *polar* etc).
- 4ª camada: deve proteger contra o vento (náilon).

Essa sequência otimiza a proteção térmica em casos de baixíssimas temperaturas, pois mantém o corpo seco já que a transpiração atravessa a primeira camada e se concentra na segunda, longe do corpo, evitando a sensação incômoda de umidade. A quarta camada impede a entrada de vento e mantém a eficiência isolante da terceira, que nada mais é que um tecido com bastante quantidade de ar entre suas fibras (o próprio ar é o melhor isolante térmico, sendo que o tecido que possui bastante ar entre suas fibras isola melhor, mas é ineficiente se o vento levar o ar aquecido pelo calor do corpo do meio de suas fibras).

Outra vantagem é poder combinar as camadas de outras diferentes formas e conseguir vários níveis de aquecimento conforme a necessidade. Por isso, é importante não comprar uma única blusa com todas as camadas juntas, mas quatro blusas separadas ou separáveis.

Como último comentário, acredito que a paciência, a observação e a disciplina podem ajudar a otimizar os equipamentos. Procure observar as características do clima, por exemplo: se tiver de enfrentar um inverno, tente pedalar pelas horas mais quentes do dia e faça que sua parada seja em locais protegidos. Se for muito calor, comece a pedalar bem cedo e faça uma grande pausa perto do meio-dia. Observe o céu e, se for o caso, espere a chuva passar. Observe quais as horas do dia em que existe maior probabilidade de chover; aproveite as estiagens ainda que momentâneas. Com seu cérebro, poderá evitar desgastes desnecessários de seu corpo e do moral.

13.10 Descrição do equipamento

Barraca

MANASLU – modelo *Discovery Light*. Leve, pesa apenas 2,6 kg.

FIGURA 13.5 – Bagagem utilizada nas viagens 7 Passos Andinos e Passos Patagônicos.

---

[5] Esta teoria me foi ensinada por Adauto Silva (montanhista das antigas). Descrevo no livro "No Guidão da Liberdade". (FERREIRA, A. O. *No guidão da liberdade*. 3 ed. São Paulo: LCTE, 2008.)

Alforjes

Utilizo uma bolsa de guidão e alforjes traseiros completamente estanques. Nunca tenho problemas com chuva. Três pequenas bolsas de quadro para ferramentas, peças de reposição e utensílios práticos.

Mochila-pochete (capacidade 6 e 15 L), onde carrego pequeno equipo fotográfico (10).

Para dormir

Uma barraca *Discovery Light* de verão para as noites muito quentes nas áreas baixas e para as áreas altas; utilizo um saco de dormir de pluma de ganso de alta qualidade (2).

Isolante térmico inflável (30). Cadeira (11) que serve para relaxar apreciando o crepúsculo ou para curtir melhor a melancolia dos dias de chuva.

Roupas

- 2 camisas de abotoar e de manga comprida feitas de *tactel*. Protegem do sol e do frio (teoria das quatro camadas). Gosto dos botões, pois posso pedalar com a camisa aberta no calor (16);
- 2 camisas de manga comprida feitas de algodão (geralmente para dormir) (16);
- 1 pulôver muito fino sintético (18);
- 1 blusa de *polartec* (3);
- 1 capuz de motociclista daqueles que cobrem até o nariz feito em material sintético (13);
- 2 calças compridas: uma de *tactel* que se transforma em calção e outra de algodão fino (7);
- 1 plástico aluminizado para emergência hipotérmica (28);
- 1 calção de tactel (17);
- 3 meias grossas para caminhada (20);
- 1 meia de lã (20);

- 1 calção de nadar (12);
- 3 cuecas (12);
- 1 par de luvas de ciclista com gel (19);
- 1 par de luvas para esqui feitas de neoprene (21);
- 1 superbotina *Snake* (15);
- 1 conjunto de anorak Manaslu com calça e blusa (14);
- 1 chinelo (8);
- 1 toalha seca (daquelas que é só torcer, podendo guardar molhada) (27).
- 1 agulha e linha forte.

Cozinha

- 1 fogareiro a álcool (25); panela inox de 1 L (22); prato de melamina (23), caneca plástica (24), garfo e faca (29), canivete suíço (com saca rolha), saco para 4 L de água (1), esponja, sabão biodegradável;
- 1 lanterna de *led* acopláveis na cabeça (serve para cozinhar e como sinalizador para a *bike* – dura 100 horas com 2 pilhas AAA) (26).

Outros

- diário (9), 2 livros, caneta, pen drive;
- câmera fotográfica digital, tripé pequeno, 6 pilhas, carregador (5), cabo USB;
- rádio de ondas curtas e alto-falante (6), fones e 2 pilhas;
- 1 termômetro com memória para máxima e mínima (4);
- 1 hodômetro;
- óculos escuros.

Farmácia (de acordo com a necessidade de cada um), normalmente consumo, com regularidade, vitaminas e sais minerais para compensar a alimentação precária de certas áreas.

No total são 15,4 kg de *bike* seca, só com os suportes, mais 19,2 kg de equipamento (roupas, inclusive a do corpo/*camping*/ferramentas, ou seja, 34,6 kg sem água, comida e material de higiene).

Costumo rodar com peso máximo total de 45 kg.

13.11 Distribuição do equipamento

Figura 13.6 – Distribuição do equipamento – volta ao mundo.

A distribuição do equipamento nas bolsas variou muito em toda a viagem. Passo a comentar sobre a forma de acomodar o equipamento conforme as necessidades climáticas e características do final da viagem.

1 – A bolsa frontal possuía em sua parte superior um local específico para a colocação de um mapa de orientação. Apesar de chacoalhar conforme a irregularidade do terreno, os objetos não corriam o risco de se chocarem com nenhuma estrutura rígida. Porém, era facilmente retirada da bicicleta através de um encaixe com trava. Sendo assim, tornava-se ideal para carregar equipamentos delicados como uma máquina fotográfica ou um *walkman*. Também acomodava ali os objetos de valor, já que, ao encostar a bicicleta para fazer uma visita a pé, retirava a bolsa mantendo-a comigo durante todo o percurso. Esse equipamento, além de caro, é difícil de ser encontrado no Brasil.

2 – Era importante manter certos equipamentos sempre junto com a bicicleta, pois, muitas vezes, montava acampamento e saía para passear com a bicicleta vazia. A bolsa de ferramentas ficava sempre junto ao quadro e nela colocava ferramentas básicas, uma câmara-de-ar (reserva), bomba de encher e uma trava para a bicicleta.

3 e 4 – Devido ao excessivo volume e baixo peso, o saco de dormir e o isolante térmico ficaram na parte traseira da bicicleta em cima do bagageiro. Apesar de estarem longe do centro de gravidade da bicicleta, atrapalhavam menos a já comprometida aerodinâmica.

5 – Buscando minimizar o trabalho diário de montar e desmontar acampamento, procurava colocar todas as coisas que utilizava com frequência, tais como a parte interna da barraca, fogareiro com panelas e as roupas específicas da estação em um só dos alforjes.

6 – As sacolas externas dos alforjes são de fácil acesso e, portanto, ideais para carregar os objetos de uso frequente durante o dia: canivete, colher, caneca e itens de higiene. Também acomodava os alimentos que consumiria enquanto pedalava. As frutas e verduras frescas ficavam bem protegidas, pois não sofriam pressão de outros objetos nesta parte da bicicleta.

7 – No alforje traseiro esquerdo, colocava todos os objetos de uso menos frequente, tais como as roupas de inverno durante o verão e equipamento de emergência, como primeiros-socorros e roupas para baixíssimas temperaturas. Esse local também era destinado para guardar uma roupa de boa aparência para ir aos consulados pedir vistos, entrar em aeroportos e participar de algum evento social na viagem.

8 e 9 – Nos alforjes dianteiros, procurava colocar coisas pesadas e compactas, pois eles estão em uma posição bem baixa, em que o peso favorece a estabilidade e qualquer volume atrapalharia na aerodinâmica. Com a mesma tática de organização, colocava objetos de uso frequente somente em um dos lados, sendo assim no lado esquerdo guardava alimentos sólidos e secos (arroz, macarrão, polenta, leite em pó, açúcar etc.) e outras coisas de uso freqüente, como álcool para o fogareiro, o diário, um livro, alguns mapas e a segunda parte da barraca, que é impermeável e só é colocada após iniciar a chuva (observei que a probabilidade de ter uma noite chuvosa era muito pequena e não compensava colocar o sobreteto todas as noites). Do lado direito do alforje dianteiro carregava os livros que ainda leria, mapas, a pasta em que havia toda a documentação da viagem e um tripé para a máquina fotográfica.

13.12 Ferramentas

FIGURA 13.7 – Peças de reposição e ferramentas.

- 1 câmara de ar (4);
- 1 cabo de freio e 1 de câmbio (13);
- 1 par de sapatas de freio (7);
- 4 raios comuns e 2 raios de cabo de aço especiais para a raiação esquerda da roda traseira (dá para trocar sem remover a catraca) (1 e 2);
- 1 alicate (10);
- 1 chave para abrir corrente (5);
- 1 chave para apertar raio (3);
- 1 bomba de ar com corpo de alumínio (15);
- 1 *kit* de reparo para furos em câmara de ar (6);
- 1 chave de fenda combinada com cruz (12);
- 1 chave *allen* dos tamanhos 6, 5, 4, 3 (8);
- 1 chave de boca das medidas 8, 9, 13, 14, 15, 16, 17 (9);
- 1 par de espátula para tirar o pneu (14);
- 1 pedaço de serra de metal com um pouco de *silvertape* enrolada (11);
- 1 óleo para corrente;
- 1 trava de 1 m e 1 pequena;
- 1 extensor de borracha.

Referências

FERREIRA, A. O. *Sete Passos Andinos*: uma aventura de bicicleta pelos desertos da cordilheira. São Paulo: LCTE, 2008.

_____. *No Guidão da Liberdade*. 3 ed. São Paulo: LCTE, 2008

HANS, E. L. *Automobilität Karl Drais und die unglaublichen Anfänge* (Trad. Luis Guilherme Cintra – Embaixada do Brasil em Berlim). Leipzig: Maxime Verlag, 2003

HOUAISS, A. *Dicionário da Língua Portuguesa*. Rio de Janeiro: Objetiva, 2001.

PETTENGILL, W. *Brasília-Paraty, somando pernas para dividir impressões*. São Paulo: Thesaurus, 2009.

SETTINERI, L. *A alimentação do atleta.* Porto Alegre: Movimento, 1974.

Sites sugeridos

<www.olinto.com.br>;

<http://www.waltermagalhaes.com>;

<www.clubedecicloturismo.com.br>;

<http://alaricomoura.wordpress.com>;

<http://valdo.blogspot.com>.

14
Atividades físicas de aventura nas escolas

Laércio Claro Pereira Franco

As atividades de aventura são uma realidade em nossa sociedade e um fenômeno cultural em crescimento em diversos tipos de comunidades, porém, já cristalizadas no contexto do lazer e do turismo, além do grande desenvolvimento no meio esportivo. Vários autores concordam que, a partir dos anos 1970, houve grande desenvolvimento das atividades de aventura tanto em diversificação quanto na organização dessas modalidades (Costa, 2000; Marinho e Bruhns, 2003, entre outros). Em consequência, vem ocorrendo diminuição do nível de riscos envolvidos, pois nos últimos anos passou-se a contar, devido à demanda, com empresas especializadas em equipamentos de segurança, que, por sua vez, se tornam cada vez mais sofisticados. No Brasil, o salto das atividades de aventura, confirmado por esses autores, aconteceu a partir dos anos 1980 e hoje se equipara a outros países.

As competições esportivas e a atuação do ecoturismo no contexto do lazer foram alguns dos principais responsáveis pelo impulso no desenvolvimento dessas práticas corporais. A importância do lazer em nossa sociedade e, principalmente, dentro das diversas áreas da Educação Física é indiscutível, como destaca Bruhns (1994), afirmando que o fenômeno do lazer vem se apresentando como justificativa para muitas práticas e opções de vida. A sociedade vem se urbanizando cada vez mais em consequência do avanço industrial: mudam-se as concepções, os conceitos e os comportamentos (Marinho e Bruhns, 2003).

O Ministério do Turismo, entendendo que essas atividades estão associadas ao ecoturismo, adotou o termo Turismo de Aventura[1] e percebeu que, atualmente, esse segmento possui características estruturais e consistência mercadológica próprias e de grande vulto financeiro. Consequentemente, seu crescimento vem adquirindo um novo leque de ofertas, possibilidades e questionamentos que precisam ser compreendidos para a viabilização e qualificação do segmento (Brasil, 2006).

As capacitações de pessoas que trabalham com atividades de aventura estão sendo dirigidas, principalmente, pela ABETA – Associação Brasileira das Empresas de Turismo de Aventura –, ligada ao Ministério do Turismo. Foram criadas comissões de estudo sobre os diversos temas ligados ao Turismo de Aventura e aberta uma consulta nacional para cada um deles. Isso se traduziu num mercado financeiro que envolve milhões e em uma organização muito profissional, tanto dos turismólogos, como na estruturação das atividades e formação de guias especializados, aumentando a segurança nas operações e a quantidade de locais para a prática corporal de diversas modalidades.

Mas, se são práticas corporais, onde está a atuação da Educação Física? Não seria de responsabilidade da área, já que são atividades pertencentes à cultura corporal de movimento? Enquanto os setores da Educação Física "adormeciam" nas modalidades tradicionais da área, o Turismo se adiantou e assimilou para si a maior parte das iniciativas referentes a esse novo setor. Quando muito, vemos a participação de profissionais da área de Educação Física, hoje em dia, principalmente na preparação de atletas de diversas modalidades de esporte de aventura. Mas e a Educação Física escolar? Quantos de nós ouvimos falar de atividades de aventura na escola nos anos 1980? E nos anos 1990? Certamente, uma imensa *minoria*. A Educação Física escolar tem sido de uma morosidade exemplar quando se trata da inserção de novas práticas corporais na escola. Mesmo que essas práticas sejam populares em vários países ou praticadas por diversos grupos de forte cunho social, o que ainda vemos nos currículos escolares é a presença maciça dos esportes tradicionais (futsal, vôlei, basquete e handebol), quando as aulas não se resumem a um conteúdo só, dependendo da proposta pedagógica.

Há algum tempo, algumas dessas atividades começaram a ser colocadas em escolas por alguns

---

[1] "O conceito de Turismo de Aventura fundamenta-se em aspectos que se referem à atividade turística e ao território em relação à motivação do turista, pressupondo o respeito nas relações institucionais, de mercado, entre os praticantes e com o ambiente. Nesse contexto, define-se que Turismo de Aventura compreende os movimentos turísticos decorrentes da prática de atividades de aventura de caráter recreativo e não competitivo" (Brasil, 2006, p. 9).

poucos professores, com ou sem estrutura, como relatam Ferreira (2006), Franco (2006; 2008), Pereira e Richter (2005); são casos isolados de professores pioneiros que enfrentaram fortes barreiras e preconceitos para realizar aquilo em que acreditavam.[2]

Assim nos questionamos: por que essas atividades corporais estão demorando tanto para entrar na escola? Será que os alunos, como futuros cidadãos, estão tendo acesso a um leque de informações que lhes permitirão escolher atividades físicas fora daquelas tradicionais esportivas? A falta de materiais pedagógicos nas escolas é fato, mas isso pode ser impedimento para a implantação de conteúdos diferentes dos tradicionais? O que os alunos poderiam aprender tendo contato com algumas dessas práticas? Como desenvolver essas atividades de aventura na escola?

Uma das funções principais da Educação Básica é ajudar a formar um cidadão e fazer que a passagem da adolescência para a vida adulta seja equilibrada e autônoma. Acreditamos que, no caso da Educação Física, quanto maior e mais aprofundado o leque de conhecimentos adquiridos no decorrer da Educação Básica maior será a autonomia desse jovem na escolha apropriada das atividades físicas para o resto de sua vida.

Assim, o objetivo deste trabalho é discutir e analisar a inserção do conteúdo de atividades físicas de aventura (AFA) nas aulas de Educação Física escolar. Mais especificamente, buscou-se definir o que se entende por AFA, o seu papel no processo de escolarização e apontar para as possibilidades pedagógicas a partir da experiência de mais de 16 anos de trabalho deste autor com o referido conteúdo no currículo escolar. Acreditamos firmemente ser possível explorar e descrever essas atividades como uma possibilidade pedagógica real na escola, capaz de fazer parte do currículo comum da Educação Física como valor de

conhecimento tanto quanto quaisquer outros conteúdos tradicionais da área.

14.1 Por que o nome "atividades físicas de aventura"?

Vários foram – e são – os termos utilizados nessas práticas e, por ser um fenômeno social razoavelmente recente, parece-nos ainda distante uma definição que una corporativistas que tomaram para si o pioneirismo ou conceito sobre suas atividades. Assim como Betrán (2003), podemos resumir algumas dessas várias terminologias.

Essas atividades já foram chamadas de *esportes californianos*, em razão da origem de várias das modalidades nessa região; *novos esportes*, considerando--os diferentes dos tradicionais e inovadores; *esportes tecnoecológicos*, fazendo referência à associação dos equipamentos utilizados para a prática de diversas modalidades com seu uso na natureza; *esportes em liberdade*, negando regulamentações típicas de outros esportes vinculados às federações e ambientes delimitados por linhas, quadras, ginásios, estádios etc.; *esportes selvagens*, pelo caráter natural e numa comparação oposta aos locais típicos urbanos e estruturados dos outros esportes; *esportes radicais*, típica gíria de surfistas e skatistas da década de 1980 e pelo cunho fundamental das sensações e exposições a perigos relacionados a altura, vertigens, deslizamentos, entre outros; *esportes extremos*, em razão do grau de exposição a situações em que ocorrem descargas de adrenalina – grau máximo de medo, susto e superação de limites; *esportes de ação*, numa provável referência à manifestação de força e de energia do corpo agindo sobre implementos, numa tentativa de controle sobre os efeitos da natureza; *esportes alternativos*, aludindo--se à conveniência de escolher atividades físicas que não sejam as tradicionais e em locais fora do comum.

---

[2] Para quem quiser aprofundar os conhecimentos sobre a inserção das atividades de aventura na escola, sugerimos nossa dissertação de mestrado, apresentada na UNESP de Rio Claro em 2008. Esse artigo é um desdobramento de um dos capítulos dessa dissertação (ver referências bibliográficas).

Ampliam-se, assim, as terminologias empregadas de acordo com o público e os locais de prática.

Esportes de aventura, radicais, de ação... Qual seria, então, a melhor terminologia a ser usada para essas práticas na escola? Talvez exista a necessidade de definir melhor esses termos, haja vista a complexidade destas nomenclaturas.

Cantorani e Pilatti (2005) utilizam os termos "esportes radicais" e "esportes de aventura" como sendo a mesma coisa. Betrán (2003) denomina atividades físicas de aventura na natureza – AFAN – como toda e qualquer atividade feita em meio natural, portadora de características peculiares, envolvendo os aspectos do risco controlado e permeado pelo limite das vivências lúdicas, numa busca pelas sensações e emoções junto ao meio natural. Uvinha (2001) generaliza, unificando os termos para esportes radicais, porém escreve seu trabalho em torno apenas do *skate*.

Terezani (2004), em sua dissertação de mestrado, não se preocupa com terminologias, mas conceitua essas práticas como sendo "atividades que exprimem radicalidade", já que são muito conhecidas como "esportes radicais". A palavra *radical* vem do latim *radicalis*, adjetivo que significa "que possui raiz". O uso do termo, hoje em dia, é relativo à fundamental, inflexível, sugerindo um "sim ou não" na prática dessas atividades. Ou se consegue fazer ou não; ou se tem coragem ou não. Para a escola, esse tipo de conceito reduz as possibilidades de integração de todos os alunos e suas diferenças nas vivências da aula. Portanto, a nosso ver, não podemos exprimir "radicalidade" nas aulas de Educação Física Escolar.

O espanhol Javier O. Betrán, doutor em Filosofia e Ciências da Educação, influenciou muitos pesquisadores brasileiros ao discutir as atividades de aventura no âmbito do Lazer e Turismo e sua prática no ócio ativo, tornando-se hoje citação obrigatória na maioria dos trabalhos acadêmicos relacionados ao tema aqui proposto. Esse filósofo defende a terminologia *atividades físicas de aventura na natureza* (AFAN) e as define assim:

> As AFANs são práticas individuais que se fundamentam geralmente no deslizamento sobre superfícies naturais, nas quais o equilíbrio dinâmico para evitar quedas e a velocidade de deslocamento, aproveitando as energias da natureza (eólica, das ondas, das marés, dos cursos fluviais ou a força da gravidade), constituem os diversos níveis de risco controlado nos quais a aventura se baseia. (Betrán, 2003, p. 165)

Betrán (2003) consegue uma boa definição, porém extrapola a generalização do termo AFAN quando as classifica e as apresenta em um gráfico que ocupa duas páginas expostas no capítulo de sua autoria no livro "Turismo Lazer e Natureza" (apud Marinho; Bruhns, 2003, p. 175-81), incluindo como sendo AFAN a modalidade *skate*, notadamente uma prática urbana, além de motos e veículos 4 x 4, cujas práticas na natureza são discutíveis do ponto de vista da preservação do meio ambiente e como conteúdo a ser abordado na escola. Com certeza, a sigla AFAN foi exaustivamente discutida como opção de terminologia na Espanha e em alguns grupos acadêmicos brasileiros, mas, a nosso ver, não se encaixa como termo a ser usado pelos adolescentes escolares e como prática esportiva no sentido analisado a partir dos fundamentos da teoria que envolve o jogo.

Marinho (1999) prefere o termo *atividades de aventura*, definindo como sendo

> as diversas práticas esportivas manifestadas, privilegiadamente, nos momentos de lazer, com características inovadoras e diferenciadas dos esportes tradicionais, pois as condições de prática, os objetivos, a própria motivação e os meios utilizados para o seu desenvolvimento são outros e, além disso, há também a presença de inovadores equipamentos tecnológicos permitindo uma fluidez entre o praticante e o espaço destinado a essas práticas – terra, água ou ar. [...] requisitam a natureza para seu desenvolvimento

e representam, de alguma forma, práticas alternativas e criativas de expressão humana. (Marinho, 1999, p. 62)

A autora, em seus textos, é mais abrangente, unindo quase sempre os conceitos citados anteriormente, afirmando, por exemplo, que são atividades cercadas por riscos e perigos, na medida do possível, calculados, não ocorrendo treinamentos intensivos prévios (como no caso dos esportes tradicionais e de práticas corporais como a ginástica e a musculação), principalmente sendo consideradas no contexto do lazer.

Realmente, o termo *atividades de aventura* é muito bom, agradável de ouvir e de se utilizar. A palavra "atividade" contém a força da ação em sua raiz e minimiza as práticas de caráter competitivo, tão inerentes à palavra "esporte", o que não precisa ser obrigatoriamente utilizado na escola. Porém, *atividades de aventura* não deixa implícita a ação corporal do praticante. O indivíduo pode estar completamente passivo corporalmente, assistindo a um filme de aventura ou a uma prova competitiva de alguma das diversas modalidades da área, confortavelmente sentado numa arquibancada e afirmar estar participando de uma atividades de aventura. Mas seria um excelente termo para a escola se não fossem os "tentáculos" do turismo.

O Ministério do Turismo, como já vimos, adotou o termo *Turismo de Aventura* e percebeu que, atualmente, esse segmento possui características estruturais e consistência mercadológica próprias e de grande vulto financeiro. Consequentemente, seu crescimento vem adquirindo um novo leque de ofertas, possibilidades e questionamentos, que precisam ser compreendidos para a viabilização e qualificação do segmento (Brasil, 2006). Esse ministério tomou a iniciativa de criar o Projeto de Normalização e Certificação em Turismo de Aventura, que teve como entidade executora o Instituto de Hospitalidade (IH). O foco do projeto foi e é a identificação de aspectos críticos da operação responsável e segura do Turismo de Aventura, que levaram e

levam ao desenvolvimento de um conjunto de normas técnicas para as diversas atividades que compõem o setor. O termo adotado pelo Ministério do Turismo para designar essas práticas foi *Atividades de Aventura* e é definido da seguinte forma:

A palavra aventura – do latim *adventura*, o que há por vir, remete a algo diferente. Nesse conceito, consideram-se atividades de aventura as experiências físicas e sensoriais recreativas que envolvem desafio, riscos avaliados, controláveis e assumidos que podem proporcionar sensações diversas como liberdade, prazer, superação, a depender da expectativa e experiência de cada pessoa e do nível de dificuldade de cada atividade. (Brasil, 2006, p. 9)

Portanto, essa conceituação deixa de fora *esportes de aventura* e o próprio documento do Ministério justifica, afirmando que "as atividades denominadas esportivas, sejam ou não de aventura, quando entendidas como competições, denominam-se modalidades esportivas e são tratadas no âmbito do segmento Turismo de Esportes" (Brasil, 2006, p. 10). A Educação Física Escolar pode e deve deixar espaço para as manifestações competitivas, mesmo em se tratando de atividades de aventura, desde que, no nosso entendimento, não exacerbe o rendimento e o desempenho atlético. Assim, a Educação Física escolar tem condições de ir além dessa conceituação inserindo, em seu conteúdo, também, as modalidades de aventura competitivas.

O Ministério do Turismo ainda afirma que o Turismo de Aventura pode ocorrer em quaisquer espaços: natural, construído, rural, urbano, estabelecido como área protegida ou não. Além disso, pode ser abordado sob diferentes enfoques, dependendo dos prestadores de serviço. Fica clara, em todo o documento, a amplitude dos já referidos "tentáculos" do Turismo nas ações referentes à área em questão, apropriando para si, inclusive, as práticas corporais efetivas das modalidades, chamando-as de *atividades tradicionalmente ditas turísticas (hospedagem, alimentação, transporte, recreação e entretenimento, recepção e condução de turistas, operação e agenciamento)* (Brasil, 2006, p. 11). As práticas corporais que deveriam ficar a cargo da área da Educação Física foram assumidas pelo turismo, inclusive com frases do tipo: "Entende-se, portanto, que as atividades de aventura, neste caso, também são consideradas turísticas" (Brasil, 2006, p. 11).

Talvez, neste momento, essas modalidades estejam sendo exploradas com mais competência sob a tutela do Turismo, não só por ter enxergado todo esse movimento antes da Educação Física, mas, também, pela incompetência e vagarosidade com que esta última demorou a perceber o imenso potencial e beleza dessas práticas, sem contar a escassez de profissionais preparados para atuar nas diversas modalidades exploradas.

Na tentativa de buscar uma terminologia única para esses tipos de atividades, podemos cometer erros graves ou nos antecipar a uma futura definição assumida culturalmente pelo meio social dos adeptos, já que existe, como já visto, o uso indiscriminado, por seus praticantes, dos mais diversos termos nas mais diversas regiões há décadas. Montanhismo se confunde com alpinismo, que se confunde com escalada ou trabalho em altura, que são chamados esportes de natureza, de aventura ou radicais. Porém, radicais também são esportes típicos urbanos, como *skate* e patinação, mas que, hoje em dia, são conhecidos como *x-games*,[3] em que também estão presentes técnicas e esportes de aventura como rapel, escalada etc., típicos da natureza e, assim, está feita a confusão. Em suma, não temos a pretensão de unificar os termos ou especificar esta ou aquela definição como sendo a definitiva.

Diferenciando do Ministério do Turismo, que entende essas práticas somente como entretenimento, o termo que entendemos ser o mais interessante para o uso da Educação Física escolar e que pode ser amplo o suficiente para ser possível a abordagem dos mais variados tipos de modalidades e intenções de suas práticas é *atividades físicas de aventura* (AFA). Achamos que essas atividades mostram diversas possibilidades educativas, ampliando experiências e vivências dentro da escola a começar pelas esportivas. Concordamos com Paes (2001) que o esporte é "um fenômeno sociocultural de múltiplas possibilidades" e que o esporte pertence ao universo do jogo, no sentido estudado e defendido por Freire (2002) e Scaglia (Scaglia apud Venâncio e Freire, 2005).

As AFAs podem ser cooperativas, *não* cooperativas, inclusivas, competitivas, coletivas, introspectivas e, também, tudo isso ao mesmo tempo. As AFAs são uma fragmentação das teorias que envolvem o desporto e o jogo. Apesar de ser um assunto polêmico, afinamo-nos com Scaglia (2005) quando ressalta que os esportes são englobados pela teoria do jogo e que, como afirma o autor,

> o jogador joga o jogo e é jogado por ele numa relação interdependente e complexa. O jogador traz para o jogo seus desejos e vontades advindas e construídas ao longo de sua história de vida concomitante ao ambiente com o qual se relaciona. Já o jogo reúne os desejos e as vontades de outros que jogaram e lá os deixaram ao serem absorvidos para que outros sejam jogados pelos desejos da humanitude[4] ao mesmo tempo que a transformam. Portanto, ao compreender-se o jogo enquanto um sistema complexo, torna-se possível superar a discussão relativa a sua fragmentação, tanto em partes quanto em tipos. (Scaglia apud Venâncio e Freire, 2005, p. 65)

Ao adentrar ao mundo das atividades físicas de aventura, o adolescente se deixa envolver por esse

---

[3] Abreviação de *extreme games* – jogos extremos – em referência aos jogos e apresentações de modalidades de Esportes de Aventura por parte de profissionais que conseguem atingir situações de desequilíbrio, inversões e deslizamentos em grande velocidade e com grande habilidade.

[4] Segundo Scaglia (2005), *humanitude* é um termo cunhado por Jacquard para representar a contribuição de todos os homens, de outrora ou de hoje, para cada homem (Scaglia apud Venâncio e Freire, 2005).

mundo do jogo, seus desejos e vontades relacionadas simbolicamente às aventuras advindas daquilo com que já teve contato em sua história de vida: filmes, reportagens, livros, fotos etc.

Como afirmam Paes, Scaglia e outros autores, a imprevisibilidade é característica marcante do jogo, assim também são as AFAs: uma atividade de risco calculado e que, se seguidos os protocolos específicos de segurança para cada modalidade, pode ser praticada pelos jovens escolares, com níveis baixíssimos de perigo e poucas chances de acidentes.

Gostaríamos de aprofundar um pouco mais o porquê de inserir competições esportivas no âmbito das AFAs, considerando o esporte, como já afirmado anteriormente, componente do jogo. São inúmeros os trabalhos sobre "o jogo" e suas conceituações, sendo Huizinga (1980) uma das maiores referências em se tratando do estudo do lúdico e definição do jogo. O autor afirma que:

> O jogo é uma atividade ou ocupação voluntária, exercida dentro de certos e determinados limites de tempo e espaço, segundo regras livremente concedidas, mas absolutamente obrigatórias, dotado de um fim em si mesmo, acompanhado de um sentido, de tensão e de alegria e de uma consciência de ser diferente da "vida cotidiana". (Huizinga, 1980, p. 33)

Se considerarmos que as "regras livremente concedidas, mas absolutamente obrigatórias", quando usadas na aventura, são, principalmente, as regras de *segurança*, essa definição se encaixa seguramente na prática das modalidades de aventura. Além disso, qual atividade física de aventura não acompanha "um sentido, de tensão e de alegria, e de uma consciência de ser diferente da 'vida cotidiana' "?

Achamos também que não é tão simples quando encaramos a complexidade do jogo a partir daquilo que se encontra por trás de sua simples prática. É algo que está velado e que, ao mesmo tempo, encanta. É esse mistério que muitos autores tentam revelar, porém, assim como o amor, somente quando experimentando é que se pode comprovar. Scaglia (2005) demonstra essa intricada missão em seus estudos sobre o assunto quando afirma que "[...] o jogo se caracteriza como uma unidade complexa, envolto pela organização sistêmica de suas estruturas padrões, definida pelo seu ambiente (contexto)" (apud Venâncio e Freire, 2005, p. 49). A aventura é mais um desses sistemas, porém ainda em fase de assimilação pela sociedade e, demoradamente, pela Educação Física na escola.

Se pensarmos como João B. Freire, cuja leitura sobre o jogo não descarta a história de vida do praticante, teríamos uma ideia melhor de por que as atividades físicas de aventura atraem tanto o público jovem quanto o adulto, pois certamente esse é um dos motivos para se praticar um novo jogo. Freire (2002) afirma que "O jogo é uma coisa nova feita de coisas velhas. Quem vai ao jogo leva para jogar as coisas que já possui, que pertencem ao seu campo de conhecimento [...]" (2002, p. 119).

Invariavelmente, os adeptos das AFAs já tiveram alguma história em algum outro jogo, seja na escola, no clube ou coisa parecida. Ao descobrirem e praticarem essas novas modalidades, carregam consigo experiências vivenciadas na imprevisibilidade e no simbolismo, típicas do jogo, para a descoberta de novas emoções e de experiências incomuns ou renovadoras.

Fizemos uma busca na internet utilizando as palavras-chave *esportes* e *aventura* e encontramos dezenas de *sites* abordando essa temática, principalmente oriundos de periódicos, ONGs e empresas de turismo de aventura (ver alguns destes *sites* selecionados nas referências bibliográficas). O termo *esportes de aventura* é disparadamente o mais utilizado por toda a comunidade que lida com atividades físicas de aventura. Até mesmo a maior feira anual da América Latina que trata do tema utiliza o nome Adventure Sports Fair (Feira de Esportes de Aventura) com representantes das mais diversas áreas relacionadas.

A mídia televisiva também utiliza os termos *esportes radicais* ou *de aventura* mais que qualquer outro. Talvez, expressar esportes de aventura seja o senso comum e o termo mais atraente para os jovens escolares, porém, inadequado como terminologia usada no ensino formal.

Os PCNs consideram esporte como

> práticas em que são adotadas regras de caráter oficial e competitivo, organizadas em federações regionais, nacionais e internacionais que regulamentam a atuação amadora e a profissional. (Brasil, 1998, p. 70)

E as AFAs, como já visto, vão além do conceito esportivo, adentrando os setores do lazer e recreação, podendo ter uma maior flexibilidade nas regulamentações e na adaptação dos espaços e materiais disponíveis.

Bruhns (Marinho e Bruhns, 2003) afirma que a demanda por essas novas práticas está mais centrada na busca por emoções e sensações em detrimento da procura por uma *performance* e um treinamento ascético, requisitos tanto para os esportes tradicionais como para o denominado *body building*, em que o músculo representa um rótulo de vigor e saúde ou de força moral. Nesse sentido, a autora acredita ser indevido o termo *esporte* para qualificá-las.

Depois de levantados todos esses conceitos e fundamentações e utilizando-os em aula, acreditamos que, para leigos, as terminologias *atividades de aventura* e *esportes de aventura* se encaixariam bem na escola como termos de conteúdo das aulas de Educação Física, mas, em nosso entender, como sistematizadores do conteúdo e do conhecimento, os educadores têm a função e o poder de ultrapassar o senso comum e adentrar os campos da seleção e erudição da cultura e do conhecimento.

Diante das conceituações já exercidas em toda a nomenclatura levantada, o termo *atividades físicas de aventura* atinge os alunos de forma mais abrangente,

deixando abertas as possibilidades de um conteúdo que tratará de práticas corporais que aliam o prazer e atributos da cultura corporal de movimento a outra visão, outro estilo de vida fora do cotidiano, que integra o homem e sua tecnologia ao meio natural e urbano, utilizando o universo do jogo e suas concepções no contexto do lazer, na competição e no lúdico, com atividades de risco controlado e conscientização da necessidade de preservação ambiental, utilizando, principalmente, as energias da natureza como desafios a serem vencidos.

14.2 Por que atividades físicas de aventura na escola?

Se pensarmos que, na escola, estamos ajudando a formar cidadãos autônomos e críticos, inseridos na sociedade, cabe à Educação Física também proporcionar ao futuro adulto informações suficientes para a escolha de atividades que ocupem o tempo livre e o ócio ativo desse cidadão.

Os esportes tradicionais, amplamente tratados na grande maioria dos currículos de Educação Física escolar, podem dar conta de atender ao gosto de uma boa parcela dos formandos da Educação Básica, mas temos a convicção de que esses alunos devem e têm o direito de receber muitos outros conhecimentos presentes na cultura corporal de movimento e, assim, aumentar seus conhecimentos, experiências, reflexões e possibilidades de escolhas.

Sabemos, também, que ao fornecer aos adolescentes informações sobre atividades na natureza e esportes alternativos aos tradicionais, aumentaremos suas opções de uso do tempo disponível já na idade em que se encontram, mas, principalmente, quando não estiverem mais na escola, na fase adulta, em que sua liberdade de escolha e independência aumentam significativamente.

Para se incluir novos conteúdos na escola, é preciso superar barreiras. Talvez, a tradição das práticas esportivas seja a mais difícil delas, mas há muitas outras, pois não podemos nos esquecer de que vivemos num país de terceiro mundo, com grande parte da população passando por carências de diversos tipos. A estrutura das escolas, os baixos salários dos professores e as políticas públicas para a educação dificultam a atuação no meio escolar. O próprio *status* da Educação Física na escola ainda encontra barreiras. Como componente curricular, ainda precisa galgar seu espaço para ser considerada no mesmo grau de importância dos outros componentes curriculares (Darido e Rangel, 2005).

Se o que queremos é formar um cidadão íntegro, devemos novamente questionar: por que privar jovens adolescentes das atividades físicas de aventura? Essas atividades multivalentes por natureza, claramente simbólicas, que se alinham com as experiências e expectativas dos adolescentes, principalmente para os das séries finais da Educação Básica, já deveriam fazer parte do currículo comum nas escolas de formação superior há muito tempo e estar presentes no ensino regular. A área escolar da Educação Física tem sido de uma lentidão exemplar quando se trata de incorporar os conhecimentos produzidos no interior da cultura corporal de movimento. Sua função de pinçar práticas corporais significativas presentes na sociedade e transformá-las em saberes escolares, sistematizados para o currículo, ainda esbarra em vários obstáculos.[5]

Além disso, de todo o universo de modalidades e atividades da Educação Física, quais conteúdos da área dariam conta de transitar em temas relacionados ao meio ambiente? Achamos que a Educação Física pode caminhar nas discussões sobre desenvolvimento sustentável, preservação ambiental e outros conceitos levantados na Conferência das Nações Unidas sobre o Meio Ambiente e Desenvolvimento, realizada em 1992, no Rio de Janeiro – a Rio 92 – e que vêm se

desdobrando até hoje. Achamos que, quando falamos em esportes ou práticas na natureza, podemos fazer relações com esses conceitos todos e adentrar transversalmente as discussões de ponta que assolam as mais diversas áreas do conhecimento do planeta.

Percebemos que a Educação Física pode ter afinidade com esse tema e as preocupações mútuas sobre as questões citadas anteriormente tanto em um trabalho interdisciplinar como utilizando o próprio corpo de conhecimento inerente à área.

Dessa forma, acreditamos que o trabalho com o meio ambiente na escola deve

> contribuir para a formação de cidadãos conscientes, aptos para decidir e atuar na realidade socioambiental de modo comprometido com a vida, com o bem-estar de cada um na sociedade. Para isso é necessário que, além de informações e conceitos, a escola se proponha a trabalhar atitudes e valores, preparando as novas gerações para agir com responsabilidade e sensibilidade para recuperar o ambiente saudável no presente e preservá-lo para o futuro. (Reis Júnior, 2003, p. VI)

O ponto de partida para nortear esse trabalho de atitudes e valores, comprometidos com o bem-estar social, pode ser impulsionado pela Educação Física a partir das atividades físicas de aventura.

Acreditamos que deveríamos trabalhar mais a possibilidade de nossos alunos estarem próximos à natureza, contextualizando sua preservação e sua valorização através dos prazeres inerentes à prática esportiva e um contexto lúdico. Ao capacitar nossos alunos a incursões à natureza, presumimos que estamos viabilizando um maior contato com fatores que envolvam o meio ambiente, a ecologia e a manutenção da biodiversidade, caracterizando as intenções interdisciplinares supracitadas e as objetivadas em vários setores de nossa sociedade, como o educacional (Temas Transversais dos PCNs), o político (protocolo de Kyoto), o socioambiental (ONGs como SOS Mata Atlântica), entre outros.

---

[5] Não é objetivo deste estudo aprofundar sobre as várias dificuldades da Educação Física na escola devido a tradicionalismos históricos, desunião da área, concepções concorrentes etc. Para isso, recomendamos diversas produções, entre elas, as tradicionais: Freire (1989); Soares et al. (1992); Bracht (1999); Castellani Filho (1988); Darido (2003); Darido; Rangel (2005); Betti (1991), além dos PCNs (Brasil, 1998).

Nosso país é privilegiado quando nos referimos à natureza. O Brasil possui geografia e clima propícios para a maioria das atividades relacionadas à aventura. A imensidão do litoral, as montanhas, os rios, as cavernas e, inclusive, as facilidades urbanas favorecem imensamente a prática das AFAs. A população escolar desses locais deveria ter acesso a informações sobre essas práticas e o contexto delas na região em que vivem e, por que não, através dos conteúdos da Educação Física.

Podemos justificar a inclusão das AFAs na escola por meio de várias de suas modalidades. Possuímos, por exemplo, milhões de praticantes de esportes com prancha. Somente na modalidade *skate*, segundo pesquisa realizada em setembro de 2006 pela Datafolha e presente no *site* da Confederação Brasileira de *Skate*, há quase 3.200.000 domicílios brasileiros que possuem pelo menos um morador que tem um s*kate*, aproximadamente 6% dos domicílios brasileiros conforme o IBGE. Portanto, são mais de três milhões de praticantes e milhares de competidores, sendo alguns deles campeões mundiais recentemente (CBSK, 2007). Além disso, esses equipamentos se popularizam a cada dia, facilitando seu acesso pelas diversas camadas sociais.

O *skate* é praticado principalmente no meio urbano, mostrando a simbiose de ambientes onde as AFAs podem estar presentes, podendo ser praticado tanto por profissionais superequipados como por amadores leigos e iniciantes. Portanto, é um conteúdo possível de ser incluído na escola e pela Educação Física, adaptando as estruturas escolares tradicionais.

Outra modalidade de prancha é o surfe, que, no Brasil, possui um número de praticantes parecido com o dos skatistas: mais de dois milhões (MBA, 2007), com o privilégio nacional dos mais de 8.000 km de um propício litoral para a prática dessa atividade. Se as escolas, notadamente, têm dificuldades para incluir atividades aquáticas nos currículos da Educação Física por conta da estrutura, com o surfe há a possibilidade de trabalhos simulados com pranchas adaptadas ou desenhadas no chão, porém com um trabalho teórico na abordagem do assunto.

Além das modalidades com prancha, há muitas outras possibilidades de trabalhos com atividades físicas de aventura, adaptáveis à estrutura comum de uma escola. Daremos exemplos mais à frente.

Em suma, entre a popularidade de algumas modalidades esportivas, o prazer e as horas de lazer, são muitas as razões para incluirmos as AFAs na escola. Entre as já citadas e outras não abordadas, destacamos as seguintes:

- Alinhar a Educação Física com as propostas de preservação ambiental.
- Expor um conteúdo pouco explorado na escola, mas bem-difundido pela mídia e presente na sociedade.
- Tornar as aulas mais interessantes, haja vista a situação atual das aulas acomodadas de Educação Física na escola e seu tradicionalismo.
- Ampliar a possibilidade de trabalho dos cinco eixos pedagógicos preconizados pelas Diretrizes Curriculares Nacionais para o Ensino Médio (DCNEM, Brasil, 1998): identidade, diversidade, autonomia, interdisciplinaridade e contextualização.
- Tratar valores relacionados à cultura corporal de movimento, tais como: respeito às diferenças e limites do outro, cooperação, desenvolvimento de diversas habilidades motoras, superação dos próprios limites, respeito ao meio ambiente, entre outros.

14.3 Como trabalhar atividades físicas de aventura na escola

Partiremos, neste momento, para propostas e sugestões de AFAs nas aulas de Educação Física escolar. Nem sempre o que dá certo em uma escola serve para outra. Darido e Rangel (2005) mostram que o mesmo conteúdo na mesma escola para a mesma série nem sempre é recebido do mesmo modo nem com a mesma vibração e intensidade de um grupo para outro, de classe para classe ou de ano para ano. Cabe a nós, professores, adaptarmos, modificarmos nossa prática, sequências ou até conteúdos para podermos atingir nossos alunos e nossos objetivos.

Desde a LDB/96 a educação brasileira ganhou um novo rumo quando se trata de conteúdos e sua classificação. Os PCNs (Brasil, 1997, 1998, 1999, 2002), apesar de inúmeras críticas de vários segmentos educacionais, vieram colaborar com as mudanças, orientando-nos frente a essa classificação. Segundo essa abordagem, categorizou-se o conteúdo da Educação Física escolar em jogos, esportes, danças, ginásticas, lutas e conhecimentos sobre o corpo. Em nossa visão, qualquer novo conteúdo pode se adaptar a essa classificação e também às três dimensões propostas pelos PCNs, defendidas, inclusive, por Darido e Rangel (2005), que são conceituais, procedimentais e atitudinais. As autoras defendem que, na prática docente, não haja a divisão dos conteúdos em uma ou outra dimensão, podendo haver ênfase, por exemplo, na dimensão conceitual, sem excluir as outras.

Assim, os conteúdos das AFAs na dimensão procedimental[6] se encaixam perfeitamente às necessidades das aulas da Educação Física escolar, dimensão mais tradicional na prática dos docentes da área, portanto, mais fácil de os professores incorporarem.

A dimensão conceitual no trabalho das AFAs ultrapassa o simples conhecimento das técnicas e do uso dos equipamentos dessa ou daquela modalidade, avançando, como já visto, nas discussões da autonomia no lazer e no uso do ócio, nas discussões das práticas inerentes à preservação ambiental, nas transformações dos hábitos de vida em função das novas tecnologias, na influência da mídia no conhecimento e prática de determinada modalidade, entre outras discussões atuais.

Já a dimensão atitudinal no trato do conteúdo das AFAs ganha adereços requintados, pois, na maioria de suas modalidades, são inerentes a cooperação e a interação dos praticantes, a resolução de problemas por meio do diálogo e do respeito às diferenças e, sobretudo, na superação de limites individuais e do grupo, tornando a aplicação desse conteúdo nas aulas um fator educativo importante e um marco na atuação profissional do docente.

Parece-nos que a divisão das AFAs encontrou um ponto de confluência na grande maioria das publicações acadêmicas por parte dos praticantes das diversas modalidades e na mídia. Se juntássemos todas as modalidades de atividades físicas de aventura e fôssemos classificá-las, como faríamos? Quais critérios utilizaríamos?

Há várias possibilidades de agrupamento, tais como: tipo de impacto no meio ambiente, características motoras envolvidas, níveis de perigo, tipos e quantidades de equipamentos, de energia envolvida, entre outras. Cada classificação, certamente, deixará de contemplar algum aspecto específico devido à enorme quantidade de modalidades e suas especificidades. Aparentemente, os espanhóis escolheram um modelo que facilitou a categorização dessas dezenas de modalidades. Segundo afirma Betrán (apud Marinho e Bruhns, 2003), a escolha da classificação utilizada na Catalunha e, posteriormente, na maioria das publicações no Brasil foi a seguinte:

> Partiu-se da lógica aristotélica que assinalava os três grandes meios, *terra*, *água* e *ar*, como "a origem de todas as coisas"; as diversas ramificações que derivam desses três meios físicos se distinguem claramente, e sua classificação lógica permite uma classificação útil. (p. 175)

Concordamos com a utilidade dessa categorização, pois, ao selecionarmos diversas modalidades

---

[6] Segundo Darido e Rangel (2005), a Educação Física, ao longo de sua história, priorizou quase exclusivamente a dimensão procedimental nas aulas, relegando a dimensão atitudinal e, principalmente, a dimensão conceitual a um plano fora do dia a dia da escola e do "fazer pedagógico" do docente (Darido e Rangel, 2005, p. 67).

das AFAs foi possível enquadrá-las nesse modelo com grande clareza, principalmente no momento de localizá-las em aula para os adolescentes. Os alunos, a cada início desse conteúdo, discutem as possíveis classificações e sempre concordam com a sugerida por Betrán (2003).

As inúmeras modalidades de aventura poderiam estar assim divididas:

- *Modalidades terrestres*: *trekking* (ou caminhada), escalada, skatismo, *mountain bike* (pedalar em trilhas), *caving* ou espeleologia (exploração de cavernas), *parkour* etc.
- *Modalidades aquáticas*: canoagem, *rafting* (descida de corredeiras em bote inflável), *canyoning* (exploração de um rio ou cânion), mergulho, *cascading* (descida de cachoeiras), surfe, boia *cross* etc.
- *Modalidades aéreas*: paraquedismo, *bungee jump* (salto de uma plataforma preso por cordas elásticas), *rope swing* (salto pendular preso por corda), balonismo, tirolesa etc.

Esses exemplos de algumas modalidades das AFAs e sua classificação nos dão uma dimensão das possibilidades e amplitude desse conteúdo. Deixamos de lado, nos exemplos acima, as AFAs motorizadas ou com algum artefato mecânico por julgarmos não serem adequados para uma abordagem escolar. Porém, devemos frisar que, apesar das questões ambientais e da deterioração dos locais consequentes das práticas dessas modalidades, elas pertencem ao universo das AFAs e podem ser classificadas nos mesmos protocolos das outras modalidades. Portanto, jipes 4 x 4 e outros *off roads* (veículos fora de estrada – terrestres), lanchas e *jet ski* (espécie de moto aquática), ultraleves e asas-deltas motorizadas (entre outras modalidades aéreas) podem ser abordadas da mesma forma por outros tipos de estudo.

14.4 Exemplos de modalidades de aventura na escola

Existem algumas modalidades que têm ajudado a difundir as AFAs no Brasil e de relativa facilidade na implantação na maioria das escolas, pensando numa estrutura comum da maioria das instituições, utilizando procedimentos simples. A seguir, faremos referência a esses procedimentos e atividades sem a preocupação da citação de fontes bibliográficas conceituais de origem desse ou daquele procedimento por priorizar um *fazer pedagógico* oriundo de uma prática empírica já implementada e avaliada por quinze anos de experiência. Não pretendemos fornecer um manual, mas apenas alguns exemplos das diversas modalidades que incluímos no currículo do conteúdo AFAs na Educação Física escolar.

Como podemos introduzir esse conteúdo? Numa matriz histórica, devemos localizar para nossos alunos que a superação de obstáculos naturais forçou o homem a criar técnicas e equipamentos para esses fins. De forma simples, podemos mostrar aos estudantes que, se nos primórdios das civilizações era por uma questão de necessidade, busca de alimentos, vida nômade ou conquista de territórios, passando, no decorrer da história, por guerras, expansões religiosas, rotas comerciais, exploradores ou outros motivos, essas manifestações serviram de base para as aventuras de hoje, sejam de conquistadores de verdade, competidores esportivos ou aventureiros de final de semana.

Uma das estratégias que usamos e que quase sempre dá certo é iniciar uma discussão com os alunos sobre esportes alternativos e atividades diferentes das tradicionais que eles mesmos estão acostumados a realizar fora do âmbito escolar. A riqueza de informações que alguns alunos trazem como parte de sua cultura corporal ou de terem visto ou ouvido falar de uma das modalidades pode surpreender e criar um corpo de conhecimentos antes não imaginado e que se adapte na escola com sucesso.

Questionamos os alunos sobre o que sabem a respeito dos esportes de aventura e realizamos um levantamento das modalidades conhecidas dos alunos. Nesse momento, podemos discutir a nomenclatura e questioná-los como poderíamos classificar as AFAs e, após breve discussão, apresentar aquela escolhida por nós. Perguntamos, também, como e quando devem ter surgido essas modalidades, tentando estabelecer uma rápida linha do tempo e a situação histórica do momento sem a necessidade de maiores aprofundamentos. O importante é o aluno ter uma noção da essência da formação desse conteúdo para entender o contexto de uma posterior prática. Em seguida, apresentamos alguns dos diversos conteúdos sobre AFAs possíveis na escola.

14.4.1 Atividades sobre rodas — *skate*, patins, bicicletas e outros

Até bem pouco tempo atrás, não se imaginavam atividades sobre rodas nas escolas. Antes, só se concebiam atividades relacionadas aos esportes tradicionais nos espaços e estruturas construídas para esse fim. Mesmo a popular bicicleta era proibida de frequentar os mesmos espaços da bola. Além disso, os equipamentos eram elitizados, em sua maioria, importados e de preços exorbitantes.

Houve uma popularização dessas atividades e, com isso, patins e *skates* passaram a ser vendidos não só em lojas especializadas, mas também em lojas de brinquedos, supermercados e semelhantes. Dessa forma, é possível ver hoje em dia crianças de todas as classes brincarem com eles, desde patins usados, doados ou emprestados e incluídos às brincadeiras de rua da periferia, como também adolescentes que juntam seus trocados e melhoram paulatinamente seus equipamentos com pouco investimento.

Resumindo, hoje, com as mudanças de concepções da Educação Física e adaptações do ambiente escolar, é possível realizar algum tipo de trabalho sobre rodas na escola ou, até, uma sequência interessante de desenvolvimento desse conteúdo.

14.4.2 Importantes questões de segurança

Torna-se evidente colocar uma regra fundamental: *usar equipamentos de segurança*, que sejam de uso coletivo, patrocinados, adaptados ou qualquer outra forma possível. É importante o professor diminuir todas as chances, que não são poucas, de acidentes para o evidente sucesso desse tipo de atividade. Acontecem contusões no futebol, mas, se um mesmo tipo de contusão acontecer sobre rodas, haverá cobranças diferentes por parte dos pais e direção da escola. Um exemplo de adaptação que ocorreu numa das escolas trabalhadas foi a de improvisar cotoveleiras, joelheiras, caneleiras e outros utilizando-se papelão. Colocava-se o papelão formatando-o de acordo com a região do corpo, e ele era prendido com barbantes, fitas ou se vestia uma meia no local para prender o "equipamento de segurança". Algumas crianças ainda desenhavam no papelão o símbolo de uma marca famosa de material esportivo, desejando deixá-lo "oficial".

Para participar, primeiro se deve proteger. Pode-se trabalhar com titulares e reservas, revezando os itens de segurança. O procedimento ideal é encaminhar um aviso em circular aos pais ou responsáveis sobre os conteúdos a serem desenvolvidos com retorno assinado autorizando a participação dos filhos. Essa circular pode acompanhar os padrões da instituição ou uma espécie de carta aos responsáveis pelos alunos, mas será sempre um procedimento importante que respaldará o trabalho do docente.

O professor deverá preparar todo o ambiente para o desenrolar desse conteúdo e antecipar possíveis problemas e conversar com os alunos uma ou duas semanas *antes* da aula inaugural das atividades sobre rodas.

Pergunta-se aos alunos onde eles conheceram e como foi o primeiro contato com o(s) equipamento(s). Em seguida, o professor faz um levantamento sobre terminologias e nomenclaturas conhecidas sobre esses equipamentos, podendo escrever no quadro-negro ou no chão do pátio/quadra um pequeno glossário, incluindo nomes de manobras a serem utilizadas no desenrolar dos conteúdos.

Nem todos possuirão *skates*, patins, patinetes ou até bicicletas; por isso, pode-se perguntar à classe como incluir esses alunos. Aqueles que possuírem mais de um equipamento e quiserem disponibilizar deverão criar regras de conservação e de uso para o empréstimo.

Podem surgir ideias de revezamento do equipamento, como tempos pré-estipulados, funções especiais para quem está de pé no chão ou confecção de carrinhos de rolimã ou semelhantes. Deve-se procurar evidenciar o espírito de coletividade e a cooperação para o bom caminhar dessa sequência de aulas e levar em conta as regras da escola e o espaço físico. Os equipamentos devem ser encarados como material pedagógico para desenvolvimento do conteúdo, esclarecendo a todos a seriedade do trabalho e que os alunos não os usem fora dos horários da aula de Educação Física e em lugares indevidos.

14.4.3 Vivência — tempo: uma ou duas aulas

Experienciação e *exploração* – Solicitar para os alunos que possuírem ou puderem emprestar que tragam patins, *skate* ou patinete na aula.

- Deixar os alunos andarem, passearem e se mostrarem livres pelo espaço predeterminado para que explorem o ambiente escolar. Quem já souber andar bem deverá (poderá) ensinar àqueles que não sabem.

- Aqueles que não possuírem nenhum dos artigos deverão criar itinerários pelo espaço disponível, obstáculos ou tarefas para os mais hábeis ou ajudar nas dificuldades dos menos hábeis. É lógico que, se somente uma ínfima minoria estiver sobre rodas, não será significativo esse tipo de trabalho.

- A experienciação é importante, mesmo parecendo, inicialmente, uma aula livre. É um momento em que os alunos estarão explorando um lugar cotidiano de outra perspectiva com uma percepção diferente, descobrindo-se e redescobrindo o espaço escolar. O professor pode intervir em vários momentos, sugerindo aos alunos que não saibam andar de *skates* que o façam sentados ou deitados; sugerir desafios aos que já sabem andar (obstáculos, saltos, manobras etc.) e uma coreografia a um ou mais grupos etc.

14.4.4 Discussão do conteúdo da aula

O professor abre a conversa perguntando se há diferenças entre andar fora e dentro da escola e como foi essa experiência. Em seguida, a discussão é sobre acidentes e regras de segurança: as ocorrências e problemas vivenciados naquela aula – e fora dela – e a possível criação de novas combinações acerca de segurança.

O terceiro e importante momento passa a ser como incluir aqueles que não possuem equipamentos sobre rodas.

O professor poderá pedir tarefas de casa, tais como: pesquisar modalidades sobre rodas, suas regras e possíveis adaptações à realidade da escola. O professor pede jogos por escrito idealizados pelos alunos, ou trabalhar as idéias surgidas em aula em grupos, tendo como base a inclusão de todos.

O professor poderá propor outros tipos de vivências, tais como: utilizar os jogos criados pelos alunos na tarefa de casa; montar percursos, competitivos ou não, como desafios a serem superados, simbolizando locais similares aos das A.F.A sobre rodas.

14.4.5 *Parkour*

Talvez essa modalidade seja a de mais fácil adaptação às estruturas da escola e nas aulas de Educação Física. Em nossas aplicações, tem sido muito bem aceita pelos(as) alunos(as), bem como pela comunidade escolar. Trata-se de uma prática corporal difundida mundialmente graças à vasta amplitude da internet e suas facilidades (veja capítulo sobre a atividade).

Aula inicial

* Antes de realizar as atividades práticas, o professor deverá perguntar se algum aluno já ouviu falar sobre o tema e se sabe qual o seu significado. O ideal, inicialmente, seria apresentar um vídeo da prática da modalidade, facilmente encontrado na internet ou, por exemplo, em filmes consagrados.[7]

Vivências

* Sem obstáculos: desenhar algumas linhas próximas no chão para que os alunos executem saltos de uma linha para outra pensando nas técnicas utilizadas pelos *traceurs* (praticantes de *parkour*). Depois de algumas tentativas, colocar alguns desafios, como tentar ir para outra linha com saltos e giros ao mesmo tempo, saltos e elevações de pernas, saltos e cambalhotas, saltos e estrelas,

apoiar nas linhas com parada de mão, saltos 0e afastamentos de pernas etc.
* Com obstáculos: utilizando um banco sueco ou mureta da escola, fazer que os alunos pulem livremente para o outro lado após algumas tentativas fazer o mesmo, mas utilizando combinações com elevações de perna, giros, afastamento, rolamento etc.
* Utilizando algum muro da escola (ou árvore com galhos baixos), os alunos poderão vir correndo em uma velocidade considerável baixa e bater um dos pés no muro e impulsionar para tentar agarrar a parte superior e depois se soltar. É bom frisar nessa atividade para que se tenha muito cuidado para não escapar o pé e bater diretamente no muro.
* Montar um percurso básico de 3 a 7 obstáculos para que os alunos façam movimentos característicos da modalidade, levando em conta o conceito: "[...] traçar um percurso ou objetivo e, por meios próprios, alcançá-lo [...]".

É interessante discutir e debater com alunos sobre questões como: os movimentos encontrados nessas práticas são comuns nos esportes tradicionais? Sentiram dificuldade em realizar essas atividades? Essas práticas podem ser feitas em qualquer local público? Desse modo, podemos mostrar as limitações e amplitudes do *parkour* após essa sistematização para a escola.

Arvorismo

Algumas das práticas corporais de aventura ainda não são modalidades esportivas nem são oriundas de explorações atléticas ou performáticas. Uma delas é o arvorismo,[8] cuja origem é científica

---

[7] Filmes como *007: Cassino Royale*, *B13: Os Gangs do Bairro 13 (Banlieue 13)*, no clipe da música *Jump*, da cantora Madonna, ou, na chamada inicial da novela *Cama de Gato*, em que figurantes utilizam movimentos do *parkour*.

[8] Arvorismo (ou arborismo) é a travessia entre plataformas montadas no alto das copas das árvores, onde os praticantes percorrem um trajeto suspenso ultrapassando diferentes tipos de obstáculos, como escadas, pontes suspensas, tirolesas e outras atividades que podem ser criadas. Além de árvores, postes também podem servir de base para a prática do esporte (Pereira, 2007). Foi inicialmente praticado por cientistas que estudavam a vida na copa das árvores e necessitavam se deslocar com mais eficiência de um ponto ao outro.

e a qual famílias inteiras podem praticar juntas. Sua montagem não apresenta grandes dificuldades nem locais de difícil acesso, podendo ser montado, inclusive, em hotéis e parques temáticos. Julgamos que pode ser absorvida pelo meio escolar tranquilamente, bastando alguns conhecimentos básicos sobre cordas, nós e os obstáculos tradicionais possíveis de adaptação na estrutura escolar. Vamos a algumas possibilidades:

"Falsa baiana" (introdução ao arvorismo)

Trata-se de uma técnica de transposição de cursos d'água entre copas de árvores ou abismos, em que o praticante se apoia com os pés sobre uma corda bem-tracionada suspensa do solo; outra corda é segurada com as mãos, também suspensa e tracionada, na altura da cabeça. É um obstáculo frequente no arvorismo. Vejamos a adaptação na escola:

- Utilizando dois postes, duas árvores ou algo semelhante (já utilizamos postes de vôlei, mas cuidado, pois podem entortar) e duas cordas de 10 mm de espessura, no mínimo (podem ser daquelas utilizadas em construções – poliamida acetinada, com alma – desde que não sejam velhas e, por segurança, não fiquem muito altas).

- Amarrar uma das cordas de um poste (árvore) a outro a uns 50 ou 60 cm do chão, dando-lhe grande tração. Existem nós e equipamentos que facilitam essa tração e recomendamos o nó carioca[9] ou de caminhoneiro como uma possibilidade de facilidade para esse deslocamento da corda. É necessário treinamento específico para

o uso dessas técnicas e análise dos procedimentos de segurança. É um nó fácil de encontrar em *sites* de busca na internet, além de bem-popular, porém, há outras possibilidades que desgastam menos a corda, com utilização de equipamentos específicos.

- Quanto mais a corda estiver esticada, mais facilidade e segurança para os praticantes. Quem possuir conhecimentos sobre nós de tração terá o trabalho facilitado.

- Fazer o mesmo com a outra corda, porém na parte superior do poste de vôlei, a 2 m do solo ou na altura da cabeça dos alunos, no mínimo.

- O aluno deverá se deslocar apoiando-se na corda de baixo com os pés e segurando com as mãos na corda de cima.

- Pode-se montar um circuito utilizando bancos suecos, cordas verticais presas nas árvores ou na tabela de basquete para o "passeio do Tarzan", arcos simbolizando pedras a serem transpostas e muitas outras tarefas possíveis de acordo com a criatividade e maturidade dos envolvidos, simulando um arvorismo ou uma pista de progressão no campo.

Com o aperfeiçoamento do grupo, talvez, futuramente, haja a possibilidade de se montar uma pista de arvorismo permanente.

Há várias outras modalidades de aventura que já concretizamos na escola, tais como orientação (natural e com bússola), surfe e o montanhismo (com instruções do tipo: técnicas verticais, expedições, animais peçonhentos etc.), entre outras. Infelizmente, não haverá espaço, neste capítulo, para exemplificar todas as experiências que já contextualizamos na escola, mas, como uma das intenções é mostrar não ser necessário grandes conhecimentos

---

[9] O nó conhecido como "carioca", muito utilizado por caminhoneiros, pode ser eficiente nessa operação, apesar de desgastar a corda. O ideal é utilizar cordas específicas de montanhismo, que aguentam o triplo das comuns – de construções – e são melhores para adequar nós e equipamentos, porém são quase dez vezes mais caras. Numa média entre três lojas especializadas, constatou-se, em 2008, o valor aproximado de R$ 11,00 o metro da corda estática de 10,5 mm de montanhismo importada, ao passo que uma corda do mesmo calibre de poliamida acetinada custava aproximadamente R$ 1,60 o metro em lojas de construções.

para inserir práticas de aventura na escola, achamos que os exemplos citados demonstram essa possibilidade.

14.5 Considerações finais

Várias modalidades esportivas chegaram ao Brasil tendo como porta de entrada setores elitizados de nossa sociedade, tais como o futebol, o basquete etc. As modalidades de aventura podem estar seguindo o mesmo caminho. Acreditamos firmemente na massificação das atividades físicas de aventura a partir de sua inserção como conteúdo da Educação Física escolar. Foi esse o objetivo principal deste capítulo e esperamos ter conseguido demonstrar essa possibilidade. Dentro dessa perspectiva, pretendemos atingir o professor de Educação Física escolar com o intuito de possibilitar uma maior reflexão e ação de sua prática, buscando a aplicação de uma pedagogia apropriada para a aplicação das atividades físicas de aventura no ambiente formal de ensino, cada qual dentro de sua própria realidade.

Aparentemente, fica clara a ação sistemática e controlada durante as sequências de atividades expostas nas vivências propostas neste estudo. Zabala (1998) afirma que esses tipos de sequências de atividades ou didáticas são variáveis metodológicas que servem de análise da prática e permitem um estudo sob uma perspectiva processual:

> Se realizarmos uma análise destas sequencias buscando os elementos que as compõem, daremo-nos conta de que são um conjunto de atividades ordenadas, estruturadas e articuladas para a realização de certos objetivos educacionais, que têm um princípio e um fim conhecidos tanto pelos professores como pelos alunos. (Zabala, 1998, p. 18)

Esperamos, principalmente, que os resultados dessas aplicações possam despertar em outros professores a possibilidade de abrir seus horizontes e experimentar um novo conteúdo em suas aulas, uma prática pedagógica que efetivamente produza conhecimentos e aumente a significação da área de Educação Física no ambiente escolar.

Poderíamos considerar as atividades físicas de aventura como práticas corporais que aliam o prazer e atributos da cultura corporal de movimento a outra visão, outro estilo de vida fora do cotidiano que integra o homem e sua tecnologia, ao meio natural e urbano, utilizando o universo do jogo e suas concepções no contexto do lazer, na competição e no lúdico, com atividades de risco controlado e à conscientização da necessidade de preservação ambiental, utilizando, principalmente, as energias da natureza como desafios a serem vencidos.

Toda essa discussão, como já dito, ainda é nova e, com certeza, outras e melhores definições aparecerão, alargando os conceitos e esclarecendo cada vez mais essa área tão atrativa e de imenso potencial para os profissionais de Educação Física.

Até pouco tempo atrás, as atividades físicas de aventura não estavam presentes nos currículos do Ensino Superior. Portanto, a grande maioria dos profissionais que atuam hoje na Educação Física escolar não teve esse conteúdo na graduação, pois o movimento acadêmico atual mostra outra tendência. Nas mudanças de currículos recentes, muitas das instituições têm inserido disciplinas específicas que tratam desse assunto. Só para citar a região de Campinas, temos a VERIS/METROCAMP (Faculdades Integradas Metropolitanas de Campinas); a FAJ (Faculdade de Jaguariúna); o CUA (Centro Universitário Amparense), como algumas das instituições que inseriram as AFAs em disciplinas específicas na formação de novos professores. Muitas outras instituições ainda não possuem uma disciplina específica, mas tratam desse conteúdo dentro de áreas como recreação e no contexto do lazer, há vários anos, como na UNESP de Rio Claro, em cursos de extensão, ou em Pelotas, no Rio Grande do Sul. Há, inclusive, uma pós-graduação em Atividades e Esportes de Aventura na FMU (Faculdades Metropolitanas Unidas) muito bem-organizada e que, por sinal, deu origem a este livro.

O panorama, portanto, tende à mudança e as AFAs poderão ser absorvidas pela escola com maior embasamento e livres de preconceitos anteriores. Podemos enxergar práticas sistematizadas de AFAs nas escolas não só por professores que as tinham como atividades no contexto do lazer de fim de semana, mas por docentes conscientes da amplitude e beleza desse conteúdo.

Quisemos mostrar com este estudo, portanto, não a intenção de inserir um *hobby*, uma prática pessoal de lazer do professor no conteúdo das aulas regulares de Educação Física, mas a exposição de propostas e possibilidades com base em nossa experiência para a discussão no meio acadêmico. Em nossa concepção, é possível inserir AFA na escola; são significativas pedagogicamente e são bem-aceitas pela comunidade escolar. Cabe agora, ao apontar esses caminhos, alastrarmos essas propostas, essas possibilidades, para tentar transformá-las em fatos e, efetivamente, inserir as atividades físicas de aventura como conteúdo possível no meio escolar.

Referências

BETTI, M. *Educação Física e Sociedade*. São Paulo: Movimento, 1991.

BETRÁN, J. O. Rumo a um novo conceito de ócio ativo e turismo na Espanha: as atividades físicas de aventura na natureza. In: MARINHO, A.; BRUHNS, H. T. (Org.). *Turismo, Lazer e Natureza*. São Paulo: Manole, 2003. p. 157-202.

BRASIL. Secretaria de Educação Básica. *Parâmetros Curriculares Nacionais*: Educação Física. Brasília, DF: MEC/SEB, 1998.

BRASIL. Ministério do Turismo. Secretaria Nacional de Políticas de Turismo. *Turismo de aventura*: orientações básicas. Coordenação – Geral de Segmentação. – Brasília Ministério do Turismo, 2006.

BRATCH, V. A constituição das teorias pedagógicas da Educação Física. *Caderno Cedes*, ano 19, n. 48. 1999.

BRUHNS, H. T. (Org.). *Conversando Sobre o Corpo*. Campinas: Papirus, 1994.

CANTORANI, J. R. H.; PILATTI, L. A. O Nicho Esportes de Aventura: um processo de civilização ou descivilização? *EF y Deportes*, Buenos Aires, año 10, n. 87, 2005. Disponível em: <www.efdeportes.com>.

CBSK (Confederação Brasileira de *Skate*). Apresenta informações e dados sobre o esporte. Disponível em: <http://www.cbsk.com.br/asp/dados>. Acesso em: ago. 2007.

COSTA, V. L. M. *Esportes de aventura e risco na montanha*. São Paulo: Manole, 2000.

FERREIRA, D. L. *Montanhismo*: conteúdo possível na Educação Física Escolar para alunos do Ensino Médio. Monografia (Graduação em Educação Física) – Faculdades Integradas Metropolitanas de Campinas – METROCAMP, São Paulo, 2006.

FRANCO, L. C. P. *Atividades Físicas de Aventura na Escola: uma proposta pedagógica nas três dimensões do conteúdo*. 151f. Dissertação (Mestrado) em Ciências da Motricidade (Área de Pedagogia da Motricidade Humana), UNESP, Rio Claro, São Paulo, 2008.

FREIRE, J. B. *Educação de corpo inteiro*: teoria e prática da Educação Física. São Paulo: Scipione, 1989.

_____. *Jogo*: entre o riso e o choro. Campinas: Autores Associados, 2002.

HUIZINGA, J. *Homo ludens*: o jogo como elemento da cultura. São Paulo: Perspectiva, 1980.

MARINHO, A. Natureza, tecnologia e esportes: novos rumos. *Conexões*: Educação, Esporte e Lazer, v. 1, n. 2, Unicamp, Campinas, 1999

MARINHO, A.; BRUHNS, H. T. (Org.). *Turismo, Lazer e Natureza*. São Paulo: Manole, 2003.

MBA EM GESTÃO EM ESPORTES COM PRANCHA. Apresenta informações sobre curso de especialização lato senso, com dados do mercado de esportes com prancha. Disponível em: <http://www.conesul.org/mba/new/dados>. Acesso em: 20 abr. 2007.

PAES, R. R. *Educação Física escolar*: o esporte como conteúdo pedagógico do ensino fundamental. Canoas: Ulbra, 2001.

PEREIRA, D. W.; RICHTER, F. *A Introdução do Esporte de Aventura na Escola Pública*. São Paulo: Uninove, 2005.

SCAGLIA, A. Jogo: um sistema complexo. In: VENÂNCIO, S.; FREIRE, J. B. (Org.). *O jogo dentro e fora da escola*. Campinas: Autores Associados, 2005.

SOARES, C. L.; TAFARREL, C.; VARJAL, E. *Metodologia do ensino de Educação Física*. Coleção magistério 2º grau. Série Formação do professor. São Paulo, 1992.

REIS JÚNIOR, A. M. *A formação do professor e a Educação Ambiental*. Campinas: [s.e.], 2003.

TEREZANI, D. R. *Popularização da Canoagem como Esporte e Lazer*: o Caso de Piracicaba. Dissertação (Mestrado em Educação Física), UNIMEP, 2004.

UVINHA, R. R. *Juventude, Lazer e Esportes Radicais*. São Paulo: Manole, 2001.

VENÂNCIO, S.; FREIRE, J. B. (Org.). *O jogo dentro e fora da escola*. Campinas: Autores Associados, 2005.

ZABALA, A. *A prática educativa*: como ensinar. Porto Alegre: Artmed, 1998.

15
Atividades de aventura para pessoas com necessidades especiais

Murilo Arsênio Spina

Nas aventuras esportivas, a autonomia é buscada pelos praticantes, a transgressão é edificada, mas as limitações impostas pelas intempéries, fora do controle do homem, sempre os fazem retornar à sua pequenez diante do infinito. A ameaça de sanção é permanente; por isso, eles calam e calculam cada passo, tomando decisões firmes e acertadas, porque qualquer erro pode ser fatal. (Costa, 1999, p. 22)

Este capítulo destina-se aos profissionais que trabalham com esportes e atividades de aventura e tem como objetivo proporcionar para todas as pessoas com algum tipo de necessidade especial uma prática segura, embasada em vivências e conhecimento científico, proporcionando assim as adaptações necessárias para que seja dado o direito de vivenciar situações e emoções em contato direto com a natureza.

Segundo Moherdaui (2001), desde o preparo para a aventura, recebemos uma descarga de adrenalina, mediador químico que prepara o corpo para duas reações primordiais à vida: a fuga e a luta. Esse fato é que desencadeia algumas alterações no organismo, tais como a boca seca, o aumento da frequência cardíaca, a dilatação das pupilas e a redistribuição do fluxo sanguíneo. Durante a prática das atividades de aventura, sofremos a ação da endorfina, outro mediador químico responsável por amenizar a dor e o desconforto que podem ocorrer durante a prática. Posteriormente, no final da atividade de aventura, a ação da dopamina, que atua no centro de prazer do sistema nervoso, proporciona a sensação de satisfação.

De acordo com Lacruz e Perich (apud Tahara, 2004), a vontade de se ligar à natureza e se desfazer dos atos rotineiros, respirar ar puro, reencontrar-se consigo mesmo, buscar sensações e emoções fortes e pôr à prova limites pessoais em ocasiões de risco iminente são algumas das causas que tem motivado a aderência às atividades de aventura.

Assim como afirma Jesus (2003 apud Nazari, 2007), as atividades de aventura na natureza tendem, por definição, a buscar áreas inóspitas, praticamente intocadas, como picos elevados, vertentes íngremes, cavernas, ambientes submarinos, vales em garganta, matas virgens, corredeiras e cachoeiras. O Brasil, nesse sentido, oferece múltiplas possibilidades territoriais, fato reconhecido mundialmente através de *sites* de agências internacionais. A variedade de paisagens e o clima ameno se inscrevem no rol de atrativos da natureza brasileira.

Segundo dados do IBGE (2000), no Brasil há mais de 24,5 milhões de pessoas com algum tipo de deficiência, totalizando 14,5% da população. Se considerarmos os grupos especiais (idosos, obesos e grávidas), essa porcentagem cresce consideravelmente. Nessa perspectiva, sabemos que a pessoa com necessidades especiais encontra-se coberta, no seu cotidiano, por ventos que às vezes sopram a favor e às vezes contra sua inclusão de modo geral na sociedade. Pode-se dizer que esta barreira conceitual, criada por crenças e mitos é, de certa maneira, a maior dificuldade daqueles que defendem e lutam pela aderência do deficiente a atividades consideradas "normais".

Dessa forma, a atividade de aventura, efetivamente, transpõe ao praticante momentos de felicidade, medo, ansiedade, realização pessoal e, principalmente, o contato com a vida. Nesse sentido, nada mais justo que tentar mostrar que o indivíduo com necessidades especiais pode praticar e vivenciar tais atividades, buscando sempre uma melhor e mais prazerosa qualidade de vida. As práticas das atividades de aventura são repletas de desafios e superações a cada instante, oferecendo oportunidades singulares de interação da realidade vivida pela pessoa com deficiência e a conquista e superação do seu espaço social.

15.1 Dados epidemiológicos[1]

IBGE: 170 milhões de habitantes
24,5 milhões de PPNES

---

[1] Fonte: IBGE (2000).

Distribuição

- Visual – 48%.
- Físico-motora – 27%.
- Auditiva – 16,7%.
- Mental – 8,3%.

15.2 Origem da deficiência física

15.2.1 Causas da deficiência física

- Traumas (50% são de acidentes de trânsito).
- Lesão cerebral.
- Paralisia cerebral.
- Lesão medular.
- Distrofias musculares.
- Esclerose múltipla.
- Amputações.
- Malformações congênitas.
- Distúrbios posturais da coluna.
- Sequelas de queimaduras.

15.2.2 Terminologia

- Deficiência (física, mental, auditiva, visual, múltipla).
- Sequela (paraplegia, monoplegia, discinesias, incoordenação motora, escoliose, anquilose etc.).
- Etiologia (congênita, adquirida; poliomielite, amputação, malformação congênita, mielomeningocele etc.).
- Lesão (confundida com etiologia).
- Doença (desmielizantes, distrofias etc.).

A origem neurológica refere-se às deteriorações ou lesões do SNC.

Lesão cerebral é a destruição ou degeneração das células cerebrais que afetam o sistema nervoso central e podem ocorrer por doenças ou traumas.

15.3 Paralisia cerebral

- Lesão provocada, muitas vezes, pela falta de oxigenação das células cerebrais;
- Acontece durante a gestação, durante o parto ou após o nascimento, ainda no processo de amadurecimento do cérebro da criança.

A lesão pode ser causada por hemorragias, deficiência de circulação cerebral, falta de oxigenação das células cerebrais, traumatismos, infecções, nascimento prematuro e icterícia grave neonatal. A pessoa com PC tem inteligência normal ou até acima do normal, mas também pode apresentar atraso intelectual. É um distúrbio não progressivo da motricidade que se evidencia na movimentação e na postura. O termo *paralisia cerebral* é utilizado para designar um grupo de afecções do sistema nervoso central.

15.3.1 Classificação

Dificilmente podemos encontrar casos semelhantes. Na manifestação das perturbações, as áreas do cérebro afetadas encontram-se em diferentes locais e, portanto, mostram-se de diferentes formas. Cada distúrbio é classificado de acordo com alguns fatores que são citados em um diagnóstico.

15.3.2 Classificação fisiológica

- *Rigidez* – Os músculos dos membros são tensos e se contraem fortemente quando se tenta movimentá-los ou alongá-los; até os reflexos exacerbados são inibidos. É uma forma severa de espasticidade. Geralmente, resulta em quadriplegia.

- *Espasticidade* – Caracteriza-se por aumento do tônus muscular resultante de lesões no córtex ou nas vias daí provenientes. Pode haver um lado do corpo afetado (hemiparesia ou hemiplegia), os quatro membros (tetraparesia ou tetraplegia) ou um grau de afetação maior para os membros inferiores (diplegia). Os músculos dos membros são tensos e apresentam reflexo de estiramento. Há hiper-reflexia dos tendões profundos dos músculos dos membros envolvidos. Os indivíduos ficam sujeitos a contraturas e deformidades que se desenvolvem durante o crescimento. As pessoas com PC espástica têm movimentos desajeitados e rígidos porque seus músculos são muito tensos e apresentam dificuldade ao modificar sua posição ou ao tentar pegar algo com as mãos.
- *Atetose* – Caracteriza-se por movimentos involuntários e variações do tônus muscular resultantes de lesões dos núcleos situados no interior dos hemisférios cerebrais. O tônus muscular flutua gerando movimentos involuntários, e os movimentos voluntários se deformam, ficando retorcidos. A flutuação acarreta dificuldade de manter uma posição, tornando complicado o ato de segurar objetos.
- *Ataxia* – Caracteriza-se por diminuição do tônus muscular, incoordenação dos movimentos e equilíbrio deficiente devido a lesões no cerebelo ou lesões nas vias cerebelares.
- *Tremor* – Aparece apenas na movimentação involuntária.
- *Hipotonia* – Tônus muscular baixo. Também chamada de atonia, flacidez ou frouxidão. Geralmente, evolui para atetose.
- *Mista* – Em certos casos, observa-se variação de tônus de acordo com o grupo muscular evolvido. Em alguns é muito baixo, em outros, muito alto.

Os sufixos "plegia" e "paresia" geralmente indicam o nível de funcionalidade. "Plegia" é a não funcionalidade nos movimentos e "paresia" é a impossibilidade de realizar movimentos funcionais.

Além das diferenças de tônus muscular, as pessoas com PC também apresentam diferentes partes do corpo afetadas pela deficiência dependendo das partes do cérebro que foram lesadas e da extensão dessas lesões.

Classificação topográfica:

- Monoplegia/monoparesia.
- Hemiplegia/hemiparesia.
- Paraplegia/paraparesia.
- Diplegia/diparesia.
- Quadriplegia/quadriparesia.
- Dupla hemiplegia/dupla hemiparesia.

Classificação quanto ao grau de acometimento:

- Leve.
- Moderada.
- Grave.

15.3.3 Classificação funcional

A qualidade de vida das pessoas com PC pode ser melhorada com atividades físicas e esportivas que atendam às suas necessidades e respeitem suas limitações. Existe uma classificação esportiva criada pela *Cerebral Palsy – Internacional Sports and Recreation Association* (CP-ISRA), que regulamenta o esporte competitivo para portadores de PC em nível internacional. Essa classificação procura comparar o grau de severidade e a distribuição topográfica do acometimento em função das capacidades para a prática esportiva.

Para os esportes de aventura, ainda não existe uma classificação específica, podendo, em casos de competição, utilizar o Quadro 15.1. Nota-se a necessidade de mais estudo e produção de trabalhos científicos voltados para este fim.

15.4 Acidente vascular encefálico

O acidente vascular encefálico é um termo genérico aplicado às manifestações clínicas das doenças cerebrovasculares. As doenças cerebrovasculares produzem distúrbios cerebrais transitórios ou permanentes por isquemia e/ou sangramento, decorrentes de processo patológico vascular cerebral (Fontes, 2007). Uma vez ocorrido o AVE (acidente vascular encefálico), os quadros motores se assemelham aos da PC na classificação topográfica (Mattos, 2008). O quadro mais comum é a hemiplegia em graus variados, porém outras situações secundárias podem aparecer, como incontinência urinária e intestinal, perda parcial da memória, problemas psicológicos, geralmente depressão e instabilidade emocional, perda de campos visuais e problemas perceptivos, proprioceptivos, encurtamentos e aderências do lado afetado.

A participação em atividades de aventura deve levar em conta obviamente a segurança, realizando, portanto todas as adaptações necessárias e assim possibilitando vivenciar e dar nova motivação para a prática de atividades físicas necessárias ao indivíduo.

Quadro 15.1 – Classificação funcional dos atletas com paralisia cerebral (CP-ISRA, 1997-2000)

Classes	Perfil funcional dos atletas com paralisia cerebral
CP1	Quadriplégico — Utiliza cadeira de rodas elétrica para locomoção ou é dependente para movê-la. Há severo comprometimento dos quatro membros, apresentando controle de tronco ruim ou quase nenhuma força nos membros superiores.
CP2	Quadriplégico — Envolvimento severo a moderado dos quatros membros e do tronco. Pouca força funcional e controle da força superior do corpo. Consegue mover a cadeira de rodas manualmente, porém com lentidão. Pode impulsionar a cadeira de rodas com os pés.
CP3	Quadriplegia leve — Boa força funcional e controle moderado dos membros superiores. Possui quase toda a força no lado dominante. Pode impulsionar a cadeira de rodas com um dos braços, mas ainda com certa lentidão.
CP4	Diplegia — Envolvimento moderado a severo dos membros inferiores. Membros superiores com mínimos problemas de controle de força funcional. Utiliza cadeira de rodas na vida diária e nas atividades esportivas de forma independente.
CP5	Diplegia moderada ou hemiplegia grave — Anda com e sem muletas. Tem boa força funcional e problemas mínimos de força de membros superiores. Compete em pé.
CP6	Quadriplegia atetoide — Envolvimento severo a moderado do tronco e dos quatro membros. Anda com auxílio de muletas e andador. Pode utilizar adaptações nas provas de pista do atletismo.
CP7	Quadriplegia leve e hemiplegia de moderada a mínima — Boa capacidade funcional no lado não afetado. Deambula sem auxílio.
CP8	Deficiência mínima ou hemiplegia leve ou monoplegia — Problemas de coordenação mínimos. Bom equilíbrio e é capaz de correr e saltar.

15.5 TCE - Traumatismo cranioencefálico

Trata-se de um problema cerebral causado por traumatismo ocorrido na cabeça (crânio). Pode produzir diminuição ou alteração do estado de consciência e resulta em limitações do funcionamento motor, cognitivo e social, comportamental e emocional. Em relação às limitações motoras, verificam-se falta de coordenação, planejamento e sequenciamento dos movimentos, espasticidade muscular, problemas de fala, paralisias, convulsões e uma série de alterações perceptivas e sensoriais. O quadro motor pode ser descrito conforme a classificação topográfica da PC. As mesmas indicações terapêuticas fornecidas para os indivíduos que têm sequelas de AVE e PC são indicadas para quem tem sequelas de TCE.

15.6 Doenças neuromusculares

15.6.1 Miopatias

As distrofias musculares de Duchene (DMD) e Becker (DMB) são as formas mais comuns de miopatias. São doenças de herança recessiva ligada ao cromossomo X, encontrando-se em seu produto gênico uma proteína chamada distrofina, que está ausente na DMD e em quantidades menores na DMB. Ocorre fraqueza muscular e, inicialmente, a marcha é afetada. A fraqueza é de predomínio proximal. Há pseudo-hipertrofia das panturrilhas e deltoide, em que as células musculares são substituídas por tecido conjuntivo e adiposo. A DMB apresenta caráter mais benigno se comparada à DMD. A fraqueza inicia-se por volta dos 10 anos e, aos 35 anos, muitos ainda conseguem deambular, vindo a falecer ainda mais tarde por insuficiência respiratória ou insuficiência cardíaca (Oliveira, 2005).

Um programa com atividades de aventura deve levar em conta a diminuição de força e resistência de membros inferiores, abdômen e quadril, responsáveis pela locomoção. Também são observadas contraturas nas articulações do tornozelo, joelho e quadril.

Doenças da junção neuromuscular

Várias anormalidades são possíveis na placa mioneural. No botulismo, por exemplo, a toxina impede a liberação de acetilcolina na junção mioneural.

A miastenia grave adquirida é caracterizada por fadiga anormal após atividade muscular repetitiva ou mantida, com melhora após repouso. Ocorre mais frequentemente em adultos jovens do sexo feminino. Os sintomas iniciam-se na musculatura ocular extrínseca, na região de inervação bulbar ou nos músculos dos membros e do corpo. Podem ocorrer diplopia e dificuldade para mastigar, engolir e falar. O início do quadro geralmente é insidioso e a fraqueza também acomete a musculatura do pescoço, afetando a respiração e a musculatura proximal dos membros (Oliveira, 2005).

Neuropatias periféricas

O sistema nervoso periférico compreende os nervos cranianos, com exceção dos nervos olfatório e ótico, as raízes nervosas, gânglios da raiz dorsal, troncos nervosos periféricos e suas ramificações terminais e o sistema nervoso autônomo periférico.

Doenças que causam alteração da função dos nervos periféricos de modo simétrico, distal e bilateral são denominadas polineuropatias. Clinicamente, as neuropatias periféricas podem manifestar-se com alteração da função motora, fraqueza muscular, perda de reflexos profundos, presença de fasciculações e cãibras e alterações da sensibilidade que podem acometer todas as modalidades sensitivas (tátil, térmicas, dolorosa, vibratória e cinético-postural).

Esclerose múltipla

Doença neurológica progressiva desmielinizante. As alterações na bainha de mielina podem ser observadas no cérebro e na medula. Sua causa é desconhecida, mas se sabe que pode ser causada por vírus, reação imune ou ambos. Os indivíduos acometidos por essa doença costumam apresentar sintomas diversos, dependendo da região afetada. Os mais comuns são fraqueza generalizada, visão dupla, fala com pronúncia alterada, murmúrios, marcha cambaleante e paralisia (parcial ou completa).

Nos estágios iniciais, as manifestações ocorrem em períodos alternados de exacerbação (surtos) e remissão. O surto é reconhecido como um estado de súbita perda de função sensitiva ou motora. Essa perda é transitória e pode cessar em questão de dias ou semanas. Posteriormente, os surtos vão deixando sequelas e, finalmente, desaparecem, havendo evolução da doença com novos incrementos das sequelas já existentes. A esclerose múltipla traz fraqueza muscular e, conforme evolui, o indivíduo torna-se pouco tolerante a esforços extenuantes.

Esclerose lateral amiotrófica (ELA)

Constitui uma doença degenerativa fatal do sistema nervoso central, caracterizada por paralisia dos músculos voluntários. O principal sintoma consiste em fraqueza muscular lentamente progressiva que afeta os membros, o tronco, os músculos respiratórios, a orofaringe e a língua (Bennet, 1997 apud Fontes, 2007). Gradualmente, a fraqueza focal e assimétrica generaliza-se e o indivíduo torna-se incapaz de andar, vestir-se ou se alimentar sozinho. Ocorre perda de peso em razão da atrofia muscular e da deglutição comprometida. A sobrevida média é de 3 anos após o início dos sintomas, todavia, alguns pacientes podem viver gravemente debilitados por 10 anos ou mais. Há uma classificação funcional esportiva para facilitar a competição dos que têm doenças neurológicas com base no quadro motor apresentado. Trata-se da classificação dos *les autres* (os outros – ver Quadro 15.2), composta por pessoas que possuem distúrbios motores não resultantes de lesão medular, amputações, sequelas de poliomielite, PC etc.

Poliradiculoneurite aguda ou síndrome de Guillan-Barré

A síndrome de Guillan-Barré é caracterizada por *deficit* motor progressivo, geralmente ascendente, de instalação aguda acompanhada de arreflexia. Geralmente, os primeiros sinais a aparecer são as parestesias. O *deficit* motor é assimétrico, inicia nos

Quadro 15.2 – Classificação funcional – *les autres* – ISOD/IPC – 1995

Classes	Perfis funcionais dos atletas *les autres* pelo sistema das provas do atletismo
LA 1	Utiliza cadeira de rodas. Há redução da força muscular ou da mobilidade, podendo haver presença de espasticidade no braço de arremesso. O equilíbrio sentado está prejudicado.
LA 2	Utiliza cadeira de rodas. O braço de arremesso tem função normal ou com pouco prejuízo, o equilíbrio sentado está prejudicado, mas o equilíbrio sentado é bom.
LA 3	Utiliza cadeira de rodas. Função do braço de arremesso normal com bom equilíbrio sentado.
LA 4	Andante. Usa muletas ou outro auxílio. O braço de arremesso tem função prejudicada e há problemas de equilíbrio. É permitida a utilização de órteses.
LA 5	Andante. O braço de arremesso tem função normal, mas os membros inferiores têm função diminuída ou apresentam problemas de equilíbrio em pé.
LA 6	Andante. O braço de arremesso tem função normal com *deficit* mínimo no tronco ou nos membros inferiores, suficiente para dar desvantagem em relação a seus pares sem deficiência.

membros inferiores e, gradualmente, envolve os membros superiores. Em geral, não há alteração esfincteriana. A progressão atinge no máximo entre 1 a 4 semanas, e a maioria dos pacientes tem recuperação total em poucos meses

Poliradiculoneurite desmielinizante inflamatória crônica

A PDIC diferencia-se da SGB por apresentar início mais insidioso e curso mais progressivo. Frequentemente, a fraqueza muscular chega ao ápice após 2 meses do início dos sintomas, com curso progressivo ou do tipo surto-remissão.

Compressão radicular

A forma mais frequente de compressão das raízes medulares é a doença discogênica, que é a causa mais comum de lombalgia (Nitrini, 1997 apud Fontes, 2007).

A doença caracteriza-se por prolapso, protrusão ou extrusão da substancia (núcleo pulposo) do disco vertebral. Em geral, o início dos sintomas agudos é precedido de lombalgia intermitente crônica, embora a crise possa ser precipitada por lesão específica. Noventa por cento das hérnias de disco localizam-se nos níveis medulares L4-L5 ou L5-S1.

15.7 Lesão medular

Lesões medulares podem ser definidas como uma condição adquirida, resultante de uma lesão da vértebra e\ou dos nervos da coluna vertebral. Essas condições quase sempre estão associadas a algum grau de paralisia por causa dos danos a medula. Em alguns casos traumáticos, podem ocorrer apenas lesões ósseas na coluna, nas quais acontece uma fratura no corpo vertebral. Se o material da medula não

for atingido, esse tipo de lesão não acarretará maiores sequelas para o indivíduo. Caso a medula seja afetada, a lesão é denominada neurológica e, neste caso, as funções dos sistemas motor (movimentos), sensorial (sensibilidade) e autônomo são atingidas. Entre os eventos controlados pelo sistema autônomo encontram-se os batimentos cardíacos, a pressão arterial, a regulação da temperatura, a circulação, a digestão, as funções intestinais, urinárias e sexuais. O grau de paralisia será determinado em função do local da lesão da coluna e do número de fibras que são subsequentemente destruídas.

Para a prática esportiva, é determinante que se conheça muito bem o nível de lesão do indivíduo, a fim de que seja possível inferir se ele foi ou não bem reabilitado. Apenas podem praticar esportes de aventura aqueles indivíduos que já se encontram no estágio final do processo de reabilitação após a lesão.

15.7.1 Anatomia da coluna vertebral lesão medular [2]

- C1-T1(segmentos cervicais): pescoço, músculos dos braços e diafragma.
- T1-T12 (segmentos torácicos): tórax e músculos abdominais.
- L1-L4 (segmentos lombares): músculos do quadril e do joelho.
- L4-S1 (segmento lombossacral): músculos do tornozelo e do pé.
- S2-S4 (segmento sacral): funções urinárias e sexuais.

Quanto à severidade da paralisia, a lesão medular pode ser classificada como: completa, em que ocorre secção completa da medula e não existe nenhuma função sensitiva ou motora abaixo do nível da lesão; e incompleta, em que a secção da medula é parcial e

---

[2] Adaptado de Winnick (1995).

existe a função residual de motricidade e de sensibilidade de retorno progressivo da função muscular. As lesões completas acarretariam perdas totais da contração muscular voluntária (paralisias ou plegias), enquanto as incompletas resultam em perdas parciais dessas capacidades (paresias). Como as funções neurovegetativas são regidas por centros medulares e encefálicos, nas lesões medulares são comuns distúrbios de diversas funções do organismo. O conhecimento de certas sequelas funcionais das lesões medulares e de suas implicações na prática esportiva é imprescindível. Nesses casos, os profissionais de esportes e atividades de aventura devem levar em consideração os riscos em potencial que algumas sequelas podem trazer para os praticantes. Os itens a seguir devem ser cuidadosamente analisados:

Espasticidade

Cadeirantes com lesão acima do segmento T6 geralmente apresentam tônus muscular elevado, denominado espasticidade, no tronco e nos membros inferiores. Podem também apresentar espasmos por mudanças de posição, movimentos repentinos ou por estímulos externos. A espasticidade pode interferir no desempenho de uma atividade esportiva. Porém, algumas técnicas de alongamentos e/ou algumas posições mantidas ou repouso podem contribuir para o término desses espasmos, tornando possível iniciar ou continuar uma atividade com mais segurança.

Redução da ventilação pulmonar e infecções respiratórias

Cadeirantes com lesão medular em segmento cervical ou torácica alta (até T2) são especialmente suscetíveis a infecções respiratórias, geralmente por causa do *deficit* da função da musculatura respiratória e abdominal, o que dificulta a respiração completa. É importante observar que indivíduos com lesões medulares em diferentes níveis conseguem, mediante treinamento físico regular, obter resultados esportivos tão bons quanto os de atletas sem restrições motoras.

Termorregulação

O indivíduo com lesão medular pode apresentar dificuldades em responder a situações de temperaturas elevadas por não conseguir sudorese ou vasodilatação suficiente; essa situação poderia levá-lo rapidamente a um estado de hipertemia. O oposto também é verdadeiro, já que o indivíduo também apresenta dificuldades em responder com tremores e vasoconstrição a temperaturas baixas. Por essa razão, recomenda-se atenção especial para atividades e/ou esportes de aventura com temperaturas muito baixas ou muito elevadas.

Úlceras (escaras) de decúbito

As escaras de decúbito são regiões necrosadas de pele e tecido subcutâneo provocadas por pressão prolongada. Se não tratadas, essas úlceras podem infeccionar gravemente atingindo, inclusive, os ossos. A orientação para esses indivíduos é de que efetuem uma elevação do quadril do assento da cadeira de rodas de uns 10 segundos a cada 30 minutos, pois assim poderemos aliviar a pressão sob o sistema circulatório e melhorar a circulação local. Almofadas de gel ou pneumáticas também são indicadas para a prevenção de úlcera de pressão. Quando o indivíduo já estiver com uma escara, evitar atividades em meio líquido para diminuir o risco em potencial de infecção.

Distúrbios do retorno venoso e osteoporose

A falta de contração muscular abaixo do nível da lesão medular pode provocar perda de massa óssea progressiva por dificuldade na absorção de cálcio. Além disso, a ausência de contração muscular nos membros inferiores dificulta, em parte, o retorno do sangue para o coração, prejudicando de modo geral a circulação sanguínea. Portanto, o profissional de atividades de aventura deve ter especial atenção para a ocorrência de fraturas nos membros inferiores de indivíduos com lesão medular sem contração muscular voluntária nessa região. É preciso atenção para o risco em potencial de fraturas durante atividades em que os membros inferiores fiquem sem adaptação específica de posicionamento seguro. Lembramos que esses indivíduos não possuem sensibilidade nessa parte do corpo. Portanto, uma fratura por trauma poderia passar despercebida.

Quanto à circulação sanguínea, é necessário orientar o indivíduo para que realize movimentos passivos com os pés e a flexão e extensão de joelhos a fim de que o retorno venoso seja facilitado. Para atividades de aventura mais prolongadas, o ato de elevar os membros ao se deitar é uma maneira bastante natural de contribuir para o retorno venoso.

Sensibilidade

A lesão medular acarreta *deficit* na sensibilidade. Atividades em que os indivíduos não terão percepção imediata devem ser cuidadosamente planejadas. Exemplo: atividades em que haja fogueiras, água para banho muito quente, atividades no gelo etc.

A atividade física para pessoas com lesão medular ajuda a conscientizá-las de que não são doentes, mas têm várias possibilidades de sucesso e superação. Ao iniciar uma prática de atividade de aventura, o indivíduo tem a oportunidade de vivenciar momentos de lazer e diversão, melhorar sua aptidão física em geral, vivenciar experiências de vitórias e fracassos, sempre com tolerância e mantendo a motivação.

15.8 Poliomielite aguda e síndrome pós-poliomielite

Também conhecida como paralisia infantil, é provocada por uma infecção viral, a qual afeta os neurônios motores da medula espinhal, ocasionando paralisia geralmente nos membros inferiores, assimétricos e desproporcionais. A sensibilidade, nesse caso, não é prejudicada. A progressão da paralisia, usualmente, cessa em 5 a 7 dias. Há então um período de estabilidade e, nos meses subsequentes, alguns músculos paralisados podem se recuperar pelo processo de reinervação ou por recuperação dos neurônios motores pouco lesados.

A síndrome pós-poliomielite (SPP) é um distúrbio neurológico tardio da pólio caracterizado por nova fraqueza muscular e/ou fatigabilidade muscular anormal em indivíduos que tiveram poliomielite aguda muitos anos antes. Sintomas musculoesqueléticos incluem resistência diminuída, fadiga, dor articular, piora da mobilidade decorrente de escoliose ou de alteração de postura e aumento de peso corporal.

Apenas a minoria dos casos de poliomielite obriga o indivíduo a se locomover em cadeira de rodas. Quando a sequela existe, é possível quase sempre caminhar de forma independente. No entanto, por vezes, o uso de órteses compensatórias se faz necessário. Também é possível que o membro afetado apresente perda de cálcio e certo grau de fraqueza. O profissional deve estar atento às atividades que acarretem possíveis quedas ou choques.

15.8.1 Origem ortopédica

Referem-se aos problemas dos músculos, ossos e/ou articulações. Podem ser:

- malformações;
- amputações.

A atividade física, seja com fins recreativos ou esportivos, pode colaborar decisivamente no processo de reabilitação e inclusão das pessoas com amputações e/ou malformações. Além disso, as atividades físicas melhoram o controle da prótese pelo indivíduo porque diminuem a atrofia muscular e melhoram a propriocepção (Winnick, 1995). A prática regular de atividades físicas é uma alternativa interessante que pode trazer grandes benefícios físicos e psicológicos. Além disso, pode trazer, ainda, ganhos positivos na maneira como os indivíduos percebem seu próprio corpo.

Graças aos avanços tecnológicos recentes, a grande diversidade de próteses permite que os indivíduos amputados pratiquem diversas modalidades esportivas, inclusive as relacionadas à aventura. O mais importante é que se pratique alguma atividade, ainda que não com finalidade competitiva, mas para prevenir doenças hipocinéticas e obter ganhos na qualidade de vida.

15.8.2   Origem sensorial

Perda total e/ou parcial das capacidades:

- visual;
- auditiva.

15.9   Deficiência visual

A deficiência visual é caracterizada pela perda parcial ou total da capacidade visual em ambos os olhos, levando o indivíduo a uma limitação do seu desempenho habitual. A avaliação deve ser realizada após a melhor correção ótica ou cirúrgica. A simples utilização de óculos ou lentes de contato não é suficiente para caracterizar a deficiência visual, pois a prescrição de correção ótica adequada pode conferir ao indivíduo uma condição visual ideal.

Em determinadas situações, mesmo com a perda total da capacidade visual em um dos olhos ou ainda que seja realizada a evisceração ou remoção cirúrgica do órgão visual comprometido, a pessoa pode

apresentar boa porcentagem de visão no órgão visual remanescente. Voltada para a finalidade esportiva, vamos utilizar o sistema de classificação funcional amplamente utilizada em competições sancionadas pela IBSA (*International Blind Sports Federation*). O emprego da letra "b" nas subcategorias refere-se ao termo *blind*, cuja tradução em português é *cego*.

A classificação é feita por exame oftalmológico.

B1 – Desde a inexistência de percepção luminosa em ambos os olhos até a percepção luminosa, mas com incapacidade para reconhecer a forma de uma mão a qualquer distância ou direção.

B2 – Desde a capacidade para reconhecer a forma de uma mão até a acuidade visual de 2/60 m e ou campo visual inferior a 5 graus.

B3 – Acuidade visual entre 2/60 e 6/60 m ou um campo visual entre 5 e 20 graus.

Em termos de conteúdo, os programas de atividade motora adaptada não se distinguem dos programas convencionais. Todavia, o processo ensino-aprendizagem pode se diferenciar quanto a adaptações no espaço físico e de recursos materiais, utilização de mecanismos de informações e modificações nas regras. É importante se dirigir ao aluno com DV (deficiência visual) chamando-o pelo nome. Além da aproximação na relação professor-aluno, esse cuidado é fundamental para a segurança do educando, uma vez que as pessoas DV não enxergam para onde ou para quem o olhar do professor está voltado.

Quando a instrução verbal não é suficiente para a compreensão da atividade por parte da pessoa DV, é necessário recorrer a mecanismos de informação acessórios. Se a explicação por meio de palavras por si só não for suficiente para que a pessoa com DV compreenda o que se espera dela, é possível recorrer à percepção tátil e levá-la a perceber o movimento realizado pelo professor por meio do toque. Se ainda assim a atividade não for compreendida, torna-se necessário recorrer à percepção cinestésica, conduzindo o aluno pelo movimento desejado.

Em relação ao espaço físico, a primeira atitude a ser pensada pelo profissional seria do reconhecimento do local onde se pretende trabalhar, chamando a atenção para as referências mais marcantes. O profissional deve analisar os obstáculos comuns e naturais no percurso a ser percorrido para uma atividade de aventura, observando se há necessidade de ser removidos ou se exigem proteção na tentativa de prevenir possíveis acidentes. O DV deverá ser informado de toda e qualquer alteração que venha a ocorrer na disposição dos equipamentos, trajetos, trilhas, toda disposição do espaço físico.

O Brasil é um dos noventa países filiados a International Blind Sports Federation (IBSA), órgão responsável por dirigir, executar, regulamentar e supervisionar o desporto adaptado a pessoas com deficiência visual em nível internacional.

As atividades de aventura ainda não estão regulamentadas pela IBSA.

15.10 Deficiência auditiva

Caracteriza-se como perda total ou parcial da capacidade de ouvir ou perceber sinais sonoros. O nível de audição pode ser medido por decibéis (dB), unidade de avaliação de intensidade dos sons. Quanto maior o número de decibéis necessários para que uma pessoa possa responder aos sons, maior a perda auditiva. Não existem limitações ou adaptações maiores a serem feitas no que diz respeito às pessoas com deficiência auditiva. As maiores preocupações devem ser em relação ao equilíbrio (estático e dinâmico), à coordenação motora geral, à noção espaço-temporal, à ansiedade, à socialização, ao ritmo e à propriocepção.

O mais indicado seria que o profissional avaliasse, através de testes funcionais, esses componentes citados para determinar os cuidados a serem tomados. A dica

fundamental para se trabalhar com DA é potencializar a comunicação, utilizando para isso vários tipos de estratégias. Embora não seja necessário que o profissional conheça todos os sinais utilizados na comunicação de indivíduos com DA, é interessante que saiba pelo menos o alfabeto e alguns sinais fundamentais. O uso desses sinais por parte do profissional facilita a comunicação e agiliza a comunicação durante as atividades.

Caso a comunicação esteja dificultada, o profissional deve substituir as informações auditivas por outras visuais. Desenvolver a capacidade sensorial e motora da pessoa com deficiência auditiva irá ajudá-la na adaptação social, pois, ao se demonstrar habilidade, adquire-se respeito e, por consequência, ganha-se autoconfiança.

15.11 Intervenção do profissional no esporte adaptado

A intervenção profissional nos esportes de aventura atinge um largo espectro de conhecimento, visando, sobretudo, orientar as pessoas a praticar atividades físicas realizadas na terra, na água e no ar. Há um universo de possibilidades definidas pelas necessidades, pelos desejos e pelas potencialidades do praticante. O planejamento das atividades deve pressupor um conhecimento científico-pedagógico e técnico sobre atividade física com responsabilidade ética. Uma atitude profissional que assume diferenças individuais é essencial. A construção de uma atitude positiva voltada para as capacidades do participante e não para sua deficiência constitui verdadeiro desafio na abordagem feita nos cursos de preparação profissional.

15.11.1 Processo de inclusão

Os processos de inclusão com atividades físicas e/ou esportes de aventura devem levar em consideração os fatores anatômicos, fisiológicos, biomecânicos e comportamentais, possibilitando efetividade e segurança para determinada capacidade motora, além de ser agradável para o indivíduo (motivação). Visam encorajar e promover a atividade física para todos os cidadãos durante a vida, oferecendo assistência e apoio profissional quando requerido, pressupondo experiências esportivas modificadas ou especialmente desenvolvidas para suprir as necessidades especiais de um ou mais indivíduos (Winnick, 1990).

Antes de iniciarmos uma conversa sobre atividades de aventura adaptada, devemos ter em mente que essa pessoa é única e tem características próprias. Com esse pensamento, as pessoas desenvolvem suas potencialidades, limitações, patologias e deficiências com uma característica singular. Não devemos, portanto, criar expectativas em relação a pessoas com as mesmas patologias ou deficiências para que tenham as mesmas manifestações clínicas ou evoluções num processo de reabilitação.

Importante:

- Valorizar o indivíduo e não a deficiência ou as suas incapacidades;
- O que o indivíduo pode fazer é mais importante que aquilo que não pode fazer.

Ao pensarmos em esporte ou atividades de aventura adaptada, devemos ter em mente alguns fatores:

- desconhecer o quadro clínico pode levar ao engano;
- conhecer o quadro clínico auxiliará na escolha de atividades adequadas, levando-se em consideração:
- potencial remanescente;
- eficiência (depende da força de vontade e autonomia).

15.11.2 Desempenho nas atividades físicas

O desempenho nas atividades físicas pode ser limitado pelos espasmos musculares, movimentos atetoides, rigidez, falta de coordenação, tremores e alterações do tônus muscular. Essas características causam dificuldades na execução de habilidades motoras, força e resistência muscular. Por esse motivo, será de extrema

Quadro 15.3 – Aspectos-chave para selecionar um instrumento de avaliação motora

Critérios	Características da seleção
Proposta	- O instrumento selecionado para a proposta fornecerá medidas para identificar a presença ou ausência da habilidade motora. - Tipo de referência (norma ou critério).
Adequação técnica do instrumento	- Padronização. - Validade. - Confiabilidade.
Fatores não discriminatórios	- Adaptar situação, equipamento e linguagem. - O teste deve ser sensível à diversidade cultural e étnica.
Facilidade de administração	- Facilidade de administração do teste. - Planilha fácil de ler e marcar. - Tempo de execução do teste. - Local de aplicação.
Ligação instrutiva	- Fornecimento da informação instrutiva. - Reduzir a quantidade de inferência.
Validade ecológica	- Coleta de dados em ambientes confortáveis. - Familiarização com os materiais do teste.

importância o profissional avaliar o grau de funcionabilidade do indivíduo para cada atividade de aventura.

Avaliação do perfil funcional

Antes de qualquer tipo de atividade de aventura e ou esportes radicais, recomenda-se uma avaliação funcional individualizada, pois pessoas com a mesma deficiência têm respostas diferentes a mesmos estímulos.

Existem centenas de testes formais projetados com a mensuração de várias características de comportamento motor. O desafio para o avaliador é identificar os procedimentos e os instrumentos de avaliação mais apropriados para cada indivíduo (Gorla, 2008).

A avaliação de diferentes aspectos do comportamento motor do indivíduo torna possível ao especialista de esportes de aventura identificar dificuldades e, assim, traçar estratégias instrutivas para cada atividade e ser desenvolvida. O desafio para o avaliador é identificar os procedimentos e instrumentos de avaliação mais apropriados para cada indivíduo ou grupo que será testado. Para avaliar a capacidade de movimento de um indivíduo, a medida pode se estender de um teste formal à observação informal em ambiente natural.

Em geral, o termo *avaliação* é mencionado para testar e atribuir graus aos indivíduos. Porém, a avaliação tem um papel mais abrangente. A avaliação diagnóstico-funcional é efetuada no início da prática de atividades de aventura para auxiliar o profissional a calcular as necessidades dos indivíduos e elaborar as adaptações necessárias para cada atividade esportiva de aventura. Há necessidade de vários estudos aplicando técnicas específicas de avaliação para que possamos ter referenciais próprios voltados para cada população em cada atividade desenvolvida. A capacidade funcional de um indivíduo portador de necessidades especiais nada mais é que a habilidade para realizar atividades convencionais com eficiência, autonomia e independência. Cabe a nós, profissionais, encontrar meios de mensurar essas capacidades e, assim, dar condições para o indivíduo vivenciar atividades que lhes proporcionarão bem-estar, lazer e qualidade de vida.

Referências

COSTA, V. L. M. *Esporte de aventura e risco na montanha: uma trajetória de jogo como limites e incertezas.* 1999. 214 f. Tese (Doutorado em Educação Física) – Rio de Janeiro: UGF, 1999.

FONTES, S. V; FUKUJIMA, M. M; CARDEAL, J. O. *Fisioterapia neurofuncional*: fundamentos para a prática. São Paulo: Atheneu, 2007

GORLA, J. I. *Educação Física adaptada o passo a passo da avaliação*: São Paulo: Phorte, 2008. p. 13-32.

IBGE (2000). Disponível em: <http://www.ibge.gov.br>.

MOHERDAUI, B. Adrenalina: por que corremos riscos. *Veja*, n. 44, p. 72-6, 07 nov. 2001.

OLIVEIRA, A. S. B.; ZANOTELI, E.; GABBAI, A. A. Doenças Neuromusculares. In: PRADO, F. C.; RAMOS, J.; VALLE, J. R. *Atualização Terapêutica*. 22. ed. São Paulo: Artes Médicas; 2005. p. 975-85.

SILVA, A. C. *O atleta portador de deficiência*. In: GHORAYEB, N.; BARROS, T. O. *Exercício*: preparação fisiológica, avaliação médica, aspectos especiais e preventivos. São Paulo: Atheneu, 1999.

SILVA, S. R. G. et al. Práticas de aventuras enquanto possibilidades concretas de construção do tempo de lazer para portadores de necessidades especiais. In: XIV CONGRESSO BRASILEIRO DE CIÊNCIA NO ESPORTE e I CONGRESSO INTERNACIONAL DE CIÊNCIA NO ESPORTE. *Anais...* (CD-ROM). Porto Alegre: ESEF/UFRGS, set. 2005.

TAHARA, A. K. *A aderência às atividades físicas de aventura na natureza, no âmbito do lazer.* 2004. 96 f. Dissertação (Mestrado em Ciências da Motricidade) – Instituto de Biociências, Universidade Estadual Paulista, Rio Claro, 2004.

VIEL, E. *O diagnóstico cinesioterapêutico*: concepção, realização e transcrição na prática clínica e hospitalar. São Paulo: Manole, 2001.

WINNICK, J. P. *Adapted physical education and Sport.* Champaign: Human Kinetics, 1995.

16
Nutrição nas atividades de aventura

Alessandra Lucca

A popularidade das corridas de aventura ao redor do mundo tem aumentado nas últimas décadas com um consequente crescimento no número de eventos e participantes (Townes, 2005; Speedy et al., 2001). Tanto atletas altamente treinados como atletas recreacionais têm buscado esses esportes por vários motivos, como treinamento, *performance*, contato com a natureza, aventura, lazer, distração, espírito de equipe, contato com várias modalidades esportivas ou, simplesmente, para completar o evento (Castilho, 2008). Esse é um dos poucos esportes em que a elite se alinha com os demais competidores na linha de partida (Mackenzie, 2008).

Existem quatro tipos de provas:

- *Corridas Curtas* – Duram entre 3 e 7 horas e são ideais para iniciantes. Apesar de ser de grande explosão e velocidade, normalmente, aproximadamente 95% dos participantes conseguem completar o percurso.
- *Corridas Intermediárias* – Duram de 6 a 12 horas.
- *Corridas longas* – Duram de 12 a 36 horas. O desgaste físico é bem maior, já que o competidor pode ficar sem descanso. Por isso, o ideal é que o participante já tenha realizado algumas corridas curtas ou intermediárias anteriormente. O entrosamento e planejamento da equipe são fundamentais.
- *Expedições* – São mais longas, normalmente com mais de 5 noites de duração, mas podem durar até 10 ou 15 dias. Além do bom planejamento, é preciso de estratégias mais complexas realizadas por equipes experientes no sentido de determinar quando e quanto serão feitos o descanso e alimentação.

As corridas de aventura são caracterizadas por eventos ininterruptos de vários dias que envolvem atividades de diferentes modalidades realizadas por equipes mistas (de 3 a 5 membros). Nesse esporte, são necessárias habilidades específicas para completar as provas de *trekking, mountain biking*, técnicas verticais (rapel, escalada, tirolesa), natação, canoagem, vela, *rafting* e orientação. O deslocamento é realizado por orientação através de mapas ou cartas topográficas e bússolas (Zimberg et al., 2008) e, embora hajam paradas obrigatórias impostas pelos organizadores quando se trata de eventos de vários dias e de expedições, cabe a cada equipe decidir pelo melhor caminho, bem como o melhor momento de descansar, dormir, ingerir fluidos e alimentos (Scott e McNaughton, 2004).

Vence a equipe que levar menos tempo para completar o percurso predefinido pela comissão organizadora da prova sem cometer penalidades (Scott e McNaughton, 2004), passando obrigatoriamente pelos postos de controle (PC), onde se fazem o registro da passagem e anotação dos horários de chegada e de saída. Em corridas de longas distâncias, os atletas têm múltiplas áreas de transição (AT) para as quais os equipamentos e o suprimento de alimentos são levados (e preparados pelas equipes de apoio) e onde se realizam as trocas de modalidade (Castilho, 2008).

Em provas longas, algumas equipes contratam e recebem o auxílio das chamadas "equipes de apoio", compostas por duas ou mais pessoas que ficam nas áreas de transição e são encarregadas de organizar o equipamento, roupa e descanso da equipe. Essas equipes são fundamentais nas ATs, já que preparam os alimentos a serem consumidos no local e repõem os alimentos e suplementos que serão levados na mochila para serem ingeridos ao longo do percurso. Além disso, é a equipe de apoio que observa o estado geral dos participantes verificando se dormiram, se estão emocionalmente bem, com bom raciocínio, machucados ou confusos. Devido ao pouquíssimo tempo para realizar atividades como troca ou eventual conserto de equipamentos (3 a 10 min), é comum observar as equipes de apoio colocando a comida na boca dos atletas enquanto estes realizam outras tarefas (Castilho, 2008).

Devido ao intenso e vigoroso treinamento, um grande número de competidores não completa a competição, o que pode ser explicado por fatores como intensa fadiga, injúria, desidratação, hiponatremia ou hipoglicemia (Jeukendrup et al., 2005; Peters, 2003).

Frequentemente, os praticantes enfrentam condições adversas como privação de sono, má-alimentação com perda de massa muscular e desidratação e podem se perder por horas em terrenos acidentados e inóspitos, ficando expostos a picadas de insetos e outros bichos e mudanças climáticas (chuva, vento, sol, frio). Apesar dos problemas devidos a essas condições adversas (como hipotermia, insolação e hipertermia, riscos de infecções e intoxicações por ingestão de água ou alimentos contaminados, riscos de lesões, entre outros), estudos sobre as diversas modalidades desse esporte e seu impacto sobre os participantes são escassos.

No campo da nutrição, entretanto, existem inúmeras evidências científicas que comprovam a importância do correto manejo dietético para as mudanças favoráveis na composição corporal, para a saúde e para o aprimoramento do desempenho desportivo de atletas e esportistas (SBME, 2003; ADA, DC e ACSM, 2001). A alimentação é um fator determinante da estratégia para a corrida de aventura. Ela pode não ser suficiente para fazer do esportista um campeão, mas garante a finalização da prova (Castilho, 2008). A manutenção de um déficit de energia, poderá acarretar em fadiga crônica, perda de massa corporal e diminuição da *performance* (Applegate, 1991), além de causar prejuízos à saúde (Ledoux, 1999). Portanto, a estratégia nutricional traçada deve, além de promover boa hidratação e aporte calórico adequado, servir para reduzir o impacto causado pelo desgaste físico e a privação do sono, manter a integridade física, o humor e a motivação para continuidade da prova (Antonaccio, s/d).

Apesar do crescente interesse na nutrição esportiva, especialmente no final do século passado e início deste, observa-se ainda hoje um elevado grau de desinformação tanto por parte de atletas profissionais como pelos seus treinadores que, frequentemente, assumem a responsabilidade pelo controle dietético (Soares, Burini e Ishi, 1994). Dessa forma, antes de abordarmos a alimentação dos esportistas envolvidos em corridas de aventura, faz-se necessário apresentar e/ou relembrar alguns conceitos sobre nutrição.

16.1 Macronutrientes e micronutrientes

O organismo obtém a energia de que precisa dos alimentos, porém, essa energia não vem pronta para ser utilizada. É preciso que o alimento passe por um processo de degradação através da digestão, absorção e transporte para que seus nutrientes sejam distribuídos para as células (Sizer e Whitney, 2003). Uma dieta balanceada e de qualidade fornece tanto substratos energéticos para o trabalho biológico quanto substâncias essenciais para a síntese de novos tecidos e reparo de células existentes (McArdle et al., 2000).

Os nutrientes presentes em nossa dieta são diversos, cada um com uma função específica e essencial. Basicamente, eles podem ser classificados em nutrientes que fornecem energia, os macronutrientes (carboidratos, lipídios e proteínas), e nutrientes que não fornecem energia, os micronutrientes (vitaminas e minerais) (Hirschbruch, 2008).

Os carboidratos, quebrados em unidades menores, circularão no sangue na forma de glicose sanguínea ou serão armazenados no músculo e fígado em forma de glicogênio. A gordura (ou lipídio) é degradada em ácido graxo e glicerol e armazenada na forma de triglicérides e as proteínas são degradadas em aminoácidos (Sizer e Whitney, 2003).

Carboidratos: são compostos encontrados em abundância na natureza e correspondem de 50% a 70% da dieta humana. Esse macronutriente é a principal fonte de energia do corpo (combustível preferido para a maioria das funções do corpo); poupa proteína e preserva massa muscular, pois permite que a proteína seja usada para a construção de tecidos ao invés de ser usada como fonte de energia; facilita o metabolismo das gorduras, pois o uso de gordura sem a ajuda do carboidrato faz o organismo entrar em cetose; alimenta o cérebro e o sistema nervoso garantindo seu bom funcionamento, entre outras funções.

Os carboidratos podem ser classificados de acordo com o tamanho da molécula. Assim, os monossacarídeos ou açúcares simples são compostos por uma única molécula química. Exemplo: glicose, galactose, frutose. Os dissacarídeos são compostos por dois monossacarídeos necessitando ser digeridos para serem absorvidos. Exemplo: sacarose, lactose e maltose. Os polissacarídeos ou carboidratos complexos podem apresentar de 10 a 3.000 unidades de monossacarídeos. Exemplos: amido, polissacarídeo não amido (fibras – pectinas, celulose e gomas) e glicogênio (animal).

O principal tipo de carboidrato encontrado nos alimentos consumidos pelos seres humanos é o amido (cerca de 60% dos carboidratos totais), seguido de alguns tipos de dissacarídeos, como a sacarose (ou açúcar de mesa – 30%) e a lactose (10%) (Coutinho, Mendes e Rogero, 2007).

Todos os carboidratos fornecem a mesma quantidade de calorias (4 calorias por grama de carboidrato), contudo, os carboidratos não são todos iguais quanto à nutrição. Cada tipo de carboidrato possui características específicas que influenciam sua velocidade de digestão e absorção, refletindo o seu efeito na glicemia pós-prandial (pós-refeição).

Todos os tipos de carboidratos, ao serem digeridos, transformam-se em glicose. No entanto, alguns alimentos elevam as concentrações plasmáticas de glicose e de insulina a níveis mais altos que outros. Esse efeito, chamado de índice glicêmico (IG) ou resposta glicêmica, é definido como a alteração na curva glicêmica após a ingestão de uma dose de carboidrato (50 g) de um alimento em um período de 2 horas após o consumo, comparado à ingestão da mesma dose de carboidrato de um alimento padrão, como a glicose ou o pão branco (Daly, 2003). Assim, os vários alimentos ricos em carboidratos levam a diferentes respostas

glicêmicas. Aqueles cuja absorção de carboidratos é realizada de forma mais rápida após a ingestão possuem alto IG. Já os alimentos que liberam glicose mais lentamente à corrente sanguínea possuem um baixo IG.

Os carboidratos simples e refinados, além de oferecerem menos nutrientes, apresentam elevado teor de açúcares provocando respostas glicêmicas mais rápidas, devendo, portanto, ser evitados para que a absorção e digestão não sejam aceleradas. Alguns carboidratos simples também apresentam em sua composição quantidades elevadas de gorduras, o que aumentaria a proporção de gorduras ingeridas e reduziria a de carboidrato total.

Já os carboidratos complexos, além de liberarem energia aos tecidos de forma mais equilibrada e constante devido ao menor índice glicêmico, apresentam maior densidade nutricional e fornecem fibras que aumentam a saciedade e vitaminas do complexo B, importantes para o metabolismo energético.

A comunidade científica tem atentado para o controle do consumo de alimentos de baixo índice glicêmico por se acreditar que as dietas que monitoram o índice glicêmico dos alimentos possam controlar a glicemia, regular concentrações plasmáticas de colesterol e triglicerídeos, aumentar a saciedade e otimizar o desempenho esportivo. Assim, tais dietas podem ser aplicáveis a indivíduos diabéticos, hiperlipidêmicos, obesos e saudáveis (Coutinho, Mendes e Rogero, 2007).

Muitos fatores operam em conjunto para determinar a resposta glicêmica de um alimento. Entre eles, podemos citar a quantidade de monossacarídeos (frutose e galactose), a presença de fibras, a proporção de proteínas e gorduras, as diferentes formas de preparo, processamento e armazenamento do alimento (cru, cozido, enlatado etc.), a forma na qual o alimento é ingerido (sólido ou líquido), o tamanho das partículas, a natureza do amido (amilose ou amilopectina) e a presença de inibidores de amilase (fitatos e lectinas).

O efeito glicêmico também pode diferir dependendo do seu consumo isolado ou como parte de uma refeição mista. Quando comemos uma variedade de alimentos em uma refeição mista, não é necessário preocupar-se demasiadamente com o efeito glicêmico, pois seu efeito tende a se equilibrar com a composição da dieta.

A ingestão de alimentos de alto IG pode beneficiar alguns atletas durante e após competições para a manutenção da glicemia e recuperação adequada do glicogênio muscular, respectivamente (Oliveira e Polacow, 2009). O tipo de carboidrato ingerido, a quantidade adequada bem como o horário mais apropriado de acordo com o momento do exercício são fatores essenciais que podem garantir um melhor resultado do exercício. Na hora que precede o exercício, por exemplo, recomendam-se alimentos de baixo IG devido às alterações metabólicas que uma alta concentração de glicose poderia acarretar.

Fontes alimentares de carboidratos:

- *Amido*: arroz, inhame, batata inglesa, batata doce, cará, polvilho, fécula de batata, mandioca, milho, trigo, farinhas, centeio, fubá, macarrão, pães, biscoitos, torradas.
- *Sacarose*: cana-de-açúcar, beterraba, frutas, açúcar refinado, açúcar mascavo, balas, refrigerantes.
- *Lactose*: leite e iogurtes.
- *Polissacarídeos não amidos (fibras)*: vegetais folhosos, legumes e frutas.
- *Frutose*: frutas, mel e parte do açúcar de mesa, xarope de milho de alta frutose (usado para adoçar refrigerantes).
- *Glicose*: parte do açúcar de mesa, xarope de milho e dextrose.

Proteínas: possuem funções importantes dentro do organismo, tais como crescimento, reparo e manutenção dos tecidos, formação de compostos essenciais para o corpo, manutenção das defesas imunológicas (formação de anticorpos), entre outros.

Embora o fornecimento de energia não esteja entre as funções primordiais da proteína, já que essa função é exercida pelos carboidratos e lipídios, os aminoácidos poderão entrar no mesmo caminho metabólico para serem usados como fonte de energia (4 calorias por grama de proteína) quando houver excesso de proteínas ou dependendo da composição da dieta.

A maior parte da proteína que entra no intestino, quer de origem dietética (exógena), quer de origem endógena, é digerida e absorvida na forma de aminoácidos. O metabolismo proteico em nosso organismo é bastante dinâmico de forma que as proteínas são continuamente degradadas e ressintetizadas num processo conhecido como *turnover*. O corpo é eficiente em conservar proteína, pois, além de fabricar alguns aminoácidos, também decompõe moléculas de proteína e reutiliza seus aminoácidos liberados para a síntese de nova proteína.

Apesar da diversidade de funções, as proteínas são estruturas constituídas por diferentes arranjos de 20 aminoácidos, oito dos quais necessariamente devem ser fornecidos por meio da dieta, já que não podem ser produzidos pelo nosso metabolismo e, por essa razão, são chamados de essenciais. Sem esses aminoácidos essenciais, o corpo não pode fabricar as proteínas de que necessita para executar seu trabalho, por isso, precisamos recebê-los através de uma dieta variada. Já os aminoácidos chamados de não essenciais são aqueles cuja produção no organismo pode ser feita através de fragmentos derivados de carboidrato ou gordura e do nitrogênio proveniente de outras fontes (Sizer e Whitney, 2003; Mahan, 2005).

Entretanto, apesar de o tecido muscular poder representar 40% do peso corporal, não somos capazes de armazenar proteína na forma de aminoácidos em nosso organismo, ao contrário do que fazemos com os carboidratos (armazenados na forma de glicogênio) e com os lipídios (armazenados no tecido adiposo como triglicerídeos). A maioria das proteínas do organismo está desempenhando papel estrutural (construção de tecidos, formação de compostos etc.), portanto, se forem desviadas para fornecer energia, o bom funcionamento do organismo poderá ficar comprometido e as estruturas celulares, danificadas (Tirapegui e Mendes, 2009).

Quando a ingestão dietética de proteína é adequada, os aminoácidos derivados da proteína ingerida são imediatamente usados para qualquer síntese de proteína que seja necessária para o crescimento e manutenção dos tecidos corporais. O crescimento, incluindo a construção de músculos, só poderá ocorrer quando uma quantidade apropriada de aminoácidos estiver disponível acima da quantidade necessária para manutenção e reparo dos tecidos existentes. Se não houver uma quantidade de aminoácidos suficiente não haverá crescimento, mas apenas a manutenção ou reparo dos tecidos.

A qualidade da proteína da dieta é determinada pelo tipo e quantidade (proporção) de aminoácidos que contém. Proteínas completas (ou de alto valor biológico) contêm todos os aminoácidos essenciais em proporção capaz de promover crescimento quando estes são as únicas proteínas da dieta. Essas proteínas completas são encontradas em todos os alimentos de origem animal (exceto na gelatina). Proteínas incompletas ou de baixo valor biológico são aquelas que têm quantidades limitadas de um ou mais aminoácidos essenciais. Ao contrário das proteínas de alto valor biológico, se forem usadas como única fonte de proteína da dieta, não haverá crescimento. São exemplos de proteínas incompletas todas as fontes de proteína de origem vegetal. A qualidade proteica da dieta pode ser melhorada se houver a combinação de duas proteínas vegetais (ex.: cereal combinado à leguminosa, como o arroz e feijão, respectivamente) ou adição de pequenas quantidades de proteínas animais à grande quantidade de proteínas vegetais (Silva e Mura, 2007).

Para indivíduos sedentários, recomenda-se o consumo diário de proteínas (RDA) entre 0,8 g/kg de peso/dia. No caso de atletas, existe uma necessidade diária aumentada de proteínas, no entanto, não se deve ingerir grandes porções de proteínas para compensar essa necessidade maior. A posição da American College of Sports Medicine, American Dietetic Association e Dietitians of Canada indica que atletas com 19 anos ou mais podem necessitar de um consumo de proteínas de 50% a 100% maior que os indivíduos sedentários para suprir a produção de energia proveniente do exercício, promover reparo do dano muscular pós-exercício e para a hipertrofia muscular (Position of the ADA, DC e ACSM, 2000).

É importante salientar a importância da orientação correta das quantidades de alimentos proteicos a serem consumidos, pois, no Brasil, temos uma cultura de supervalorização dos alimentos de origem animal, o que leva ao aumento do consumo (Silva e Mura, 2007). Ao contrário do que muitos indivíduos envolvidos em treinamento físico podem pensar, o consumo de proteínas acima do preconizado (10% a 20% do valor calórico total) não potencializa o ganho de massa muscular. Para que o músculo alcance seu potencial de crescimento, faz-se necessário o adequado consumo de carboidratos (50% a 60%) para que as proteínas excedentes não sejam utilizadas no metabolismo energético, mas como matéria-prima para a síntese proteica (Tarnopolsky, 2004).

Fontes alimentares de proteínas:

- *Origem vegetal*: leguminosas secas (feijão, ervilha, lentilha, grão de bico, vagem, soja), castanhas, cereais e sementes.
- *Origem animal*: carnes (bovina, suína, aves, pescados, frutos do mar), ovos, leite, queijos, iogurte, coalhada.

Lipídios: são a fonte de energia mais concentrada e a principal fonte de estoque de energia corporal (na forma de TG nos adipócitos do tecido adiposo e no músculo). Têm funções essenciais na manutenção da temperatura corporal, na síntese e regulação de hormônios; na digestão, absorção e transporte de vitaminas (Mahan, 2005). Também confere mais sabor (palatabilidade) aos alimentos e proporciona uma sensação de maior saciedade por deixar o estômago mais lentamente, embora durante a refeição possa enviar sinais fracos de plenitude, permitindo um consumo de gorduras em exagero (Sizer e Whitney, 2003).

Cada grama de gordura fornece 9 kcal, seja animal, vegetal, líquido ou sólido. Ao contrário dos carboidratos, as gorduras são armazenadas na forma de triglicerídeos quase na ausência de água, fato que as tornam capazes de armazenar muito mais energia por unidade de peso.

Os triglicerídeos provêm 95% da energia proveniente da ingestão de gorduras e são constituídos de uma molécula de glicerol combinada com três moléculas de ácidos graxos (1 triglicerídio = 1 glicerol + 3 ácidos graxos).

Os lipídios dos diferentes alimentos contêm diferentes quantidades de três tipos de ácidos graxos: monoinsaturados, poli-insaturados e saturados. É a proporção entre eles que determina a qualidade da gordura total ingerida. O consumo elevado de ácidos graxos saturados e colesterol somado ao baixo consumo de fibras vêm sendo associados com um maior risco de desenvolvimento de doenças cardiovasculares (Guedes e Guedes, 2001).

Os alimentos de origem animal (carne bovina, aves, carne de porco, banha, laticínios) são mais concentrados em ácidos graxos saturados. A gordura saturada, por sua vez, não é considerada saudável, pois é o principal fator dietético que aumenta o colesterol sanguíneo.

Os ácidos graxos poli-insaturados são encontrados em maior proporção em óleos vegetais (milho, amendoim, soja, girassol) e suas sementes, embora alguns vegetais mereçam atenção pelo alto teor de gordura saturada (palmeira e sua semente, óleo de coco, polpa do coco (parte branca), gordura vegetal e margarina hidrogenada).

Outra categoria de lipídios que tem sido extensivamente estudada são os ácidos graxos *trans*. A indústria, com o intuito de aumentar o tempo de prateleira e melhorar a consistências dos alimentos, tem feito o endurecimento de gorduras poli-insaturadas através da hidrogenação (adição de hidrogênio). Esse processo cria produtos incomuns que não são fabricados pelo organismo, embora estejam presentes na natureza em quantidades limitadas (1% em carnes e derivados do leite), mas que podem prejudicar a saúde. Algumas pesquisas têm demonstrado ocorrer um aumento plasmático do colesterol ruim (LDL) e diminuição do colesterol bom (HDL) com a ingestão de gorduras *trans,* o que contribui para o desenvolvimento de doenças cardiovasculares. Os alimentos ricos nesse tipo de gordura são os sorvetes, batatas fritas, salgadinhos de pacote, pastelarias, bolos, biscoitos, *nuggets, croissants,* gorduras hidrogenadas, margarinas e os alimentos preparados com esses ingredientes. Portanto, tem sido recomendada a redução da ingestão de gordura saturada bem como dos ácidos graxos *trans* por terem papel similar na patogenia de coronariopatias.

Entre os ácidos graxos, os considerados mais saudáveis são os *monoinsaturados*, cujo principal representante é o azeite de oliva. Este apresenta 83% de ácido graxo oleico que ajuda a manter os níveis de colesterol total dentro dos limites normais e aumenta os níveis de HDL (colesterol bom). Outras fontes de ácidos graxos monoinsaturados são óleo de canola, óleo de amendoim, abacate e oleaginosas (nozes, amendoim, castanhas, amêndoas). É importante salientar que, apesar de o ácido graxo monoinsaturado ser uma gordura considerada saudável, ela apresenta alta densidade energética como qualquer outra gordura, portanto, suas calorias não devem ser desprezadas e/ou negligenciadas.

Recomenda-se que uma dieta balanceada forneça aproximadamente 25% a 30% do valor calórico total em forma de gorduras, sendo cerca de 10% de gorduras poli-insaturadas, 10% de monoinsaturadas e menos de 10% de gorduras saturadas.

Fontes alimentares de lipídios:

- *Origem vegetal*: óleos vegetais (soja, milho, girassol, canola), azeites, margarinas, frutas oleaginosas (amendoim, castanhas de caju, castanha-do-pará, macadâmia, nozes, amêndoas, pistache), coco, girassol, dendê, abacate, açaí.
- *Origem animal*: manteiga, banha, bacon, creme de leite, carnes e peixes gordos.

- *Preparações*: maionese, *chantilly*, molhos cremosos, entre outros.

16.1.1 Micronutrientes

Vitaminas: são nutrientes não calóricos e essenciais para a vida, necessários apenas em pequenas quantidades, mas indispensáveis às funções orgânicas. Sua classificação baseia-se na solubilidade de cada vitamina. As hidrossolúveis (vitaminas do complexo B e vitamina C) são solúveis em água, facilmente absorvidas pelo organismo e facilmente excretadas na urina. Não há necessidade de se preocupar com eventuais excessos de consumo, pois dificilmente a quantidade proveniente da dieta alcançará níveis tóxicos e doses elevadas provenientes de alguns suplementos vitamínicos serão eliminadas pela urina. Em contrapartida, as deficiências podem se desenvolver mais rapidamente porque o organismo armazena vitaminas hidrossolúveis somente em pequenas quantidades. As vitaminas lipossolúveis (A, D, E e K) geralmente encontradas nas gorduras e/ou nos óleos dos alimentos, não são solúveis em água e requerem a presença de gordura para serem absorvidas pelo trato intestinal. Uma vez absorvidas, são armazenadas no fígado e no tecido adiposo até que sejam requeridas para desempenhar suas funções. O organismo pode sobreviver semanas consumindo alimentos deficientes nessas vitaminas, uma vez que a dieta como um todo fornece quantidades médias que se aproximam da ingestão recomendada. Porém, quando ingeridas em alta dosagem, podem se acumular no organismo com risco de toxicidade (Sizer e Whitney, 2003; Mahan, 2005).

Minerais: são elementos responsáveis por aproximadamente 4% a 5% do peso corporal. São classificados no corpo como macrominerais aqueles que precisam estar presente relativamente em maior quantidade (maior que 0,005% do peso corporal) e como oligoelementos (traços ou microminerais) aqueles que são requeridos em quantidades mínimas (menor que 0,005% do peso corporal). São macrominerais: cálcio, fósforo, magnésio, enxofre, potássio, sódio e cloro. São microminerais (ou elementos traços): ferro, zinco, selênio, manganês, cobre, iodo, molibdênio, cobalto, cromo e flúor.

Desempenham três papéis fundamentais para o nosso organismo:

- *Estrutural* – Constituintes estruturais de tecidos, ossos e dentes;
- *Funcional* – Participam na manutenção do ritmo cardíaco, na contratilidade e relaxamento muscular, condutividade neural e no equilíbrio ácido básico do organismo;
- *Regulador* – Agem como parte importante das enzimas e dos hormônios que modificam e regulam a atividade celular (McArdle, 2003).

Segundo recente posicionamento de entidades científicas, direcionado à nutrição e à *performance* atlética, o consumo de dieta variada e balanceada é suficiente para atender ao incremento nas necessidades de micronutrientes e às demandas nutricionais de praticantes de exercícios físicos e até de atletas de nível competitivo (ADA, DC, ACSM, 2001; SBME, 2003).

16.2 Energia durante o exercício

Os combustíveis que sustentam o exercício são a glicose (carboidrato), proveniente da oxidação da glicose sanguínea e do glicogênio muscular; os ácidos graxos (gorduras), provenientes do tecido muscular e adiposo e, em pequena extensão, os aminoácidos (proteínas), provenientes da massa magra. O corpo utiliza diversas misturas de combustíveis em diferentes momentos (Sizer e Wwhitney, 2003; Cesar, Rogero e Tirapegui, 2009). Os carboidratos e gorduras são os combustíveis preferenciais, porém, as proteínas podem entrar no processo de fornecimento de energia em casos de *deficit* de energia e carboidratos.

Quando o indivíduo encontra-se em repouso, o corpo obtém um pouco mais que a metade da sua energia dos ácidos graxos, a maior parte do resto da glicose e um pouco de aminoácidos. À medida que o exercício continua, o corpo ajusta sua mistura de combustíveis (Sizer e Whitney, 2003).

O substrato energético utilizado em corridas de aventura é misto, dependendo muito das características do exercício (tipo, intensidade, duração e frequência) e características do atleta (peso corporal, capacidade aeróbia, nível de condicionamento etc.) (Antonaccio e Melchior, 2007).

Não existe uma orientação específica para os praticantes ou atletas de esportes de aventura. As recomendações utilizadas são as mesmas estabelecidas para as atividades físicas em geral. Assim, durante os períodos de treino intenso, recomenda-se alcançar as recomendações para energia e macronutrientes, especialmente carboidratos e proteínas, no sentido de manter a massa corporal, repor as reservas de glicogênio e oferecer quantidades adequadas de proteínas para construção e regeneração dos tecidos. A ingestão de gorduras deve ser adequada para suprir os ácidos graxos essenciais e as vitaminas lipossolúveis e para prover quantidade de energia adequada (ADA, DC e ACSM, 2000).

Os corredores de aventura que desenvolvem um ritmo mais intenso durante a competição visando à melhora do desempenho devem aumentar o consumo de carboidratos e manter uma boa hidratação, além de ingerir quantidades adequadas de proteínas e gorduras. Mesmo os praticantes recreacionais cujo foco não é *performance*, isto é, quando o objetivo é apenas o cumprimento da prova e não realizá-la no menor tempo possível, não devem negligenciar a importância do consumo de carboidratos e a adequada reposição de líquidos. Nesse caso, porém, não há tanta rigidez quanto ao consumo de alimentos com teores um pouco mais elevados de proteínas e gorduras.

O dispêndio de energia depende de múltiplos fatores como tipo de atividade, duração da prova, ritmo empregado durante a prova, temperatura ambiente, entre outros. De forma geral, os valores de energia variam de 30 a 50 kcal/kg de peso de acordo com a menor ou maior intensidade do exercício. Para atletas que se exercitam por mais de 90 min por dia, recomenda-se uma ingestão em torno de 50 kcal/kg no caso dos homens e 45 a 50 kcal/kg no caso das mulheres (Economos, Bortz e Nelson, 1993; SBME, 2003). Entretanto, esses valores podem não ser suficientes, já que em algumas provas de aventura o gasto calórico diário pode variar de 4.000 a 10.000 calorias (Castilho, 2008).

A alimentação adequada em termos de energia e de oferta de carboidratos contribui para a manutenção do peso corporal e a adequada composição corporal, maximizando os resultados do treinamento e contribuindo para a manutenção da saúde. É comum entre os desportistas que treinam várias horas por dia ter uma ingestão inadequada de energia devido ao elevado gasto de energia associado às restrições de tempo disponível para comer (Applegate, 1991). Nesses casos, torna-se difícil atingir todo o aporte de calorias recomendado, o que gera, frequentemente, um *deficit* calórico.

O balanço calórico negativo pode resultar em fornecimento insuficiente de importantes nutrientes relacionados ao metabolismo energético, à reparação tecidual, ao sistema antioxidante e à resposta imunológica (ADA, DC, ACSM, 2001), perda de massa muscular, utilização dos estoques de gordura, disfunção hormonal, osteopenia e maior incidência de fadiga crônica, lesões musculoesqueléticas e doenças infecciosas (SBME, 2003).

Vários estudos demonstram baixa ingestão calórica e padrão alimentar inadequado de atletas profissionais e/ou amadores (SMBE, 2003). Zalcmam et al. (2007) investigaram a ingestão alimentar de atletas de corridas de aventura e observaram que, independentemente do gênero, os atletas tiveram ingestão alta de proteínas (1,9 ± 0,5 g/kg em homens, 2,0 g ± 0,4 g/kg em mulheres) e gorduras (1,6 ± 0,3 g/kg em homens, 1,5 ± 1,3 g/kg em mulheres). Quanto aos carboidratos, a ingestão foi adequada entre as mulheres, porém, esteve abaixo do recomendável (5,9 ± 1,8 g/kg) entre os homens. Para a maioria das vitaminas e minerais, a ingestão esteve adequada, com exceção do magnésio, zinco e potássio em homens e vitamina E e cálcio em mulheres. O estudo chama atenção, ainda, para a necessidade de realização de educação nutricional com os atletas para que estes alcancem as necessidades nutricionais em suas atividades, já que seu perfil nutricional foi inadequado quando comparado aos atletas de *endurance*.

O estudo de Zimberg et al. (2008), cujo objetivo era descrever a ingestão de alimentos de uma corrida de aventura durante uma competição simulada em laboratório, verificou que as corridas de aventura de múltiplos dias geram balanço energético negativo significativo, particularmente nas provas mais prolongadas. A ingestão de carboidratos também esteve abaixo do recomendável, possivelmente devido à maior palatabilidade dos alimentos ricos em proteínas e lipídios. Observou-se, ainda, um padrão de ingestão de energia específico, com a obtenção de significativamente mais energia proveniente dos alimentos do que dos suplementos, além da ingestão energética maior proveniente dos alimentos transportados em *packs* do que dos alimentos disponíveis nas ATs.

Devido ao frequente *deficit* calórico encontrado nos estudos, faz-se necessário um planejamento dietético adequado não somente em termos calóricos, mas também em relação à hidratação e ao aporte de carboidratos, lipídios e proteínas, antes de provas importantes e durante os treinamentos de rotina.

16.3 Como deve ser a dieta pré-exercício?

O que se come antes de competir ou treinar tem, principalmente, os seguintes objetivos (Tirapegui, 2009):

- Abastecer os estoques de glicogênio muscular caso eles não estejam completamente repostos após a última sessão de exercício.
- Abastecer os estoques de glicogênio hepático que se encontram depletados após jejum noturno.
- Oferecer suprimento de glicose, ajudando a prevenir a hipoglicemia e seus sintomas (tontura, fadiga e visão borrada).
- Evitar que o atleta perca o foco no exercício devido à fome e desconfortos gastrointestinais.
- Fornecer boa hidratação, alimentos de fácil digestão e que sejam familiares ao atleta.
- Conscientizar o atleta de que seu corpo está bem-abastecido favorecendo seu psicológico.

16.3.1 Composição e características da dieta pré-exercício

- Fracionar a dieta em 5 ou 6 refeições ao longo do dia para evitar quedas de glicemia (Campos, 2007).
- Ter o *carboidrato* como base da alimentação (50% a 70% do valor energético total – VET) devido ao seu papel fundamental no abastecimento de fígado e músculos. Ademais, é o principal combustível utilizado tanto em exercícios anaeróbios quanto em aeróbios, apresenta digestão e absorção mais rápida e menor sensação de plenitude em relação aos macronutrientes proteína e lipídio.
- Reduzir *gorduras* para facilitar o esvaziamento gástrico e reduzir a sensação de plenitude gástrica, evitando o excesso em intervalos menores que 4 horas do exercício. Ao se iniciar o exercício, se houver alimentos

no estômago, o atleta poderá sentir náusea ou desconforto gástrico, uma vez que o fluxo sanguíneo é desviado do trato digestório para o músculo exercitado. As gorduras mais recomendáveis são as de boa qualidade, como as encontradas em óleos vegetais e castanhas.

- Moderar em *proteínas*: dietas com maior proporção de proteínas do que o recomendado (> que 15% do VET) causam elevação do metabolismo de repouso, produzindo maior calor, o que pode sobrecarregar/aumentar a exigência do mecanismo de regulação de temperatura do atleta durante o exercício. Dietas hiperproteicas elevam a necessidade de ingestão de líquidos de forma a excretar melhor os subprodutos do metabolismo das proteínas como amônia, ácido úrico etc., além de apresentar teores elevados de *gorduras*, o que dificulta o abastecimento dos músculos, esvaziamento gástrico e causam uma sensação de plenitude gástrica maior.
- Ser reduzida em fibras e condimentos para facilitar o esvaziamento gástrico.
- Ser composta de alimentos ou suplementos familiares, bem-tolerados e previamente testados pelo atleta. Não é recomendável fazer experimentos com a dieta que antecede os eventos esportivos sob o risco de expor o atleta a desconfortos gastrointestinais, náuseas, vômitos, diarreias etc. Evitar marcas e sabores diferentes daqueles habitualmente utilizados.
- Respeitar as características gastrointestinais e o tempo de digestão individuais. Quanto mais próximo da hora da competição, menor deve ser o volume e o conteúdo energético ingeridos para adequado esvaziamento gástrico. Refeição completa e de alto IG: 4 h antes; lanches: no mínimo 2 horas antes e de baixo IG, preferencialmente na forma de soluções de até 8% de carboidratos (Castilho, 2008).

- Se for consumida minutos antes, devem ser de baixo a moderado IG para não ocasionar "pico de insulina".
- Promover boa hidratação (vide hidratação).
- Evitar cafeína e álcool devido à ação diurética, o que poderia afetar a hidratação.

Importante: jamais iniciar uma atividade física em jejum. A não reposição dos estoques de glicogênio hepático (depletados pelo jejum noturno) pode levar à hipoglicemia e mal-estar físico, comprometendo o desempenho do atleta, especialmente nas atividades de longa duração. Além disso, o jejum causa cetose e estimula a gliconeogênese a partir de aminoácidos, acarretando perda de massa muscular.

16.3.2 Carboidratos *vs.* desempenho

Apesar de o efeito ergogênico da ingestão de carboidratos durante exercícios de *endurance* já ter sido amplamente comprovado por vários estudos, seu consumo por atletas ainda é considerado baixo.

A importância dos carboidratos na dieta torna-se crescente à medida que a intensidade do exercício físico aumenta. Quando os estoques de glicogênio estão em níveis normais, o carboidrato é o nutriente preferencialmente utilizado pelo organismo como fornecedor de energia, especialmente nos exercícios de intensidades mais elevadas e duração prolongada (Lima Silva et al., 2007). Quando sua disponibilidade diminui, seja na circulação sanguínea (glicose sanguínea), no músculo ou no fígado (glicogênio), a capacidade de trabalho físico torna-se limitada levando à fadiga caso ocorra a depleção (redução drástica dos níveis) de glicogênio muscular e/ou hipoglicemia.

A reserva de carboidratos no ser humano se dá na forma de glicogênio, que pode ser estocado tanto no fígado (1/3) como no músculo (2/3). O glicogênio armazenado no músculo é a fonte primária de energia para o músculo em atividade no início do exercício. Assim, o papel do glicogênio muscular é gerar energia para a contração da própria célula muscular. À medida que a reserva muscular for diminuindo, ocorrerá maior captação de glicose sanguínea pelo músculo para responder à maior demanda energética. O glicogênio muscular, porém, não é capaz de liberar glicose na circulação sanguínea a fim de auxiliar na manutenção da glicemia do indivíduo durante o jejum (Gomes, Guerra e Tirapegui, 2009).

O conteúdo de glicogênio hepático varia de acordo com a ingestão prévia de alimentos ricos em carboidratos, o nível de treinamento e o grau de jejum do indivíduo. Quando a glicemia começa a diminuir, o fígado é estimulado a liberar mais glicose para evitar que falte glicose às células, principalmente para o SNC, que necessita de glicose minuto a minuto. Como os estoques de glicogênio hepático também são limitados, as células do fígado começam a gerar glicose (gliconeogênese) a partir de aminoácidos, lactato e outros compostos (Gomes, Guerra e Tirapegui, 2009).

Em atividades aeróbias de maior intensidade e duração, as reservas de glicogênio poderão se esgotar. Quando essa depleção de glicogênio vem acompanhada de queda na glicemia, há uma interrupção na função do sistema nervoso, começam a aparecer sinais de fraqueza e manter-se no exercício torna-se cada vez mais difícil. Nesse momento, a fadiga apresenta-se como um risco iminente, mesmo havendo participação das reservas de gordura (Gomes, Guerra e Tirapegui, 2009).

Para adiar a exaustão, quatro estratégias podem ajudar a sustentar o desempenho em esportes de resistência: 1) ingerir uma dieta rica em CH diariamente (65% a 70%); 2) consumir glicose extra durante as atividades de resistência auxiliará na preservação do glicogênio muscular e hepático; 3) ingerir carboidratos após o exercício para a reposição do glicogênio muscular e hepático; 4) treinar os músculos para que estes armazenem o máximo de glicogênio (Sizer e Whitney, 2003).

Vale ressaltar que ainda que o exercício em questão não utilize predominantemente o carboidrato como fonte de energia, é importante a oferta de grande quantidade de carboidratos na dieta, já que vários trabalhos mostram que a resistência à fadiga está diretamente relacionada às concentrações de glicogênio muscular (Campos, 2009). Além disso, a gordura só será utilizada quando houver carboidrato, portanto, a presença deste último é fundamental.

16.3.3 Suplementação de carboidratos

Quanto consumir de carboidrato para repor estoques de glicogênio?

A necessidade individual de carboidratos dependerá do gasto energético, da modalidade esportiva, do sexo e das condições ambientais (ADA, DC, ACSM, 2001). Entretanto, no planejamento alimentar, para atender à demanda de um treinamento esportivo, recomenda-se a ingestão de 6 a 10 g de carboidrato por quilo de peso corporal por dia (ACSM, 2000), o que corresponde a 60% a 70% do aporte calórico diário (SBME, 2003). Em atividades com 4 horas ou mais de duração, a recomendação pode chegar a 10 a 15 g de carboidrato/kg de peso.

Pré-competição ou atividade

Dietas ricas em carboidratos associadas com a ingestão adequada de energia são importantes no período de treinamento e na fase que antecede a competição devido à sua capacidade de manter ou aumentar os estoques de glicogênio muscular (ADA, DC, ACSM, 2001).

O treino intenso sem a reposição adequada de glicogênio muscular através da ingestão de carboidratos pode acarretar depleção do glicogênio ou em reservas menores antes do evento, o que poderá prejudicar o desempenho do atleta nos treinos ou competições.

Além disso, a ingestão de carboidrato pode afetar a imunidade por meio do aumento da disponibilidade de glicose como substrato energético para as células do sistema imune, o que pode atenuar as alterações negativas neste sistema decorrentes do exercício (Nieman et al., 2001).

De 3 a 4 horas antes do início da sessão de exercícios, deve-se ingerir alimentos ricos em carboidratos, podendo ser feita uma refeição de maior volume, já que há tempo suficiente para a digestão. O consumo de alimentos em intervalo menor (60 ou 30 min) pode causar desconforto gástrico devido ao curto período para digestão e absorção de carboidratos. Dessa forma, o conteúdo ideal a ser consumido varia de 1 a 4 g de carboidratos/kg de peso entre 1 a 4 horas antes do exercício, distribuídas de forma que as maiores quantidades devem estar em horários mais distantes do início do exercício (Tirapegui, 2009).

O uso de suplementos de carboidratos pode ser útil nos casos em que o intervalo entre a refeição pré-atividade e o início do exercício é muito curto, como 1 hora ou menos, fornecendo glicose para ser metabolizada durante o exercício e tornando-se mais rapidamente disponível quanto maior for seu índice glicêmico. Contudo, deve-se estar atento para as alterações metabólicas que podem ocorrer devido ao consumo de carboidratos na hora que antecede o exercício. O consumo de carboidratos, especialmente aqueles com alto IG, provoca aumento da glicemia e, por conseguinte, aumento nos níveis de insulina. Essa hiperinsulinemia associada à maior captação de glicose pelo músculo em contração e ao efeito inibitório do exercício sobre a liberação de glicose pelo fígado, pode levar a uma hipoglicemia, apesar de a absorção de carboidratos continuar ocorrendo. Além disso, o aumento da glicemia provocado pelo consumo de carboidratos pode impedir a oxidação de ácidos graxos via inibição mediada pela insulina (Oliveira e Polacow, 2009).

Supercompensação (ou carregamento) de carboidratos

A quantidade de glicogênio disponível no músculo pode influenciar o tempo do exercício e levar à fadiga precoce caso haja depleção do glicogênio muscular. Assim, altos níveis de glicogênio pré-exercício ajudarão o atleta a se exercitar por períodos maiores antes do aparecimento da fadiga.

O estudo de Bergstrom et al. (1967) foi um dos primeiros a verificar uma prorrogação no tempo de permanência no esforço obtida por uma combinação de exercício e dieta (supercompensação) capaz de aumentar as reservas glicogênio muscular, enquanto que reservas reduzidas por jejum ou reposição inadequada de carboidratos dietéticos levavam a uma diminuição no tempo de atividade.

A supercompensação de carboidratos é uma manobra dietética que consiste em combinar o aumento gradativo do consumo de carboidratos com a diminuição, também gradativa, da intensidade/volume do treinamento.

O método mais prático de carregamento de glicogênio, proposto por Sherman (1981), envolve a alteração da dieta por 6 dias e não inclui a fase de depleção dos estoques glicogênio. Nos dias 6, 5 e 4 anteriores ao evento, devem-se praticar os mesmos exercícios da competição e, ao mesmo tempo, aumentar progressivamente a ingestão diária de carboidratos. Inicialmente, o atleta deverá consumir uma dieta moderada de carboidratos (50% do total de calorias). Isso deixará o músculo pronto para a supercompensação, de forma que a pessoa não adoeça, o que geralmente ocorre quando os carboidratos são eliminados. Nos últimos três dias antes da competição, o treinamento deve ser diminuído (para não utilizar o glicogênio estocado) e uma dieta rica em carboidratos deve ser consumida (70% do total de calorias). Essa manobra de supercompensação permite que os estoques de glicogênio muscular sejam aumentados em até 50%, o que poderia levar a um maior desempenho durante o exercício. Além disso, esse método não apresenta os efeitos indesejáveis de injúria, irritabilidade e fadiga crônica causados pelo método clássico proposto na década de 1960 (Bergstrom et al., 1967).

Em climas quentes, o glicogênio extra armazenado durante o método de carregamento, além de ampliar a resistência pode conferir vantagem adicional quanto à hidratação do atleta. Isso ocorre porque há liberação de água à medida que o glicogênio é decomposto, o que pode auxiliar nas necessidades de líquidos do atleta (Sizer e Whitney, 2003).

Essa manobra, entretanto, deve ser usada exclusivamente em atletas do sexo masculino, já que as mulheres não apresentam variação no conteúdo de glicogênio quando submetidas à supercompensação (Ruby, 1999). Além disso, oferece benefícios apenas em exercícios nos quais a glicose esteja relacionada à glicose, ou seja, em programas de exercícios contínuos que durem 90 min ou mais. Tais benefícios não são estendidos aos exercícios intermitentes.

Carboidratos durante atividade

Frequentemente, atletas ou praticantes de atividade física deixam de se alimentar ou de se hidratar durante as provas por esquecimento e/ou por não sentirem fome ou sede, já que estão influenciados pela correria e pela adrenalina da prova. Ademais, existe uma grande dificuldade em se alimentar praticando corrida, pedalando, remando ou mesmo andando, uma vez que estas atividades são sempre feitas de maneira apressada. Este fato, entretanto, não deve acontecer, já que a procura por alimentos ou líquidos após o indivíduo sentir-se cansado, com fome ou sede leva ao fornecimento de glicose insuficiente e à desidratação, não trazendo benefícios ao atleta (Castilho, 2008).

Durante o exercício, a ingestão de carboidratos deve ser feita em intervalos de 10 a 30 min ou de 30 a 60 min, no máximo, após o início do exercício. Recomenda-se aproveitar o início do exercício para comer e fazê-lo em intervalos frequentes, mesmo que não haja fome. A ingestão frequente desde o início gera um fluxo contínuo de carboidratos do intestino para a corrente sanguínea, evitando a hipoglicemia e diminuindo a degradação de massa magra.

Quando o exercício se estende por um período superior a 2 horas, observa-se uma diminuição da taxa de liberação de glicose pelo fígado decorrente da depleção gradual dos estoques de glicogênio. Portanto, a ingestão de carboidratos durante o exercício disponibiliza energia prontamente, pois a glicose ingerida durante uma competição de longa duração parte do trato digestório em direção aos músculos que estão sendo exercitados. Essa fonte externa de glicose mantém as concentrações de glicose sanguínea permitindo que o indivíduo se mantenha mais tempo em atividade; economiza o glicogênio hepático, pois o músculo exercitado passa a captar mais glicose plasmática; poupa proteína; evita a hipoglicemia, a depleção de glicogênio e a fadiga (Sizer e Whitney, 2003), além de favorecer a utilização da gordura. Dessa maneira, a ingestão de carboidratos extra pode beneficiar aqueles atletas engajados em exercícios que se estendem por mais de 60 min, especialmente se os estoques estiverem baixos, porém o mesmo benefício não se aplica àqueles exercícios com duração menor que 1 hora, intermitentes ou contínuos.

Caso o consumo de carboidratos durante o exercício seja inadequado ou negligenciado, o glicogênio muscular poderá ser completamente esgotado levando à fadiga ou, na melhor das hipóteses, à diminuição drástica do ritmo da atividade física. Isso acontece porque somente o carboidrato é capaz de sustentar atividades prolongadas de alta intensidade, já que, por unidade de tempo, mais moléculas de ATP são derivadas dos carboidratos do que da oxidação dos ácidos graxos (Jeukendrup, Soris e Wagenmakers, 1998), ou seja, apesar de os ácidos graxos representarem uma fonte de energia teoricamente ilimitada, não conseguem ser oxidados na mesma velocidade em que são requeridos (Oliveira e Polacow, 2009).

Portanto, a gordura também tem uma participação importante no fornecimento de energia durante todo o tempo de duração do exercício, especialmente quando a atividade se prolonga e quando seu nível de intensidade é de baixo a moderado. Assim, se houver quantidade suficiente de carboidratos no organismo, o indivíduo conseguirá manter um ritmo forte, porém a proporção de energia proveniente da gordura tende a diminuir. No entanto, se os estoques de carboidratos já estiverem se esgotando, o nível de intensidade diminuirá e a contribuição da gordura no fornecimento de energia se tornará mais expressiva.

Tipo de carboidrato

Os carboidratos mais utilizados na suplementação durante o exercício por manterem a concentração sanguínea de glicose são sacarose, glicose e maltodextrina (polímeros de glicose, que após a digestão são quebradas em moléculas de glicose), em solução ou gel. A frutose, a menos que esteja acompanhada de outros carboidratos, não deve ser usada de maneira isolada, pois, além da possibilidade de distúrbios gastrointestinais, sua conversão à glicose é mais lenta, tornando a liberação de glicose pelo fígado para o músculo exercitado mais demorada.

Durante o exercício, a suplementação de carboidratos pode ser feita na forma sólida ou líquida já que ambas as formas produzem respostas glicêmicas e insulinêmicas similares (Cyrino e Burini, 1997). Em corridas e exercícios aquáticos, situações em que o fluxo sanguíneo está desviado para o exercício e são envolvidos grandes grupamentos musculares, a administração na forma líquida pode ser mais prática, pois facilita o esvaziamento gástrico, torna a digestão mais fácil, causa menor sensação de plenitude gástrica, além de auxiliar na reposição de fluidos. Já no ciclismo, a forma sólida pode ser mais recomendável, já que o indivíduo usa menos grupos musculares e está sentado, o que lhe permite um pouco mais de agilidade/mobilidade para se alimentar (Tirapegui, 2009).

A maltodextrina se tornou a forma mais popular de inclusão de carboidratos em bebidas, pois é um carboidrato de sabor neutro, baixo valor osmótico, pouco enjoativo e com taxas de absorção e oxidação semelhantes à da glicose. Os carboidratos do tipo "gel", com opções de 20 e 30 g, também são práticos e ideais para essa finalidade e devem ser associados à água ou bebidas com concentrações de carboidratos entre 6% a 8% que também contenham sódio se a atividade for superior a 1 hora. Essa manobra favorece a hidratação do atleta, além de fornecer carboidrato.

Para provas longas, os atletas devem consumir diariamente entre 7 e 8 g de carboidrato/kg de peso ou 30 a 60 g de carboidrato, para cada hora de exercício, com objetivo o de poupar o glicogênio e evitar hipoglicemia e fadiga (SBME, 2003).

Pensando-se que os carboidratos devem estar diluídos em uma concentração de 4% a 8% e para atender à quantidade de 30 a 60 g de carboidrato por hora, deve-se utilizar de 600 a 1.200 mL de fluido (4 a 8 g de carboidrato/100 mL) (Oliveira e Polacow, 2009) ou de 150 a 300 mL de bebida com concentração de 4% a 8% de carboidratos a cada 15 a 20 min. Para um indivíduo que pese cerca de 60 kg, poderão ser utilizados três sachês em gel (de 20 g) por hora (um a cada 20 min), juntamente com 200 a 300 mL de água a cada 20 min acrescidos de 1 g de sódio para cada litro de água. Um volume de 500 mL de uma bebida hidroeletrolítica (ou isotônica) com teor de 6% de carboidrato provém 30 g de carboidrato. Uma solução composta por três colheres de sopa cheias (50 g) de maltodextrina em 625 mL de água ou 60 g de maltodextrina em 750 mL de água apresenta um teor de carboidratos de 8% de carboidrato.

Bebidas mais concentradas em carboidratos (> 8%) devem ser evitadas por resultarem em diminuição do esvaziamento gástrico (vide item Hidratação). Além disso, o uso de soluções com mais de 20% de carboidratos jamais deve ser feito, uma vez que não traz benefício algum à *performance* e acarreta em incômodos gastrointestinais.

Carboidratos após a atividade

Embora frequentemente o atleta ou praticante experimente um quadro de anorexia pós-esforço, o tempo decorrido após o término do esforço até que se inicie a alimentação é de suma importância. Imediatamente após o esforço, deve-se priorizar a oferta de aporte adequado de energia e carboidratos, bem como a reposição de fluidos e eletrólitos. Essa manobra dietética visa à ressíntese de glicogênio muscular, já que a captação da glicose está aumentada, os receptores de insulina estão mais sensíveis, aumentando o influxo de glicose e o maior fluxo sanguíneo facilita a chegada de nutrientes para músculo. A ressíntese de glicogênio é mais eficiente no período de até 2 horas após o término do exercício. Fazer a refeição após terem se passado 2 horas reduz a taxa de síntese de glicogênio quase à metade (Parkin et al., 1997). Para aqueles atletas que estejam sem fome, devem ser oferecidas bebidas mais concentradas em carboidratos (20% a 25%) que contenham sódio, bem como bebidas esportivas.

Nas fases de recuperação que sucedem as sessões de treinamento intenso, recomenda-se o consumo de alimentos de alto IG devido à otimização da recuperação dos estoques de glicogênio muscular. A hiperinsulinemia causada pelo consumo do alimento de alto IG torna a captação de glicose mais rápida e diminui a oxidação de aminoácidos, auxiliando a reposição de glicogênio e, consequentemente, a recuperação do atleta para a próxima sessão de exercícios físicos (Coutinho, Mendes e Rogero, 2007). Enquanto a glicose tem papel na ressíntese do glicogênio muscular, a frutose, um carboidrato de baixo índice glicêmico, tem grande importância no estabelecimento das reservas hepáticas de glicogênio (Lima Silva et al., 2007).

Recomenda-se uma ingestão de 1,5 g/kg de peso nos primeiros 30 min após o término do esforço, seguido de alimentação fracionada (de 2 em 2 horas) com maior aporte de carboidratos ou 0,7 a 1 g/kg a cada 2 horas. No período de 4 horas, recomenda-se a ingestão de carboidratos simples entre 0,7 e 1,5 g/kg peso, o que é suficiente para a ressíntese plena de glicogênio muscular (SBME, 2003). No período de 24 horas, sugere-se a ingestão de 7 a 10 g/kg/dia, totalizando cerca de 600 g de carboidrato. Portanto, a preocupação com a alimentação não se limita apenas ao período pós-exercício. O esportista deve comer tão logo o evento acabe, mas deve, também, continuar comendo e se hidratando nas 24 horas subsequentes (Castilho, 2008).

Se a dieta pós-exercício for rica em carboidratos, a síntese completa (ou repleção) de glicogênio geralmente ocorre em 24 horas. Quando o carboidrato é suplementado em quantidades de 1,0 a 1,8 g/kg/h em intervalos de 15 a 60 min durante 3 ou 4 horas do período de recuperação, ocorre uma alta taxa de síntese de glicogênio muscular (40 a 43 mmol/kg de peso seco/h) (Oliveira e Polacow, 2009). Se a dieta não contiver carboidratos, a reposição completa de glicogênio muscular poderá acontecer somente após um período de 8 a 10 dias (Rogero, 2007).

O consumo de proteínas após o exercício também se faz necessário. Recomenda-se 1 g de proteína para cada 3 g de carboidratos (Clark, 2009), já que pode contribuir nos processos de reparo e construção do tecido muscular (ACSM, 2000).

16.4 Proteínas e o exercício físico

Nos exercícios de *endurance*, as necessidades diárias de proteínas estão aumentadas em função da contribuição auxiliar destas no fornecimento de energia. Porém, vale lembrar que, ao contrário do que ocorre com os carboidratos e lipídios, as proteínas não são uma fonte de energia significativa durante o exercício. Sua participação aumenta quanto maior for a duração do exercício, contribuindo para a manutenção da glicose sanguínea, principalmente por meio da gliconeogênese hepática; porém, mesmo em situações em que essa utilização é máxima, estima-se que a contribuição total desse nutriente como substrato de energia seja em torno de 10% do total calórico gasto (Dohm et al., 1985).

A ingestão diária de proteínas recomendada aos atletas de *endurance* é de 1,2 a 1,6 g/kg de peso corporal (SBME, 2003). Esses valores, porém, podem ser difíceis de serem atingidos em provas de muita atividade e pouco tempo para alimentação e digestão, como as corridas de aventura. Como alternativa prática para que a proteína não seja utilizada como substrato de energia, o esportista pode utilizar uma suplementação de BCAA, uma vez que esses aminoácidos ramificados são os primeiros a se degradar para fornecer energia (Antonaccio, s/d).

As evidências científicas disponíveis não encontraram benefícios adicionais quando a quantidade consumida supera 2,4 g de proteína/kg de peso/dia (Lemon, 1997, 1998; Tarnopolsky et al., 1992). O consumo de proteínas acima do preconizado reverte-se em sobrecarga corporal de proteínas, pois pode exceder a capacidade do fígado em converter o excesso de nitrogênio em ureia (Tirapegui, Rossi e Rogero, 2009).

16.5 Lipídios e o exercício físico

Apesar de os lipídios serem considerados os vilões de dietas devido à maior densidade calórica por grama de gordura (9 kcal/g) em relação aos macronutrientes carboidratos e proteínas (4 kcal/g), sua ingestão não deve ser inferior a 15% do VET devido à importância dos ácidos graxos essenciais, das vitaminas lipossolúveis, da preservação das membranas biológicas e seu papel na síntese de hormônios esteroides (Swinburn e Ravussin, 1993). Além disso, quantidades muito abaixo do recomendado não trazem qualquer benefício à saúde e à *performance* (ADA, DC e ACSM, 2001).

A gordura também fornece energia durante todo o tempo de duração do exercício, principalmente nas atividades prolongadas de baixa a moderada intensidade. Com o prolongamento da atividade, à medida que as reservas de carboidratos vão diminuindo, ocorre a transferência de predominância do metabolismo de glicogênio muscular para o de lipídios (Lima Silva et al., 2007).

Contudo, apesar da grande quantidade de lipídios disponíveis como substrato energético no organismo, os processos de utilização destes são ativados lentamente e ocorrem em taxas significativamente inferiores àquelas observadas durante o catabolismo de carboidratos (Cesar, Rogero e Tirapegui, 2007).

As reservas de gordura do corpo são mais importantes como combustível para a atividade que a gordura da dieta. Diferentemente das reservas de glicogênio do corpo, que são limitadas, as reservas de gordura podem sustentar horas de atividade sem se esgotarem. A gordura corporal é (teoricamente) uma fonte ilimitada de energia (Sizer e Whitney, 2003) podendo fornecer cerca de 70.000 a 75.000 calorias. Entretanto, conforme já mencionado, é necessário o mínimo de carboidrato para que haja o estímulo à degradação de gordura ou lipólise no interior da célula muscular (Tirapegui e Mendes, 2007).

Até mesmo os corpos magros dos maratonistas carregam gordura suficiente para sustentar 2 ou 3 horas seguidas de atividades físicas, de modo que não se justifica recomendar dietas com teor de lipídios acima do estipulado para a população normal (Campos, 2007), ou seja, entre 20% a 25% da ingestão energética diária. No caso de atletas de resistência, o consumo de gordura é de 2 g/kg/peso (Campos et al., 2001), o que representa 18% do VET da dieta.

O treinamento promove adaptações no músculo treinado de forma que este passa a usar menos glicose e mais gordura que os músculos não treinados para efetuar a mesma quantidade de trabalho. Assim, uma pessoa treinada pode trabalhar em intensidades mais altas durante períodos mais longos do que uma pessoa não treinada, ambas usando a mesma quantidade de glicogênio (Coggan, 1997).

Um indivíduo adulto necessita de cerca de 1 g de gordura por 1 kg de peso corporal, o que representa cerca de 30% do valor calórico total da dieta (SMBE, 2003). A utilização de gordura como fonte de energia adicional à dieta pode ser adotada, não devendo ultrapassar, contudo, 30% do valor energético total (ADA, DC e ACSM, 2001; Panza et al., 2007) e seguindo a proporção de 10% de ácidos graxos saturados, 10% de poli-insaturados e 10% de monoinsaturados (SMBE, 2003).

16.6 Suplementos

O uso de suplementos é amplamente difundido no meio esportivo; entre os principais motivos para isso estão a ausência de recomendações precisas para praticante de atividade física, a grande motivação para melhorar *performance* e a pressão exercida pelos membros do grupo. A suplementação por si só, entretanto, não promove melhoras e não compensa deficiências causadas por uma dieta inadequada.

Assim, antes da prescrição de qualquer suplemento, é necessário ajustar a alimentação do atleta; investigar a real necessidade de uso; analisar em que situações os suplementos podem ser utilizados; qual o tipo de atividade a ser praticada e o suplemento mais indicado para a atividade em questão; analisar se a utilização é segura à saúde; se existe eficácia comprovada na melhora da *performance,* além da permissão de uso pelas regras do *doping.*

A suplementação se faz necessária quando o esporte é associado com ingestões de energia extremamente altas (para cobrir as necessidades de nutrientes aumentadas pelo esforço, já que o atleta não consegue ingerir grandes quantidades de alimentos) para compensar hábitos alimentares inadequados (dieta com variedade restrita ou acesso limitado a alimentos) ou para recuperação rápida, especialmente em casos de anorexia pós-esforço.

Segundo Castilho (2008), os suplementos mais utilizados pelos corredores de aventura são: maltodextrina, carboidratos em gel, barras energéticas e proteicas, aminoácidos de cadeia ramificada (BCAA), glutamina, cafeína em capsulas, vitaminas e antioxidantes.

16.7   Hidratação

A ingestão de fluidos e a adequada hidratação antes, durante e após o exercício, principalmente os intensos ou os realizados em ambientes quentes, é essencial para equilibrar as perdas hídricas decorrentes da sudorese excessiva e garantir ao atleta condições ideais para que ele mantenha o esforço e o desempenho.

Durante a atividade física, a contração muscular gera uma grande quantidade de calor no organismo,

o que acaba por elevar a temperatura do corpo. Esse calor é dissipado, em parte, pela produção de suor, um dos principais mecanismos fisiológicos da termorregulação (Sawka, 1992), de forma a manter a temperatura corporal entre $37\,^{\circ}C \pm 1\,^{\circ}C$. A dissipação do calor pela evaporação, no entanto, pode levar à desidratação, à hipertermia, a câimbras e a outros distúrbios ameaçadores ao equilíbrio hídrico e à temperatura central caso a reposição de líquidos seja feita de maneira insuficiente/inadequada (McArdle et al., 2001).

No repouso, a taxa de produção de calor representa cerca de 1 kcal/minuto, mas, em exercício, essa razão pode exceder 20 kcal/minuto. Se o calor produzido fosse retido ao invés de ser dissipado, a temperatura corporal subiria $1\,^{\circ}C$ a cada 5 a 8 min e, rapidamente, o organismo entraria em choque térmico (Guerra, Gomes e Tirapegui, 2009).

Qualquer grau de desidratação é capaz de promover queda no desempenho do atleta, pois a desidratação afeta tanto a função fisiológica quanto a termorregulação. É sabido que o rendimento do exercício é reduzido quando o indivíduo está hipo-hidratado em 2% do seu peso corporal. Perdas hídricas superiores a 5% do peso corporal podem levar à diminuição do desempenho em cerca de 30%. Se a desidratação persistir com perda de água superior a 7%, o risco de colapso arterial torna-se iminente e, acima de 11% do peso corporal, há risco de morte.

Com a progressão da desidratação e a diminuição do volume plasmático devido à perda de líquidos no corpo, o fluxo sanguíneo periférico e o ritmo da transpiração diminuem. Assim, ocorre aumento na frequência cardíaca para redistribuição do fluxo sanguíneo com consequente sobrecarga do sistema cardiovascular, já que o batimento cardíaco desloca menor volume de sangue e é obrigado a bater mais rápido para irrigar os tecidos adequadamente. Como o fluxo sanguíneo nos músculos está reduzido, há entrada de menos oxigênio e menor eficiência na eliminação de produtos metabólicos gerados pelo exercício. Isso tudo se traduz em aumento na temperatura central e na percepção do esforço, principalmente se a atividade se realizar sob forte calor (Casa et al., 2000; Delavier e Gundill, 2009).

Geralmente, para repor as perdas diárias de líquidos de um indivíduo normal, fala-se da necessidade de 2 l/dia. O Instituto de Medicina (IOM, 2004) recomenda a ingestão de aproximadamente 3,7 l para homens e 2,7 l para mulheres. Entretanto, para a hidratação adequada de um indivíduo fisicamente ativo, essa quantidade pode não ser suficiente, já que a perda de líquidos pelo suor pode chegar, em média, a volumes superiores a 1 l em apenas uma hora de exercício. As necessidades diárias de líquidos de indivíduos adultos fisicamente ativos geralmente ultrapassam 3-4 l/dia e podem, algumas vezes, exceder 10 l/dia (Benatti, Friedler e Almeida, 2009).

A presença do estado de hipo-hidratação, ou seja, quando há uma redução do conteúdo de fluidos do corpo, pode ser demonstrada por três indicativos: peso corporal, sede e cor da urina. Uma pessoa tem grandes chances de estar hipo-hidratada quando apresentar dois ou mais dos indicativos citados. O peso corporal deve se manter estável. Se houver diferenças de aproximadamente 0,5 kg entre um dia e outro, isso pode ser um indicativo de hipo-hidratação e há necessidade de ingerir mais líquidos durante o dia (Benatti, Friedler e Almeida, 2009).

Não é recomendável orientar-se pela sensação de sede para ingerir líquidos, uma vez que a presença de sede já é uma indicação do estado de hipo-hidratação e da necessidade corporal de líquidos. A ingestão voluntária de bebidas repõe apenas cerca de 1/3 ou, quando muito, 2/3 da água perdida no suor, o que se traduziria numa ingestão inadequada de fluidos.

Se o volume da urina for pequeno e se estiver mais escura (parecida com chá-mate) na primeira amostra de urina da manhã, isso também pode indicar um estado de baixa hidratação. Existe relação entre o volume urinário e o grau de hidratação; portanto, se há menos líquido corporal é normal que se produza menos urina (Benatti, Friedler e Almeida, 2009).

Quando a temperatura e a umidade relativa do ar estão altas, a capacidade de manter a atividade física é reduzida. Assim, quanto maior for o calor e umidade, maior será a produção de suor e, consequentemente, a perda de água e eletrólitos. Em dias de muito calor e umidade, recomenda-se não se exercitar nos horários mais quentes e manter um ritmo de hidratação (Rigatto, 2008).

O cuidado com a hidratação também deve ser mantido quando se realizam exercícios em ambientes aquáticos. A perda constante de líquidos e minerais, apesar de ser menos percebida, pode ser maior, já que nesse ambiente também há sudorese, especialmente quando a temperatura da água é maior do que a temperatura corporal (regiões tropicais), em exercícios mais intensos e/ou quando se utiliza roupa de neoprene por muito tempo. Dessa forma, torna-se essencial a reposição de líquidos antes, durante e, principalmente, após o término da atividade.

Vale ressaltar, ainda, que a hidratação não deve ser negligenciada nos climas mais frios, especialmente se estiver frio e seco, já que em climas frios também pode haver desidratação por meio da respiração e da pele (Rigatto, 2008).

16.7.1 Aumentando a eficácia da hidratação

Normalmente, as bebidas esportivas apresentam em sua composição, além do sódio, o carboidrato. Contudo, para que o carboidrato ingerido esteja disponível como fonte de energia, o líquido precisa, primeiramente, passar pelo estômago e ser absorvido no intestino (Puhl e Buskirk, 2002).

Isso significa que a eficácia da hidratação depende também do esvaziamento gástrico (EG), uma vez que os líquidos só estarão disponíveis para absorção quando deixarem o estômago e, em seguida, forem absorvidos pelo intestino. Portanto, o esvaziamento gástrico e a absorção intestinal se constituem na primeira barreira contra a disponibilidade de fluidos ingeridos. Para uma hidratação eficaz, o líquido precisa ser absorvido na luz intestinal de forma que água e minerais sejam repostos e o carboidrato fique disponível para oxidação na corrente sanguínea (Silva, Altoé e Marins, 2009).

O esvaziamento gástrico é influenciado por fatores como volume, temperatura, conteúdo calórico, osmolaridade do líquido ingerido, pH da solução, nível de desidratação do indivíduo, intensidade e tipo do exercício. Normalmente, volumes maiores aumentam o ritmo do EG, porém a tolerância está sujeita ao treino. Quando o volume gástrico é mantido em 600 ml ou mais, a maioria dos indivíduos consegue esvaziar mais de 1 l/h quando as bebidas contêm de 4% a 8% (Benatti, Friedler e Almeida, 2009).

A concentração de carboidratos que otimiza o EG varia de 3% a 7%. Concentrações de carboidratos acima de 8% reduzem a velocidade do EG. Assim, bebidas com concentrações elevadas de carboidratos prejudicam a reposição hídrica do atleta, pois provocam deslocamento de água do meio vascular ao lúmen intestinal, ou seja, em direção contrária ao desejado para que haja boa hidratação. Para isso, deve haver um deslocamento de água do lúmen intestinal para o meio vascular. Tal fluxo acontece quando o meio vascular apresenta-se mais concentrado que o lúmen, deslocando o líquido do meio menos concentrado (hipotônico) para o mais concentrado (hipertônico), equilibrando a concentração de água entre os dois meios. Após o deslocamento da água, os meios se tornarão isotônicos. Assim, uma bebida muito concentrada em carboidratos proverá carboidratos rapidamente para o exercício, porém não reporá líquidos.

Exercícios de intensidade de leve a moderada exercem pouco ou nenhum efeito sobre o EG, enquanto exercícios de intensidade alta (acima de 70% a 80% do VO_2máx) provocam diminuição do mesmo (Leiper, 2005; Wilmore e Costill, 2001). O pH mais ácido das soluções e a desidratação do indivíduo também apresentam efeito inibidor e diminuem a velocidade do EG.

16.7.2 Temperatura ideal dos líquidos

Há controvérsias quanto à influência da temperatura baixa do líquido consumido sobre o EG. Enquanto, há estudos que acreditam haver interferência significativa da temperatura do líquido sobre o trato gastrointestinal (Costill e Saltin, 1974; Puhl e Buskirk, 2002), outros apoiam a irrelevância desses efeitos (Shi et al., 2000; Brouns, 1998). O estudo de revisão realizado por Silva, Altoé e Marins (2009) que discute como o efeito da temperatura do líquido sobre o esvaziamento gástrico influencia a hidratação recomenda que a temperatura do líquido seja indicada tendo como base as condições do ambiente nas quais o exercício é realizado. Assim, durante provas realizadas em climas frios, uma bebida em torno de 19 °C poderia apresentar-se mais palatável enquanto para exercícios realizados sob calor intenso seria mais indicada uma temperatura mais baixa (12 °C). Em climas temperados, deve-se manter a preferência individual do atleta.

Segundo o ACSM (1996), para minimizar possíveis desconfortos gastrointestinais e estimular o consumo, a temperatura das bebidas deve estar entre 15 °C e 22 °C. Para melhorar a palatabilidade, os líquidos podem ser aromatizados com sabor que seja adequado às preferências individuais do atleta. Devem, também, ser servidos em recipientes que permitam facilmente a ingestão de volumes adequados e o mínimo de interrupção do exercício (Clark, 2009).

16.7.3 Hidratação pré-exercício

A preocupação com a alimentação e a hidratação adequada deve estar presente muito antes que o exercício se inicie. Recomenda-se a ingestão de uma dieta nutricionalmente equilibrada e um volume de líquidos adequados durante o período de 24 horas antes do evento, respeitando-se as taxas de necessidades hídricas individuais.

Os atletas devem iniciar o exercício bem-hidratados. Com o intuito de verificar se há manutenção do equilíbrio hídrico normal e se o atleta está repondo as perdas de suor durante os repetidos treinos vigorosos, aconselha-se que se pesem todos os dias pela manhã após o esvaziamento da bexiga e do intestino. O peso do atleta deve permanecer estável, assumindo que não se estejam restringindo calorias para perder peso, não tenha consumido altas doses de sódio no dia anterior ou, no caso das mulheres, não esteja sob o efeito de inchaço pré-menstrual (Clark, 2009).

A ingestão de água 60 min antes do exercício melhora a termorregulação e diminui a frequência cardíaca durante a atividade, porém, pode aumentar o volume de urina produzido em até 4 vezes em comparação com o volume medido antes da ingestão de água, o que representaria um incômodo desnecessário ao atleta durante o esforço (Benatti, Friedler, Almeida, 2009). Cerca de meia hora antes do exercício, o atleta poderá ingerir de 150 a 300 ml de líquidos, volume que não produzirá quantidades significativas de urina. Entre 2 a 3 horas antes do exercício, a ingestão recomendada pela ADA, DC, ACSM (2001) e pela NATA (2000) é de 400 a 600 mL de líquidos. Assim, o atleta iniciará o exercício bem-hidratado e terá tempo suficiente para eliminar o excesso de líquidos através da urina.

16.7.4 Hidratação durante o exercício

A reposição adequada de líquidos durante o exercício permite uma menor elevação da frequência cardíaca e da temperatura corporal, melhor dissipação do calor e, por conseguinte, manutenção do desempenho. Contudo, atletas frequentemente se hidratam com quantidade muito abaixo da capacidade de esvaziamento gástrico, que pode chegar a 1 litro por hora (ACSM, 1996; Burke, 2001).

Durante o esforço, em função da taxa de sudorese do atleta e considerando uma concentração média de sódio do suor de 1 g/l (embora haja variação entre atletas),

a reposição de líquidos deverá ter como objetivo evitar diferenças ponderais superiores a 2% (Coyle, 2004).

O volume a ser ingerido varia conforme as taxas de sudorese na faixa de 500 ml a 2.000 ml/hora (SBME, 2003), entretanto, nos casos em que a taxa de sudorese ultrapassa a velocidade de esvaziamento gástrico (1 l/h), o equilíbrio hídrico pode ser difícil de ser atingido (Coyle, 2004).

A evaporação do suor elimina parte do calor, mas também substâncias importantes para o equilíbrio hídrico corporal, como água e minerais (eletrólitos). Em atividades cuja duração não exceda 60 min, de intensidade moderada a extremamente intensa (80% a 130% do VO_2máx), o melhor líquido a ser recomendado será a água (500 a 1.000 ml/hora). Uma vez que a perda de minerais em atividades menos prolongadas é pouco significativa, essa reposição de água tem por objetivo repor as perdas hídricas e atenuar o aumento da temperatura interna. Já em atividades com duração superior a 1 hora ou que induzem perdas superiores a 2% do peso corporal, recomenda-se a ingestão de água associada a eletrólitos (sódio, cloreto, potássio, magnésio e cálcio) e carboidratos (como sacarose e glicose) (Benatti, Friedler e Almeida, 2009).

Em atividades com duração entre 1 e 3 horas, de intensidade moderada a intensa (60% a 90% do VO_2máx.,) recomenda-se a ingestão de 500 a 1.600 ml/hora de água contendo carboidratos na concentração de 6% a 8%, 10 a 20 mEq de sódio e 10 a 20 mEq de cloreto. Atividades com duração superior a 3 horas, por apresentarem uma intensidade menor (30% a 70% do VO_2máx), geralmente levam a uma taxa de sudorese menor do que as atividades com 1 a 3 horas. A recomendação de ingestão, nesse caso, é de 500 a 1.000 ml/hora de água contendo carboidratos na concentração de 6% a 8%, 10 a 20 mEq de sódio e 10 a 20 mEq de cloreto (Benatti, Friedler e Almeida, 2009).

A presença de eletrólitos e carboidratos à água oferece vantagens adicionais à hidratação, tais como:

- Estímulo e preservação da sede osmótica: o sódio é o eletrólito mais importante nas bebidas esportivas, pois é perdido no suor. As bebidas que contêm sódio atuam no cérebro estimulando a sede, favorecendo maior ingestão voluntária de líquidos. Com a ingestão isolada de água, isso não acontece na mesma proporção, já que esta mata a sede mais rapidamente e cessa seu estímulo, não favorecendo, portanto, a reposição adequada de líquidos.

- Redução do débito urinário (menor formação de urina) promovida pelo sódio e cloreto, o que maximiza a retenção de líquidos no organismo.
- Maior captação de água pelo intestino, quando sódio e carboidratos estão presentes nas bebidas, o que permite uma melhor hidratação.
- Fornecimento de energia devido à presença dos carboidratos. Estes podem fornecer energia extra e auxiliar na manutenção das concentrações de glicose no momento em que as reservas de glicogênio muscular estão diminuídas, o que permite a utilização de carboidratos e a produção de energia para o atleta continuar o exercício.
- Palatabilidade: o consumo de bebida esportiva de sabor agradável estimula ingestão voluntária de líquidos em maior quantidade quando comparada à água pura, o que favorece a maior reposição de fluidos.
- Reposição de eletrólitos: as bebidas geralmente incluem pequenas quantidades de outros eletrólitos como potássio, cálcio e magnésio, apesar de ser o sódio o íon mais importante perdido pelo suor, cuja perda está diretamente associada à redução no desempenho esportivo.

Recomenda-se consumir líquidos em intervalos regulares durante o esforço, como a ingestão de 150 a 350 ml de líquidos a cada 15 a 20 min (ADA, DC, ACSM, 2001; Casa et al., 2000). Para pessoas que apresentam sudorese intensa, recomenda-se aumentar a frequência da ingestão de líquidos, por exemplo, a cada 10 min.

16.7.5 Hidratação pós-exercício

O sucesso de uma hidratação adequada após o exercício depende do balanço entre a ingestão de líquidos e as perdas urinárias (Guerra, 2004). A bebida a ser oferecida nesse período deve conter carboidrato para repor os estoques de glicogênio muscular, sódio para repor as perdas do suor e maximizar a retenção dos líquidos ingeridos e não deve conter nem álcool nem cafeína, já que estas são substâncias diuréticas (Murray, 1998).

Durante uma sessão de exercícios, perde-se peso. Isso ocorre devido à perda de água e não de gordura, portanto, esta perda hídrica deve ser reposta, especialmente se for superior a 1% do peso corporal. A frequente aferição da variação de massa corporal dos atletas antes e depois do exercício permite estimar a taxa de sudorese individual e personalizar rotinas de re-hidratação (Sawka et al., 2007). Dessa forma, qual o volume adequado de líquidos a ser reposto?

As perdas hídricas durante a competição podem ser calculadas através da mensuração do peso corporal (peso nu) antes e após o exercício. O resultado da subtração de um pelo outro revela a alteração do peso. A esse valor soma-se o volume de líquidos consumidos durante o exercício (em ml) e subtrai-se o volume de urina (se houver). Assim, o volume de líquido perdido pelo suor e urina serve como referencial para a quantidade que deve ser reposta. Exemplo: peso inicial do atleta (72 kg); peso pós-exercício (70,5 kg); alteração de peso (– 1,5 kg ou 2% do peso corporal); volume da bebida ingerida (+ 350 ml); volume de urina (– 100 ml). Nesse caso, a perda hídrica será de 1.250 ml (– 1500 + 350 – 100). Portanto, nesse exemplo, deverão ser repostos mais ou menos 1.875 ml já que, segundo a ADA, DC, ACSM, (2001), o atleta deve consumir, pelo menos, de 450 a 675 ml de líquidos a cada 500 ml de peso corporal perdido durante o exercício a fim de repor as perdas hídricas.

Vale ressaltar que o ganho de peso durante a sessão de exercícios também pode ser perigoso, indicando uma ingestão excessiva de fluidos. Redução na concentração de sódio sanguíneo e hiponatremia podem surgir quando o atleta ingere água em excesso, diluindo o sódio corporal.

Contudo, na maioria das vezes, o atleta não consome líquidos em quantidade suficiente para repor o que ele perdeu durante o exercício. Nesse caso, é necessário que ocorra a ingestão de uma quantidade de líquidos equivalente a 150% ou mais do volume perdido durante o exercício, ou seja, 1,5 l por cada kg de água perdida a fim de se maximizar a re-hidratação pós-exercício, já que, após o término deste, as perdas através do suor e da urina continuam (Williams, 2007; Sawka et al., 2007).

16.7.6 Dicas práticas para evitar hipo-hidratação

- Vestir roupas leves, largas e soltas de tecidos que não absorvam água para facilitar a circulação do ar e a transpiração.
- Usar tecidos de algodão, suplex, *coolmax* etc. que facilitem a transpiração. Evitar sintéticos, como *nylon*.
- Vestir roupas claras para reduzir o ganho de calor relativo à radiação solar direta.
- Fazer aquecimento na sombra e evitar luz do sol direta que possa causar aumento excessivo na temperatura do corpo.
- Usar boné em exercícios expostos diretamente ao sol e não usar acessórios plásticos, já que impedem a evaporação.
- Durante o descanso, a exposição adicional ao calor pode elevar a temperatura corporal. Por isso, deve-se descansar na sombra ou em ambientes com ar-condicionado nos intervalos entre as competições.
- Não há contraindicação na hidratação moderada enquanto se realiza uma refeição, portanto, além da ingestão de líquidos ao longo do dia, o atleta poderá fazê-lo juntamente com as refeições e lanches.

- Não tomar bebidas que tenham efeito diurético, como bebidas alcoólicas e com cafeína.
- Evitar bebidas com gás, pois podem causar inchaço e reduzir a quantidade de líquido consumido.
- Não consumir pastilhas de sal, uma vez que não atendem às necessidades de líquidos de um atleta.
- Não restringir o sal da dieta, especialmente se o atleta suar bastante. A reposição de sódio perdido no suor também pode ser feita através do acréscimo de sal à comida, mas sem exagero.
- Evitar o excesso de proteínas para não haver aumento na produção de calor.
- Evitar realizar exercício em caso de doença ou se apresentou febre recentemente.

16.8 Minimizando erros e otimizando a *performance* em atividades de aventura

Segundo Castilho (2008), Rigatto (2008) e Antonaccio (s/d):

- Avalie se haverá equipes de apoio e/ou pontos de parada. Isso auxiliará o planejamento sobre o que levar, já que é interessante reduzir ao máximo o peso da mochila.
- Considere o índice glicêmico quando for planejar suas refeições.
- Para as provas curtas, recomendam-se mochilas pequenas que comportem apenas alguns alimentos e a mochila de hidratação (*camelback*).

- Em provas curtas, priorize alimentos de mais fácil digestão e rápida absorção, como os ricos em carboidratos.

- Para as provas longas, recomendam-se mochilas maiores com bolsos externos para facilitar o manuseio. Além do carboidrato, é importante o consumo de proteínas e gordura devido ao maior desgasto físico. Quanto mais extensa for a prova, maior será a necessidade de alimentos compostos, como sanduíches, tortas frias, panquecas etc.

- Acondicione os alimentos em saquinhos (*zip* ou *stank*) para evitar que se molhem.

- Organize tudo em grupos e separados pelo uso. Por exemplo, deixe os lanches que serão consumidos durante o dia em um lugar mais acessível. O jantar, que será preparado após o acampamento montado, poderá ficar no meio da mochila.

- Os carboidratos presentes na mochila devem ser de fácil digestão, acondicionados em embalagens práticas, fáceis de manusear e que ocupem pouco espaço.

- A alimentação pré-competição é fundamental; por isso, assegure-se de estar com reservas de glicogênio abastecidas e bem-hidratado antes da prova.

- Carregue alimentos por mais tempo do que se planeja ficar em competição.

- Assegure-se de ingerir as calorias para suprir os gastos de energia.

- Faça refeições balanceadas nos dias que antecedem o evento, especialmente nas duas últimas refeições, e aproveite para armazenar energia.

- Um dia antes da competição, aumente o consumo de alimentos ricos em carboidrato e evite alimentos desconhecidos que possam causar desconforto gastrointestinal.

- O jantar da véspera deve ser mais completo quando as atividades se iniciarem pela manhã, já que o café da manhã deverá ser mais leve para evitar problemas gastrointestinais.

- Na última refeição que antecede o evento, se houver tempo suficiente para digestão (3 a 4 horas antes da competição), pode ser feita uma refeição maior (como macarrão, sanduíches etc.).

- De 30 minutos a 1 hora antes do início da competição, recomendam-se alimentos de baixo a 0moderado IG (vide Quadro 16.1). Evite alimentos integrais, que, apesar de saudáveis, são de lenta digestão, podendo provocar desconfortos intestinais.

- Se possível, faça pelo menos uma refeição substancial por dia. Em provas extensas, além dos lanches a cada hora, os atletas devem fazer pelos menos três refeições completas, de pequeno volume e baixo IG.

- Em atividades mais longas (acima de 3 horas), alterne a suplementação de carboidratos com alimentos salgados, uma vez que a ingestão de alimentos ricos em carboidratos, frequentemente adocicados, causa sensação de mal-estar e enjoo.

- Nos dias mais frios, alimentar-se a cada hora pode auxiliar na manutenção da temperatura corporal. Alimentos quentes fornecem calor por condução de forma imediata e podem evitar hipotermia.

- Durante as atividades, não se deve ficar com o estômago vazio por muito tempo. Portanto, não fique sem comer por períodos prolongados. Alguns atletas usam o alarme de seus relógios para lembrá-los de comer e beber um pouco a cada hora.

- A alimentação contínua dentro de provas de aventura é muito importante; por isso, deve-se consumir 30 a 50 g de carboidratos a cada hora para manter as concentrações plasmáticas de glicose e evitar hipoglicemia, além de ter uma percepção menor de esforço e não ter o raciocínio afetado. A quantidade de 50 g de carboidrato pode ser fornecida por três fatias de pão; oito biscoitos do tipo *cracker*; 1 ½ xícara de cereal matinal tipo Sucrilhos; 1 xícara de macarrão cozido; 1 batata assada; ou três colheres do sopa cheias de maltodextrina diluídas em água; 280 ml de isotônico a cada 20 min.

- Frutas *in natura* também são fontes de carboidratos e podem ser consumidas. Porém, racionalmente são menos interessantes, já que é necessário otimizar o espaço da mochila com alimentos menos perecíveis e de maior densidade energética.

- Os carboidratos também podem ser consumidos na forma de géis ou pó (maltodextrina, isotônicos etc.), sempre associados à hidratação. O uso de géis sem água pode provocar enjoos e diarreias.

- O consumo de proteínas pode ser efeito através de itens como atum e sardinha em conserva, além de peito de peru como recheio dos sanduíches, queijo pasteurizado tipo polengue (são práticos e menos perecíveis), queijo fundido em bisnaga *light*, leguminosa seca como soja salgada, *sticks* de carne desidratada, iogurte sem refrigeração, barras de proteínas, isolados proteicos em pó (albumina), suplementos lácteos em pó (necessitam adição de leite ou água), *shakes* proteicos.

- Não cortar gorduras. As mais recomendadas são as de boa qualidade, ou seja, aquelas provenientes de óleos vegetais e oleaginosas, como castanhas, nozes e amendoins. As gorduras também poderão ser consumidas através de itens como batatas *chips* industrializados feitas no forno (têm menos gordura), azeitonas, chocolates (como recompensa e para motivação).

- A hidratação poderá ser feita por água, *sportdrinks*, água de coco. Não consuma bebida gaseificada durante as provas, pois podem causar mal-estar gastrointestinal devido ao alto teor de carboidratos.

- Não negligencie sua alimentação por um dia sequer. *Deficits* na alimentação dificilmente serão cobertos durante as provas, o que afetará a *performance* para o restante do evento.

- As barras energéticas contêm bastante carboidrato e alguma proteína; as barras proteicas contêm mais proteínas e lipídios e pouco carboidrato. Já as barras de cereais apresentam maior conteúdo de carboidratos e fibras. Devido à praticidade, todas elas são amplamente utilizadas durante os eventos ou em fases de recuperação como complemento alimentar por serem práticas. Entretanto, jamais devem ser a única fonte de carboidratos, lipídios e proteínas.

- A refeição antes de dormir é de extrema importância, já que durante o sono o organismo recuperará os estoques de glicogênio muscular.

- Consuma alimentos diferentes para garantir maior variedade de nutrientes.

- Planeje a ingestão de líquidos e não espere sentir sede para se hidratar. Em atividades curtas (de até 1 hora), somente água será necessária. Em atividades mais prolongadas realizadas em climas quentes, as bebidas esportivas ajudam a manter o balanço hidroeletrolítico.

- Os eletrólitos perdidos também podem ser encontrados nos alimentos sólidos.

- Pode ser útil carregar antiácidos.

- Evite lactose.

- Considere levar um polivitamínico, uma vez que pode ser difícil fazer refeições que supram as necessidades nutricionais.

Cuidado com a higiene de alimentos e bebidas consumidos em uma viagem (Rigatto, 2008)

- Embora experimentar pratos típicos dos locais visitados e comer com nativos faça parte do prazer da viagem, deve-se ficar atento à higiene dos alimentos. A ingestão de alimentos contaminados pode trazer graves consequências à saúde, além de comprometer a viagem.

- Não utilize água que seja proveniente de fontes não confiáveis. Se possível, utilize águas engarrafadas (lacradas). Se não for possível, ferva a água de 5 a 10 min. Se isso também

Quadro 16.1 – Exemplo de alimentos utilizados em corridas de aventura segundo índice glicêmico (IG) e macronutriente predominante

Fontes de carboidratos de alto IG (> 85)	Frutas secas (figo seco, tâmara seca, banana-passa) ou desidratadas (abacaxi, maçã, manga etc.). Frutas *in natura* (manga, banana, mamão). Pão de hambúrguer, pão francês, bisnaguinha, pão de fôrma, pão com geleia, pão sírio pita. Biscoito de aveia, biscoito de água, biscoito doce sem recheio, bolacha de maizena, salgadinho de milho de pacote. Mel em sachê, açúcar, dextrose. Doces: goiabada, doce de banana, rapadura, torrone (todos em pequena quantidade, pois podem causar desconforto intestinal). Barras de cereais, barras energéticas. Bolo de arroz, bolo simples, bolo de banana sem açúcar, *muffin*. Cereal matinal, cereal de milho (*cornflakes*), granola. Batata-doce assada, batata assada, tapioca, mandioca e batata cozida (prontas e embaladas a vácuo), mingau instantâneo de aveia, mingau de farinha de aveia, purê de batata instantâneo, arroz, farinha de arroz. Maltodextrina, géis de carboidratos. Isotônico, refrigerantes.
Fontes de carboidratos de moderado IG (> 60 e < 85)	Macarrão, biscoito *cream cracker*, biscoito de gergelim, bolo de banana com açúcar, minibolo industrializados, *muslix* e aveia (manter em recipiente com leite em pó bastando acrescentar água), risoto de pacote. Minicenouras ou beterrabas *in natura*, beterrabas ou cenouras em conserva. Frutas *in natura*: laranja, suco de abacaxi, abacaxi, uva-passa.
Fontes de carboidratos de baixo IG (< 60)	Arroz integral, farelo de trigo, farelo de aveia, mingau de flocos de aveia, bolo de chocolate (feito de mistura de pacote), sopas de pacotinho (algumas marcas podem apresentar teores mais elevados de gorduras). Milho ou seleta de legumes em conserva (caixinha ou lata). Pão branco com manteiga, pão branco com queijo, pão de aveia. *Fettuccine*, espaguete, macarrão instantâneo, *raviole* da carne. Frutose, suco de laranja, suco de maçã, água de coco. Fruta *in natura* (pera, pêssego, ameixa fresca, cereja, maçã) e damasco seco.
Fontes proteicas de baixo IG	Recheios para sanduíches: atum e sardinha em conserva, peito de peru, carne desfiada ou moída. Queijo pasteurizado tipo polengue, queijo fundido em bisnaga *light*, soja salgada, *sticks* de carne desidratada, iogurte sem refrigeração, barras de proteínas, isolados proteicos em pó (albumina), leite em pó, suplementos lácteos em pó (necessitam adição de leite ou água), *shakes* proteicos. Leguminosas em conserva (já cozidas e prontas para temperar, aquecer e comer como feijões, lentilha, grão-de-bico, ervilha).
Fontes de lipídios de baixo IG (< 60)	Batata frita tipo *chips*, azeitonas sem caroço, chocolates, castanhas e amendoins salgados, pasta de amendoim, pasta de gergelim (*tahine*), pasta de grão-de-bico (*homus*). Palitinhos salgados, salgadinhos de pacote (para recompensa e em pequena quantidade, pois podem causar desconforto intestinal).

Fonte: Adaptado de Sociedade Brasileira de Diabetes. Disponível em: <http://www.diabetes.org.br/index.php>.

não for possível, utilize soluções ou tabletes de cloro (usados para desinfetar saladas) seguindo as instruções do fabricante.

- Prefira alimentos que passaram por algum processamento térmico e que acabaram de ser preparados. Evite carnes malpassadas e alimentos cárneos crus (ostras, peixes).

- Preste atenção na higiene do local e na movimentação de clientes. Em restaurantes muito vazios, as chances de se comer uma "comida velha" e requentada são maiores.

- Em locais suspeitos, opte por frutas que precisam ser descascadas (banana, mexerica, laranja, mamão etc.).

16.9 *Trekking* em altitude: necessidades especiais

As grandes altitudes podem prejudicar o atleta pela combinação de vários efeitos, como diminuição do apetite, redução do consumo alimentar, mal-estar e náuseas, que acabam por levar ao consumo insuficiente de energia, depleção das reservas de glicogênio muscular, balanço de nitrogênio negativo e uma perda de massa corporal. O alcance da necessidade energética torna-se mais difícil em altitudes elevadas, portanto, o consumo energético deve ser aumentado em aproximadamente 400 a 600 kcal/dia. Recomenda-se uma dieta rica em carboidratos, já que esse macronutriente é uma fonte de energia mais eficiente do que a gordura em condições de altitude elevada, além de melhorar a oxigenação sanguínea na altitude, o que é visto como um fator positivo no desempenho. A recomendação de proteína no exercício (1,2 a 1,8 g/kg de peso) não se altera na altitude (SBME, 2003) e os alimentos saborosos ricos em gorduras não devem ser excluídos, já que são fontes ricas em energia, que podem ajudar no

fornecimento da necessidade energética aumentada na altitude. Assim, devem-se incluir no plano alimentar itens de fácil preparação, agradáveis ao paladar e ricos em energia e nutrientes (Buss e Oliveira, 2006).

Recomenda-se o consumo de 3 a 5 litros de líquidos por dia (Butterfield, 1999 apud Buss e Oliveira, 2006) e, como a diminuição do apetite também vem acompanhada pela diminuição da sensação de sede, recomenda-se adicionar carboidratos aos líquidos para aumentar sua palatabilidade. A hidratação deve ser observada, o que pode ser feito de uma maneira prática através do monitoramento da cor e volume de urina. Acredita-se que a suplementação de vitaminas com função antioxidante (betacaroteno, vitaminas E e C, selênio e zinco) possa ser favorável devido ao estresse oxidativo aumentado (Pfeiffer et al., 1999), bem como a suplementação de ferro (em doses moderadas) em atletas com deficiência, já que a resposta eritropoiética em altitudes encontra-se alterada (Stray-Gundersen et al., 1992 apud Buss e Oliveira, 2006).

16.9.1 Necessidades especiais em *trekking* de peregrinação — Caminhada de Santiago de Compostela

O caminho de Santiago de Compostela é realizado predominantemente à pé, mas, nos últimos anos, tem-se notado o aumento de peregrinos que optam por fazê-la de bicicleta (Carneiro, 2005). A maior parte dos peregrinos realiza esse caminho no verão e enfrenta, frequentemente, temperaturas muito elevadas (chegando a 43 °C) e baixa umidade do ar, o que implica a realização da peregrinação em períodos do dia em que a temperatura e intensidade dos raios solares ainda são suportáveis, ou seja, a partir das 6 horas até início da tarde (13 h) e retomada após baixar o sol, já que nesta época a luz solar ilumina o percurso até as

21h30. Os peregrinos caminhantes podem percorrer trajetos entre 10 e 40 km/dia, com média de 25 km, ou seja, caminham cerca de 2 e 8 h/dia. Dependendo da distância e do tempo de caminhada, o gasto calórico pode chegar a 300 cal/hora. Já os cicloturistas pedalam a uma velocidade de 7 a 20 km/h, o que significa percorrer de 30 a 160 km/dia. O gasto calórico varia de acordo com a intensidade do esforço realizado, que, segundo Porte (1996) apud Bellotto (2008) pode variar de 200 a 700 kcal/h, dependendo do terreno (terra, pedra, asfalto), da inclinação do trajeto, bem como das condições metereológicas.

O modo mais tradicional de se alimentar pelo percurso é através do preparo de comida ao longo do trajeto ou em restaurantes, o que é menos econômico e deixa o indivíduo à mercê da existência ou não de restaurante no decorrer do trajeto e se este está aberto ou não. O indivíduo deve planejar o conteúdo da mochila com muito cuidado, já que esta tem de ser o mais leve possível. Recomenda-se levar alimentos energéticos (vide Quadro 16.1), não realizar dietas restritivas para emagrecer e tomar cuidado com a qualidade da água, bem como com a higiene dos utensílios para o preparo dos alimentos e/ou dos restaurantes escolhidos. Recomenda-se também não descuidar da hidratação, especialmente se a peregrinação for feita no verão (vide *hidratação*). Vale ressaltar a relativa facilidade de se encontrar frutas em quase todos os povoados

Quadro 16.2 – Exemplo de uma dieta de 4.000 calorias para corrida de aventura

Refeição	Alimentos	Características
Desjejum 560 kcal	6 bisnaguinhas (120 g) 90 g ou 6 fatias de peito de peru 250 mL de suco de maçã	*Calorias totais*: 4.000 *Carboidratos*: 650 g ou 9,3 g/kg de peso corporal* *Proteínas*: 148 g ou 2,1g/kg de peso corporal* *Lipídios*: 88,3 g ou 1,25g/ kg de peso corporal*
Lanche I 315 kcal	2 fatias de pão de forma 30 g de geléia 2 queijos do tipo polengue	
Lanche II 200 kcal	1 barra de cereais (25 g) 2 unidades grandes de banana prata	
Almoço 570 kcal	300 g de batata cozida 100 g de atum sólido conservado em água 1 fatia pequena (50 g) de bolo de banana	*Distribuição de macronutrientes:* 65% de carboidratos 15% de proteínas 20% de gorduras
Lanche III 345 kcal	10 unidades (57 g) de biscoito leite 30 g de geleia	
Lanche IV 300 kcal	1 barra de proteína (42 g) 2 queijos do tipo polengue 200 mL de água de coco	* indivíduo de 70 kg
Jantar 520 kcal	350 g de macarrão cozido 100 g de sardinha ao molho de tomate	
Ceia 625 kcal	6 unidades de bolacha de água e sal 30 g pasta de amendoim 3 colheres sopa de aveia (45 g) 2 colheres (20 g) de leite em pó desnatado	
Calorias e carboidratos extra		
432 kcal	1,8 L de isotônico ao longo do dia. Sugestão: 300 mL a cada 20 min nos momentos mais extenuantes ou de maior temperatura da prova (repetir por 6 vezes).	
150 kcal	500 mL de bebida com maltodextrina a 8%, ou seja, 40 g (ou 4 colheres de sopa) de maltodextrina diluídos em 500 mL de água.	

da Espanha (maçã, pera, banana, cereja, laranja), o que, infelizmente, não acontece com as hortaliças e legumes. Pelo fato de esses alimentos necessitarem de maiores condições de pré-preparo, preparo e armazenamento, seu uso pode ser menos viável (Bellotto, 2008). Por não se tratar de uma competição, alguns alimentos com concentrações maiores de gordura (bolacha recheada, chocolate, queijo ralado), com lactose (leite em pó, iogurtes, *capuccino* em pó) ou com ação diurética (café solúvel) podem ser acrescidos à bagagem.

Referências

AMERICAN COLLEGE OF SPORTS MEDICINE. Position stand on exercise and fluid replacement. *Med. Sci. Sports Exercise*, 1996, v. 28, p. 1-7.

AMERICAN COLLEGE OF SPORTS MEDICINE, AMERICAN DIETETIC ASSOCIATION, AND DIETITIANS OF CANADA. Joint Position Statement: Nutrition and Athletic Performance. *Med. Sci. Sports Exerc.*, v. 32, p. 2130-45, 2000.

AMERICAN DIETETIC ASSOCIATION, DIETITIANS OF CANADA, AMERICAN COLLEGE OF SPORTS MEDICINE. Position of American Dietitic Association, Dietitians of Canada, and American College of Sports Medicine: nutritrion and athletic performance. *J. Am. Diet. Assoc.*, v. 100, n. 12, p. 1543-56, 2001.

ANTONACCIO, C. *Nos esportes de aventura*: como atingir as necessidades de carboidrato e proteína? Disponível em: <http://www.equilibriumonline.com.br/default.asp?id=saiba_mais_detalhes&codigo=87>. Acesso em: 10 mai. 2010.

ANTONACCIO, C.; MELCHIOR, C. Erros alimentares na prática esportiva. In: NABHOLZ, T. V. *Nutrição Esportiva*: aspectos relacionados à suplementação nutricional. São Paulo: Sarvier, 2007. p. 439-56, cap. 24.

APPLEGATE, E. A. Nutritional considerations for the ultraendurance athlete. *Int. J. Sport Nutr.*, v. 1, p. 118-26, 1991.

BACURAU, R. F. *Nutrição e Suplementação Esportiva*. São Paulo: Phorte, 2000.

BELLOTTO, M. L. Minha experiência no Caminho de Santiago de Compostela. In: Hirschbruch, M. D.; Carvalho, J. R. *Nutrição esportiva*: uma visão prática. 2. ed. Barueri: Manole, 2008. p. 192-202, cap. 25.

BENATTI, F.; FRIEDLER, G. P.; ALMEIDA, P. B. L. Hidratação. In: LANCHA JR., A. H.; CAMPOS-FERRAZ, P. L.; ROGERI, P. S. *Suplementação Nutricional no esporte*. Rio de Janeiro: Guanabara Koogan, 2009.

BERGSTROM, J.; et al. Diet, muscle glycogen and physical performance. *Acta Physiol. Scand.*, v. 71, n. 2, p. 140-50, 1967.

BROUNS, F. Gastric emptying as a regulatory factor in fluid uptake. *Int. J. Sports Med.*, 1998, v. 19 (Suppl. 2), p. 125-8.

BURKE, L. M. Nutritional needs for exercise in the heat. *Comp. Biochem. Physiol. A. Mol. Integr. Physiol.*, v. 128, n. 4, p. 735-48, 2001.

BUSS, C.; OLIVEIRA, A. R. Nutritional strategy for exercising in high altitudes. *Rev. Nutr.*, Campinas, v. 19, n. 1, feb. 2006. Disponível em: <http://www.scielo.br/scielo.php?script=sci_arttext&pid=S1415--52732006000100008&lng=en&nrm=iso>. Acesso em: 23 mai. 2010.

CAMPOS, P. L. et al. *Profile of calory intake and body composition of Brazilian Professional and amateur marathon runner*. FIRST INTERNATIONAL SCIENTIFIC CONGRESS ON NUTRITION AND ATHLETIC PERFORMANCE, 2001, Edmonton, Alberta, Canadá.

CAMPOS, P. L. Cuidado Nutricional em maratonas: aspectos atuais. In: TIRAPEGUI, J. *Nutrição, metabolismo e suplementação na atividade física*. São Paulo: Atheneu, 2009. p. 307-14, cap. 28.

CARNEIRO, S. M. C. S. *No caminho de Santiago de Compostela*: significados e passagens no itinerário comum europeu. [citado em 2005] Disponível em: <http://www.caminhodesantiago.com/estudos/sandra.htm>. Acesso em: 20 mai. 2010.

CASA, D. J. et al. National Athletic Trainers' Association Position Statement: Fluid replacement for athletes. *J. Athletic Training*, v. 35, p. 212-24, 2000.

CASTILHO, A. C. M. M. Minha experiência com corridas de aventura. In: HIRSCHBRUCH, M. D.; CARVALHO, J. R. *Nutrição esportiva*: uma visão prática. 2. ed. Barueri: Manole, 2008. p. 186-91, cap 24.

CESAR, T. B.; ROGERO, M. M.; TIRAPEGUI, J. Lipídios e atividade Física. In: TIRAPEGUI, J. *Nutrição, metabolismo e suplementação na atividade física*. São Paulo: Atheneu, 2009. p. 38-49, cap. 4.

CLARK, N. *Guia de nutrição desportiva*: alimentação para uma vida ativa. 4. ed. Porto Alegre: Artmed, 2009.

COGGAN, A. R. Plasma glucose metabolism during exercise: effect of endurance training in humans. *Med. Sci. Sports Exerc.*, v. 29, n. 5, p. 620-7 mai. 1997.

COSTILL, D. L.; SALTIN, B. Factors limiting gastric emptying during rest and exercise. *J. Appl. Physiol.*, v. 37, n. 5, p. 679-83, 1974.

COUTINHO, V. F.; MENDES, R. R.; ROGERO, M. M. Bioquímica e metabolismo dos carboidratos. In: SILVA, S. M. C. S.; MURA, J. P. D. *Alimentação, nutrição e dietoterapia*. São Paulo: Roca, 2007. p. 21-49, cap. 2.

COYLE, E. F. Fluid and fuel intake during exercise. *J. Sports Sci.*, v. 22, p. 39-55, 2004.

CYRINO, E. S.; BURINI, R. C. Modulação nutricional na fadiga. *Rev. Bras. Ativ. Fís. Saúde*, v. 2, p. 67-74, 1997.

DALY, M. Sugars, insulin sensitivity and the postprandial state. *Am. J. Clin. Nutr.*, v. 78, p. 865S-872S, 2003.

DELAVIER, F.; GUNDILL, M. *Guia de suplementos alimentares para atletas*. Barueri: Manole, 2009.

DOHM, G. L. et al. Protein metabolism during endurance exercise. *Fed. Proc.*, v. 44, n. 2, p. 348-52, fev. 1985. Review.

ECONOMOS, C. D.; BORTZ, S. S.; NELSON, M. E. Nutritional practices of elite athletes. Pratical recommendations. *Sports Med.*, v. 16, n. 6, p. 381-99, 1993.

FRIEDLER, G. P. Triatlo. IN: HIRSCHBRUCH, M. D.; CARVALHO, J. R. *Nutrição esportiva*: uma visão prática. 2. ed. Barueri: Manole, 2008. p. 108-15, cap 15.

GOMES, M. R.; GUERRA, I.; TIRAPEGUI, J. Carboidratos e Atividade Física. In: TIRAPEGUI, J. *Nutrição, metabolismo e suplementação na atividade física*. São Paulo: Atheneu, 2009, cap. 3.

GUEDES, D. P.; GUEDES, J. E. R. P. Physical activity, cardiorespiratory fitness, dietary content, and risk factor that cause a predisposition towards cardiovascular disease. *Arq. Bras. Cardiol.*, v. 77, n. 3, p. 251-7, 2001.

GUERRA, I. Importância da alimentação e da hidratação do atleta. *R. Min. Educ. Fís.*, Viçosa, v. 12, n. 2, p. 159-73, 2004.

GOMES, M. R.; GUERRA, I.; TIRAPEGUI, J. Hidratação no Esporte. In: TIRAPEGUI, J. *Nutrição, metabolismo e suplementação na atividade física*. São Paulo: Atheneu, 2009, cap. 8.

HIRSCHBRUCH, M. D.; CARVALHO, J. R. *Nutrição esportiva*: uma visão prática. 2. ed. Barueri: Manole, 2008.

IOM (INSTITUTE OF MEDICINE). *Dietary Reference Intakes for water, potassium, sodium, chloride and sulfate*. Washington: the National Academies Press, 2004. Disponível em: <http://www.iom.edu/Reports/2004/Dietary-Reference-Intakes-Water-Potassium-Sodium-Chloride-and-Sulfate.aspx>.

JEUKENDRUP, A. E.; SORIS, W. H. M.; WAGENMAKERS, A. J. M. Fat during exercise: a review. *Int. J. Sports Med.*, v. 19, p. 231-4, 1998.

JEUKENDRUP, A. E.; JENTJENS, R. L.; MOSELEY, L. Nutritional considerations in triathlon. *Sports Med*, v. 2, p. 63-81, 2005.

LEDOUX, A. Nutrição e performance. *Dieta e Saúde*, v. 6, n. 1, 1999.

LEMON, P. W. R. Dietary protein requirements in athletes. *J. Nutr. Biochem.*, v. 8, p. 52-60, 1997.

_____. Effects of exercise on dietary protein requirements. *Int. J. Sports Nutr.*, v. 8, p. 426-447, 1998.

LEIPER, J. B.; et al. The effect of intermittent high-intensity running on gastric emptying of fluids in man. *Med. Sci. Sports Exerc.*, v. 37, n. 2, p. 240-7, 2005.

LIMA SILVA, A. E. et al. Metabolismo do glicogênio muscular durante o exercício físico: mecanismos de regulação. *Rev. Nutr.*, Campinas, v. 20, n. 4, jul./ago. 2007.

MACKENZIE, K. Adventure Racing. *Sports Dietitian Australia*. Fact sheet. Dec. 2008. Disponível em: <http://www.sportsdietitians.com.au/resources/upload/Adventure_racing08.pdf>. Acesso em: 18 mai. 2010.

MAHAN, L. K.; ESCOTT-STUMP, S. *Alimentos, nutrição e dietoterapia*. São Paulo: Roca, 2005.

McARDLE, W. D.; KATCH, F. I.; KATCH, V. L. *Fisiologia do exercício*. 3. ed. Rio de Janeiro: Guanabara Koogan, 1992.

_____. *Nutrição para o desporto e o exercício*. Rio de Janeiro: Guanabara Koogan, 2001.

_____. *Fisiologia do exercício*. Rio de Janeiro: Guanabara Koogan, 2003.

MANN, D.; SCHAAD, K. *The complete guide to adventure racing*. Long Island: Hatherleig Press, 2001.

MURRAY, R. Fluids needs of athletes. In: BERNING, J. R.; STEEN, S. N. (Ed.). *Nutrition for sport & exercise*. 2. ed. Maryland: Aspen Publication, 1998. p. 143-53.

NABHOLZ, T. V. Hidratação no Esporte. In: _____. *Nutrição esportiva*: aspectos relacionados à suplementação nutricional. São Paulo: Sarvier, 2007. p. 367- 96, cap. 20.

NATA (NATIONAL ATHLETIC TRAINERS' ASSOCIATION). Position statement: fluid replacement for athletes. *J. Athl. Training*, v. 35, p. 212-24, 2000.

NIEMAN, D. C.; et al. Cytokine changes after a marathon race. *Appl. Physiol.*, 2001, v. 91, n. 1, p. 109-14.

OLIVEIRA, P. V.; POLACOW, V. O. Carboidratos e exercício. In: LANCHA JR, A. H. *Suplementação Nutricional no Esporte*. Rio de Janeiro: Guanabara Koogan, 2009. Cap. 7.

PANZA, V. P. et al. Consumo alimentar de atletas: reflexões sobre recomendações nutricionais, hábitos alimentares e métodos para avaliação do gasto e consumo energéticos. *Rev. Nutr.*, Campinas, v. 20, n. 6, Dec. 2007. Disponível em: <http://www.scielo.br/scielo.php?script=sci_arttext&pid=S1415-52732007000600010&lng=en&nrm=iso>. Acesso em: 4 abr. 2010.

PARKIN, J. A. et al. Muscle glycogen storage following prolonged exercise: effect of timing of ingestion of high glycemic index food. *Med. Sci. Sports Exerc.*, v. 29, n. 2, p. 220-4, fev. 1997.

PETERS, E. M. Nutritional aspects in ultra-endurance exercise. *Curr. Opin. Clin. Nutr. Metab. Care*, v. 4, p. 427-34, 2003.

PFEIFFER, B. et al. The effect of carbohydrate gels on gastrointestinal tolerance during a 16-km run. *Int. J. Sport Nutr. Exerc. Metab.*, v. 19, n. 5, p. 485-503, out. 2009.

PFEIFFER, J. M. et al. Effect of antioxidant supplementation on urine and blood markers of oxidative stress during extended moderate altitude training. *Wilderness Environ Med*, v. 10, n. 2, p. 66-74, 1999.

POSITION OF THE AMERICAN DIETETIC ASSOCIATION, DIETITIANS OF CANADA, AND THE AMERICAN COLLEGE OF SPORTS MEDICINE. Nutrition and athletic performance. *J. Am. Diet Assoc.*, v. 12, p. 1543-56, 2000.

PUHL, S. M.; BUSKIRK, E. R. Bebidas nutrientes para o exercício e o esporte. In: WOLINSKY, I.; HIKSON, J. F. J. *Nutrição no exercício e no esporte*. 2. ed. São Paulo: Roca, 2002. p. 331-76.

RIGATTO, C. Minha experiência com cicloturismo. In: HIRSCHBRUCH, M. D.; CARVALHO, J. R. *Nutrição esportiva*: uma visão prática. 2. ed. Barueri: Manole, 2008. p. 168-76, cap. 22.

ROGERO, M. M. Carboidratos no exercício físico. In: NABHOLZ, T. V. *Nutrição esportiva*: aspectos relacionados à suplementação nutricional. São Paulo: Sarvier, 2007, cap. 4.

RUBY, B. C. Gender differences in carbohydrate metabolism: rest, exercise and post exercise. In: *Gender differences in metabolism*: practical and nutritional implications. Edited by Mark Tarnopolsky, CRC Press, 1999. p. 121-54.

SAWKA, M. N. Physiological consequenses of hypohydration: exercise performance and termoregulation. *Med. Sci. Sports Exerc.*, v. 24, n. 6, p. 657-70, 1992.

SAWKA, M. N. et al. American College of Sports Medicine position stand. Exercise and fluid replacement. *Med. Sci. Sports Exerc.*, v. 39, p. 377-90, 2007.

SBME. Modificações dietéticas, reposição hídrica, suplementos alimentares e drogas: comprovação da ação ergogênica e potenciais riscos para a saúde. *Revista*

Brasileira de Medicina do Esporte, v. 9, n. 2, p. 43-5, mar./abr. 2003.

SCOTT, J. P. R.; MCNAUGHTON, L. R. Sleep deprivation, energy expenditure and cardiorespiratory function. *Int. J. Sports Med.*, v. 25, p. 421-6, 2004.

SHERMAN, W. M. et al. The effect of exercise and diet manipulation on muscle glycogen and its subsequent utilization during performance. *Int. J. Sports. Med*, n.2, p. 114, 1981

SHI, X. et al. Gastric emptying of cold beverages in humans: effect of transportable carbohydrates. *Int. J. Sport Nutr. Exerc. Metab.*, v. 10, n. 4, p. 394-403, 2000.

SILVA, S. M. C. S.; MURA, J. P. D. *Alimentação, nutrição e dietoterapia*. São Paulo: Roca, 2007. 1122 p.

SILVA, R. P.; ALTOÉ, J. L.; MARINS, J. C. B. Relevância da temperatura e do esvaziamento gástrico de líquidos consumidos por praticantes de atividade física. *Rev. Nutr.*, Campinas, v. 22, n. 5, set./out. 2009.

SIZER, F.; WHITNEY, E. *Nutrição*: conceitos e controvérsias. 8. ed. São Paulo: Manole, 2003.

SOARES, E. A.; BURINI, R. C.; ISHI, M. Estudo antropométrico e dietético de nadadores competitivos: de áreas metropolitanas da Região Sudeste do Brasil. *Revista de Saúde Pública*, São Paulo, v. 24, n. 17, p. 9-19, 1994.

SPEEDY, D. B. et al. Fluid balance during and after an Ironman triathlon. *Clinical Journal of Sport Medicine*, v. 11, n. 1, p. 44-50, 2001.

SWINBURN, B.; RAVUSSIN, E. Energy balance or fat balance? *Am. J. Clin. Nutr.*, v. 57, p. 766S-771S, 1993.

TARNOPOLSKY, M. A. Protein requirements for endurance athletes. *Nutrition*, v. 20, n. 7-8, p. 662-8, 2004.

TARNOPOLSKY, M. A. et al. Evaluation of protein requirements for trained strength athletes. *J. Appl. Physiol.*, v. 73, p. 1986-95, 1992.

TIRAPEGUI, J. *Nutrição, metabolismo e suplementação na atividade física*. São Paulo: Atheneu, 2009.

TIRAPEGUI, J.; MENDES, R. R. Introdução à Nutrição e à Atividade Física. In: TIRAPEGUI, J. *Nutrição, metabolismo e suplementação na atividade física*. São Paulo: Atheneu, 2009. Cap. 1.

TIRAPEGUI, J.; ROSSI, L.; ROGERO, M. M. Proteínas e Atividade Física. In: TIRAPEGUI, J. *Nutrição, metabolismo e suplementação na atividade física*. São Paulo: Atheneu, 2009. cap. 2.

TOWNES, D. A. Wilderness medicine: strategies for provision of medical support for adventure racing. *Sports Med.*, v. 7, p. 557-64, 2005.

ZALCMAN, I. et al. Nutritional status of adventure racers. *Nutrition*, v. 23, p. 404-11, 2007.

ZIMBERG, I. Z. et al. Nutritional Intake During a Simulated Adventure Race. *International Journal of Sport Nutrition and Exercise Metabolism*, v. 18, p. 152-68, 2008.

WILLIAMS, C. Nutrição para promover a recuperação pós-exercício. *Sports Science Exchange*, v. 50, p. 1-6, 2007.

WILMORE, J. H.; COSTILL, D. L. *Fisiologia do Esporte e do Exercício*. São Paulo: Manole, 2001.

Sites consultados e sugeridos

\<http://esporte.hsw.uol.com.br/corrida-de-aventura2.htm\>;

\<http://www.webventure.com.br/home/conteudo/noticias/index/id/6279\>;

\<http://www.adventuremag.com.br\>;

\<http://www.apca.esp.br/apca\>.

17
Fisiologia e as atividades de aventura

Marcos Maurício Serra

"Eu estou sempre disposto a me arriscar a ferimentos para realizar meus objetivos atléticos." (James Cracknell, em entrevista à jornalista Helen Pidd do Jornal The Guardian. Jornal *O Estado de S.Paulo*, 11 de abril de 2010)

Fisiologia é o estudo do funcionamento de todas as partes de um organismo vivo, bem como do organismo como um todo. É a ciência que estuda o funcionamento dos organismos vivos, sendo muito importante para explicar a própria vida.

Qual o limite do corpo humano? O que leva um participante superar os limites? O que os fascinam, o que os atraem? A atração pelo risco? A busca por emoção ou o abandono da vida diária? E o que vem depois?

O ex-atleta olímpico, o remador inglês James Cracknell, de 37 anos, foi voluntário em um experimento para descobrir os limites do corpo em corrida de 254 km no deserto do Saara. O experimento científico tinha como objetivo compreender como o corpo reage às condições extremas. Os especialistas monitoraram Cracknell na maratona das areias, no Marrocos, uma ultramaratona disputada em seis dias no deserto do Saara, onde as temperaturas chegam a 49 °C.

Durante toda a prova, ele correu o equivalente a seis maratonas e foi monitorado por equipamentos que verificavam funções vitais como a frequência cardíaca, os traçados elétricos do coração, a temperatura na superfície da pele entre outros controles que ajudaram a medir o desgaste, tais como um comprimido que agiu como termômetro interno, fornecendo leituras contínuas de sua temperatura, análises para medir a desidratação a cada dia e verificação de anormalidades na urina como a presença de proteínas e medição da massa corporal diária.

O resultado desse experimento científico ainda será revelado em um documentário no Discovery Channel.

Em 2005, Opaschowski, em um trabalho com 217 praticantes de *mountain bike, trekking*, escalada livre, canyoning, *rafting*, mergulho, *paragliding*, paraquedismo, *bungee-jump* e treinamentos de sobrevivência, fez que estes respondessem a um questionário sobre os motivos pessoais para a prática dessas modalidades. Eles vivem no extremo e o resultado obtido é que querem se mover além de caminhos bem-conhecidos para escapar do aborrecimento da rotina de cada dia. Eles buscam satisfação e excitação em experiências sem limites. Vivem sob o risco calculado do voo em altitude e da aventura profunda no mar.

Devemos lembrar que todas as pessoas têm um limite biológico e ultrapassar esse limite traz desequilíbrio orgânico com consequências que vão de lesões musculares e tendinosas, escoriações nos pés a queimaduras causadas pelo sol, desidratação, fraturas entre outras, de acordo com as especificidades das modalidades.

Em 2004, Fordham, Garbutt e Lopes analisaram 223 atletas de corrida de aventura na Inglaterra, que responderam a um questionário mostrando as características do treinamento, a prevalência e a distribuição dos riscos encontrados e lesões por excesso nessa população e os efeitos dessas lesões nos treinamentos. Outro questionário retrospectivo sobre os treinos e lesões por um período de 18 meses foi distribuído para 300 atletas de corrida de aventura em dois encontros nacionais. Foi considerada lesão qualquer problema musculoesquelético que causou a parada do treinamento por pelo menos um dia ou que necessitou de cuidados médicos. Aproximadamente 73% dos atletas de nível avançado relataram ao menos uma lesão nos 18 meses precedentes ao questionário.

O local mais comum de lesão aguda foi o tornozelo (23%) e de lesão crônica foi o joelho (30%), seguido por dor lombar, na tíbia e no tendão calcâneo (12% cada). As lesões agudas foram sustentadas, principalmente, como um resultado da natureza do terreno sobre o qual os atletas treinam e competem e as lesões crônicas (por *overuse*) pela falta de dias de descanso.

Em contrapartida, temos modalidades realizadas no ambiente da natureza que favorecem um desgaste físico menor por não serem competitivas, mas contemplativas.

Percebe-se uma estreita relação entre esporte de aventura, natureza e a saúde do praticante, uma vez que o meio ambiente se apresenta como cenário para a realização das modalidades do referido segmento esportivo, suscitando uma interação entre o praticante e o respectivo meio.

Vários mecanismos interferem no desempenho dos praticantes das atividades de aventura. As diferentes respostas individuais dependem do tipo de atividade e da condição funcional do organismo.

Cada indivíduo responde de maneira específica e apresenta um limite biológico que, se ultrapassado, pode trazer consequências desagradáveis. A prática de qualquer uma das atividades de aventura exige um planejamento prévio para atingir a harmonia entre as exigências físicas necessárias e a aptidão física do praticante e, assim, obter o rendimento físico exigido. Programas adequados de treinamento e orientações nutricionais aprimoram a resistência à fadiga e ao desempenho de exercícios por meio da melhora da capacidade dos músculos manterem a produção de ATP.

Os movimentos do corpo humano decorrem da ação de músculos. Os músculos estão fixados aos ossos e se contraem para mudar a posição dos ossos em uma articulação. Assim, a locomoção, a apreensão de um objeto com a mão, entre outras ações, permite ao homem explorar, conhecer e se adaptar ao meio. Ossos e articulações não podem mover-se por si só, então o tecido muscular, por apresentar capacidade de contração, é adaptado para a função do movimento.

O músculo é o único tecido do corpo humano capaz de produzir força, o que significa que, biomecanicamente, é um tecido metabolicamente ativo e as atividades esportivas são possíveis devido à capacidade de gerar força. O metabolismo muscular transforma a energia química da molécula de ATP em energia térmica (calor) e mecânica (trabalho). Para executar seu trabalho mecânico, os músculos necessitam de considerável quantidade de energia.

Os movimentos que acontecem em nosso corpo como, por exemplo, a geração de força para a locomoção

e sustentação postural, a respiração, a produção de calor para nos proteger do frio e o transporte de nutrientes e hormônios às células têm por função a manutenção da homeostase, podendo, assim, proporcionar uma interação com o meio em que vivemos e, portanto, uma adequação a ele. Cada célula representa um organismo vivo realizando reações químicas, contribuindo para o funcionamento global do organismo e compondo os diferentes órgãos corporais com suas respectivas funções.

As funções dos órgãos corporais dependem do funcionamento de células individuais e a manutenção da vida depende de um meio ambiente adequado para elas.

A sobrevivência do homem depende, em grande parte, de sua capacidade de adaptação às mudanças que ocorrem em seu ambiente. Assim, os órgãos e as células desempenham funções individuais na manutenção da constância desse meio.

17.1 Homeostase

Homeostase é o termo utilizado para a manutenção de condições estáticas ou constantes no meio interno. A condição homeostática geralmente significa estar em repouso, sem estresse e representa o estado do organismo no qual ele pode mais facilmente responder às mudanças no meio externo.

Os líquidos presentes no corpo humano que são encontrados dentro das células são denominados *intracelulares*, apresentam grande quantidade de íons, magnésio, fosfato e alta concentração de potássio (negativo) e baixa concentração de sódio (positivo). A parte que ocupa os espaços que circundam as células é denominada líquido extracelular, que apresenta elevada concentração de sódio (positivo) e baixa concentração de potássio (negativo), além de cloreto e bicarbonato. As soluções químicas de concentrações diferentes, quando separadas por uma membrana semipermeável, tendem a igualar suas concentrações por meio da difusão das suas moléculas através da membrana. As partículas de uma substância devem difundir-se sempre ao lado em que estão mais concentradas para o lado em que estão menos concentradas.

Quando uma célula é colocada em meio hipertônico (mais concentrado), ela sofre perda de água, desidrata-se e murcha. Se as células que sofreram alterações forem recolocadas em solução isotônica (com a mesma concentração salina delas), em breve retornarão ao aspecto inicial. Quando expostas a um meio hipotônico (com concentração salina menor), as células absorvem água e tendem a aumentar de volume; se a entrada de água persistir, a célula poderá se romper.

O sistema circulatório, formado por coração e vasos sanguíneos, transporta o sangue por todo o organismo e, assim, contribui para a homeostase dos outros sistemas do corpo ao transportar e distribuir o sangue por todo o organismo, levando oxigênio, nutrientes, hormônios e removendo resíduos. Podemos utilizar como exemplo a pressão do sangue no sistema circulatório, que tem papel decisivo na função renal. Se a pressão sanguínea cai, os rins filtram menos e sua função excretora fica prejudicada. Nessa condição, os rins liberam um hormônio chamado renina, que atua na circulação sanguínea. Esta indiretamente induzirá as glândulas suprarrenais a liberar maior quantidade de aldosterona, que incentiva a reabsorção tubular de água nos rins, favorecendo o aumento do volume circulatório (hormônio antidiurético).

Os alimentos que ingerimos contêm diversos nutrientes que são utilizados pelo organismo. Ao degradar os alimentos em moléculas para penetrar nas células, temos um processo conhecido como digestão. À passagem dessas moléculas através das células presentes no sistema digestório dá-se o nome absorção, processando-as e distribuindo-as pelos líquidos orgânicos para serem utilizadas pelas células. Quase todas as células utilizam o oxigênio (O_2) para as reações metabólicas que liberam energia a partir dos nutrientes e produzem ATP (adenosina trifosfato). Essas reações liberam dióxido de carbono (CO_2), cujo excesso produz acidez que pode ser tóxica às células. O excesso de CO_2 deve ser eliminado rápida e eficientemente.

O sistema respiratório garante as trocas gasosas, a captação de O_2 e a eliminação de CO_2. Esse sistema transfere o oxigênio do ar para o sangue, o que é indispensável à vida. O gás carbônico que é excretado pelas células passa para o sangue e é transportado e removido pelos pulmões.

A vida depende da realização contínua e eficiente desse processo, mesmo em condições alteradas por doenças ou ambiente desfavorável. O transporte de oxigênio está a cargo da hemoglobina, proteína presente nas hemácias. Nos alvéolos pulmonares, o oxigênio difunde-se para os capilares sanguíneos e penetra nas hemácias, onde se combina com a hemoglobina enquanto o gás carbônico (CO_2) é liberado para o ar. Esse processo de troca gasosa é chamado hematose.

A respiração é o principal mecanismo de controle do pH do sangue. Se o pH está abaixo do normal (acidose), o centro respiratório é excitado, aumentando a frequência e a amplitude dos movimentos respiratórios. O aumento da ventilação pulmonar determina a eliminação de maior quantidade de CO_2, o que eleva o pH ao seu valor normal. Caso o pH esteja acima do normal (alcalose), o centro respiratório é deprimido, diminuindo a frequência e a amplitude dos movimentos respiratórios. Com a diminuição na ventilação pulmonar, há retenção de CO_2 e maior produção de íons H^+, o que determina queda no pH plasmático até seus valores normais.

O sistema nervoso coordena as atividades do corpo, assegurando que ele funcione em harmonia entre suas diferentes partes. Entre todos os sistemas do corpo, o sistema nervoso e as glândulas endócrinas desempenham os papéis mais importantes na manutenção da homeostase. O sistema nervoso pode responder prontamente para auxiliar nos ajustes corporais usando impulsos nervosos; já as glândulas endócrinas funcionam com mais lentidão e auxiliam na homeostase liberando hormônios que o sangue distribui para as células de todo o corpo. Para isso, ele monitora a todo tempo as alterações que ocorrem no corpo e no ambiente externo, sendo as informações captadas e processadas pelos neurônios ou células nervosas. Todas as células do organismo possuem um potencial elétrico através de sua membrana. A causa desse potencial é a diferença nas concentrações iônicas nos líquidos intra e extracelular.

Quando um estímulo é recebido por uma fibra nervosa, o potencial de membrana passa por algumas variações denominadas potencial de ação. Como o potencial da membrana em repouso é negativo no interior celular, ao ocorrer um estímulo, o potencial de membrana torna-se positivo e, alguns instantes depois, retornam os valores negativos. Essa variação súbita do potencial de membrana para a positividade e seu retorno à negatividade normal é chamado potencial de ação ou impulso nervoso. O potencial de ação se propaga ao longo de uma fibra nervosa e por meio desses impulsos a fibra nervosa transmite informações de uma parte do organismo à outra.

Após a fibra se repolarizar, o sódio que penetra no interior da célula e o potássio que passou para o exterior retornam a seus respectivos locais de origem. Esse processo é realizado pela própria bomba de sódio-potássio, que restabelece as diferenças iônicas e repõe as concentrações em seus valores iniciais.

Podemos considerar que tanto os mecanismos centrais como os periféricos participam na etiologia da fadiga e os dois contribuem para uma redução do desempenho dos músculos esqueléticos durante o exercício. A partir de carboidratos, proteínas e gorduras, que possuem grande energia potencial, enzimas específicas atuam para ocorrer quedas progressivas na energia potencial e aumento na energia cinética. Assim, a energia contida nos alimentos é extraída em pequenas quantidades durante as reações controladas por enzimas que ocorrem nas células.

Porém, a energia presente nos alimentos não é utilizada diretamente pelo nosso organismo para a realização do trabalho biológico, sendo feita através dos fosfatos de alta energia. O movimento humano é gerado pela transformação da energia química da molécula de adenosina trifosfato (ATP), fonte única e imediata de energia, em energia mecânica (trabalho) e energia térmica (calor).

A fonte imediata de energia para trabalhos biológicos é a ATP (adenosina trifosfato). A disponibilidade de ATP no músculo esquelético é muito reduzida, sendo suficiente para realizar um trabalho por apenas alguns segundos. Para a sua manutenção, torna-se necessária a ressíntese contínua. O músculo possui sistemas energéticos capazes de restaurar imediatamente as moléculas de ATP e, assim, permitir a continuidade do processo da contração muscular.

As diferentes formas de ressíntese do ATP são chamadas de vias metabólicas. São elas:

- metabolismo anaeróbio alático ou ATP-CP;
- metabolismo anaeróbio lático ou glicólise anaeróbia;
- metabolismo aeróbio ou oxidativo.

17.2 Metabolismo anaeróbio alático – ATP-CP

É o método mais rápido para a ressíntese do ATP e tem a participação da creatina fosfato (CP). A quantidade de CP no organismo é pequena e a quantidade total de ATP que pode ser formada é limitada. A energia liberada é suficiente para trabalhos de curta duração e alta intensidade, durando alguns segundos. A ressíntese do CP é feita pela quebra do ATP e sua restauração ocorre em cerca de 3 a 5 min.

O principal composto deste sistema energético é a creatina, encontrada na carne de peixes, aves e mamíferos, sendo também sintetizada no organismo a partir de aminoácidos. Diversos praticantes de diferentes modalidades relatam que fazem suplementação de creatina para melhorar o desempenho nos esforços que exigem força e potência.

17.3 Metabolismo anaeróbio lático ou glicólise anaeróbia

A glicólise consiste na degradação da glicose ou do glicogênio para formar acido pirúvico ou, caso não exista O_2 disponível, o ácido pirúvico forma o ácido lático. O ácido lático produzido deve ser removido na mesma proporção pela corrente sanguínea. Quando começa a ocorrer o acúmulo, há um aumento na acidez, o que inativa a ação enzimática e, consequentemente, a ressíntese de ATP tem de ser interrompida. O acúmulo de ácido láctico prejudica a contração muscular, e a duração do exercício fica limitada com manifestações de sinais e sintomas de fadiga. A fadiga nada mais é do que um alerta do organismo na utilização de uma via metabólica que não é a habitual, pois a energia está sendo formada e consumida numa velocidade muito maior que aquela capaz de ser mantida.

O ácido lático não deve ser visto como negativo para a glicólise, pois sua formação ocorre a todo o momento. Quando se dispõe de O_2, como no repouso ou na diminuição da intensidade do exercício, o ácido lático é convertido em ácido pirúvico e utilizado no processo energético novamente.

17.4 Produção aeróbia de ATP

Se a atividade física for de baixa intensidade e tiver duração superior a 3 min, a energia aeróbia será a predominante, ou seja, os hidrogênios da glicólise e o ácido pirúvico entrarão nas mitocôndrias disponibilizando, assim, a energia necessária para a ressíntese das moléculas de ATP.

O metabolismo aeróbio, que implica a utilização dos substratos energéticos, proporciona uma maior produção de energia dentre os três sistemas. O desenvolvimento desse sistema implica três séries principais de reações: glicólise aeróbia; ciclo de Krebs; e siste-

ma de transporte de elétrons ou cadeia respiratória, que utiliza como substratos energéticos não apenas carboidratos, mas lipídeos, proteínas e até mesmo o ácido lático.

O organismo humano, em seus processos biológicos, utilizará predominantemente o sistema energético em função da intensidade e do tempo do exercício que se executa. Se o organismo necessita de energia imediata para atividades físicas de curta duração, ele utilizará predominantemente as vias anaeróbias (alta potência e baixa capacidade energética). Se houver necessidade de executar uma atividade física por período prolongado de tempo em intensidade baixa ou moderada, ele utilizará predominantemente o sistema energético aeróbio.

17.5 Fisiologia da altitude

Quando as pessoas são expostas a um ambiente em altitude elevada, as adaptações ocorrem como parte de um processo conhecido como aclimatação; quando as adaptações são resultantes de exposições artificiais, denomina-se aclimação. A aclimatação refere-se às alterações fisiológicas que ocorrem depois de repetidas exposições a novas condições ambientais.

As competições em altitude têm sido relacionadas a um desempenho comprometido e muitas queixas aconteceram depois dos jogos olímpicos na cidade do México, localizada a uma altitude de 2.240 m acima do nível do mar, mas não para o atleta Bob Beaman, que bateu o recorde em salto de distância, indicando que as condições na altitude contribuíram para esse desempenho de exigência explosiva e curta duração. Esse fato despertou uma atenção considerável em relação aos efeitos da altitude sobre o desempenho físico (Wilmore, 2001).

Existem ocasiões em que a concentração de oxigênio nos alvéolos cai para valores muito baixos. Isso ocorre especialmente quando se sobe a lugares muito altos, onde a pressão parcial de oxigênio na atmosfera é muito baixa. Sob tais condições, quimiorreceptores são estimulados e enviam sinais pelos nervos, estimulando os centros respiratórios no sentido de aumentar a ventilação pulmonar.

O processo de aclimatação na altitude é essencial para a sobrevivência. Nos primeiros dias, os rins produzem a eritropoietina, hormônio que aumenta a quantidade de glóbulos vermelhos para favorecer a função muscular e também provocar eliminação maior de líquidos. A exposição a altitudes pode resultar, porém, em sintomas como cefaleia, letargia e náuseas, denominados de "mal agudo da montanha". Nem todas as pessoas respondem igualmente a esses sintomas quando expostas à altitude; os sintomas devem ser valorizados e, se necessário, deve-se suplementar com oxigênio, medicamentos ou se deslocando para altitudes menores.

Embora a pressão atmosférica varie, a porcentagem dos gases do ar que respiramos permanece inalterada do nível do mar à altitude elevada. Em qualquer elevação, o ar sempre contém, aproximadamente, 20,93% de oxigênio, 79,04% nitrogênio e 0,03% dióxido de carbono. Somente as pressões parciais alteram (Wilmore, 2001).

Com a diminuição da pressão atmosférica, o ar vai se tornando rarefeito, menos denso e o número de moléculas de oxigênio por metro cúbico diminui. Não existe menos oxigênio no ar, mas menor pressão do ar; como a quantidade de moléculas de oxigênio em determinado volume de ar é menor na altitude, mais ar deve ser inspirado e a ventilação aumenta para fornecer maior volume de ar.

A temperatura do ar cai numa taxa de, aproximadamente, 1 °C para cada 150 m de subida. A temperatura média próxima do ápice do monte Everest é estimada em cerca de – 40 °C, ao passo que, ao nível do mar, é de, aproximadamente, 15 °C. A combinação da temperatura baixa e ventos fortes em altitudes cria um sério risco de distúrbios relacionados ao frio, como a hipotermia e lesões causadas pelo resfriamento (Wilmore e Costill, 2001).

Para pensar e responder

Uma pessoa, ao subir uma montanha de 4.000 m na Antártica, pode sofrer tanto com a altitude quanto uma pessoa que está subindo uma montanha de 6.000 m em latitudes tropicais?

R.: *À medida que se afasta da linha do Equador em direção aos polos, a pressão do ar muda, pois, na linha do Equador, o limite da troposfera chega a 17 km de altitude e, nos polos, o limite fica apenas a 7 km de altitude.*

17.6   Calor e frio

O que é calor para você? Você já deve ter percebido que algumas pessoas viajam para determinadas regiões e sentem a temperatura local de maneira diferente em relação a outros indivíduos. Algumas precisam se agasalhar de maneira que outras, nas mesmas condições, não sentem essa necessidade.

Nosso corpo possui proprioceptores, que estão localizados logo abaixo da pele e que transmitem as sensações exteriores para o sistema nervoso central. No cérebro, temos um termostato – o hipotálamo – que decifra essas sensações, avisando se está quente ou frio.

É comum escutar uma pessoa que mora na Região Sul e viaja para o Norte ou o Nordeste reclamar do calor. Ao contrário, uma pessoa que está em uma região mais quente e vai para outra onde não faz tanto calor sente um frio que a maioria dos habitantes locais não está sentindo.

A sensação de frio ou calor também é influenciada por outros fatores, como gordura corporal, idade e até mesmo a condição física. Os indivíduos bem-preparados fisicamente têm capacidade de suportar melhor as mudanças e se adaptar mais rápido.

As transformações químicas que ocorrem nas células musculares para liberar energia mecânica usada para a contração e o relaxamento dos músculos geram também calor de grande importância para a manutenção da temperatura corporal, que é conseguida através do equilíbrio entre a formação do calor (gerado, também, pelos órgãos metabólicos das cavidades torácica e abdominal) e a cessão de calor (realizada, principalmente, pela pele e pelos pulmões). Acredita-se que as contrações musculares gerem até 85% de todo o calor do corpo (Tortora, 2001).

À medida que a intensidade do exercício aumenta, a temperatura interna também se eleva, e a resposta termorregulatória de um individuo é influenciada pela aptidão e pelo grau de aclimatação à exposição ao calor. Uma pequena parte do consumo de oxigênio durante o exercício é convertida em trabalho mecânico, enquanto grande parte resulta em calor, o principal derivado metabólico de exercícios prolongados. Apesar de a maior parte desse calor ser dissipada no exercício de alta intensidade e quando a temperatura e/ou umidade ambientais encontram-se aumentadas, pode haver aumento significativo da temperatura central do corpo (hipertermia) que pode causar fadiga e, em casos extremos, a morte.

O calor produzido como produto do metabolismo durante o exercício é dissipado pela pele por convecção, radiação e evaporação. Em ambientes quentes, a dissipação do calor por convecção e radiação é mínima e a sobrecarga de calor produzida pelo exercício é dissipada pela evaporação, mas a eficiência da evaporação depende de fatores fisiológicos e ambientais.

Em ambientes quentes e úmidos, a evaporação é prejudicada. Se a umidade relativa do ar é alta, a velocidade da evaporação será baixa. Em um dia quente e úmido, a perda de calor por radiação e por convecção é pequena devido a uma menor diferença de temperatura entre a pele e o meio ambiente, e uma menor dissipação do calor por evaporação ocorre.

Uma preocupação importante em dias quentes é com a hidratação. Um bom plano para realizar uma adequada hidratação deve ser elaborado, pois a desidratação, durante a prática do exercício no calor, altera a funcionabilidade do organismo; com a perda continua de água, diminuímos o débito cardíaco e o consumo máximo de oxigênio, o que reduz a margem de segurança e leva à fadiga precoce. A desidratação ainda é o principal desafio para a homeostase fisiológica, pois compromete funções fisiológicas importantes e o desempenho (ver Capítulo 16). A ingestão adequada de líquidos durante o exercício melhora o desempenho e reduz o risco de problemas relacionados ao calor. Atletas que transpiram muito necessitam de quantidades superiores à média da ingestão de fluidos para evitar a desidratação. Uma pessoa que ingere líquidos em excesso antes e durante exercícios prolongados em ambientes quentes e úmidos perde muitos sais minerais, correndo o risco de desenvolver um desequilíbrio hidroeletrolítico que resulta na queda anormal da concentração de sódio chamada hiponatremia.

As funções do corpo se deterioram durante a desidratação e a hipertermia induzidas pelo exercício, e esses danos influenciam o desempenho físico. As alterações da temperatura interna durante o exercício é influenciada pela intensidade do exercício, pela temperatura do ambiente e pela eficiência da pessoa em aumentar sua perda de calor através da evaporação (Robergs, 2002).

A hipertermia pode comprometer tanto os processos centrais quanto os periféricos envolvidos na produção de força muscular e da energia, além de comprometer o desempenho esportivo. As estratégias para minimizar o impacto negativo da temperatura central e muscular elevada no desempenho de exercícios incluem a aclimatização ao calor, o pré-resfriamento e a ingestão de líquidos.

O que normalmente entendemos como temperatura corporal é compreendida como temperatura basal. Esta é mantida em torno de 37 °C, embora mostre uma variação durante o dia. Os limites normais da temperatura basal são de 36 ºC a 38 ºC. A hipotermia é caracterizada como uma temperatura abaixo de 35 ºC; acima de 40 ºC, ocorre a hipertermia. A produção de calor pelo exercício em combinação com o estresse térmico oferecido pelo meio ambiente traz complicações para o sistema nervoso e motor. Se a temperatura basal estiver acima de 42 ºC, ocorre morte por insolação.

Para pensar e responder

Beatriz está pedalando em uma prova de ciclismo de 50 km em um dia quente de verão. Ela está respirando poeira atrás do grupo, suando abundantemente e, neste momento, perdeu sua garrafa de água. Ela não está se divertindo. Como os seus hormônios responderão à ingestão reduzida de água e ao estresse dessa situação?

R.: *A desidratação estimulará a liberação de ADH (hormônio antidiurético), aumentando a retenção de água pelos rins, diminuindo o suor e contraindo as arteríolas, o que aumentará a pressão sanguínea. A adrenalina e a noradrenalina serão liberadas pela glândula suprarrenal em resposta ao estresse.*

O frio pode ser um complicador e um fator que pode limitar o desempenho, exigindo modificações na atividade e, em condições extremas, representa um risco à saúde, mas a maioria das pessoas fisicamente ativas possui capacidade fisiológica e inteligência para lidar com o frio.

Vários fatores podem afetar a tolerância ao frio. Entre eles, o bom condicionamento físico e a gordura corporal, que é um grande isolante térmico, permitindo que indivíduos acima do peso tenham também maior a resistência à perda de calor e tolerando melhor o frio.

A exposição ao frio provoca respostas fisiológicas que contribuem para a manutenção do equilíbrio térmico. Essas respostas são a termogênese e a vasoconstrição periférica, que proporcionam aumento da produção de calor e diminuição da perda de calor. A diminuição na temperatura cutânea é responsável pela vasoconstrição periférica, que reduz o envio de calor para a pele e ajuda a conservar o calor. Os exercícios prolongados provocam aumento na produção de calor e, assim, compensam a perda de calor causada pela exposição ao frio.

A hipotermia é uma condição na qual a temperatura central cai sensivelmente. Os sinais e sintomas de hipotermia incluem fraqueza, fadiga e, em fases avançadas, inconsciência. O risco de hipotermia é maior quando imerso em água fria ou quando o praticante permanece com roupas úmidas e ventos fortes, pois o vento aumenta significativamente a perda de calor por convecção e diminui a temperatura da pele, aumentando o risco de congelamento. O congelamento nas estruturas periféricas pode acontecer quando temperaturas extremamente baixas bloqueiam a atividade dos nervos sensoriais em áreas corporais como orelhas, face e dedos, mas atividades esportivas podem ser praticadas com segurança em ambientes frios, tomando-se os devidos cuidados como aquecimento, volta à calma adequada e roupas próprias para enfrentar o frio e o vento.

17.7 Fisiologia do mergulho

O mergulho é uma atividade muito prazerosa e oferece uma oportunidade para se aprender sobre fisiologia de maneira muito atraente e interessante. Os profissionais envolvidos na prática do mergulho devem ser as pessoas mais preparadas para servir de fonte de informação e referência para os praticantes.

O conhecimento das leis dos gases permite compreender os fatores fisiológicos associados ao desempenho físico abaixo do nível do mar, ajudando o orientador da atividade a elaborar as condutas fisiológicas mais adequadas.

Quando aumentamos a pressão imposta a um gás, o volume dele diminui. O volume do gás não é afetado apenas pela pressão, mas, também, pela temperatura. Já o aquecimento de um gás produz sua expansão. Portanto, os volumes do pulmão diminuem durante a descida, mas a pressão parcial do gás alveolar aumenta. Submergindo na água do mar, a pressão aumenta uma atmosfera (1 atm –760 mmHg) a cada trecho de 10 m. Na água doce, o aumento da pressão não é tão grande em razão da diferença da densidade da água (Robergs, 2002).

Quando o corpo está submerso até a altura do pescoço, ocorrem adaptações cardiovasculares agudas em resposta ao aumento das forças de compressão que são exercidas sobre a pele, resultando na diminuição do fluxo sanguíneo cutâneo, aumento do volume sanguíneo central, maior retorno venoso e menor frequência cardíaca. A necessidade de permanecer debaixo da água por períodos prolongados requer o uso de um equipamento para fornecer um suprimento contínuo de oxigênio e eliminação do dióxido de carbono.

Ao prender a respiração e mergulhar, descendo a maiores profundidades, o aumento das forças de compressão diminui o volume do pulmão e a pressão nas outras cavidades do corpo. Assim, as pressões nessas cavidades precisam ser igualadas a maior pressão dos arredores para impedir a ruptura dos vasos por compressão excessiva. Mas até quanto poderíamos afundar sem o auxílio de equipamentos?

Durante o mergulho e sob pressões crescentes, a diminuição do volume do pulmão pode ser tolerada até o ponto em que o volume do pulmão se iguala ao volume residual. Além desse ponto, persistentes aumentos de pressão são exercidos sobre o que é agora uma caixa pulmonar fechada que, por sua vez, corre o risco de romper os alvéolos. Portanto, a profundidade-limite para o mergulho prendendo a respiração depende do volume residual em relação à capacidade pulmonar total. Segundo Muza et al. (1986 apud Robergs, 2002), as pessoas têm, de modo geral, uma relação entre a capacidade pulmonar e o volume residual de 4:1 a 5:1, que pode ser calculada conhecendo-se o aumento da pressão com a profundidade e a lei de Boyle para limitar de 30 a 40 m a profundidade dos mergulhos prendendo a respiração.

Karol Meyer, brasileira, conquistou o recorde mundial na disciplina "skandalopetra", que consiste em mergulhar com uma pedra presa a um cabo sem nenhum equipamento, durante o evento Open Games Lindos 2010, na cidade de Lindos, Rodhes. A mergulhadora chegou à marca de 61,5 m. A brasileira superou a marca da italiana Paola Tagliabue (54 m de profundidade), entrando para a história da modalidade que é considerada uma das mais antigas do mergulho livre.

Além do recorde de profundidade, Karol conquistou também a marca de tempo total de mergulho, com 1min48s, e o título por equipe da competição na categoria maior profundidade do evento, na qual competiu ao lado do atleta grego Thanassis Karavelis. Todos os resultados foram homologados pela FIPSAS (Federação Internacional de Pesca e Atividades Subquáticas) e pela Associação Tessalônica de Mergulho em Skandalopetra.

O desempenho dela consistiu em mergulhar sem nenhum equipamento ou roupa de mergulho, segurando uma pedra de 12 kg. Uma das maiores dificuldades da brasileira foi superar as variações bruscas da temperatura nas águas da região.

A utilização de equipamentos para submergir diminui o risco do *squeeze* (ruptura dos vasos por compressão excessiva), fornecendo suprimento de oxigênio e permitindo a remoção do dióxido de carbono. No entanto, outros problemas podem acontecer dependendo do tempo de duração do mergulho e da profundidade.

Ao afundar, a pressão do ar inalado aumenta; isso eleva a densidade do gás, que aumenta o trabalho respiratório, fazendo que o mergulhador hipoventile. Isso pode causar alterações no equilíbrio ácido-base, cefaleia e prejudicar a função cognitiva. Dessa forma, para profundidades que provocam pressões maiores que 6 atm, as misturas de ar são alteradas colocando o gás hélio e reduzindo o nitrogênio para diminuir a densidade do gás e o trabalho respiratório, normalizar a ventilação e diminuir o risco à saúde pela retenção excessiva do nitrogênio (Robergs, 2002).

Figura 17.1 – Treinamento de mergulho.

Figura 17.3 – Corrida de aventura.

Esses riscos incluem comprometimento neurológico e o mal da descompressão, que ocorre quando o nitrogênio dissolvido em líquidos e tecidos é forçado a escapar em forma de bolhas de gás. Isso ocorre por uma subida muito rápida; por isso, diversas tabelas foram desenvolvidas relacionando o tempo necessário para subida e as profundidades e os tempos de mergulho.

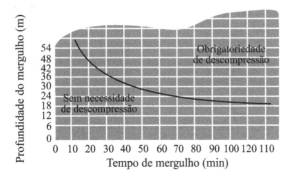

Figura 17.2 – Relação entre tempo e profundidade do mergulho.

17.8 Sono

Participantes de corridas de aventura frequentemente ficam sem dormir por um período maior de 24 horas enquanto participam de exercícios submáximos prolongados.

Em 2004, Scott e McNaughton examinaram o efeito de 30 horas de privação do sono e exercícios físicos intermitentes nos marcadores cardiorrespiratórios em seis sujeitos com as seguintes características: média de idade de 22 anos ± 0,3 ano; altura 180 cm ± 5 cm; massa corporal 77 kg ± 5 kg; VO_2 pico 44 ml/kg/min ± 5 ml/kg/min. Três desses participantes foram engajados em atividades sedentárias enquanto três outros foram colocados no ciclo ergométrico a 50% do VO_2 de pico durante 20 minutos, a cada 2 horas. A cada 4 horas, os participantes completaram avaliações da função cardiorrespiratória. Obteve-se como resultado uma significativa frequência cardíaca menor com a privação do sono ($p < 0,05$), mas nenhum efeito significante ($p > 0,05$) nas variáveis respiratórias de troca gasosa. Nem a privação do sono nem a combinação de privação do sono somada a 5 horas de pedaladas em moderada intensidade parecem ser fatores limitantes para a capacidade fisiológica em executar exercícios submáximos.

Em 2006, os mesmos autores mostraram os efeitos da privação do sono e exercício na cognição, no desempenho motor e no humor. A cada 4 horas, os participantes realizavam tarefas simples em repouso e em exercício para analisar o tempo de reação e o estado de humor pelo questionário do Perfil de Estado de Humor (POMS). A privação do sono esteve associada significativamente com distúrbios negativos para vigor subjetivo, fadiga e depressão. Concluíram que indivíduos que realizaram 5 horas de exercício intermitente e moderado durante 30 horas de privação do sono parecem ser mais vulneráveis aos distúrbios negativos de humor e prejuízo nos tempos de reação. Isso poderia resultar em risco maior de acidentes devido a uma reduzida capacidade de responder rapidamente.

O estudo da fisiologia humana tem aplicações práticas, óbvias, mas para muitos cientistas (talvez a maioria) a verdadeira motivação é a curiosidade; eles são movidos pelos "seis servidores honestos" de Kipling – pelo "o Que é, Onde é, Quando é, Como é, Por Que é e Quem". Consequentemente, a vida do fisiologista, como a de muitos cientistas experimentais, é uma curiosa combinação de entusiasmo e frustração. Entusiasmo quando a hipótese defendida se revela correta e frustração quando, por razões técnicas, um experimento não funciona e a pergunta que fora projetada para testar não pode ser respondida. (Frances Ashcroft, 2000)

Referências

ARENA, S. S. *Exercício físico e qualidade de vida*: avaliação, prescrição e planejamento. São Paulo: Phorte, 2009.

ASHCROFT, F. *A vida no limite*: a ciência da sobrevivência. Rio de Janeiro: Jorge Zahar Editor, 2000.

FORDHAM, S.; GARBUTT, G.; LOPES, P. Epidemiology of injuries in adventure racing athletes. *Br. J. Sports Med.* v. 38, p. 300-3, 2004.

LUCAS, S. J. et al. The impact of 100 hours of exercise and sleep deprivation on cognitive function and physical capacities. *J. Sports Sci.*, v. 27, n. 7, p. 719-28, 2009.

OPASCHOWSKI, H. M. Crossing borders: the motivation of extreme sportsmen. *Bundesgesundheitsbl-Gesundheitsforsch Gesundheitsschutz*, Springer Medizin Verlag, v. 48, p. 876-80, 2005.

ROBERGS, R. A.; ROBERTS, S. O. *Princípios fundamentais de fisiologia do exercício para Aptidão, desempenho e saúde*. 1. ed. São Paulo: Phorte, 2002

SCOTT, J. P.; MCNAUGHTON, L. R. Sleep deprivation, energy expenditure and cardio respiratory function. *Int. J. Sports Med.*, v. 25, n. 6, p. 421-6, 2004.

SCOTT, J. P.; MCNAUGHTON, L. R.; POLMAN, R. C. Effects of sleep deprivation and exercise on cognitive, motor performance and mood. *Physiol. Behav.*, v. 87, n. 2, p. 396-408, 2006.

TORTORA, J. G. *Corpo humano*: fundamentos de anatomia e fisiologia. Porto Alegre: Artmed, 2000.

WILMORE, J. H.; COSTILL, D. L. *Fisiologia do esporte e do exercício*. 2. ed. São Paulo: Manole 2001.

Sites sugeridos

<http://www.wired.co.uk>;

<http://www.high-altitude-medicine.com>;

<http://www.southerntraverse.com>;

<http://www.endurancesport.co.nz>;

<http://fisiologiaprofundidade.blogspot.com>;

<http://www.quarkexpeditions.com>;

<http://360graus.terra.com.br>;

<http://www.bas.org.br>;

<http://www.endurancesport.co.nz>;

<http://oradical.uol.com.br>;

<http://www.finalsports.com.br>;

<http://www.ismmed.org>.

18
Medicina da aventura

Adriano Barros de Aguiar Leonardi
Karina Ragazzo Oliani

O conceito da medicina da aventura foi criado por médicos ligados a esportes de aventura de maneira profissional ou amadora para trazer os preceitos da *wilderness medicine* e adequá-los a realidade brasileira.

Desde a existência do homem na Terra, pessoas se preocupam em prestar auxílio para um familiar, amigo ou outra pessoa que foi lesionada ou estava doente em um ambiente longe da civilização. Nas guerras napoleônicas, profissionais da saúde e guerreiros já passavam por um grande dilema nos remotos campos de batalha: Como ajudar uma vítima ou um colega que foi ferido gravemente em um ambiente tão remoto, tendo pouco ou nenhum recurso?

Atualmente, a maioria da população mundial vive concentrada em centros urbanos ou aglomerados populacionais que contêm serviços de resgate, hospitais e centros médicos com pronto-socorro. Para outros, porém, essa nem sempre é a realidade. Há muitas pessoas que vivem e trabalham em locais muito distantes de qualquer acesso médico. Além disso, com o crescimento dos esportes de aventura nas últimas décadas, muitas pessoas voltaram a se preocupar com os primeiros-socorros prestados em condições naturais extremas, longe da civilização e de qualquer centro urbano.

No início dos anos 1980, três médicos californianos se uniram para formar o que hoje viria ser a primeira sociedade médica oficialmente voltada para essa finalidade. Os doutores Paul Auerb, Ed Geerh e Ken Kizer oficializaram a *Wilderness Medical Society* (WMS) no dia 15 de fevereiro de 1983, com a finalidade de criar, encorajar, dar apoio e conduzir atividades ou programas relacionados ao exercício da medicina em ambientes remotos.

Mas por que estudar Suporte Avançado de Vida Selvagem (*Advanced Wilderness Life Support – AWLS*)? O programa visa preparar o suporte médico para aventuras em que o acesso aos cuidados médicos definitivo é limitado.

Normalmente, os viajantes se encontram no meio selvagem intencionalmente. Os lugares mais bonitos e robustos na terra são, muitas vezes, distantes de cuidados médicos. Apesar de fazer grandes esforços para escapar da civilização, os viajantes, simultaneamente, aumentam as chances de resultados adversos e, nesses casos, uma emergência médica poderá ocorrer.

Atividades ao ar livre estão aumentando em popularidade em todo o mundo. O meio selvagem oferece aos aventureiros um local belo e desafiador em que há caminhadas, esqui, rios, mergulho, escalada, bicicletas e muito mais. No entanto, lesões e doenças são comuns no meio selvagem. A excitação e o aumento da acessibilidade das atividades ao ar livre atrai um grande número de participantes, muitos dos quais têm pouca ou nenhuma experiência. Algumas dessas pessoas têm pré-condições médicas existentes. Um profissional de saúde que frequenta o sertão vai, sem dúvida, encontrar eventuais problemas médicos distintos dos comuns ao ambiente urbano. Picadas de cobra, edema cerebral de altitude, rachaduras causada pelo frio, queimadura por raios e muitos outros casos estão fora do âmbito da medicina clínica de rotina.

Técnicas de emergência *wilderness* muitas vezes são úteis para situações de emergência em áreas urbanas como, por exemplo, incidentes por submersão em piscina, queimaduras, quedas e acidentes automobilísticos.

A medicina selvagem é um campo único de Medicina. Incorpora aspectos de busca e salvamento, fisiologia e fisiopatologia, avaliação clínica e tratamento, improvisação criativa, psicologia e dinâmica de grupo, medicina preventiva e saúde pública. Ensina sobre a resposta do organismo no ambiente como frio, calor, altitude, falta de água e o estresse físico. Também prepara os profissionais médicos para antecipar os efeitos desses extremos sobre as condições médicas preexistentes.

No meio selvagem, muitas viagens, equipamentos e suprimentos são limitados pelo espaço e peso. Essa limitação também se aplica aos *kits* de primeiros-socorros. Equipamentos não médicos, como a fita adesiva e galhos de árvores, muitas vezes têm de ser usado para modelos de talas e outros fins médicos.

18.1 Acidentes no ambiente remoto

Este capítulo relatará técnicas de abordagem e avaliação das potenciais vítimas *tes inópitos* de acordo com os seguintes critérios:

- Reconhecer potenciais riscos e as barreiras de ação que podem limitar a sua capacidade de avaliar e tratar adequadamente as vítimas de um acidente.
- Ser capaz de fazer o levantamento preliminar que deve desempenhar na avaliação da vítima, doente ou ferido.

(1) Examinando o local (Borland e Rogers, 1997)

Examinar o local envolve muitos fatores, dos quais a segurança é apenas um. Examinar o local significa abordar a vítima com cuidado e atenção. Avaliam-se o mecanismo de lesão, o número de vítimas e de espectadores e outros fatores específicos para a situação que possam influenciar a gestão da vítima.

(2) Aproximando-se, identificando e obtendo permissão para tratar a vítima (Borland e Rogers, 1997; Townes et al., 2004)

- Se possível, a abordagem da vítima deve ser feita pelo lado, na linha de visão do paciente, sempre mantendo o paciente em vista.
- Estabilize a cabeça da vítima com as mãos e peça permissão para tratá-la. Se a vítima não consentir o tratamento, não pode ser instituído a menos que a vítima seja incapaz de se comunicar ou é mentalmente incapaz de dar consentimentos.
- Pergunte o nome da vítima e a localização da dor. Se o paciente está inconsciente ou semiconsciente, inicie com o levantamento preliminar.

(3) Avaliando o paciente sob risco de vida: entendendo os itens do trauma

Avaliação primária:

- Vias aéreas.
- Respiração.
- Circulação.
- Deficiência.
- Exposição.

a) Vias aéreas

- Fale alto para a vítima enquanto se aproximar da cena.
  - Se o paciente responder em seguida, respiração e pulsos estão cheios.
  - Se o paciente não está respondendo, logo em seguida determine se o paciente está respirando.

- Aproxime uma orelha perto da boca da vítima, ouvindo e sentindo a circulação de ar e olhando para ver o tórax da vítima e o abdome subir e cair como prova de respiração.
- Se a vítima estiver deitada de bruços, vire-a de lado tomando cuidado para não torcer ou empurrar a coluna ou o pescoço.
- Se a vítima não estiver respirando:
  - visualize e remova qualquer objeto estranho de sua boca;
  - observe a não evidência de trauma da cabeça ou pescoço e, em seguida, abra as vias aéreas usando a manobra de inclinação da cabeça-elevação do queixo, colocando uma mão sobre a testa enquanto levanta o queixo com a outra mão. Com a cabeça nessa posição, a língua relaxada da vítima deixará de bloquear as vias aéreas;

- se você suspeita que a vítima tenha lesões na cabeça, no pescoço ou nas costas, ou que esteja inconsciente, use a técnica de empuxo do queixo. Essa técnica minimiza o movimento do pescoço. A técnica de empuxo é realizada colocando-se uma mão de cada lado da cabeça da vítima e apreender os ângulos de elevação mandibular da vítima para cima e para frente com ambas as mãos (Borland e Rogers, 1997; Townes et al., 2004).

b) Respiração

- Se a vítima não iniciar a respiração de forma independente após a via aérea ser aberta, realize a respiração boca a boca.
- Com as vias aéreas abertas, aperte as narinas da vítima fechando com o polegar e o indicador. Coloque sua boca sobre a boca do paciente, criando um selo labial. Soprar para dentro da vítima durante um segundo e depois esperar que o paciente expire (Fordham, Garbutt e Lopes, 2004).
- Após as duas primeiras ventilações de resgate, busque a vítima por um pulso.
  - Se nenhum pulso é definitivamente sentido dentro de dez segundos, em seguida, inicie a RCP completa com compressões torácicas e respiração de salvamento (Borland e Rogers, 1997; Townes et al., 2004; Fordham, Garbutt e Lopes, 2004).
  - Respiração de salvamento para criança.
    - Use o método de inclinar a cabeça e, depois, dê à criança duas respirações em um segundo, com uma pausa de dois segundos entre as respirações. Respirar suficiente para fazer subir o peito da criança (Kreider, Fry e O'Toole, 1998).

c) Circulação

- Verifique o pulso, colocando seus dedos indicador e médio na garganta da vítima ao longo do pomo de Adão e deslize seus dedos pela lateral do pescoço para o espaço entre o pomo de adão e do músculo do pescoço para sentir o pulso carotídeo (Borland e Rogers, 1997).
- Aplique uma leve pressão e espere mais de dez segundos para sentir um pulso (Borland e Rogers, 1997).
- Se um pulso estiver ausente, inicie as compressões torácicas juntamente com a respiração boca a boca (RCP) (Borland e Rogers, 1997; Townes et al., 2004).

RCP – Reanimação cardiopulmonar

- Com a vítima em decúbito dorsal e seus joelhos ao lado do paciente, coloque a palma de uma mão no esterno da vítima (a estrutura óssea no centro do peito entre os mamilos) (Fordham, Garbutt e Lopes, 2004).
- Os ombros do socorrista devem estar alinhados sobre as mãos e com os cotovelos bloqueados.
- Usando o seu corpo e não os braços, comprima o esterno 2 a 3 cm e, em seguida, solte. Faça isso em um movimento para cima e para baixo, não balançando para frente e para trás e não retirando as mãos entre as compressões. As compressões devem ser aplicadas a uma taxa de 100 por minuto (Townes et al., 2004; Fordham, Garbutt e Lopes, 2004).
- É normal ouvir ou sentir os ossos e cartilagens enquanto são feitas compressões no peito (Fordham, Garbutt e Lopes, 2004).
- Independentemente de saber se você está trabalhando sozinho ou com outro socorrista,

realize 30 compressões seguidas de respiração boca a boca. Repita esse ciclo até que você sinta o pulso, chegue ajuda médica profissional ou fique exausto. Quando a equipe de resgate começar a cansar, eles podem negociar posições (Fordham, Garbutt e Lopes, 2004).

- Compressões torácicas em crianças:
  - Coloque o calcanhar de uma mão ou duas mãos na parte inferior do esterno da criança. Então, com força moderada, comprima o tórax da criança.[4]

d) Deficiência

- Verifique o *status* da vítima.
- O paciente está falando claramente?
- Pode o paciente mexer os dedos de mãos e pés?
- As pupilas do paciente estão igualmente dilatadas?
- Se a resposta for "não" a qualquer uma dessas questões básicas, então o paciente provavelmente tem ferimento na cabeça (cérebro) e/ou medula espinhal. Imobilize a coluna da vítima, tome precauções especiais quanto ao transporte e realize os primeiros-socorros (Borland e Rogers, 1997; Townes et al., 2004).

e) Ambiente

Além de tratar os ferimentos da vítima, a medicina do meio selvagem é a única em que há preocupações ambientais que se devem considerar também na avaliação e no tratamento dos pacientes (Kreider, Fry e O'Tolle, 1998; Smith, 2000).

- Temperatura
  - Proteja o paciente contra o frio com roupa adicional.
  - Mova-os do sol para a sombra para mantê-los frescos no tempo quente.

- Chuva/água: os pacientes devem ser protegidos da chuva e movidos da água para que eles não fiquem com hipotermia.
- Mova a vítima na medida do necessário, mantendo a espinha alinhada. Use bom julgamento e não se coloque em perigo desnecessariamente.

É importante lembrar:

- Antes de iniciar a ressuscitação da vítima, tenha alguém para tentar alertar o pessoal do resgate. Mande alerta para a ajuda ou tentativa de ajudar por todos os meios de contato disponíveis (telefone celular, espelho de sinal, rádio bidirecional etc.).
- Ao realizar a respiração de emergência, lide com sangue e outros fluidos corporais; é aconselhável usar luvas e usar um bocal ou boca-dispositivo de barreira ao realizar boca a boca. Esses são materiais essenciais em qualquer *kit* de primeiros-socorros.

18.2 Manejo básico aos ferimentos

Lesões na pele são alguns dos problemas mais comuns encontrados na região selvagem. No sertão, onde pode ser difícil manter um ferimento limpo ou coberto adequadamente, até mesmo um simples atrito pode se tornar um problema sério. Ao avaliar qualquer ferida, é importante examinar cuidadosamente e documentar as dimensões do ferimento. A documentação deve incluir a seguinte descrição:

- Tipo de ferida (atrito, laceração, etc.).
- Local.
- Dimensões (largura, comprimento e profundidade).

- Presença ou ausência de corpo estranho.
- Osso, tendão ou participação conjunta.

Se a ferida é sobrejacente ou adjacente a uma articulação, deve ser examinada através de uma gama completa de movimento para procurar evidências de ruptura da cápsula articular. Outros princípios para manter em mente ao analisar todas as feridas incluem:

- exposição completa da área afetada, ou de corpo inteiro, se necessário;
- hemostasia;
- avaliação das funções neurovasculares e musculoesqueléticas;
- limpeza e controle da infecção;
- cuidados com a ferida para preservar a função da parte lesada.

18.3 Tipos de lesões de pele

Escoriações: são normalmente causadas por quedas contra uma superfície dura (Donelan, 2003; Attarian, 202).

Lacerações: podem ser causadas por forças múltiplas. Informações sobre a causa da laceração ajudarão na guia de tratamento:

- Cortes forçados são mais comuns; um objeto afiado corta através da pele. Como o tecido subjacente é rompido, os ferimentos de corte também têm as melhores propriedades de cura.
- A lesão por esmagamento ocorre quando se atinge um objeto pontiagudo. Isso leva à desvitalização dos tecidos e aumento do risco de infecção.

Bolhas: as bolhas resultam de forças de atrito exercidas sobre a superfície da pele, levando à separação da epiderme e acúmulo de líquido. Se o atrito continua sem intervenção, ela aumenta e rompe, levando dolorosamente a camadas expostas inferiores da epiderme.

Queimaduras: queimaduras menores levam à necrose local e à liberação de mediadores inflamatórios. Quando mais de 15% a 20% da superfície do corpo está envolvida, os efeitos são sistêmicos e cada vez mais suscetíveis de conduzir à insuficiência cardíaca. São causas de queimaduras com vários graus de gravidade no fluido quente (Donelan, 2003; Attarian, 2002):

- escaldar queimaduras devido a derrames ou imersão em fluido quente;
- queimadura ardente;
- queimaduras rápidas devido a explosões;
- contato com materiais quentes;
- queimaduras elétricas e térmicas devido à alta intensidade de calor;
- queimaduras químicas causadas por substâncias corrosivas.

18.3.1 Apresentação clínica

Escoriações (Donelan, 2003; Attarian, 2002)

As lesões mais graves podem envolver o tecido muscular e ser suficientemente graves para exigir enxerto de pele. A maioria das escoriações resulta na perda de sangue mínima, mas pode ser muito dolorosa devido à exposição de muitas terminações nervosas.

Lacerações (Donelan, 2003; Attarian, 2002)

- Amputações são lacerações em que o tecido é extirpado. A maioria é muito menor e inclui as extremidades mais distais. Em casos menos graves, a reimplantação é possível.
- Picadas ou mordida de animais podem provocar punção ou laceração. Em virtude da flora bucal do animal, os danos nos tecidos

devido aos dentes podem ser ainda acrescidos de um alto risco de infecção. O tratamento do envenenamento é coberto em outro capítulo.

Bolhas (Donelan, 2003; Attarian, 2002)

- As bolhas que se desenvolvem se formam mais comumente devido a forças de atrito ao caminhar. Calçados mal-ajustados são a causa mais comum.
- A bolha é geralmente precedida por um "*hot spot*", que é uma área ferida eritematosa formada a partir das forças de atrito. As complicações incluem a celulite e osteomielite, podendo até, ocasionalmente, resultar em septicemia e morte.

Queimaduras (Donelan, 2003; Attarian, 2002)

As queimaduras são categorizadas por tamanho – quantificada como a percentagem de superfície corporal envolvida – e profundidade.

Tamanho da queimadura (Donelan, 2003; Attarian, 2002)

A "regra dos nove" pode ser usada para estimar a porcentagem da superfície total do corpo (TBSA) que foi queimado:

- cada membro superior representa 9% de TBSA;
- cada membro inferior representa 18% de TBSA;
- frente do tronco representa 18% de TBSA;
- atrás do tronco representa 18% de TBSA;
- cabeça e pescoço representam 9% de TBSA;
- virilha representa 1% de TBSA.

A área da palma da mão de um indivíduo representa aproximadamente 1% de TBSA. A partir daí, a palma do paciente pode ser usada para estimar o percentual de sua área do corpo queimada.

Profundidade da queimadura (Donelan, 2003)

Queimaduras classicamente têm sido descritas em termos de graus (primeiro, segundo, terceiro). No entanto, a abordagem aceita em centros de queimadura é uma classificação de acordo com a necessidade de intervenção cirúrgica.

Queimaduras de primeiro grau (Donelan, 2003)

A epiderme é avermelhada e a vítima sente dor. Um exemplo comum de uma queimadura de primeiro grau é a do sol. Embora doloroso, esse é o tipo mais fácil de queimadura para tratamento e a evacuação geralmente é desnecessária.

Queimaduras – espessura parcial (segundo grau) (Donelan, 2003)

a) Superficial de espessura parcial

A epiderme e a derme superficial da pele estão feridas. A pele está empolada, e a derme exposta está vermelha.

b) Profunda espessura parcial

Estende-se a camadas profundas da derme, danificando folículos pilosos e glândulas sudoríparas. A pele está empolada e a derme exposta é branca e amarelo-pálido (Donelan, 2003).

Queimaduras – espessura integral (terceiro e quarto graus) (Donelan, 2003).

a) Terceiro grau

Todas as camadas da pele foram queimadas, incluindo vasos sanguíneos e nervos.

b) Quarto grau

As lesões estendem-se através da pele para o tecido subcutâneo, músculos e ossos. Estes são universalmente fatais.

18.3.2 Tratamento

Hemostasia

- Primeira linha de ação: pressão direta. A aplicação de pressão direta controla mais o sangramento de feridas. Utilizando o material disponível mais limpo, controle o sangramento através da aplicação de pressão para a fonte do sangramento. Feridas maiores podem exigir pressão direta por vários minutos. Feridas do couro cabeludo podem exigir a pressão direta por 30 a 60 min continuamente, a fim de alcançar hemostasia.
- Segunda linha de ação: os pontos de pressão de elevação. Se a pressão direta não parar de sangrar depois de cerca de 20 min, tenta-se elevar o membro acima do coração e aplicar pressão aos pontos de pressão na axila da vítima (artéria auxiliares) ou na virilha (artéria braquial).
- Último recurso: torniquetes. Se os dois primeiros métodos não pararem o sangramento, a vítima corre o risco de sangrar até a morte. Torniquetes normalmente devem ser utilizados apenas como último recurso e somente se a ferida for de um membro. Muito raramente, um torniquete pode ser a primeira linha de controle necessário, geralmente em caso de risco de vida. No caso de amputações traumáticas envolvendo os dedos e extremidades distais, podem ser controlados com uma combinação de pressão direta e pontos de pressão.

Um torniquete é aplicado em torno de uma banda de um braço ou de uma perna tão firmemente que toda a circulação abaixo da banda é cortada. Para fazer um torniquete, pegue uma tira de pano de, no mínimo, 2 cm de largura. Nunca use arame, fio, cabo ou qualquer outro material fino que vá cortar a pele. Usando um nó em cima, amarre o material imediatamente proximal ao redor tanto quanto possível. Esteja ciente de que tudo abaixo do torniquete pode exigir amputação. Coloque um pedaço de pau ou vara através do nó e torça até que a ligadura esteja apertada o suficiente para parar o sangramento. Em seguida, segure a vara: assim, o torniquete não estará solto.

Irrigação (Donelan, 2003; Attarian, 2002)

Irrigação de alta pressão é a intervenção mais importante para prevenir infecções e diminuir a carga bacteriana para a maioria dos tipos de feridas.

- Irrigue a ferida com um fluxo contínuo de água desinfetada ou salina. Se possível, use uma seringa com uma ponta de cateter (a agulha ideal tem calibre 18 ou 19) para criar um fluxo de alta pressão de água. Se a seringa não está disponível, encha um saco de plástico ou de sistema de hidratação com o líquido mais limpo disponível (a água da torneira para proteger contra a infecção é tão eficaz quanto solução salina estéril). Faça um pequeno furo no canto da bolsa e depois feche a parte superior do saco para criar um selo para forçar um fluxo de água de alta pressão do saco. Uma garrafa plástica de água com tampa ajustável pode também ser utilizada e um fluxo pode ser produzido.
- Puxe suavemente as bordas da ferida e irrigue mantendo a seringa ou saco sobre a ferida. Lave o ferimento com água vigorosamente, protegendo a pele e os olhos de respingos de fluidos. Se um escudo inicial não estiver disponível, uma almofada de gaze 4 x 4 pode ser gravada na abertura do sistema de irrigação para ajudar a evitar respingos. Um princípio geral é o de irrigar com pelo menos 60 mL de líquido por centímetro de lesão, com um máximo de 200 mL. Quanto mais fluido utilizado para irrigar a ferida, melhor.

Desbridamento (Donelan, 2003; Attarian, 2002)

É importante remover matéria estranha visível da ferida para evitar a infecção de pele. Se possível, tente remover qualquer tecido desvitalizado. Isso pode ser problemático, sobretudo se não for possível visualizar adequadamente o campo. Desbridamento deve ser seguido por outra rodada de irrigação de alta pressão.

Fechamento da ferida (Sazima, Zuanon e Haddad, 2005)

Em muitas situações no ambiente *outdoor*, é difícil conseguir um tratamento adequado da ferida, conforme descrito anteriormente. Se o provedor for bem-preparado e os recursos, disponíveis, as técnicas de fechamento podem se espelhar nos de uma clínica, bem como suturas podem ser utilizadas. No entanto, em muitas situações, o objetivo pode ser alcançado mais simplesmente usando-se uma fita microporo, se disponível. O método é seguinte:

- Retire uma tira de microporo e tape a ferida. A fita deve fechar a ferida para que suas bordas a toquem, mas não tão apertado a ponto de comprimir a ferida fechada.
- Se necessário, corte o cabelo/pelos em torno das bordas da ferida com uma tesoura, assim a fita aderirá melhor.
- Verifique se a fita sobrepõe cerca de 2 cm em cada lado da ferida. Use a fita quanto for preciso, com cada faixa colocada a 2 mm de distância.
- Se a fita microporo não está facilmente disponível, podem-se utilizar furos em fita adesiva com um pino de segurança para realizar o mesmo efeito.

Adesivos cutâneos (cianoacrilatos) podem ser usados para fechar pequenas lacerações não complicadas. O produto químico é aplicado em cima da ferida e serve como uma atadura para fechar a ferida. Eles são tão eficazes como suturas para áreas de baixa tensão. Eles também produzem uma barreira impenetrável que requer uma ferida cuidadosamente limpa.

Curativos (Sazima, Zuanon e Haddad, 2005)

O curativo é importante para a prevenção de infecções. Pode ser feito de várias maneiras. Se uma bandagem ou curativo não estiver disponível, improvise usando um bloco de 4 x 4 coberto por uma pomada antibiótica. Cubra o curativo com uma gaze absorvente e, em seguida, segure com fita adesiva. Se a lesão for em uma parte flexível do corpo, um cotovelo ou dedo, por exemplo, imobilize a articulação com uma tala para evitar a reabertura da ferida.

Escoriações (Attrariam, 2002; Sazima, Zuanon e Haddad, 2005)

Escoriações devem ser irrigadas como descrito anteriormente. Se a anestesia é necessária, a anestesia tópica pode ser melhor, porque geralmente é difícil infiltrar toda a área de uma escoriação. O desbridamento é extremamente importante para prevenir as cicatrizes permanentes retidas devido ao corpo estranho. Faça o curativo e trate como já indicado.

Amputações (Attrariam, 2002; Sazima, Zuanon e Haddad, 2005)

Uma vez que a hemostasia foi atingida, determine se a parte amputada é grande o suficiente para ser reimplantada. Os candidatos à reimplantação incluem:

- várias amputações de dedo;
- amputação de falanges;
- lesões em crianças;
- amputações envolvendo o polegar.

A parte amputada deve ser embebida em gaze estéril e colocada em um saco e, em seguida, transportada em gelo com o paciente aos cuidados definitivos o mais rápido possível (Sazima, Zuanon e Haddad, 2005).

Lacerações

A maioria das lacerações pode ser tratada como descrito nas considerações gerais anteriores. As considerações especiais incluem (Sazima, Zuanon e Haddad, 2005):

a) *Laceração do couro cabeludo* (Attrariam, 2002; Sazima, Zuanon e Haddad, 2005)

- A extensão e gravidade das lacerações no couro cabeludo são, muitas vezes, inicialmente obscurecidas em volta do cabelo, que está emaranhado com sangue. A irrigação abundante é muitas vezes necessária para visualizar a laceração. O cabelo pode ser cortado se necessário, mas isso deve ser limitado à área imediata da laceração. Uma vez que as margens da laceração de couro cabeludo foram definidas, anestésicos locais ou tópicos podem ser aplicados.
- O exame físico de uma laceração do couro cabeludo deve assegurar a integridade da camada de tecido que recobre o crânio (gálea aponeurótica).
- Lacerações de couro cabeludo menores podem ser eficazmente tratadas no cenário *outdoor*. Após a aplicação da analgesia e exploração da ferida, a irrigação de alta pressão mecânica deve ser empregada.
- Grampos são eficazes no fechamento de lacerações no couro cabeludo, especialmente em pacientes com cabelo curto e que não pode ser manipulados e devidamente amarrados (geralmente menos de três centímetros).
- Alternativamente, coloque um pedaço de fio dental longitudinalmente ao longo da sutura do ferimento. Enquanto alternando os fios de cabelo em todo o fio, tem um assistente de aproximar as bordas da ferida.

b) *Lacerações faciais* (Sazima, Zuanon e Haddad, 2005; David, Caldicott e Manolis, 2005).

- Lacerações superficiais no rosto podem ocorrer no meio selvagem. No entanto, se ocorrerem lesões do nervo facial, da parótida ou de dutos lacrimais, deve ser tentado fechamento primário.

- Tal como acontece com outras lacerações, a irrigação de alta pressão é o método de escolha para a limpeza mecânica. Desbridamento cirúrgico deve ser limitado a áreas óbvias de tecido necrótico. O fechamento de ferida no rosto com fita microporo ou uma cola de pele é eficaz e, muitas vezes, produz resultados satisfatórios cosméticos.

Lesões de extremidade (Sazima, Zuanon e Haddad, 2005; David, Caldicott e Manolis, 2005)

A gestão de lacerações na extremidade em ambiente selvagem exige um julgamento cuidadoso devido ao potencial envolvimento de estruturas subjacentes. Portanto, uma avaliação detalhada de todas as dilacerações neurovasculares da extremidade deve ser realizada.

Bolhas (Sazima, Zuanon e Haddad, 2005)

- Se a bolha é grande, lave a área e perfure a base da bolha com agulha estéril ou pino de segurança. Desbride a aba externa da pele da bolha, aplique uma pomada antibiótica e cubra a bolha com um curativo estéril;
- Inspecione diariamente para prevenir a infecção. Se uma bolha intacta fica infectada, drene, desbride e procure atendimento médico.

Queimaduras superficiais (primeiro grau de queimadura) (Szima, Zuanon e Haddad, 2005)

- Trate queimaduras de primeiro grau com gel de aloe vera;
- Para maior conforto, arrefeça a área com panos úmidos.

Espessura parcial e queimadura de espessura integral (Sazima, Zuanon e Haddad, 2005)

- Limpe suavemente a queimadura com água fria para remover a pele solta e detritos.

- As bolhas maiores, ou aquelas que parecem que vão se romper, podem ser drenadas e desbridadas.
- Aplique uma camada fina de pomada antibacteriana e cubra. Mude o curativo pelo menos uma vez por dia.
- Não ponha gelo na queimadura por mais de 15 minutos, pois isso irá causar mais danos devido a uma diminuição da irrigação sanguínea para a área.

18.4 Prevenção

As lesões de pele estão entre as doenças mais comuns no meio selvagem, mas simples medidas preventivas podem ser tomadas para a diminuição do risco de incidência das mesmas. Um importante fator de risco para feridas no meio selvagem é a ingestão de álcool ou drogas. O uso de álcool deve ser reduzido ao mínimo nesse tipo de ambiente e totalmente proibido em torno de atividades de risco.

O tétano é uma infecção potencialmente fatal, e muitas feridas em ambientes hostis são consideradas propensas ao tétano. Todos os indivíduos devem ter sua vacinação antitetânica atualizada antes de participar em atividades de deserto (Donelan, 2003; Attarian, 2002; Sazima, Zuanon e Haddad, 2005).

18.4.1 Orientações de evacuação[1]

A evacuação de doentes com feridas deve ocorrer quando necessário para preservar a vida, a integridade física, a função e quando a propagação da infecção não pode ser controlada. Um indivíduo,

---

[1] Fonte: Donelan (2003); Attarian (2002); Sazima, Zuanon e Haddad (2005).

mesmo com uma bolha de atrito minimamente infectada do pé, pode exigir a evacuação.

As seguintes condições indicam evacuação imediata: (Donelan, 2003; Attarian, 2002; Sazima, Zuanon e Haddad, 2005).

- Queimaduras de espessura parcial superior a 10% de TBSA.
- Queimaduras de espessura total superior a 1% de TBSA.
- Espessura total ou parcial envolvendo queimaduras na face e em mãos, pés e genitais.
- Queimaduras elétricas.
- Vítimas queimadas que estão doentes.
- Queimaduras complicadas por inalação de fumaça.

18.5 Lesões musculoesqueléticas

Este capítulo descreve como reconhecer e tratar lesões do aparelho locomotor, e os melhores métodos para evitar problemas dessa natureza são:

- reconhecer os sinais e sintomas de fraturas simples e compostos;
- ser capaz de realinhar fraturas no cenário selvagem;
- identificar e tratar as lesões que tenham risco de vida;
- ser capaz de gerir adequadamente as luxações, torsões e entorses.

Gerenciamento da fratura básica (Quinn e Macias, 2006)

- A fratura é uma ruptura completa ou uma fissura no osso.

- Em uma fratura exposta, o osso quebrado comunica-se com o meio externo. Considera-se fratura exposta quando existe ferimento adjacente ao foco de fratura.
- Isso pode acontecer quando o osso quebrado corta através da pele ou quando um objeto interrompe a pele como se fraturasse o osso.
- Uma grande preocupação com uma fratura exposta é a contaminação e a infecção do osso no local da fratura.
- Em uma fratura fechada, o osso está quebrado, mas a pele não é perfurada. Se não tratada ou negligenciada, uma fratura fechada pode se tornar exposta.
- Se houver suspeita de uma fratura, não tente mover a área lesionada para testar a dor se você não tem certeza de que a lesão é um osso fraturado ou uma entorse do ligamento, extremidade da tala e assumir que é fraturado.

Os sintomas e sinais de fratura (Quinn e Macias, 2006)

- Dor e inchaço.
  - Dor e sensibilidade à palpação sobre um ponto específico do osso.
- Deformidade: formato incomum ou anormal e posição ou movimento do osso fora do padrão de normalidade. Compare o membro lesado com o membro não lesado do lado oposto.
- Incapacidade de utilizar a extremidade: se a vítima não consegue mover o membro ou é incapaz de suportar o peso sobre ela.
- Inchaço e hematomas: descoloração ou inchaço rápido no local.
- Estalo de osso: a vítima pode ter ouvido ou sentido um estalo do osso.
- Crepitação: moagem de ossos que, por vezes, pode ser ouvida ou sentida ao tocar ou mover um osso fraturado.

Diretrizes gerais para talas (Quinn e Macias, 2006)

- Remova todas as joias e acessórios como relógios, pulseiras e anéis antes de aplicar a tala.
- Amorteça o tamponamento com material macio, como o vestuário. Use a abundância de preenchimento sobre protusões ósseas, tais como cotovelos, joelhos e tornozelos.
- Talas devem ser feitas a partir de material resistente. No ambiente remoto, você pode também usar varas, tábuas, pás, papelão pesado, enrolado e revistas ou jornais.
- A tala deve imobilizar pelo menos uma articulação acima e uma abaixo do local da fratura.
- Fixe a tala em um lugar com tiras, fitas, correias, tiras de pano, cinto ou corda. Amarre com firmeza, mas não forte o suficiente para causar desconforto. Fixe a tala em vários lugares, tanto acima como abaixo da fratura. Não ligue diretamente sobre a área lesada.
- Depois de aplicada a tala, eleve a parte do corpo atingida para minimizar o inchaço.
- Verifique a circulação frequentemente. Inchaço dentro dos limites de uma tala pode cortar a circulação do membro. Se isso ocorrer, afrouxe ou reposicione a tala para permitir o fluxo de sangue.

18.5.1 Fraturas com risco de vida

Fraturas da coluna vertebral (Hearns, S. T. et al., 2006)

- A coluna vertebral é composta por vértebras que circundam a medula espinhal.
- Quando vértebras são fraturadas ou deslocadas, a medula espinhal pode ser lesada.

- Os danos à medula espinhal podem paralisar permanentemente ou até levar ao óbito.
- Qualquer acidente que coloca pressão excessiva ou de força sobre a cabeça, pescoço ou nas costas pode resultar em vértebras fraturadas ou deslocadas.
- Extremo cuidado deve ser tomado no meio selvagem quando se trata de ferimentos no pescoço. Qualquer outra torção ou solavanco da coluna vertebral pode prejudicar ainda mais a medula espinhal.

Tratamento (Hearns, S. T. et al., 2006)

- Imobilize cabeça, pescoço e costas da vítima. Se não estiver respirando ou está tendo dificuldade para respirar, endireite a área lesionada apenas o suficiente para abrir uma via aérea.
- Se a garganta está dobrada em um ângulo, deve ser esticada com suave tração na linha.
- Coloque vestuário enrolado, coletes, cobertores ou sacos de plástico cheios de areia ou sujeira ao redor da cabeça da vítima, nos lados do pescoço, dos ombros e das axilas para baixo ao lado do tronco para evitar qualquer movimento.
- Prenda a cabeça a esses suportes com fita adesiva ou cintas.
- Prenda o resto do corpo a uma placa plana.
- Evacue a vítima o mais rapidamente possível.

Fraturas da pelve (Hohlrieder et al., 2007)

- Fraturas da bacia são frequentemente associadas com risco de vida por problemas hemorrágicos.
- Existe também risco de danos a intestinos, bexiga, útero e às raízes do nervo espinhal sacral.

Sinais e sintomas (Hohlrieder et al., 2007)

- Suspeite de uma fratura de bacia se houver dor na pelve, quadril ou inferior das costas.
- A vítima será incapaz de suportar o peso e vai ser muito sensível à dor em torno de sua cintura ou dos quadris.
- Dor e cuidado com a palpação e compressão da pelve.
- Movimento anormal ou crepitação à palpação e compressão da pelve.
- Nódoas negras sobre a área pélvica, incluindo o períneo.
- *Déficit* neurológico em uma ou ambas as pernas.
- Pode haver sangue na urina ou a vítima pode ser incapaz de urinar se a bexiga ou uretra estiver lesionada.
- Sangramento da uretra, reto ou sangramento vaginal inesperado.

Tratamento (Hohlrieder et al., 2007)

- Talas pélvicas são importantes para minimizar o movimento do osso fraturado, sangramento e dor.
- Existem inúmeros produtos comerciais disponíveis para imobilização da pelve. Pode-se usar um cinto largo, folha ou peça de roupa que é acondicionada em torno da pelve e amarrada firmemente para imobilizar a pelve e segurar o anel pélvico junto.
- Se não houver nada disponível para envolver a pelve, pode-se colocar preenchimento entre as pernas e, em seguida, manter as pernas juntas e atadas com cintos ou algo similar.
- Não eleve as pernas.

Entorses (Quinn e Macias, 2006)

- Entorse é o alongamento ou a ruptura de um ligamento causado por torção violenta ou movimentos de alongamento além do suportado pela articulação.

- As entorses são mais comuns nos dedos, tornozelo, punho e joelho.
- Os sintomas incluem dor, inchaço e luxações.

Tratamento (Quinn e Macias, 2006)

- Gelo: aplicar pelo menos três vezes por dia, durante 20 min.
- Compressão: cubra o gelo com um envoltório de compressão. Pode-se usar um pano ou outro material leve desde que enrolado firmemente. O envoltório deve comprimir o conjunto, mas não com tanta força que restrinja a circulação e provoque dor.
- Elevação: eleve a área ferida acima do nível do coração da vítima para minimizar o inchaço.
- Estabilização: fita adesiva ou tala para o transporte do paciente.

Referências

ATTARIAN, A. Rock Climbers' Self-Perceptions of First Aid, Safety, and Rescue Skills. *Wilderness Environ. Med.*, v. 13, Issue 4, p. 238-44, dez. 2002.

BORLAND, M.; ROGERS, I. Injury and illness in a wilderness multisport endurance event. *Wilderness Environ. Med.*, v. 8, p. 82-8, 1997.

DAVID, G. E.; CALDICOTT, D. C.; MANOLIS, C. Crocodile Attack in Australia: An Analysis of Its Incidence and Review of the Pathology and Management of Crocodilian Attacks in General. *Wilderness Environ. Med.*, v. 16, Issue 3, p. 143-59, set. 2005.

DONELAN, S. Teaching Wound Care and Bandaging: An Historical Perspective. *Wilderness Environ. Med.*, v. 14, Issue 1, p. 47-56, mar. 2003.

FORDHAM, S.; GARBUTT, G.; LOPES, P. Epidemiology of injuries in adventure racing athletes. *Br. J. Sports Med.*, v. 38, p. 300-3, 2004.

HEARNS, S. T. et al. Spinal Injuries in Scottish Mountaineers. *Wilderness Environ. Med.*, v. 17, Issue 3, p. 191-4, set. 2006.

HOHLRIEDER M. et al. Pattern of Injury After Rock-Climbing Falls Is Not Determined by Harness Type. *Wilderness Environ. Med.*, v. 18, Issue 1, p. 30-5, mar. 2007.

KREIDER, R. B.; FRY, A. C.; O'TOOLE, M. L. *Overtraining in Sport.* Champaign: Human Kinetics, 1998.

QUINN, R. H.; MACIAS, D. J. The Management of Open Fractures. *Wilderness Environ. Med.*, v. 17, Issue 1, p. 41-8, mar. 2006.

SAZIMA, I.; ZUANON, J.; HADDAD, V. Puncture Wounds by Driftwood Catfish During Bucket Baths: Local Habits of Riverside People and Fish Natural History in the Amazon. *Wilderness Environ. Med.*, v. 16, Issue 4, p. 204-8, dez. 2005.

SMITH, L. L. Cytokine hypothesis of overtraining: a physiological adaptation to excessive stress? *Med. Sci. Sports Exerc.*, v. 32, p. 317-31, 2000.

TOWNES D. A. et al. Event medicine: injury and illness during an expedition-length adventure race. *J. Emerg. Med.*, v. 27, p. 161-5, 2004.

Sites sugeridos

<www.wms.org>;

<www.awls.org>;

<www.medicinadaaventura.com.br>.

19

Prevenção e segurança em atividades de aventura

Osni Guaiano

19.1 Atitudes profissionais: prevenção e segurança em atividades de aventura

Nosso objetivo com este trabalho é apontar os impactos gerados pelas atividades de aventura, pois, conhecendo os efeitos causados pela presença humana no ambiente natural, favorecemos a prevenção de acidentes e a preservação do meio ambiente, além de indicar como se precaver e, com isso, tornar o risco em algo divertido, já que na presente realidade a Educação Física está diretamente conectada às atividades de aventura. Portanto, minimizar os riscos e os acidentes mais comuns torna-se fundamental para o aprimoramento da saúde.

A era moderna está associada à ampla variedade de acontecimentos, em virtude da agitada dinâmica existencial da modernidade, da sociedade industrial, da competitividade, do consumismo desenfreado e assim por diante. Vivemos na idade da ansiedade e, assim, anulamos o sentido de homeostase humana. Portanto, viver ansiosamente passou a ser considerado condição do homem moderno ou destino comum ao qual todos estamos, de alguma maneira, atrelados (Guaiano, 2005).

A homeostase (*homeo* = igual; *stasis* = ficar parado) é a condição na qual o meio interno do corpo permanece dentro de limites fisiológicos apropriados. França (2002) entende que o sistema endócrino controla inúmeras funções orgânicas, regulando a homeostase. O exercício físico altera a homeostase, pois requer rápida mobilização de fontes metabólicas. A testosterona, hormônio anabólico por excelência, age em vários processos, aumentando a síntese proteica e de glicogênio muscular, enquanto o cortisol, esteroide predominantemente catabólico, atua sobre o metabolismo energético, disponibilizando reservas.

Estímulos mandam alerta para o cérebro que, por sua vez, desencadeia uma série de reações fisiológicas e psicológicas. Para Meleiro (2000), do Instituto de Psiquiatria da USP, os sintomas mais comuns do estresse são taquicardia, ansiedade e insônia passageira, os quais duram alguns dias, porém são uma forma de liberar as tensões e, por isso, não devem ser interpretados negativamente.

Várias são as possibilidades de inibir o estresse, entre elas, o setor que alia esporte, natureza e consciência ecológica em distintos produtos turísticos. Jorge Werthein (2004), ex-representante da UNESCO-Brasil, durante o lançamento do Programa de Consolidação dos Sítios do Patrimônio Mundial Natural do Brasil, relatou que o território brasileiro tem papel diferenciado quanto aos sítios do Patrimônio Natural, já que quase 20% de todas as espécies da fauna e da flora conhecidas em todo o mundo estão nesse país. Werthein contou que esses sítios são como centros para o desenvolvimento do conhecimento sobre educação nas áreas de conservação e pesquisa científica, além de serem centros de excelência de treinamento para o uso sustentável de áreas protegidas, promovendo-as e tornando essas áreas mais populares alternativas para carreiras profissionais.

19.1.1 Impactos gerados pelas atividades de aventura

O que representa para nós as atividades de aventura quando começamos a trabalhar profissionalmente?

Segundo o Ministério do Turismo, o principal resultado da rica mistura entre turismo, esporte e natureza é o surgimento de diversos segmentos de negócios, atividades e produtos turísticos como os esportes radicais, os esportes de aventura, o turismo de aventura e o ecoturismo.

A atividade ecoturística é essencialmente saudável, podendo comportar uma forte sinergia entre a prática esportiva e a natureza (Saab e Daemon, 2000). As atividades de aventura dão origem a implicações, as quais podem ser de caráter positivo ou negativo. Por isso, além de contabilizar a economia gerada, monitorar e avaliar o impacto gerado pelas atividades de aventura, são tarefas importantes.

As atividades "turístico-esportivas" têm como objetivo inibir o estresse da modernidade, sendo, por isso, investigada por muitas pessoas como forma de fugir da rotina dos grandes centros urbanos, sendo a preocupação com o meio ambiente e a maior conscientização ecológica prováveis hipóteses para tentar explicar o porquê de tão grande procura. Portanto, a oferta comercial dessas atividades é, principalmente, para pessoas que ainda não têm aptidão no esporte, gerando a necessidade de serem conduzidas, acompanhadas ou introduzidas na atividade. Por esse motivo se faz tão necessário enfatizar os impactos gerados, a prevenção e a segurança nas atividades de aventura.

19.1.2   Impactos positivos

As atividades de aventura estão associadas à filosofia do desenvolvimento equilibrado de forma a utilizar o potencial turístico do local para gerar riqueza e, assim, proporcionar manutenção e valorização das qualidades ambientais da região. Cupeto (2003) descreve quatro aspectos fundamentais que revelam as atividades de aventura como sinônimo de sustentabilidade.

- a proteção dos recursos naturais;
- a valorização econômica;
- a participação da população local;
- o turismo como ferramenta de conservação.

Para Cupeto (2003), as atividades de aventura só são efetivamente contabilizadas quando se incluem efeitos positivos na população local e no espaço natural, tais como:

- nível de emprego;
- crescimento econômico;
- estímulo para outros negócios e oportunidades;
- diversificação da atividade econômica;
- aproveitamento de terrenos já saturados pela atividade agrícola ou outras utilizações;
- benefício nos aglomerados ao nível das infraestruturas básicas, entre outros.

19.1.3   Impactos negativos

Andrade, Monteiro Filho e Yoshida (2005) comentam que a maioria das empresas não está cumprindo o que oferece em seus roteiros, como educação ambiental, pelo fato de não se preocupar com os interesses do grupo de turistas.

Em razão do baixo impacto ambiental, as atividades de aventura passaram a ser vistas como solução econômica às unidades de conservação e, por isso, as consequências se contradizem com o significado real do termo (Costa, 2000).

Desse modo, para atender a essa demanda, muitos lugares semi-isolados, desabitados ou habitados apenas por poucas pessoas foram rapidamente "civilizados" – ocupados por pousadas, bares, restaurantes e um comércio amplo e variado que, a partir de então, passou a vender os produtos "típicos" do local, ocasionando uma dramática ocupação acelerada.

Para exemplificar, podemos mencionar o balneário de Cancún, México, que no início da década de 1970 era uma vila modesta, com menos de 500 moradores. Vinte anos depois havia se tornado um polo turístico badaladíssimo, com mais de 300 mil habitantes (Costa, 2003).

Do mesmo modo, o aumento crescente da visitação combinado com a falta de infraestrutura e de pessoal qualificado expõe problemas antigos ao mesmo tempo que gera uma série de problemas novos, desde impactos ambientais localizados (erosão e perda de solo ao longo de trilhas, acúmulo de lixo, pilhagens, perda de espécies etc.) até dramas sociais mais amplos e complexos (tráfico de drogas, prostituição infantil, desagregação familiar, deterioração de comunidades locais etc.) (Rodrigues, Lima e Negrelle apud Costa, 2005).

neve, gelo e terra) como exploração das possibilidades da condição humana em resposta aos desafios desses ambientes. São esportes que também observam o uso correto dos equipamentos, da assistência profissional e não descuidam da sustentabilidade socioambiental.

19.1.4 Impactos negativos potenciais

Os efeitos gerados por qualquer atividade humana sobre a área em que é realizada podem ser, entre outros, econômico, sociocultural e ambiental. Do mesmo modo, as atividades de aventura geram efeitos ou impactos sobre a localidade visitada e sobre os recursos naturais, em especial.

Os possíveis efeitos ou impactos da atividade turística sobre um ambiente natural são vários. Eles não são, necessariamente, negativos. Podem também ser positivos, configurando-se como impactos econômicos, ambientais (ou físicos) e socioculturais da localidade visitada. Conhecendo os possíveis efeitos e impactos da atividade humana em decorrência das atividades de aventura, podemos então prevenir e cuidar para que os efeitos negativos sejam controlados, de forma que a área seja conservada e que sejam gerados benefícios a todos os elementos envolvidos (natureza e comunidade local).

Os esportes de aventura são como um conjunto de práticas esportivas formais ou informais, de riscos calculados e voltados para a interação do homem com a natureza, já com menos controle e certeza sobre o meio onde as ações serão desenvolvidas. Nesse viés, o uso de equipamentos conjugados, de proteção individual, composto por dispositivos, que o fabricante tenha associado contra um ou mais riscos que possam ocorrer simultaneamente e que sejam suscetíveis de ameaçar a segurança e a saúde amplia a qualidade da prevenção de acidentes nos esportes de aventura.

Segundo o Ministério do Turismo, os esportes de aventura acontecem em ambientes naturais (ar, água,

19.1.5 Prevenção de acidentes e segurança

Como toda a forma de turismo com base na natureza, em que a motivação principal do turista é a observação e a apreciação da natureza e das culturas tradicionais dominantes nas zonas naturais, a prevenção às atividades de aventura está atrelada ao conjunto de ações que visa evitar riscos desnecessários ou sua incidência.

São alguns exemplos de prevenção nas atividades de aventura:

- organizar e trabalhar com grupos pequenos;
- reduzir os impactos negativos sobre o entorno natural e sociocultural;
- proteger as zonas naturais, gerando benefícios locais, oferecendo oportunidades alternativas de emprego e renda e incremento da conscientização sobre a conservação dos atrativos naturais e culturais, tanto dos visitados como dos visitantes;
- atentar para os aspectos relacionados com a ocupação e uso do solo, do subsolo e das águas, habitação e saneamento básico, turismo, recreação e lazer;
- abranger elementos educativos e de interpretação a atividade de aventura;
- utilizar equipamentos de proteção individual.

Palácios (2009) entende que a formação profissional (para trabalhar com os esportes de aventura) deve ser como uma boa mesa que se sustenta sobre seus quatro pés ou como uma pirâmide que, por meio de uma base sólida, pode ter construído adequadamente o resto para chegar ao patamar mais alto. Portanto, assim como uma mesa, se qualquer dos pés se quebrarem, a mesa cairá ou ficará coxa.

Tal modelo se passa com os esportes de aventura. Quando falha uma de suas bases, ela cai ou fica coxa. Isso leva, eventualmente, ao fracasso na ação preventiva e de segurança nos esportes de aventura.

São estas as bases que sustentam a formação profissional nas atividades de aventura:

- domínio do meio;
- condição física idônea;
- conhecimentos teórico-práticos;
- valores humanos e atitudes profissionais.

O que fazer para conseguir o êxito? Como fazemos para construir nossa pirâmide particular?

- Fixando objetivos, nem desmesurados ou impossíveis nem aquém das possibilidades de cada um.

Quadro 19.1 – Efeitos e impactos negativos potenciais das atividades de aventura

Agente de impacto	Efeitos potenciais	Impactos potenciais
Trilhas pedonais	Pisoteio e compactação do solo	Alteração da qualidade estética da paisagem
Trilhas equestres	Remoção da cobertura vegetal	Aumento da sensibilidade à erosão
Carros/caminhonetes	Liberação de gases de combustão	Eliminação de *habitat*
Veículos todo-o-terreno	Derrame de óleo/combustível	Interrupção de processos naturais Deterioração da qualidade do ar
Barcos a motor	Ruído	Deterioração da qualidade da água Perturbação da fauna e flora
Lixo	Deterioração da paisagem natural Alteração da acidez da água Contaminação da aquíferos	Redução da qualidade estética da paisagem Contaminação do solo Contaminação da água
Descarga de efluentes	Deterioração da paisagem natural	Mau cheiro Redução da qualidade estética da paisagem Interferência na fauna e flora aquáticas
Vandalismo	Remoção de atrativos naturais Interrupção dos processos naturais	Redução da qualidade estética da paisagem Interferência na fauna e flora aquáticas Perturbação de visitantes
Construção de edifícios	Remoção da cobertura vegetal Eliminação de *habitat* Libertação de fumos de combustão e poeiras Ruído	Alteração da qualidade estética da paisagem Aumento da sensibilidade à erosão Deterioração da qualidade do ar Estresse na fauna e flora

Fonte: Ministério do Meio Ambiente.

- Com equilíbrio e paciência, pois a pressa não é boa companheira.
- Com tempo e esforço, já que as boas ideias ou as boas ações constituem o bom trabalho.
- Dividir trabalho: equipe multidisciplinar.
- Provar e experimentar: estar aberto ao conhecimento.
- Comunicação: estar abertos ao conhecimento dos demais.
- Sorte: a teoria da casualidade ou azar, mas que também nos pegue trabalhando.
- Converter nosso trabalho em nossa vocação: é difícil convencer-se de algo de que se não está convencido!

Certamente, o que nos faz diferentes dos animais e de outros seres humanos são as atitudes e nossos valores. Por isso, englobamos os fatores citados em dois aspectos somente: respeito e responsabilidade (Palácios, 2009).

Com esse pensamento, podemos então adotar procedimentos que certamente contribuirão para ampliar a prevenção de acidentes e a segurança nas atividades de aventura e, assim, converter-nos em melhores profissionais.

Regra geral para a prática profissional e/ou amadora de qualquer esporte de aventura

- Possuir a devida titulação dos órgãos competentes, respeitando-se as condições gerais da prática segura.
- Atender às questões de segurança face às responsabilidades.

Obrigatoriedade para desenvolver esportes no ar

- Respeitar as normas de utilização definidas pelos respectivos construtores.
- Utilizar sempre um sistema de ancoragem adequado quer seja o do piloto quer o do passageiro, em voos duplos.

- Utilizar paraquedas de emergência adequado.
- Utilizar capacete, preferencialmente integral.
- Utilizar apenas material homologado.
- Respeitar as cargas alares definidas para cada aeronave.
- Proceder às revisões regulares a todo o equipamento utilizado.
- Assegurar a cobertura do piloto contra acidentes.
- Assegurar a cobertura de eventuais danos causados a terceiros em que poderão estar incluídos, ou não, os eventuais danos que passageiros possam vir a sofrer.

Três dicas para desenvolver esportes nas ondas

- Aprenda a nadar.
- Desenvolva seu conhecimento em relação à geografia das praias.
- Instrua-se no *bodysurfing* (surfe de peito), já que essa brincadeira ainda se mantém viva, sendo a base dos esportes sobre as ondas.

Dicas para a prática do mergulho seguro

- Conheça as regras básicas do esporte por intermédio de um curso, mais adiante, confira o que esse esporte pode proporcionar.
- Nunca mergulhe sozinho e use sempre roupas e equipamentos apropriados.
- A máscara de mergulho, além de proteger os olhos, aumenta em aproximadamente 25% o tamanho dos objetos visualizados, pensando nisso, mergulhadores inexperientes devem estar preparados para não terem surpresas.
- As jaquetas garantem mais liberdade de movimento para o mergulho em águas quentes; para águas com a temperatura baixa, roupas

de neoprene duplamente forradas são essenciais, as quais são mais apropriadas para esse tipo de aventura.

- Para melhorar impulsão, equilíbrio, locomoção e direção, as nadadeiras sem calcanhar proporcionam maior comodidade quando comparadas aos modelos com calcanhar.
- Equipamento de segurança indispensável é o colete ou compensador de flutuabilidade, que, além de manter a flutuabilidade neutra, propicia maior equilíbrio, conforto e segurança nesse esporte.

Esportes náuticos

Os esportes náuticos ou aqueles realizados em pequenas embarcações rígidas, semirrígidas ou infláveis proporcionam um excelente contato com a natureza e grandes emoções, principalmente quando desempenhados em rios ou corredeiras. No entanto, para prevenir acidentes, fortalecendo a segurança, o uso de capacete e colete salva-vidas torna-se primordial. O colete salva-vidas, por exemplo, é um equipamento usado como prevenção de acidentes, podendo evitar que, numa situação perigosa, um usuário venha a se afogar. De uso obrigatório, serve para flutuação, devendo ser utilizado mesmo se a pessoa souber nadar, pois, em caso de acidente, a pessoa pode cair desacordada, o que pode limitar a sua sobrevivência.

Esportes realizados na neve ou gelo

- Utilize a roupa mais adequada à modalidade e não se esqueça dos equipamentos de segurança.
- Quando necessário, utilize botas com cravos.
- Use capacete e óculos de proteção, segundo a modalidade.
- Use equipamento para busca e resgate em avalanches (ARVA), obrigatório em muitos locais de escalada em gelo.

- Use um clinômetro, o qual é aplicado em topografia na medida de declividade, além de levantamento florestal na medição de altura de árvores.

Atividades de aventura em terra

- Usar a roupa mais adequada à modalidade esportiva e ao ambiente (clima) faz grande diferença.
- Beba água antes de sentir sede.
- Cuidado com o uso de bloqueador e/ou protetor solar, a fim de não prejudicar a sudorese.
- Em atividades de risco, usar capacete é sempre uma boa medida de prevenção.
- Utilize tênis correspondente à modalidade esportiva.
- Do mesmo modo, cheque todos os materiais e equipamentos a serem utilizados segundo a peculiaridade esportiva que você realizará.
- Respeite as regras.

19.1.6 Como prevenir riscos e transformar o perigo em diversão?

Para Tavares (1996), somente a análise criteriosa das causas de um acidente e de seu potencial de gerar perdas, tanto em relação à frequência provável de ocorrência quanto à extensão dos danos, pode determinar o grau de controle a ser adotado.

As instruções que seguem têm como objetivo sugerir a elaboração e implementação por parte de todos os envolvidos em organizar atividades de aventura, como coordenadores, professores, instrutores e outros (aqui chamados de colaboradores) visando à preservação da saúde e da integridade dos participantes (aqui chamados de ecoturistas) pela antecipação, do reconhecimento, da avaliação e do consequente controle da ocorrência de riscos existentes ou que venham a existir no ambiente natural (local de trabalho), tendo em consideração a proteção do meio ambiente e dos recursos naturais. Essas orientações foram delineadas segundo as Normas Regulamentadoras, Portaria n. 3.214, 8 de junho de 1978 (Brasil, 1978) e Manuais de legislação Atlas (2010). Dessa forma, visamos estabelecer parâmetros mínimos e diretrizes gerais a serem observadas na execução de um programa de prevenção de riscos nos esportes de aventura – PPREA.

- As ações do PPREA devem ser desenvolvidas sob a responsabilidade dos colaboradores e com a participação dos ecoturistas, sendo sua abrangência e profundidade dependentes das características dos riscos e das necessidades de controle.
- Quando não forem identificados riscos ambientais e de acidentes nas fases de antecipação ou reconhecimento, o PPREA poderá resumir-se ao registro e divulgação dos dados.
- O PPREA é parte integrante do conjunto mais amplo das iniciativas de uma empresa do campo das atividades de aventura, da preservação da saúde e da integridade dos colaboradores e ecoturistas, devendo estar articulado com os dispostos das Normas Regulamentadoras, do Ministério do Trabalho e Emprego.
- Para efeito de instrução, consideram-se riscos ambientais os agentes físicos, químicos e biológicos existentes nos ambientes da prática de atividades de aventura que, em razão de sua natureza, concentração ou intensidade e tempo de exposição, são capazes de causar danos à saúde.
- Consideram-se agentes físicos as diversas formas de energia que possam provocar trauma, de caráter temporário ou permanente,

acarretando perda ou redução da capacidade para a atividade de aventura proposta.

- Consideram-se agentes químicos as substâncias, os compostos ou produtos que possam penetrar no organismo por via respiratória em formas de poeiras, fumos, névoas, neblinas, gases ou vapores ou que, pela natureza da atividade e de exposição, possam ter contato ou ser absorvidos pelo organismo através da pele ou por ingestão.
- Consideram-se agentes biológicos bactérias, fungos, bacilos, parasitas, protozoários, vírus, entre outros.

Os itens a seguir são uma reprodução (citação) das Normas Regulamentadoras (Brasil, 1978).

19.1.7 Estrutura do programa de prevenção de riscos nos esportes de aventura

I. O programa de prevenção de riscos nos esportes de aventura deverá conter, no mínimo, a seguinte estrutura:

a. planejamento anual com estabelecimento de metas, prioridades e cronograma;

b. estratégia e metodologia de ação;

c. forma do registro, manutenção e divulgação dos dados;

d. periodicidade e forma de avaliação do desenvolvimento do PPREA.

II. Deverá ser efetuada, sempre que necessária e pelo menos uma vez ao ano, uma análise global do PPREA para avaliação do seu desenvolvimento e realização dos ajustes necessários e estabelecimento de novas metas e prioridades de modo a proporcionar o imediato acesso às autoridades competentes.

19.1.8 Desenvolvimento do programa

I. O Programa de Prevenção de Riscos nos Esportes de Aventura deverá incluir as seguintes etapas:

   a. antecipação e reconhecimentos dos riscos;
   b. estabelecimento de prioridades e metas de avaliação e controle;
   c. avaliação dos riscos e da exposição dos colaboradores e ecoturistas;
   d. implantação de medidas de controle e avaliação de sua eficácia;
   e. monitoramento da exposição aos riscos;
   f. registro e divulgação dos dados.

II. A elaboração, implementação, acompanhamento e avaliação do PPREA poderão ser feitos por um serviço especializado, por pessoa ou equipe de pessoas que, a critério da empresa de esportes de aventura, sejam capazes de desenvolver o disposto nessas orientações.

III. A antecipação deverá envolver a análise de projetos de novas atividades de aventura, métodos ou processos de trabalho ou de modificação dos já existentes visando identificar os riscos potenciais e introduzir medidas de proteção para sua redução ou eliminação.

IV. O reconhecimento dos riscos nos esportes de aventura deverá conter os seguintes itens, quando aplicáveis:

   a. a sua identificação;
   b. a determinação e localização das possíveis fontes geradoras;
   c. a identificação das possíveis trajetórias e dos meios de propagação dos agentes no ambiente de trabalho;
   d. a identificação das funções e determinação do número de colaboradores e ecoturistas expostos;
   e. a caracterização das atividades e do tipo da exposição;
   f. a obtenção de dados existentes, indicativos de possível comprometimento da saúde decorrente da atividade de aventura;
   g. os possíveis danos à saúde relacionados aos riscos identificados, disponíveis na literatura técnica;
   h. a descrição das medidas de controle já existentes.

V. A avaliação quantitativa deverá ser realizada sempre que necessária para:

   a. comprovar o controle da exposição ou a inexistência de riscos identificados na etapa de reconhecimento;
   b. dimensionar a exposição dos colaboradores e ecoturistas;
   c. subsidiar o equacionamento das medidas de controle.

19.1.9 Medidas de controle

I. Deverão ser adotadas as medidas necessárias suficientes para a eliminação, a minimização ou o controle dos riscos na atividade de aventura sempre que forem verificadas uma ou mais das seguintes situações:

   a. identificação, na fase de antecipação, de risco potencial à saúde;
   b. constatação, na fase de reconhecimento, de risco evidente à saúde;
   c. quando os resultados das avaliações quantitativas da exposição dos colaboradores excederem os valores dos limites previstos na Norma

Regulamentadora (NR-15/Atividades e Operações Insalubres) ou, na ausência destes, os valores limites de exposição ocupacional adotados pela ACGIH – American Conference of Governmental Industrial Higyenists ou aqueles que venham a ser estabelecidos pelos colaboradores, desde que mais rigorosos que os critérios técnico- -legais estabelecidos;

d. quando, pelo controle médico da saúde, ficar caracterizado o nexo causal entre danos observados na saúde dos colaboradores e dos ecoturistas e a situação na atividade de aventura a que eles ficam expostos.

II. O estudo, o desenvolvimento e a implantação de medidas de proteção coletiva deverão obedecer à seguinte hierarquia:

a. medidas que eliminam ou reduzam a utilização ou a formação de agentes prejudiciais à saúde;

b. medidas que previnam a liberação ou disseminação desses agentes no ambiente natural;

c. medidas que reduzam os níveis ou a concentração desses agentes no ambiente natural.

III. A implantação de medidas de caráter coletivo deverá ser acompanhada de treinamento dos colaboradores quanto aos procedimentos que assegurem sua eficiência e de informação sobre as eventuais limitações de proteção que ofereçam.

IV. Quando comprovado pela equipe de colaboradores ou instituição a inviabilidade técnica da adoção de medidas de proteção coletiva, quando estas não forem suficientes, se encontrarem em fase de

estudo, planejamento ou implantação ou, ainda, em caráter complementar ou emergencial, deverão ser adotadas outras medidas, obedecendo-se à seguinte hierarquia:

a. medidas de caráter administrativo ou de organização da atividade proposta;

b. utilização de equipamento de proteção individual – EPI.

V. A utilização de EPI no âmbito do programa deverá considerar as Normas Legais e Administrativas em vigor e envolver, no mínimo:

a. seleção do EPI adequado tecnicamente ao risco a que colaboradores e ecoturistas estão expostos e à atividade exercida, considerando-se a eficiência necessária para o controle da exposição ao risco e o conforto oferecido segundo avaliação dos colaboradores;

b. programa de treinamento dos colaboradores e dos ecoturistas quanto à sua correta utilização e orientação sobre as limitações de proteção que o EPI oferece;

c. estabelecimento de normas ou procedimentos para promover o fornecimento, o uso, a guarda, a higienização, a conservação, a manutenção e a reposição do EPI, visando garantir as condições de proteção originalmente estabelecidas;

d. caracterização das funções ou atividades dos colaboradores e ecoturistas, com a respectiva identificação dos EPIs utilizados para os riscos nas atividades de aventura.

VI. O PPREA deve estabelecer critérios e mecanismos de avaliação da eficácia das medidas de proteção implantadas considerando os dados obtidos nas avaliações realizadas e no controle médico da saúde.

19.1.10 Nível de ação

I. Para fim de instrução, considera-se nível de ação o valor acima do qual devem ser iniciadas ações preventivas de forma a minimizar a probabilidade de que as exposições a agentes ambientais ultrapassem os limites de exposição. As ações devem incluir o monitoramento periódico da exposição, a informação aos colaboradores e ecoturistas e o controle médico.

II. Deverão ser objeto de controle sistemático as situações que apresentem exposição ocupacional acima dos níveis de ação, conforme as Normas Regulamentadoras.

19.1.11 Monitoramento

I. Para o monitoramento da exposição dos colaboradores e ecoturistas e das medidas de controle, deve ser realizada uma avaliação sistemática e repetitiva da exposição a um dado risco visando à introdução ou à modificação das medidas de controle sempre que necessário.

19.1.12 Registro de dados

I. Deverá ser mantido pelos colaboradores ou instituição um registro de dados, estruturado de forma a constituir um histórico técnico e administrativo do desenvolvimento do PPREA.

II. Os dados deverão ser mantidos por um período mínimo de vinte anos, conforme as Normas Regulamentadoras.

III. O registro de dados deverá estar sempre disponível aos colaboradores e ecoturistas interessados ou seus representantes e para as autoridades competentes.

19.1.13 Responsabilidades

Dos colaboradores

I. Estabelecer, implementar e assegurar a realização do PPREA como atividade de desenvolvimento do conhecimento.

Dos ecoturistas

I. Colaborar e participar na implantação e execução do PPREA.

II. Seguir as orientações recebidas nos treinamentos oferecidos segundo as orientações do PPREA.

III. Informar ocorrências que, a seu julgamento, possam implicar riscos à saúde de colaboradores e outros ecoturistas.

19.1.14 Da informação

I. Os ecoturistas interessados terão o direito de apresentar propostas e receber informações e orientações a fim de assegurar a proteção aos riscos nas atividades de aventura identificados na execução do PPREA.

II. Os colaboradores deverão informar aos ecoturistas de maneira apropriada e suficiente sobre os riscos na atividade de aventura que possam originar-se e sobre os meios disponíveis para prevenir ou limitar tais riscos e para se proteger deles.

19.1.15 Disposições finais

I. Sempre que vários colaboradores realizarem simultaneamente atividades no mesmo local, terão o dever de executar ações integradas para aplicar as medidas previstas no PPREA visando à proteção de todos os ecoturistas expostos aos riscos na atividade de aventura proposta.

II. O conhecimento e a percepção que os colaboradores têm do processo de trabalho e dos riscos nas atividades de aventura presentes, incluindo os dados consignados no Mapa de Riscos, deverão ser considerados para fins de planejamento e execução do PPREA em todas as suas fases.

III. Os colaboradores deverão garantir que, na ocorrência de riscos ambientais que coloquem em situação de grave e iminente risco um ou mais colaboradores e ecoturistas, estes possam interromper de imediato as suas atividades, comunicando o fato ao superior hierárquico direto para as devidas providências.

19.2   Considerações finais

Por intermédio deste trabalho, orientamos como ampliar a prevenção de acidentes e, ao mesmo tempo, desenvolver a preservação do meio ambiente tornando, assim, as atividades de aventura mais seguras. Pensamos que, ao seguir esse guia, os profissionais de Educação Física, que trabalham com as atividades de aventura, tornarão o perigo algo seguro e divertido, antecipando os riscos que possam originar-se nos no ambiente natural.

Além disso, buscamos relatar os fatores intrínsecos da Educação Física com o ecoturismo e, assim, refinar a saúde e a conservação ambiental. O meio ambiente e a conscientização ecológica têm contribuído para que inúmeras pessoas fujam do estresse e da rotina da modernidade. Nesse sentido, o patrimônio ecológico brasileiro se molda como fonte de conhecimento, educação e pesquisas afins. As experiências práticas diretas nas áreas de preservação ambiental

cooperam para mobilizar fontes metabólicas e, dessa forma, eliminar os sintomas mais comuns do estresse urbano e, de maneira positiva, melhorar a saúde.

Aprender a lidar com o estresse é um fator de sobrevivência, principalmente para os que moram em regiões cosmopolitas. O estresse pode fazer parte do cotidiano de qualquer um, mas esse elemento na prática do ecoturismo uma é forma positiva de liberar tensões e deve ser encarado como um desafio, ou seja, aproveitar a situação para se esvair do estresse negativo obtido nos grandes centros urbanos.

Para maximizar esse objetivo, o mercado ecoturístico tem necessitado de profissionais cuja visão abranja mais que o conhecimento técnico específico para as várias ocupações disponíveis.

Do mesmo modo que no campo da Educação Física exige-se dos profissionais habilidades como liderança, trabalho em equipe, criatividade, além de excelente controle emocional para saber lidar com pessoas, no campo do turismo ecológico as situações demandam dos ecoturistas o máximo de confiança em si mesmo e esse fator lhes proporciona, além da melhora das qualidades condicionantes e coordenativas, astúcia para tomar decisões e, assim, de forma bastante ampla e efetiva, asseguram o autoaprimoramento, facultando-lhes ainda desenvolver o sentido de preservação da natureza.

Referências

ANDRADE, E. P. A.; MONTEIRO FILHO, E. L. A.; YOSHIDA, C. E. *Estudo qualitativo de trabalhos desenvolvidos em educação ambiental.* Faculdade de Ciências Biológicas/PUC-Campinas, Grupo de Pesquisa em Ecossistemas Aquáticos. Disponível em: <http://www.puc-campinas.edu.br/pesquisa/i_semana_cientifica/tcc_resumos/E1B2F959-A463-4578-A1C5-AD7A237DC.pdf.>. Acesso em: 21 out. 2005.

BRASIL. Ministério do Turismo. Empresa Brasileira de Turismo (Embratur). *Ecoturismo.* Disponível em <www.embratur.gov.br>. Acesso em: 20 out. 2005.

BRASIL. Ministério do Trabalho e Emprego. *Normas Regulamentadoras*, Portaria n° 3.214, 8 de junho de 1978. Disponível em: <http://www.mte.gov.br>. Acesso em: 15 jan. 2010.

COSTA, F.; ECOLOGIA, EVOLUÇÃO & O VALOR DAS PEQUENAS COISAS. Juiz de Fora: Edição do Autor, 2003.

COSTA, L. S. A banalização do ecoturismo: consequentes impactos de Ibitipoca a Himalaia. *Ibitipoca Online*, Minas Gerais, s.d. Disponível em: <http://www.ibitipoca.tur.br/ pesquisas>. Acesso em: 21 out. 2005.

COSTA, V. L. M. *Esportes de aventura e risco na montanha*: um mergulho no imaginário. São Paulo: Manole, 2000.

CUPETO, C. *Ecoturismo*: a sustentabilidade do turismo no século XXI. Centro de Investigação e Análise em Relações Internacionais, Portugal, jul. 2003. Disponível em: <http://www.ciari.org/opiniao/ecoturismo.htm>. Acesso em: 20 out. 2005.

FRANÇA, S. C. A. *Comportamento dos níveis séricos de cortisol e testosterona e das enzimas musculares de atletas sadios em resposta a uma corrida de maratona.* 2002. Dissertação (Mestrado) em Ciências da Saúde, – Unifesp – EPM, 2002. Disponível em: <http://www.unifesp.br/centros/cemafe/mestrados/16_02/tessheyla.htm>. Acesso em: 20 out. 2005.

GUAIANO, O. P. Factores Intrínsecos de la Educación Física y Ecoturismo en la Salud y Conservación Ambiental. *Revista Digital del Instituto Superior de Educación Física*, Uruguay, ed. 6, 5 dez. 2005. Disponível em: <http://www.isef.edu.uy/#>.

MANUAIS DE LEGISLAÇÃO ATLAS. *Segurança e medicina do trabalho.* 65 ed. São Paulo: Atlas, 2010.

MELEIRO, A. Receita é manter bom humor. *Folha de São Paulo*, 23 jan. 2000. Disponível em: <http://www.unifesp.br/comunicacao/ass-imp/clipping/2000/jan2000/jan23.htm>. Acesso em: 19 out. 2005.

PALACIOS, J. AGUILAR. Actitudes profesionales para un trabajo eficaz en prevención y rescate. In: CONGRESO INTERNACIONAL DE SALVAMENTO, SOCORRISMO Y RESCATE ACUÁTICO: EDUCAR PARA PREVENIR EL AHOGAMIENTO, 1., 2009. Guzmán. Anais... Guzmán: CUSUR, UDG, 2009.

SAAB, W. G. L; DAEMON, I.G. *Turismo ecológico*: uma atividade sustentável. Banco Nacional de Desenvolvimento Econômico e Social - BNDES. Área de Operações Industriais - Gerência Setorial de Turismo, mar. 2000. Disponível em: <http://www.bndes.gov.br/conhecimento/setorial/get4is10.pdf>. Acesso em: 21 out. 2005.

TAVARES, J. C. *Noções de prevenção e controle de perdas em segurança do trabalho.* 6 ed. São Paulo: SENAC São Paulo, 1996.

WERTHEIN, J. *Programa de consolidação dos sítios do patrimônio mundial do Brasil.* Brasília: Unesco 12 ago. 2004. Disponível em: <http://www.unesco.org.br/noticias/opiniao/index/index_2004/sitios/mostra_documento>. Acesso em: 20 out. 2005.

Sites sugeridos

Enlace Web. Página oficial do Ministério do Turismo, que contém informações sobre atividades turísticas, setor que alia esporte, natureza e consciência ecológica em distintos produtos turísticos: <http://www.turismo.gov.br/turismo/noticias/todas_noticias/200909173.html>.

20
Dicionário do "aventurês"
Carla Rodrigues

1/2 Axel ou Axle – Termo utilizado em carro a vela que se refere a uma manobra com o *kite* realizada para mudar a direção.

360° – (1) Termo utilizado em carro a vela que define uma manobra que utiliza a janela de vento com dois giros de 180° em torno do piloto. (2) Manobra de surfe que consiste em executar uma volta completa com a prancha em torno de si e continuar na mesma direção. (3) Manobra de *wakeskate* em que o atleta realiza uma rotação de 360° no ar. (4) Manobra de *kayaksurf* em que se realiza uma volta de 360° apenas com uma pagaiada e com um ângulo de elevação inferior a 45°.

360 antes da onda com batida – O atleta aproveita a distância da onda para fazer um 360° antes de chegar até ela. Ao chegar, executa uma batida na onda para voltar em direção a areia (*skimboard*).

6ª – Grau de dificuldade de escalada livre em rocha e estrutura artificial. Inicia em numeração romana de I até V+ (adaptado da escala de Welzenbach/UIAA). Posterior a V+, passa à numeração árabe que possui mais uma subdivisão, 6a, 6a+, 6b, 6b+, 6c, 6c+, 7a, 7a+, 7b, 7b+, 7c, 7c+, 8a, 8a+, 8b, 8b+, 8c, 8c+, 9a, 9a+, sendo o menor o mais leve e o número maior o mais difícil.

A1 – Grau de dificuldade da escalada artificial. Inicia de A0 (leve) a A6 (difícil).

Abalakov – Termo de montanhismo que designa uma espécie de união de equipamentos realizada pelo alpinista aproveitando a consistência do gelo.

Abeam – Para a direita ou em ângulo reto para o centro de uma embarcação da água (canoagem).

Abismos – Termo de cavernismo que se refere a desníveis extremamente verticais que atingem mais de 15 m de profundidade.

ABRASP – Associação Brasileira de Surfe Profissional.

Abrigos – Termos de cavernismos que designa cavernas com extensão inferior a 50 m e altura maior que a profundidade, estando constantemente iluminados pela luz do Sol.

Abrir uma via – Estabelecer pela primeira vez um percurso de uma ascensão de uma face de rocha em neve ou gelo. O termo é aplicado nas disciplinas da escalada, bem como em vias de alpinismo.

ABS – Modelo de aparelho de segurança com bloqueio automático de características dinâmicas para escalada e montanhismo.

ABSS – Associação Brasileira de Ski e Snowboard.

Abyss – Programa para cálculos de mergulho descompressivos.

Aclimatação – Termo de montanhismo que designa habituar-se à mudança de altitude.

Acquaride – Submodalidade de canoagem praticada em "águas brancas", ou seja, nas corredeiras dos rios com um bote individual e inflável. O praticante se posiciona de peito, com as pernas abertas, dando equilíbrio e os braços dentro da água usando as mãos como leme e remo. São cinco as categorias de competição do *acquaride* – profissional, master, juvenil, feminino e amadores. Luva e capacete são equipamentos de segurança obrigatórios. As modalidades são o *slalom*, descenso, *freestyle* e *sprint*.

Aderência – Termo de montanhismo que designa a realização de movimento com os pés aproveitando apenas formações da rocha.

Aéreo – Termo de *kayaksurf* que se refere a quando a onda permite – pois tem de ser muito rápida e poderosa –, que se suba sua parede, saltando literalmente na sua crista de forma a reentrar na parede. O caiaque tem de perder totalmente o contato com onda (daí o movimento aéreo).

Aerial 360° – Variação da manobra 360° em que o surfista executa a mesma manobra durante um voo com a prancha (surfe, *bodyboard*).

Aerial Jibe – Manobra em que o velejador salta bem alto sem soltar os pés das alças, gira a prancha a 180° e vira a vela no ar. Dessa forma, ele já cai com a prancha virada para o outro lado e com a vela pronta para sair planando (windsurfe).

AFF – *Acelererated Free Fall*. Termo do paraquedismo que significa queda livre acelerada e é utilizado para aulas de paraquedismo com equipamento individual. Esse método permite que o aluno progrida rapidamente no esporte, alcançando com poucos saltos um nível técnico bastante elevado.

AFT – Em direção à traseira ou popa de uma embarcação da água (canoagem).

Agressive in-line – Submodalidade de patins *in-line* praticada em locais como pistas de *half pipe*, parques e ruas.

Água lisa – Diz-se quando o local oferece as condições ideais para a prática do esporte (esqui aquático).

Água mexida – Zona muito instável onde podem ocorrer bolhas, rebojos, ondas e redemoinhos, quase tudo ao mesmo tempo ou ciclicamente, inclusive com períodos de calmaria (*rafting*).

Águas brancas – Rios com corredeiras onde são disputadas as provas de *slalom* e descida tanto para caiaques como para canoas (canoagem).

Águas tranquilas – Rios utilizados para a disputa da canoagem em velocidade tanto para caiaques como canoas (canoagem).

AI – (1) Sigla utilizada em balonismo que significa aluno em instrução. (2) Trata-se de um paraquedista que ainda está sob supervisão de seu instrutor.

Air Screw ou Donkey Flip – Volta no ar de 360° realizada na superfície da onda. O corpo do canoísta e o caiaque devem estar no ar em 180° dos 360° da rotação (*kayaksurf*).

Air – Manobra de *skate* que se refere a quando o *skate* sai do chão sem *ollie*.

Airfoil – Termo utilizado em *kitebuggy* que indica estabilidade e força para impulsão.

Airtime – Gíria do carro a vela que remete à quantidade de tempo gasto no ar ao saltar.

Albedo – Termo de montanhismo que se refere à fração da radiação refletida por um corpo em relação à radiação que nele incide, o qual se exprime por meio de porcentagem.

Albergue – Espaço para acolhimento de montanhistas e outras pessoas. Localiza-se em altitudes muito mais baixas que os refúgios e suas comodidades são normalmente bastante superiores às dos refúgios.

Alça – Utilizada para se carregar o bote mais facilmente quando em terra (*rafting*).

Alças, footstraps ou straps – Cintas colocadas na parte traseira da prancha onde o velejador encaixa o pé para adquirir mais estabilidade e controle durante o velejo. Trata-se dos principais fundamentos que os windsurfistas devem aprender (windsurfe).

Alee ou sota-vento – Termo utilizado em *kitebuggy* que indica o lado para onde sopra o vento.

Alforje – Termo que designa a bolsa que serve para levar as bagagens dos ciclistas em viagens. Coloca-se nos bagageiros traseiro e/ou frontal.

Alimentação liofilizada – Refeição leve com pouco volume, rápida de ser feita para ascensões individuais e estilo alpino em montanhismo e escalada.

Alma – Estrutura interna de uma corda dinâmica estática ou semiestática. O nível de resistência e dinamismo da corda está nas características da sua alma.

Alta montanha – Montanhas acima de 2.500 m de altitude.

Altímetro – Aparelho digital ou analógico que indica a altitude em que o alpinista se encontra. É utilizado como um dos elementos de orientação durante a atividade.

Alto ou parou – Comando utilizado pelos guias quanto solicitam aos tripulantes que parem a remada (*rafting*).

Andar na roda – Termo que indica pegar vácuo do ciclista que vai à frente, diminuindo o impacto do vento para minar a energia do adversário, ultrapassando-o em momento oportuno; serve também para competição em equipe.

Andinismo – Praticar montanhismo ou alpinismo na Cordilheira dos Andes, na América do Sul.

Anéis – Colados ao redor do bote para passar um cabo em toda volta para se segurar e amarrar o bote. Também são usados para fixar a armação, no caso de remo central (*rafting*).

Ângulo de ataque – Termo utilizado em *kitebuggy* que indica o ângulo que o *kite* voa em relação ao vento. É controlado pelo freio.

Ângulo de incidência – Termo utilizado em *kitebuggy* que indica o ângulo do *kite* comparado à direção do vento.

Anterior – Termo de cavalgada utilizado para se referir às patas dianteiras do cavalo.

Antiboot – Termo de montanhismo que designa peça de plástico inserida na base dos *crampons* que impede a acumulação de gelo nessa área. Caso não seja utilizado, podem ocorrer quedas graves em razão dos escorregões sobre o gelo e a neve.

Apagamento – Ocorre com mergulhador que realiza apneia com hiperventilação e não retorna à superfície para respirar; o cérebro faz que a pessoa desmaie para que o restante do oxigênio na corrente sanguínea seja aproveitado somente pelo cérebro e coração. Na maioria dos casos, o mergulhador desacompanhado morrerá por afogamento.

Apito – Serve de comunicador entre os guias em meio ao barulho das corredeiras (*rafting*).

Apneia – Ato de inspirar e prender a respiração durante o mergulho livre (mergulho).

Aquapack – Termo de montanhismo que designa um recipiente de água em forma de saco. São leves e com capacidade de adaptação aos itens da mochila, pois, após seu esvaziamento, sua dimensão pode ser reduzida.

Aqualizar – Termo utilizado no voo livre para definir quando o piloto cai na água com seu equipamento de voo.

Aqualung – Equipamento de respiração na água com uso de suprimento de ar em alta pressão e regulador (mergulho).

Ar integrado – São computadores que indicam a quantidade de ar no cilindro (mergulho).

Arvorismo ou arborismo – Percurso feito em árvores ou outras estruturas de variadas alturas em que estão instalados equipamentos para a realização de técnicas verticais (de uma árvore a outra – pontes) como tirolesa, rapel, travessia por obstáculos e outras.

Arenacross – Submodalidade de motociclismo (*motocross*). A competição é disputada somente em arenas e circuitos pequenos. A vantagem é que o público consegue acompanhar todas as etapas da corrida.

Aresta – Termo de montanhismo que se refere ao relevo em forma de linha que divide uma montanha em dois lados.

Arnês de cintura, **cadeirinha ou baudrier** – Calção composto por um conjunto de fitas unidas com baixa ou pequena densidade de conforto com o objetivo de permitir a união adequada do escalador ao extremo da corda de segurança ou a outro material. Reparte o impacto que o corpo sofre no final de uma queda.

Arnês de peito ou *baudrier* – Conjunto de fitas simples que envolvem o tronco. Deve ser utilizado juntamente ao arnês de cintura para que seja possível formar um arnês integral misto. Utilizado em montanhismo, escalada e cavernismo.

Arnês integral ou *baudrier* – Conjunto de fitas unidas que envolvem o tronco e cintura do escalador de forma que a corda de segurança seja unida corretamente ao corpo e dissipe adequadamente ao impacto no final de uma queda. Utilizado em alpinismo ou grandes vias em que é necessário transportar uma mochila às costas, travessia de glaciares.

Arribar ou *go downwind* – Afastar o bico da prancha da linha do vento (windsurfe).

ARVA – Sigla de montanhismo em francês que significa *Appareil de Recherche de Victimes de Avalanche*. Trata-se de um aparelho de busca de vítimas de avalanche.

Asa – Célula de um colete técnico (mergulho).

Ascensão – Refere-se ao ato de subir a um ponto mais alto de uma montanha.

Ascensor – Termo de montanhismo que se refere a um aparelho mecânico composto por um punho permitindo a subida por corda fixa. Desliza no sentido ascendente e trava no sentido descendente. É considerado como um bloqueador.

ASP – *Association of Surfing Professional*.

Aspect Ratio – Termo utilizado em *kitebuggy* que se refere a relação do *kite* a partir da altura e largura da pipa.

Astrodeck – Material feito com borracha especial, aplicado sobre a prancha, servindo como antiderrapante (surfe).

AT – Sigla de corrida de aventura que designa o local de troca de uma modalidade para outra. Na parada, a equipe aproveita para comer algo (com ou sem o auxílio da equipe de apoio), além de trocar e conferir equipamentos.

Ataque – Termo utilizado em ciclismo que significa aceleração rápida para se adiantar em relação a um ciclista ou grupo de corredores.

Aterrisagem ou *landing* – Um dos movimentos básicos essenciais do *parkour*. Compara-se ao rolamento, pois, em muitas situações, é possível que não tenha espaço para executar esse rolamento e utiliza-se, então, o *landing*.

Atividade – Termo utilizado em arvorismo que se refere a obstáculos de uma árvore à outra.

Atrás da perna – Termo de cavalgada utilizado quando o cavalo não responde com impulsão aos comandos de perna do ginete.

Autorresgate – Termo que se refere ao uso de técnicas para realizar resgate sem ajuda externa.

Autosseguro – (1) Termo utilizado em arvorismo que se refere a um dispositivo de segurança, conectado ao ponto de fixação da cadeirinha e conectável a um ponto de segurança confeccionado de cordas ou fitas, com uma ou mais pontas e mosquetões nas extremidades. (2) Técnica pessoal de segurança em montanhismo e escalada, aplicada quando ocorre alguma queda inesperada sobre uma pendente de neve. É utilizado o *piolet* para a travagem sobre a neve nas mãos e pés (montanhismo, escalada).

Avalanche – Queda de uma grande massa de neve com variados níveis. É possível prever sua queda para a montagem da segurança de equipamento de montanhismo.

Avançado – Termo do voo livre utilizado para definir o piloto mais experiente que voa com asa de alta *performance* de pano duplo.

Aventura – Categoria de corrida de aventura, quando as equipes passaram por cortes no percurso e fazem um itinerário menor.

Axle – Barra de metal onde se encaixam as rodas (*skate*).

Azimute – O ângulo de desvio horizontal do norte. Ao usar a bússola, a direção é lida em graus. Do sul, por exemplo, seria um azimute de 180° (orientação).

B1 – Primeiro nível de dificuldade da escala de graduação que termina em B3 mais utilizada na escalada de *boulder*. Existem outras duas escalas mais "precisas" e abrangentes, como a de Hueco Tanks, EUA, que termina em V14, e a de Fountainebleau, França, que termina em 8b+.

Bacalhau – Apelido utilizado no voo livre com duas definições: (1) Equipamentos da escola (2). Saída dos alunos da escola de asa-delta ou *paraglider* que ainda fazem voo com pouco planeio, seguro, em que são "perdoados" erros dos novatos.

Back blunt ou **stab** – Volta de 180° em água corrente com uma elevação mínima de 45° claramente acima da espuma. O canoísta gira sobre a popa do caiaque (entra de costas) (*kayaksurf*).

Backdoor – Lado da onda que quebra da direita para a esquerda para quem está olhando da praia (surfe).

Back loop inglês – *Loop* com a rotação da prancha para trás (windsurfe).

Back of the sail – Termo utilizado em *kitebuggy* e voo livre utilizado para definir a parte de cima do da pipa.

Back pack – Peça para manter o cilindro nas costas do mergulhador (mergulho).

Back side – É quando o surfista pega onda posicionando-se de costas para ela (surfe).

Back surf – O canoísta com uma ligeira movimentação (com ou sem a ajuda da pagaia), coloca o caiaque a surfar de ré (*kayaksurf*).

Back to front – Gíria utilizada em *kitebuggy*. Refere-se à manobra em que o piloto voa para trás, executa um 360° e termina retornando para a posição inicial.

Backwash – Significa pororoca, onda que vem ao contrário da direção da areia (surfe).

Backing wind – Termo utilizado em *kitebuggy* que indica a mudança da direção do vento.

Backpaddle – Remar para trás como um meio de retardar ou reverter o movimento para frente de um caiaque (canoagem).

Back plate – Peça metálica que se encosta às costas e é presa no cilindro, provendo maior conforto (mergulho).

Backstrap – Termo utilizado em *kitebuggy* e voo livre, referindo-se à pulseira que substitui o chicote e a linha que liga os punhos ao redor do piloto até chegar à outra alça. Oferece fixação das mãos para que o *kite* não se solte durante o voo.

Bailarina – Termo de montanhismo que designa calçado maleável rápido de calçar por não possuir sistemas de fecho com atacadores indicados para a escalada de aderência sobre placas de granito. Seu ajuste é realizado pela banda elástica no peito do pé.

Balão, *catapult* **ou catapulta** – Gíria que significa tombo em que o velejador é arremessado pela frente da prancha, tendo como consequência provável algum prejuízo. O termo é mais utilizado na Região Nordeste (windsurfe).

Balonismo ou *ballonning* – Modalidade aérea esportiva e de turismo que consiste em voos em balão feitos de material anti-inflamável aquecido com chamas de gás propano. A altura ideal para se voar é de 330 m, mas pode chegar até 16.000 m. O controle da descida e subida é feito pelo balonista, que controla o local de decolagem e pouso e utiliza os ventos para se deslocar.

Bar ends – Termo de ciclismo que se refere a um acessório que funciona como um alongamento do guidão e serve de alavanca para o esforço do movimento de subida ou, simplesmente, para ser um ponto de apoio mais alto para descansar a posição de pedalar.

Barlavento ou *windward* – Lado de onde vem o vento (windsurfe).

Barranco – Sulco ramificado escavado nas encostas que impede a formação de cobertura vegetal. Deve-se à intensa erosão provocada pela água da chuva, especialmente nas áreas mediterrâneas (canionismo).

Baseplate – Termo de *skate* que se refere à base do *truck*.

Basic – Modelo de bloqueador francês muito utilizado em sistemas para manobras de salvamento ou como autossegurança no decorrer de uma escalada sem companheiro, utilizando uma corda fixa em *top rope*. Não é um aparelho indicado para realizar a escalada sozinho.

Bastão de sonda – Bastão de fina espessura e de grande comprimento (de 3 a 3,5 m). Extremamente útil para detectar vítimas enterradas na neve após uma avalancha.

Batida ou *choppy* – Gíria que indica água agitada, com muitas marolas (windsurfe).

Batida sapinho – Maneira de bater as pernas para não levantar suspensão (mergulho).

Batida – Manobra feita pelo surfista em que ele acerta a crista da onda com a parte de baixo da prancha.

(surfe, *bodyboard*, *skimboard*). Subidas e descidas na parede da onda desde a crista até a base da onda.

Batismo – Momento que uma pessoa faz seu primeiro mergulho acompanhado de um instrutor (mergulho).

Batons ou bastão – Equipamento de montanhismo, *hiking* e *trekking* que são bastões de altura regulável ou não para auxílio dos *trekkers*, montanhistas e alpinistas durante a caminha, subida e descida. Podem ser usados aos pares quando necessário.

Batoques – Termo utilizado no voo livre para definir as argolas que o piloto usa para segurar, ligadas a linhas de freio do parapente.

Batten **ou ripa** – Termo de *kitebuggy* e ao voo livre que se refere ao comprimento da fibra de vidro ou de carbono que oferece rigidez e forma para a vela. Utilizado nas pontas das asas.

BC ou colete equilibrador – Equipamento cujo objetivo é manter seu equilíbrio (mergulho).

BC técnico – Colete equilibrador voltado ao mergulho técnico com detalhes importantes à segurança do mergulhador e provendo maior facilidade de utilização de vários cilindros, lanternas técnicas e controle de flutuabilidade (mergulho).

Beach break – Praia com fundo de areia (surfe).

Beach start **inglês** – Técnica usada para iniciar o velejo a partir da praia. Com água até, no máximo, a altura da cintura, o velejador enche a vela com vento e então é erguido por ele para sua prancha, na posição correta para velejar (windsurfe).

Bearing – Manobra de *skate* que se refere rolamento.

Beating – Termo utilizado em *kitebuggy* que significa aderência; navegar contra o vento alternando as direções.

Beaufort drag **ou** *body drag* – Manobra de *freestyle* na qual o velejador retira os pés da prancha temporariamente, arrastando-os na água, em seguida retorna à posição inicial (windsurfe).

Beaufort – Termo utilizado em *kitebuggy* que se refere à escala que determina a força do vento. Inicia em 0 e termina em 12, sendo 0 = sem vento e 12 = furacão.

Best trick – Submodalidade de *skate snakeboard* praticada em qualquer tipo de pista. O praticante pode fazer diversas manobras, seja por dificuldade técnica ou por dificuldade técnica e risco (este último mais valorizado). Modalidade de competição mundial (*skate*).

Bexiga – Bolsa de ar inflável colocado dentro de um caiaque para proporcionar maior flutuabilidade em caso de virar (canoagem).

Big air – Submodalidade de *skate mountainboard* é composto de uma descida para ganhar velocidade; no final, há um pulo em que os atletas "voam" e é possível mandar diversas manobras aéreas.

Big rider – Surfista bom e que gosta de pegar ondas grandes (surfe).

Big wall – Submodalidade de escalada em montanhismo, é a escalada de grandes paredões de pedra que podem levar vários dias e exige que o grupo durma no local (nos paredões), utilizando barracas especiais. Exige muita experiência do montanhista, além de grande quantidade de equipamentos. Nesse caso, é necessário levar saco de dormir, água e comida.

Bigspin – Rotação de 360° na prancha e de 180° do atleta (*skimboard*).

Bike fit – Termo de ciclismo que se refere à acomodação do ciclista na *bike*, ou seja, é a adaptação do ciclista e o ajuste da *bike* e seus componentes.

Biker – Termo utilizado em ciclismo para designar ciclista.

Bilge pump – Não ou pé da bomba utilizada para retirar a água que acumula no fundo (canoagem).

Bindings – Termo de esqui na neve que se refere à fixação da bota no ski.

Biruta – Equipamento de atividades de voo livre. Trata-se de instrumento em forma de cone gigante, geralmente instalado ao lado da pista de pouso onde se tem uma referência exata da direção do vento e intensidade aproximada.

Bivacar – Termo de montanhismo que significa passar pelo menos mais de uma noite na natureza sem dormir em refúgio ou tenda. Geralmente, define-se por bivacar o dormir ao relento com ou sem abrigo improvisado.

Black diamond – Pista de esqui na neve com nível de dificuldade avançada ou que exija experiência.

Blocagem – Peça de bicicleta que serve para prender as rodas e o selim, evitando o uso de ferramentas, tornando mais rápida e fácil sua manutenção ou troca.

Bloqueio do oito – Técnica para bloquear o descensor em oito durante o rapel (canionismo).

Blue holes – Termo utilizado no voo livre para definir dias térmicos sem nuvens no céu.

Blue square – pista de esqui na neve com nível de dificuldade intermediário.

Blunt – Volta de 180° com uma elevação mínima de 45° claramente acima da água. O canoísta gira sobre a proa do caiaque (*kayaksurf*).

Board – Termo de *skate* que significa *shape* (formato da prancha).

Boarder cross – (1) Submodalidade de *skate mountainboard*, cujo objetivo é o mesmo do *downhill*, mas descem duas ou mais pessoas simultaneamente no circuito. (2) Submodalidade de *skate snakeboard* praticada em um circuito com obstáculos, curvas e saltos (*skate*). (3) Submodalidade de *skate downwill* que consiste em descer a ladeira passando por cones, rampas, *wallrides*, *bumps* e outros obstáculos. Dois atletas descem juntos e quem chegar primeiro leva a "bateria".

Boca – Termo do balonismo que se refere à base do balão, construída com tecido nomex resistente a 400° C, totalmente à prova de fogo. Combinando diversos formatos e uma grande diversidade de cores, podem ser criados diversos envelopes de balões.

Bodysurfe, surfe de peito, kaha nalu ou jacaré – Submodalidade de surfe em que se utiliza o próprio corpo como prancha. Os equipamentos utilizados para auxiliar no deslizamento são nadadeiras pequenas e específicas para a modalidade, pranchinhas de mão (servem para ondas grandes e cheias, dando maior velocidade) e roupa de neoprene para temperaturas baixas, pois o corpo fica submerso (surfe).

Boia – (1) Termo de surfe que se refere a uma pessoa que fica parada dentro da água e os surfistas passam por ele para pegar as ondas. Serve de boia. (2) Termo de surfe que se refere a um ponto flutuante colocado em competições no *outside* da arrebentação, sobre o qual o competidor deve efetuar uma passagem para obter prioridade de pegar uma onda. (3) Termo de esqui aquático que se refere a demarcadores colocados na pista, os quais o competidor terá de ultrapassar.

Boia-cross – Consiste na descida em grandes boias redondas pelo leito dos rios em níveis de corredeiras leves, moderados, podendo ser praticado por todas as pessoas de acordo com a dose de emoção desejada.

Bolha – (1) Termo de surfe que se refere à área da prancha danificada, podendo estar ou não com água. (2) Termo de *rafting* que designa zona onde a água borbulha, isto é, há uma correnteza que vem do fundo e sobe para a superfície.

Bolina ou *daggerboard* – Grande quilha retrátil situada no meio de vários modelos de pranchas grandes. Facilita a força e o equilíbrio, mas deve ser recolhida ao arribar e em ventos mais fortes (windsurfe).

Bolsa de selim – Equipamento de bicicleta onde se guardam as ferramentas e câmara de ar para o conforto e segurança do ciclista.

Bombear ou to *pump* – Movimento da vela para frente e para trás que auxilia o planeio em ventos fracos (windsurfe).

Bombordo – Lado esquerdo de quem olha para frente da embarcação (canoagem).

Boned – Manobra de *skate* que se refere a empurrar o *shape* para fora, apontando para baixo quando se está no ar.

Boot – Peça feita em plástico ou borracha utilizada na parte inferior dos cilindros para maior proteção e mantê-los em pé (mergulho).

Bordo, dar um bordo ou *to tack* – Troca de direção e de lado pelo qual a vela recebe o vento de forma que se olhe o vento de frente no ponto intermediário da curva (windsurfe).

Bordo de ataque – Termo utilizado no voo livre para definir parte da frente das células do velame onde se encontram as aberturas por onde o ar entra.

Bordo de fuga – Termo utilizado no voo livre para definir a parte de trás do velame costurada para o ar não sair e onde as linhas do freio atuam para que se possa fazer as curvas por meio da deformação de um dos lados ou diminuir a velocidade agindo dos dois lados simultaneamente.

Boreste – Lado direito da embarcação (olhando da popa para a proa). A palavra vem de *estibordo*, com supressão da sílaba final e transposição da penúltima para o começo. Essa modificação foi necessária para se evitar a confusão de sonoridade durante uma instrução de manobra com bombordo (windsurfe).

Bottom turn – Cavada. Manobra em que o surfista faz uma curva na base da onda em direção à crista da onda (surfe).

Bottom – Fundo. Parte do fundo da prancha onde ficam as quilhas (surfe).

Boulder – Termo que define um pequeno bloco de rocha. Utiliza-se para caracterizar a disciplina da escalada desses blocos.

Brakes – Termo utilizado em *kitebuggy*, indicando objetos ou linhas fixados ao *kite* para diminuir a velocidade com ventos fortes.

Bridle ou *dynamic bridle* – Termo utilizado em *kitebuggy*, referindo-se a linhas que formam a junção entre o *kite* e a linha de voo.

Briefing – Termo em inglês utilizado para a prática no solo do que será realizado durante a atividade.

Bufando ou estar bufando – Quando está ventando muito (windsurfe).

Bufinha ou piri-piri – Termo utilizado no voo livre para definir uma térmica fraca em que o piloto sobe muito pouco. Piri-piri se refere ao barulho que o variômetro faz quando está subindo bem devagar.

Buggy ou buggying – Termo utilizado em *kitebuggy* que designa um pequeno veículo de três rodas movido por uma pipa.

Buildering – Termo que define a escalada de edifícios. *Building*: edifício, em inglês.

Bullet – Equipamento utilizado no voo livre que se refere à suspensão acoplada à asa-delta onde o piloto fica.

Bump & jump – Modalidade de velejo em que se faz uso das marolas para saltar (*chop-hops*) ou, ainda, classificação de tipo de prancha para esta modalidade (windsurfe).

Bumps – Termo de esqui na neve que se refere a ondulações nas pistas de esqui. Podem ser notados com frequência nas pistas mais inclinadas, em que as marcas deixadas pelos esquiadores são mais fortes. Em alguns lugares, os *bumps* são deixados propositalmente nas pistas.

Butterslide 180° – Giro de 180° soltando a quilha no topo da marola.

BV ou bons ventos – Gíria que se refere a uma saudação usada na lista de discussão (windsurfe).

C – Letra que serve para denominar as canoas. Existem três categorias diferentes – C-1, C-2 e C-4. Cada número representa o número de integrantes da canoa (canoagem).

Cabeing – Termo utilizado em voos de asa-delta em que o piloto segue para o pouso e, por algum motivo, erra o ponto de *stoll* e acaba rolando no chão junto à asa.

Cabo de proa – Utilizado para segurar ou amarrar o bote quando se vai parar na margem (*rafting*).

Cabo lateral – Utilizado para se segurar, subir no bote (*rafting*).

Caçar – Puxar um cabo, uma vela ou outros (windsurfe).

Cachoeirismo ou cascading – Descida em quedas d'água, seguindo ou não o curso d'água, usando técnicas verticais. A descida de duas ou mais cachoeiras em sequência pode caracterizar a prática de canionismo.

Cachorra – Planilha malfeita, de difícil entendimento (orientação).

Cadência ou compasso – Termo utilizado em ciclismo que significa o ritmo constante de pedalar.

Caiaque – Termo de canoagem que se refere a um barco com compartimento fechado e remo duplo, ou seja, com duas pás.

Caiaque-polo – Modalidade que mistura a canoagem e o polo aquático (canoagem).

Caiaques infláveis ou ducks – Botes em forma de catamarã com dois tubos infláveis, unidos pela armação. São mais velozes, manobram melhor e furam com mais facilidade os refluxos (*rafting*).

Caixa de direção – Peça interna do quadro da bicicleta que proporciona a maneabilidade.

Caixa estanque – Compartimento feito em acrílico ou metal onde são levados equipamentos, fazendo o isolamento da água (mergulho).

Caldo – Quando o surfista cai da prancha, utiliza-se a expressão "tomou um caldo" (surfe).

Calha – Depressão entre duas ondas (canoagem).

Calmaria – Condições atmosféricas destituídas de vento. Em termos oceânicos, é ausência aparente de movimentos da superfície da água quando não há nenhum vento ou ondulação (mergulho).

Camel back – Equipamento utilizado nas modalidades de voo livre, *cross country*, *motocross*, *mountain bike*, cicloturismo e enduros. Trata-se de um reservatório de água carregado nas costas que consiste em um caninho com uma válvula que, ao sugar, leva a água até a boca.

Câmera de descompressão – Ambiente fechado feito de metal em que os mergulhadores são comprimidos para realização de mergulhos profundos ou para tratamentos de acidentes de mergulho (mergulho).

Caminhada de curta duração ou hiking – Subcategoria de caminhada que consiste na realização de percursos a pé em ambientes naturais com pouca infraestrutura em diferentes graus de dificuldade com a duração desde 1 hora até um dia inteiro, e o praticante retorna ao seu local de origem para pernoitar. O objetivo pode ser de superação de limites ou contemplação da natureza. Implica carregar uma mochila nas costas com todo o seu equipamento e, geralmente, com sua própria comida.

Caminhada de longa duração, trekking ou backpaking – Subcategoria de caminhada que consiste na realização de percursos a pé em ambientes naturais com pouca infraestrutura em diferentes graus de dificuldade com o objetivo de superação de limites ou contemplação. O praticante pernoita nos locais ao longo da trilha porque o trecho percorrido excede o limite de um dia de viagem. Implica carregar uma mochila nas costas com todo o seu equipamento e, geralmente, com sua própria comida.

Caminhada de regularidade, enduro a pé ou trekking de regularidade – Modalidade praticada por equipes de 3 a 6 pessoas com o objetivo de realizar um percurso predeterminado, não conhecido pelos participantes, em que o importante é se manter no percurso correto e realizá-lo no tempo exato utilizando planilhas com velocidades médias, distâncias e símbolos-referência.

Caminhada de velocidade – Submodalidade de caminhada que utiliza cartas de navegação e bússola, determinando-se antecipadamente onde estão localizados os postos de controle. O objetivo é alcançá-los no menor tempo possível, desde que se observe a ordem dos postos de controle que deverão ser seguidos cronologicamente. Essa prática é a mesma usada na corrida de orientação.

Camisa térmica – Primeira "capa" interna de roupa (próxima da pele) destinada a transportar mais eficazmente a transpiração para as capas de roupa exteriores. Esse tipo de vestuário técnico é bastante indicado para atividades intensas como o alpinismo, em que existem grandes mudanças de temperaturas durante os períodos de atividade, inatividade e de inclemência climatérica.

Campo-base – Principal zona de acampamento de uma expedição de montanhismo. É nesse campo, nas proximidades da montanha, que se situa toda a logística necessária para o bom desenrolar da expedição, fornecimento da alimentação, cuidados médicos, comunicações, transporte de carga. Na impossibilidade de este poder estar nas proximidades da montanha, estabelece-se um acampamento base avançado mais junto à montanha, mas de menores dimensões. Designa-se também de acampamentobase avançado.

Canal – Parte do leito do rio mais profunda por onde flui a maior parte da água (*rafting*).

Canhão ou *canyon* – Vale estreito e profundo de paredes quase verticais. Outros termos para designar vales ou linhas de água encaixadas: vale profundo, barranco, corgo (canionismo).

Canionismo ou *canyoning* – Consiste na descida de cursos d'água usualmente em cânions, sem embarcação, com transposição de obstáculos aquáticos, horizontais ou verticais. A atividade é muito dinâmica e utiliza diversas técnicas para a sua realização a depender dos obstáculos oferecidos pelo cânion explorado. De acordo com o grau de dificuldade, o cânion pode ser uma caminhada leve ou uma atividade esportiva mais

completa com prática de rapel, saltos, desescalada, passagens em corrimãos, natação, tobogãs, entre outros.

Canister – Compartimento onde ficam as baterias de uma lanterna térmica (mergulho).

Canoa – Barco com compartimento aberto e remo simples, ou seja, com apenas uma pá (canoagem).

Canoagem – Modalidade realizada por meio de embarcações (canoa, caiaque ou *duck*) em águas de mar ou rios. Subdivide-se em canoagem velocidade, canoagem *slalom*, paracanoagem, canoagem descida, canoagem maratona, canoagem oceânica, canoagem onda, *rafting*, *freestyle*, *outrigger* e *acquarider*.

Canoagem descida – Nesta submodalidade de canoagem, o competidor demonstra controle sobre seu barco em águas rápidas (corredeiras) enquanto percorre uma pista predefinida no menor tempo possível. Provas em pistas abaixo da classe III de dificuldade são designadas corridas de rio e não de descida (canoagem).

Canoagem maratona – Submodalidade de canoagem que envolve remar grandes distâncias em águas calmas. Tradicionais eventos de canoagem maratona, como ICF World Cup (Campeonato Mundial de Canoagem Maratona) possuem postos fixados de portagens, em que o atleta precisa carregar sua canoa ou caiaque para atravessar obstáculos. Cada corrida tem duração aproximada de 3 horas (canoagem).

Canoagem oceânica – Submodalidade de canoagem, cujo objetivo é percorrer um percurso previamente definido em carta náutica, em águas marinhas, no menor tempo possível (canoagem).

Canoagem onda – Submodalidade de canoagem praticada com caiaques em ondas no mar (canoagem).

Canoagem rodeio ou *freestyle* – Submodalidade de canoagem que consiste na realização de manobras executadas em uma onda ou refluxo do rio. Em competições de rodeio, essas manobras são realizadas com um tempo determinado em torno de 40 segundos. As manobras são avaliadas e pontuadas de acordo com uma tabela de dificuldades. São usados caiaques e canoas de plástico sem determinação de tamanho (canoagem).

Canoagem *slalom* – Submodalidade de canoagem na categoria de esporte olímpico em que o atleta rema através de um percurso em corredeira, definido por balizas, sem cometer penalidades no menor tempo possível. Três tipos de barcos são utilizados – caiaque individual (K1), canoa individual (C1) e canoa dupla (C2). Nos caiaques, o atleta posiciona-se sentado e utiliza um remo de duas pás. Nas canoas, o atleta vai ajoelhado e utiliza um remo de uma só pá (canoagem).

Canoagem velocidade – Submodalidade de canoagem que consiste essencialmente em competição. É praticada em rios ou lagos de águas calmas com nove raias demarcadas nas distâncias de 1.000, 500 e 200 m. Iniciam-se com eliminatórias que classificam os barcos semifinalistas e finalistas (canoagem).

Canoagem polinésia – Trata-se de uma submodalidade de canoagem que não exige qualquer treino específico para que se possa iniciar sua prática. É uma canoa que desce diretamente das antigas canoas de pesca havaianas e pode embarcar até 12 pessoas (V12). Cada indivíduo na canoa tem uma função distinta e cada posição na embarcação tem um papel de responsabilidade. É um esporte para ser praticado por toda a família, inclusive pelas crianças e até mesmo por pessoas na terceira idade (canoagem).

Canopy – Termo utilizado em *kitebuggy* e voo livre que indica quando uma pipa é suspensa no ar.

Canote – Peça da bicicleta que consiste em um cano que sustenta o selim.

Caos – Aglomerado de rochas no leito de um rio, resultantes de desprendimentos, provocando bloqueios e labirintos difíceis de transpor (canionismo).

Capacetes – Proteção para a cabeça contra as pedras e os remos (*rafting*).

Capitão – Líder do time de corrida de aventura.

*C*aramanhola ou garrafa para levar líquido – Reservatório de líquidos em geral acomodado em um suporte apropriado fixo ao quadro da bicicleta.

Carneirinhos ou *white caps* – Cristas esbranquiçadas das ondas que acusam existência de vento bom para a prática de windsurfe (windsurfe).

Carranca – Pessoa que se ajoelha na proa do bote e segue sem remar (*rafting*).

Carregador ou mula – Termo utilizado em montanhismo que define aquele que carrega. Essas pessoas são um elemento-chave nas aproximações das expedições de alpinistas aos campos base das montanhas. Os xerpas são os carregadores da região dos Himalaias.

Carregar ou *portage* – Passar determinada corredeira pela margem (*rafting*).

Carretilha – Normalmente utilizados em mergulhos técnicos como um cabo guia ou para a realização de uma descompressão à deriva (mergulho).

Carro a vela, *windcar* ou *kitebuggy* – Atividade físico-desportiva na qual um ou mais tripulantes utilizam um triciclo à vela. As competições acontecem somente com carros individuais no litoral e nos campos, pois o objetivo é percorrer grandes distâncias.

Carta ou mapa – Material de cartografia de corrida de aventura, caminhada de velocidade, enduros, *off-road*, caminhada de regularidade normalmente entregue à equipe no dia anterior à largada.

Carveboard – Tipo de *skate* inteiramente projetado para ser extremamente manobrável, mesmo sem nunca tirar os pneus do chão. Eficiente no asfalto, o resultado é uma *performance* com manobras fiéis às do surfe, com base na cavada forte e rápida troca de bordas.

Cascata – diversos cilindros de alta pressão interligados para recarregamento de gases nos cilindros ou para fornecimento de ar a um mergulhador (mergulho).

Casco ou *hull* – Refere-se apenas à prancha. Nome herdado de veleiros (windsurfe).

Catarafts ou cata – Trata-se de um bote estilo catamarã, provido de remo central (*rafting*).

Cavada – O mesmo que *bottom turn* (surfe).

Cavalgada ou turismo equestre – Atividade praticada em ambientes naturais em grupos com cavalos e com destino a determinada localidade de beleza natural ou de importância histórico-cultural.

Caving, espeleoturismo ou cavernismo – atividade desenvolvida em cavernas (grutas, lapas, tocas e afins), oferecidas comercialmente em caráter recreativo e de finalidade turística.

CBS – Confederação Brasileira de Surfe Amador (surfe).

Células – Termo do voo livre e *kitebuggy* utilizado para definir os gomos da pipa em compartimentos iguais que variam de quantidade de um modelo para outro, diferenciando a *performance*.

Certificado – Documento que comprova a formação do mergulhador e é considerado a identidade do mergulhador. É emitido por organizações oficiais de mergulho, nacionais ou estrangeiras (mergulho).

Cesto ou gôndola – Termo do balonismo que se refere à parte do balão feita de vime (junco) destinada a levar os ocupantes, cilindros, instrumentos e outros equipamentos.

Chairlift – Termo de esqui na neve que significa elevadores abertos, normalmente com capacidade de 2 a 6 pessoas.

Checkout – Momento em que o aluno realiza uma prova para finalização de um curso (mergulho).

Chop – Marola, pequena ondulação gerada pelo vento forte (windsurfe).

Chupeta – Termo de *skate* que significa uma **peça** de plástico que fica no *truck* e serve para deslizar suavemente.

Ciclocomputador – Computador de bordo do ciclista e fixado no guidão. Esse equipamento informa a distância total e percorrida, tempo, velocidade máxima, média, hora. Alguns modelos mais sofisticados informam batimentos cardíacos e altitude.

Cicloturismo – Atividade de turismo que tem como elemento principal a realização de percursos de bicicleta. Os passeios podem ser de longa duração em que o ciclismo, a contemplação do meio e a interação com outras culturas são os principais objetivos da viagem.

Cilindro duplo – São dois cilindros que podem ser interligados por meio de um *manifold*, provendo mais ar durante um mergulho. Muito utilizado por mergulhadores técnicos (mergulho).

Cilindro de aço – Cilindro fabricado em aço cromomolibdênio (mergulho).

Cilindro de alumínio – Cilindro fabricado de certo tipo de liga de alumínio (mergulho).

Cilindro – Termo do balonismo que se refere ao tanque do balão onde fica armazenado o gás utilizado para a combustão.

Clan, crew – Grupo de *traceurs* do *parkour*.

Classic stile buttboard – Submodalidade de *skate* que possibilita a prática com *skates* comuns encontrados em *skate shops*. Os praticantes devem se encontrar deitados de barriga para cima com seus pés virados para frente.

Clean spin ou 360° – Volta de 360° só com uma pagaiada e com um ângulo de elevação inferior a 45°. Se esta volta só correponder à metade do movimento, será, logicamente, o que se designa por um 180° (*kayaksurf*).

Clinômetro – Aparelho para medição de ângulos verticais para montanhismo. É utilizado na medição de pendentes em graus ou para saber se as montanhas circundantes se encontram a uma altura mais baixa ou elevada.

Código de sinais – Sinais visuais utilizados durante a descida para comunicação entre os guias (*rafting*).

Colete para guias – É menor e mais justo para maior mobilidade (*rafting*).

Colete – Item obrigatório para evitar afogamento (*rafting*).

Comandar – Termo do paraquedismo que indica um acionamento manual da abertura do paraquedas.

Compensação ou equalizar – Ato de compensar (manobra de Valsalva) a pressão interna do ouvido médio, realizada pelo mergulhador durante a descida (mergulho).

Compensado – Madeira utilizada para fazer o *shape* (*skate*).

Comprar terreno – Termo de ciclismo que se refere a levar um tombo.

Computador – Equipamento de segurança que fornece informações importantes ao mergulhador como profundidade, tempo de mergulho, tempo não descompressivo, paradas de descompressão e outras (mergulho).

Concave – Termo de *skate* que significa a concavidade do *skate*.

Conjunto – Dupla formada pelo cavalo e pelo cavaleiro (cavalgada).

Contagem de passos – Uma das funções dos integrantes da equipe nas atividades de regularidade, enduros e corrida de aventura que consiste em contar os passos dados com intuito de salvar determinada metragem.

Contorno ou *outline* – Contorno do fundo da prancha (windsurfe).

Coping – **Termo de *skate* que se refere ao** cano de metal que fica no final da rampa.

Copinho – Local da prancha onde se coloca o *leash* (surfe).

Corda auxiliar – Corda geralmente semiestática utilizada para içar material, subir por corda fixa (escalada de *big wall*), realizar corredores ou outras funções que não seja a segurança direta do escalador ou alpinista durante a escalada ou ascensão.

Corda de progressão – Corda utilizada na descida para fazer o rapel (canionismo).

Corda de recuperação – Corda utilizada para recuperar a corda de progressão (canionismo).

Corda dinâmica – Corda destinada à progressão em escalada, cujas características permitem absorver convenientemente a energia resultante de uma queda. O seu dinamismo (capacidade de alongamento) evita que o escalador se lesione ao reduzir a força de choque. É igualmente utilizada na maioria das disciplinas da escalada para a realização da descida em rapel.

Corda – Prende o esquiador ao barco. Quanto mais curta, mais alta é a dificuldade do competidor (esqui aquático).

Cordada – Técnica de montanhismo feita por um par de escaladores. Na realidade podem ser mais, no entanto, nas disciplinas da escalada, as cordadas são normalmente constituídas por dois elementos. Isso permite uma ascensão mais rápida, apesar de se tornar, em zonas isoladas ou de terreno de aventura, um fator agravante caso ocorra um acidente, já que um terceiro elemento será de extrema importância para solicitar socorro enquanto seu companheiro realiza os primeiros socorros e reconforta a(s) vítima(s).

Cordura – Termo de montanhismo que se refere a um material de náilon de grande resistência a abrasão e torção, sendo muito utilizado nos tecidos aplicados a mochilas e polainas.

Corrente ou correnteza – Toda água que está correndo rio abaixo ou em um braço de rio. Nela, encontram-se as línguas (*rafting*).

Corrida de aventura – Evento sem paradas obrigatórias, multidisciplinar, com a participação de equipes mistas formadas por competidores masculinos e femininos. Em alguns casos, pode ser chamada de "expedição com horário limite". O objetivo da competição é ser a primeira equipe completa a cruzar a linha de chegada. As disciplinas mais comuns envolvidas são a orientação, o *trekking*, a *mountain bike*, a canoagem e técnicas verticais. A duração do evento varia dos triatlos *off-road* até expedições de 15 dias.

Corrida de orientação ou *rally* a pé – Esporte em que o praticante tem de passar por pontos de controle (PCs) marcados no terreno, no menor tempo possível, com o auxílio de um mapa topográfico e de uma bússola. Cada praticante escolhe o seu ritmo em função dos desafios que determinou. A corrida de orientação se divide nas submodalidades orientação pedestre, orientação em bicicleta, orientação em esqui e *trail orienteering*.

Corridas de montanha – Competição realizada em terrenos de terra acidentados com grande elevação topográfica. O competidor corre apenas por subidas ou subidas e descidas para corridas que começem e terminem no mesmo nível.

Corrimão ou *main courante* – Corda fixa instalada na horizontal para auxiliar na progressão em zonas de difícil acesso ou perigosas (canionismo).

Corrimão – (1) Termo de montanhismo que se refere a corda ou cabo instalado na horizontal com fixação a vários pontos de segurança intermédios e com vista a garantir a segurança durante a travessia, geralmente em zonas de rocha. (2) Linha de referência a se seguir no mapa (orientação).

Corte – Redução do trajeto da prova de corrida de aventura, enduro e caminhada de regularidade que acontece em hora e local (sempre um PC ou AT) determinado previamente pela organização da prova.

Course* ou *course board – Tipo de prancha muito larga e com quilha enorme, o que facilita o planeio e a orça, mas dificulta a capacidade de manobrar e desempenho em água batida ou ventos fortes (windsurfe).

Crista – (1) Termo de montanhismo que se refere à união do topo das duas faces de uma montanha. (2) Topo da onda.

Croll – Modelo de bloqueador ventral, idealmente indicado para ser utilizado em conjunto com o arnês de cintura e o arnês de peito. Permite subir com mais eficiência e segurança por uma corda fixa sempre que se utilize em conjunto com ascensores e pedais. Apesar de ter sido concebido para espeleologia, é igualmente muito utilizado em escalada *big wall*. Em razão do seu desenho, o fabricante não recomenda a sua utilização como autossegurança durante uma escalada em solitário.

Cross country – (1) Modalidade de voo livre em que o piloto pega várias térmicas e procura percorrer a maior distância em quilometragem. (2) Modalidade de *motocross* em que os pilotos enfrentam um percurso predeterminado de 5 a 30 km de trilhas naturais com variações de solo e obstáculos como rios, pedras, poeira e outros. (3) Termo de corrida de aventura que se refere à realização de percurso, normalmente entre cidades ou países com quilometragens variadas dependendo das modalidades praticadas.

Crowd – Muita gente surfando na mesma área (surfe).

Curb – Termo de *skate* que se refere à borda.

Curvatura do fundo ou *rocker line* – Curvatura longitudinal do fundo da prancha (windsurfe).

Cushion – Termo de *skate* que se refere aos amortecedores.

Custom – Prancha feita sobre medida para as necessidades do velejador (windsurfe).

Cut back – Manobra em que o surfista faz a direção contrária da onda e depois retoma à direção normal formando um "s" (surfe).

Cyalume – Pequeno objeto fabricado em plástico com dois líquidos químicos que, ao se misturarem, produzem luz química, sendo muito utilizados em mergulhos noturnos (mergulho).

Dark zone – Interrupção da prova de corrida de aventura, enduro e caminhada de regularidade durante a noite.

Dead before – Termo utilizado em *kitebuggy* para se referir à corrida com vento diretamente atrás do *buggy*.

Debriefing – Termo do paraquedismo em inglês que se refere à revisão de cada passo feito, realizada com o aluno e seu instrutor.

Deck – (1) Parte superior da prancha onde o surfista pisa (surfe). (2) Termo de *skate* que se refere à plataforma de madeira. *Shape*.

Declividade – Metros que o rio desce em determinada distância.

Decolagem sem perdão – Termo de voo livre que indica uma decolagem mais radical, em que o piloto tem pouco espaço para correr, ficando de frente ao abismo e não podendo ocorrer erros na decolagem, pois seria arriscado.

Decotar – Baixar o nível de dificuldade (pré-definido) de uma via de escalada. Geralmente esta "decotação" é resultante do "consenso informal" de outros escaladores que propõem um novo grau, um pouco acima ou abaixo do grau proposto pelo equipador da via. O equipador pode igualmente não ter escalado a via e, consequentemente, não ter definido qualquer grau.

Descenso – Submodalidade de canoagem *acquarider* que consiste na descida de corredeiras e "águas brancas", que exige mais esforço físico do praticante (canoagem).

Descida – Prova individual que consiste em descer os rios no menor tempo possível, cometendo o mínimo de faltas (canoagem).

Descompressão à deriva – Quando o mergulhador necessita realizar uma parada descompressiva e não está próximo ao cabo da âncora ou boia (mergulho).

Descompressão – Ato de executar procedimentos necessários para exalar as microbolhas do organismo após a realização de um mergulho que tenha superado os limites (mergulho).

Desgarrar – Termo de ciclismo que se refere ao aumento da velocidade com objetivo de se separar dos outros ciclistas.

Deslocamentos – Trecho em que os atletas devem apenas se locomover de um trecho a outro (*rally*, enduro a pé).

Despenque – Voo da crista da onda até a base da onda.

Destrepe – Descida delicada por blocos rochosos sem recurso a cordas (canionismo).

Desvio – Sistema de amarração ou técnica que consiste em utilizar uma ancoragem para desviar a corda da sua linha de *rapel* ou de tirolesa (canionismo).

DIN – Sistema de encaixe do regulador do primeiro estágio no registro do cilindro; é o mais seguro (mergulho).

DIR – Forma de configuração do equipamento de um mergulho técnico (mergulho).

Dirt – Termo de *bicicross* que designa saltos com manobras em rampas de terra. Podem ser rampas únicas, duplas, sequenciais chamadas de *trails* ou rampas de madeira.

Disaster – Termo de *skate* que se refere a colocar as rodas traseiras no topo do objeto com o *tail* na borda.

Disk brake – Freio a disco hidráulico ou mecânico instalado na bicicleta.

Distensão – Termo de cavalgada utilizado para definir local reservado onde os cavalos e cavaleiros se aquecem antes de entrar no percurso.

Dive alert – Pequeno dispositivo conectado à mangueira do *power* do colete; em caso de acidente, emite um som muito alto para chamar atenção da tripulação (mergulho).

Dive master – Certificação de que um mergulhador pode guiar um grupo de mergulhadores durante a prática desse esporte (mergulho).

Dock start – Saída de pé com a prancha em cima do pontão (*wakeboard*).

Doenças descompressiva ou BENDS – Provocada quando o mergulhador não faz paradas descompressivas (mergulho).

Dog sleigh – Trenó puxado por cães.

Double up – Quando o barco realiza uma curva e faz que sua marola encontre-se com a marola "velha", resultando numa marola duas vezes maior, fazendo que o atleta voe bem mais alto (*wakeskate*).

Down hill – (1) modalidade de *mountain bike* que emprega bicicletas sofisticadas e com *full suspension* para descidas radicais, com topografias variadas. (2) Modalidade de *skate* em que se desce ladeira. Utilizam-se *longboards*. (3) Modalidade de *skate mountain board* que consiste em descer por ladeiras em terrenos acidentados o mais rápido possível. (4) Modalidade de *skate snakeboard* praticada a partir do topo de uma montanha. Quem chega primeiro é o vencedor. (5) Modalidade de patins *in-line* que consiste na descida de ladeiras.

Down haul – Cabo que prende a vela ao pé do mastro (*windsurfe*).

Down hill slide – Submodalidade de *skate down hill* e, como o *down hill speed*, também é praticado em ladeiras, mas a intenção é descer dando *slides* (cavalo de pau) de diversas formas e estendendo as manobras o máximo possível. Não necessita de construção de rampas.

Down hill speed – Submodalidade de *skate downwill* praticada em ladeiras de vários comprimentos. Consiste em descê-las o mais rápido possível, por isso o nome de *downhill speed* – descer uma colina rapidamente. É uma das modalidades mais baratas de organizar campeonatos pelo fato de não necessitar da construção de rampas. Deve ser praticada sempre com equipamentos adequados, como *skates* velozes, capacetes fechados e macacões de couro semelhantes aos usados em motovelocidade.

Down the line – O praticante sempre faz a mesma trajetória, executando uma virada suave na onda e aproveitando para ganhar velocidade, colocando-se no tubo (*skimboard*).

Drift – (1) Termo utilizado em *kitebuggy* que indica a incapacidade de um *kite* em se manter em linha reta. (2) Termo utilizado em mergulho quando uma pessoa mergulha em um local onde há sempre correnteza, aproveitando-a para se locomover.

D-Ring – Pequenos aros de metal com o objetivo de prender acessórios desejados pelo mergulhador (mergulho).

Drop – (1) Descer a onda da crista até a base (surfe). (2) Salto do *parkour* normalmente referido como um local com altura.

Dropar ou *to drop* – Descer da crista da onda (windsurfe).

Drop in – Manobra de *skate* em que o *tail* fica na plataforma e a roda na borda da rampa.

Drop-stich – Tipo de fundo autoescoante. A lona superior se une à inferior por meio de milhares de filamentos que mantêm as lonas equidistantes uma da outra. Quando inflado, o fundo tem uma aparência chata e é mais rígido (*rafting*).

Dual line – Termo utilizado em *kitebuggy* que significa duas linhas de igual comprimento utilizadas para pilotar o *kite*.

Duck tack – Bordo utilizado apenas em campeonatos de *freestyle* ou *just for fun*. A vela é passada para o outro lado, mas em vez de o velejador passar pelo lado do mastro, ele passa por trás da esteira e pela rabeta da prancha. Parte afiada da borda da prancha (windsurfe).

Dupla – Nome atribuído ao mergulhador que acompanha o outro durante o mergulho por medida de segurança (mergulho).

Ease – Termo utilizado em *kitebuggy* e voo livre quando se perdem as linhas que dão controle ao *kite*.

Edge – Borda ou canto do *skate*.

Elevador – Passar por uma onda grande, subindo pela frente e descendo por trás (surfe).

Embandeirar ou *tail walk* – Velejar por alguns segundos apoiado apenas na rabeta, com a ponta de aproximadamente um metro acima da água (windsurfe).

Emendas "I" – Trata-se de um dos modos de construção do fundo autoescoante. A lona superior mantém-se unida à lona inferior por meio de várias emendas em forma de letra I. Quando inflado, são formados gomos, dando a aparência de um colchão de ar de acampamento (*rafting*).

Encalhado – Ponto em que um caiaque, ou outras embarcações, é preso sobre um banco de areia, especialmente quando não destinado a ser (canoagem).

Encarneirar – Seguir o competidor da frente sem se preocupar em ler os mapas de navegação (orientação).

Encordamento – Quando o escalador une a corda de segurança ao arnês por um nó indicado para tal. O "nó de oito" é recomendado pela UIAA como o mais seguro para essa função.

Endurance ou prova de longa duração – Submodalidade de *jet ski* que consiste numa competição de longa duração. Os pilotos participam em duplas, sempre como o mesmo *jet ski*, podendo realizar quantas paradas forem necessá-rias para abastecimento, reparos e troca de pilotos. Os *jets* inscritos devem ser da classe *runabout*. O *endurance* é a competição ideal para os amantes da modalidade que gostam de adrenalina, mas não se aventuram em competições de circuito fechado (*jet ski*).

Enduro de regularidade – Submodalidade do *motocross* existente apenas no Brasil. Trata-se de uma adaptação dos *rallies* de regularidade para as motocicletas. Os competidores devem guiar-se utilizando planilhas que determinam a velocidade média a ser desenvolvida durante os trechos do percurso, e o controle é feito por PCs (postos de controle). Nesse caso, mais importante que a rapidez é a atenção e o raciocínio do piloto.

Enduro de velocidade – Submodalidade semelhante ao *motocross*, porém com um percurso maior, chegando a ter até 4.000 m. Os pilotos também largam em baterias e quem chegar primeiro vence após percorrer o tempo estipulado de prova (em torno de 1 hora cada bateria).

Enduro equestre – Consiste no percurso feito pelo cavalo e cavaleiro por uma trilha com obstáculos naturais, demarcada em um tempo predeterminado ou em velocidade livre. Vence a prova o cavalo que chegar ao final no menor tempo ou no tempo mais próximo do ideal, dependendo do tipo de regulamento utilizado.

Enduro FIM – Submodalidade de motociclismo *motocross* que consiste em prova de resistência em que os competidores têm de enfrentar distâncias mais longas por trilhas. Trata-se de um teste também de habilidade e velocidade, que exige pilotos completos e não somente para a pilotagem: como é proibido o auxílio de mecânico durante a prova, ele terá de saber também consertar a moto caso ela tenha algum problema. Somam-se os tempos dos dias de competição (nos eventos maiores) ou, caso a competição dure apenas um dia, vence o piloto que perdeu menos tempo nas especiais desse dia, não sendo necessariamente o piloto que chegar primeiro. A denominação FIM é dada porque, nessas competições, são seguidos os padrões da Federação Internacional de Motociclismo.

Enroscar – Termo de voo livre utilizado quando os voadores pegam uma térmica e giram dentro dela, subindo.

Entrada submersa – Quando o competidor deixa a onda passar e entra por trás dela.

Entubar – (1) Termo de voo livre que indica quando o voador entra nas nuvens com o seu equipamento e, às vezes, só consegue sair por meio da execução de manobras. (2) Manobra de surfe na qual o surfista desliza dentro do tubo formado pela onda.

Envelope – Termo do balonismo que se refere ao balão feito em tecido de *nylon rip-stop* reforçado, muito leve e resistente que não propaga fogo e, por causa da forma de sua costura, impede a continuidade de um eventual rasgo. Oferece resistência ao calor, raios ultravioleta e umidade.

EPI – Sigla de arvorismo para *equipamento de proteção individual*.

Equalizar – Termo de mergulho utilizado em ato de compensar (manobra de Valsalva) a pressão interna do ouvido médio realizada pelo mergulhador durante a descida.

Equilíbrio de gato ou *cat balance* – Manobras do *parkour* utilizada para subir em muros ou corrimões com alguma inclinação, sendo também uma forma de se andar por muros sem chamar muita atenção.

Equipamento básico – Formado pelo conjunto de máscara, nadadeiras e cinto de lastro (mergulho).

Equipe de apoio – Duas ou três pessoas encarregadas de cuidar da organização do equipamento, da alimentação, das roupas, do ânimo nas transições durante a prova de corrida de aventura.

Equipo ou *gear* – Abreviação de equipamento (windsurfe).

Escalada alpina – Submodalidade de escalada em montanhismo. Tem esse nome por ser praticada em regiões de neve, com clima inóspito e terreno perigoso. Por sua complexidade, exige um rígido planejamento, principalmente no aspecto meteorológico e logístico. Além de botas de escalada e óculos de neve, são utilizados equipamentos de segurança como cordas, *baudrier* (cadeirinhas), mosquetões, blocantes (freios) e outros, que permitirão a conquista de vias ou proteger o escalador de quedas imprevistas.

Escalada de bloco – Submodalidade de escalada em montanhismo que consiste em subir uma rocha ou um muro de treino em que se privilegia mais a força física de explosão em detrimento da resistência física.

Escalada esportiva ou escalada *indoor* – Submodalidade de escalada em montanhismo que pode ser praticada em pequenas falésias – rochas pequenas de até 20 m –, sob condições controladas de segurança. A grande dificuldade técnica exige perícia do escalador, que deve ter bastante experiência para enfrentar os movimentos mais difíceis e com alto grau de precisão, o que dá à modalidade um desafio maior. A diferença entre falésia e *boulder* – pequenos blocos de pedras – é que, neste, não há necessidade de cordas para a escalada.

Escalada livre tradicional ou clássica – Submodalidade de escalada em montanhismo, cujo desafio é escalar a via (rota da escalada) no melhor estilo possível, evitando o uso de pontos de apoio artificiais como árvores, grampos, vegetação etc. Por permanecer muito tempo na pedra, é necessário um nível maior de resistência física, apesar de o grau de dificuldade técnica ser mais baixo que na escalada esportiva.

Escalada móvel – Submodalidade de escalada em montanhismo que não oferece pontos fixos de segurança colocados na parede (grampos). O escalador cria seus próprios pontos de segurança com recursos de materiais especiais para a ascensão.

Escalador – (1) Ciclista de estrada que tem facilidade para subir montanha ou morro. (2) Nome que designa praticante de escalada.

Escalar à frente – Progressão em escalada feita por controle da corda de segurança desde a saída da base até onde conseguir chegar. Ao longo do percurso, o escalador coloca a corda em pontos intermediários de segurança já existentes na rocha ou que ele mesmo instala. Procedimento utilizado para garantir que o praticante não atinja o solo caso venha a cair, ficando no último ponto de proteção colocado.

Escapatória – Lugar pelo qual se pode sair do cânion antes de terminar o percurso. Poderá ser utilizado em caso de emergência (canionismo).

Escorrega ou tobogã – Casos em que a água desce em 45° (*rafting*).

Escota dobrado – Nó utilizado para unir dois cabos, inclusive de tipos diferentes (*rafting*).

Escuros – Zona do cânion com fraca ou nula presença de luz, que pode derivar de uma passagem subterrânea, de um estreito e encaixe muito grande ou de desabamentos que cobrem parte do leito (canionismo).

Especiais – Submodalidade de *rally* de motociclismo que consiste em provas cronometradas, em que vence quem for mais rápido.

Espeleologia – Termo aplicado ao estudo de cavernas com o objetivo de descoberta, exploração, estudo e preservação das cavidades naturais subterrâneas.

Esqui alpino – Modalidade de esqui na neve em que os praticantes descem as montanhas impulsionados pela força da gravidade (é feito com um par de esquis fixos aos pés e dois bastões). Pode ser praticado dentro das pistas ou fora delas.

Esqui aquático – Para esta modalidade, são necessárias no mínimo duas pessoas – uma conduz a lancha, enquanto a outra é puxada por uma corda, cujo tamanho padrão é 18,25 m. A pessoa precisa manter o corpo em equilíbrio na água a uma velocidade de 80 km/h sobre o esqui. A prancha do esqui aquático tem de ser feita de um material especial, leve e resistente para permitir que o praticante consiga ter mobilidade para realizar manobras com segurança. As modalidades são o *slalom*, salto de rampa e truques.

Esqui na neve – Modalidade de esportes na neve em que se utiliza esqui para locomoção. Subdivide-se em *cross-country, ski jumping, nordic combined, alpine skiing, freestyle skiing, snowboard, speed skiing, grass skiing, telemark, roller skiing, snowskate, speed riding, sno-limo, windski,* trenó na neve e *snow boardersail.*

Esqui nórdico – Esqui na neve praticado por meio de movimentos alternados de braços e pernas, que, empurrando, garantem a locomoção do esquiador em pistas planas ou levemente inclinadas. Pratica-se com um par de esquis e dois bastões.

Estaca – Termo de montanhismo que se refere à peça de metal destinada a fixar a tenda ao solo. As estacas mais largas e compridas são indicadas para solos muito brandos, como areia ou neve.

Estalactites – Termo utilizado em cavernismo que se refere a formações dentro das cavernas oriundas do teto.

Estalagmites – Termo utilizado em cavernismo que se refere a formações dentro das cavernas oriundas do chão.

Esteira ou *tack* – Parte inferior da vela. É delimitada pelo olhal de testa e olhal da esteira (windsurfe).

Estiagem – Em épocas secas, é quando o caudal é mais baixo (canionismo).

Estibordo – O mesmo que boreste (windsurfe).

Estolar – Termo de voo livre que indica uma manobra utilizada especialmente para pousar. Empurra-se a barra de comando da asa para frente e levanta-se o bico da asa.

Estribo – Termo de montanhismo que se refere à pequena escada maleável com 4 ou 5 degraus de metal ou fita que, unido a um píton ou outro material qualquer colocado na rocha, permite criar pontos de apoio artificiais para o escalador se elevar.

Expedição – Categoria de corrida de aventura. Realização do trajeto completo da prova.

Expression session – Campeonato em que todos os surfistas entram na água, e vence quem realizar a melhor manobra entre os competidores (surfe).

Extradorso – Termo utilizado em voo livre para definir a parte superior do velame.

Eye of the wind – Termo utilizado em *kitebuggy* e voo livre, que indica a direção para onde o vento sopra.

Faca – Refere-se ao ato de conduzir a pá por dentro da água, "cortando-a em faca" com o intuito de buscar a remada seguinte (*rafting*).

Fakie – Manobra do *skate* que se refere a andar para trás.

Fat – Termo de *skate* utilizado para expressar uma manobra feita numa longa distância ou altura.

Fin release – Soltar a quilha (*wakeboard*).

Finca-pés – Local onde se fixam os pés para evitar quedas do bote. Alguns tipos são em forma de concha, fechados apenas na frente, evitando que o pé fique totalmente preso em caso de manobra de segurança (*rafting*).

Fiscais – Profissionais responsáveis por conferir equipamentos e checar passaportes em todos os PCs ou ATs de corridas de aventura, enduro e caminhada de regularidade.

Flat track ou dirt track – Modalidade de motociclismo disputada em pista ovalar de terra com distância de uma ou meia milha.

Flat – (1) Termo de *skate* e *bicicross* que se refere a uma manobra em piso plano. Exige muita técnica e equilíbrio. (2) Termo de surfe utilizado para designar mar sem ondas.

Flatwater – Rio, lago ou água do oceano sem corredeiras ou ondas altas (*canoagem*).

Flip – Manobra desenvolvida no *skate freestyle* que consiste no giro do *skate*.

Floater – Manobra em que o surfista flutua quase sem contato com a crista da onda quando ela já está quebrando (surfe).

Flow – Objetivo do *parkour*. Consiste em executar manobras, estando sempre em movimento.

Focus – Partir o *skate* em dois pedaços.

Foil – Termo utilizado em *kitebuggy* e voo livre que se refere a um tipo de *kite* constituído por células que se enchem de ar.

Fora de estrada ou *off-road* – Submodalidade de automobilismo em terra que utiliza veículos com tração nas 4 rodas para percorrer trilhas que atravessam campos, montanhas, alagados, pedreiras e outros terrenos acidentados que proporcionam dificuldades para sua transposição. Os carros utilizados são normalmente do tipo jipe. Como atividade de turismo de aventura, o *off-road* é ofertado por empresas, cujo condutor levará grupos a lugares variados.

Fórmula – Submodalidade de vela windsurfe praticado com ventos médios e fracos. As pranchas largas e quilhas de até 70 cm de comprimento facilitam o velejo. Durante as competições, a modalidade consiste em tirar a máxima *performance*, sendo uma prova exigente e seletiva pelos requisitos técnicos, táticos e físicos dos velejadores (windsurfe).

Forward ou forward loop – *Loop* no qual a rotação da vela é para frente. Este é o mais comum e mais fácil de executar (windsurfe).

Fracionamento – Divisão de um ressalto em mais que um rapel em razão da sua altura, da necessidade de desvio de zonas aquáticas perigosas, da dificuldade na recuperação da corda ou da necessidade de diminuir os roçamentos (canionismo).

Frame – Termo utilizado em *kitebuggy* que se refere à estrutura de carnobo que forma o esqueleto do *kite*.

Free ride – Submodalidade de *skate mountainboard* em que o atleta pode andar em qualquer lugar, seja no mato, na cidade ou no asfalto; o importante é andar e aproveitar obstáculos naturais.

Free surfer – Surfista que surfa por prazer, normalmente longe do *crowd*. Não participa de campeonatos regularmente (surfe).

Freestyle – (1) Termo utilizado em *kitebuggy* que se refere ao estilo de voar que inclui manobras de maior ou menor dificuldade realizada em rápida sucessão. (2) Termo utilizado em *motocross* que consiste em uma prova com apresentação de manobras acrobáticas e ousadas enquanto salta de moto de *motocross* (saltos de 25 a 30 m de distância realizadas a 10 m de altura). O vencedor é escolhido por um grupo de juízes, sendo os pilotos pontuados por estilo, nível de dificuldade da manobra, melhor uso do percurso e a reação dos espectadores também. (3) Modalidade de *skate* que consiste em realizar manobras consecutivas sem colocar os pés no chão, em lugares planos com, no mínimo, 300 m. É uma das modalidades mais baratas de organizar campeonatos pelo fato de não necessitar da construção de rampas. (4) Submodalidade de patins *in-line slalom* que consiste em executar vários tipos de manobra no *flat* entre os cones. (5) Submodalidade de vela windsurfe em que existem mais movimentos. O *looping* é um deles. É também o mais arriscado e consiste em usar as ondas como trampolim e, em seguida, dar uma cambalhota de 360° sobre si mesmo e voltar à água. (6) Submodalidade de canoagem que consiste na realização de manobras executadas em uma onda ou refluxo do rio. Em competições de rodeio, essas manobras são realizadas com um tempo determinado, em torno de 40 s. (7) Submodalidade de *jet ski* em que os pilotos se apresentam individualmente, tendo 2 min para demonstrar suas habilidades e manobras, enquanto um corpo de jurados determina notas de zero à dez para cada apresentação. (8) Prática de esqui na neve ou *snowboard* com manobras livres, acrobáticas.

Front side – Quando o surfista pega onda e posiciona-se de frente a ela (surfe).

Frontal – Termo de montanhismo que se refere à lanterna incorporada por um sistema de fitas, que permite que seja colocada na cabeça ou sobre o capacete, libertando, assim, as mãos para outras funções mais importantes. Peça de equipamento muito útil a qualquer campista, montanheiro, alpinista, escalador ou espeleólogo.

Frontside ou FS – Manobra de *skate* em que o praticante encontra-se de frente ao obstáculo.

Funboard – Prancha destinada a ser usada em condições de planeio (windsurfe).

Funbox – Rampa de *skate* que se parece com uma pirâmide e, normalmente, tem um corrimão.

Fundo autoescoantes – Toda água que entra sai automaticamente pelos furos existentes nas laterais, pois o fundo sendo inflável, permanece sempre mais alto que o nível da água (*rafting*).

Fundo não autoescoante – Botes antigos. O fundo era composto de apenas uma lona embaixo do bote. A água que entrava tinha de ser esgotada com um balde para fora (*rafting*).

Galão – Termo de cavalgada que significa o passo do cavalo – galope.

Galvanizado – Material que foi submetido à galvanização, ou seja, foi recoberto por uma camada de zinco para evitar a corrosão produzida pela atmosfera.

Ganhar a rampa – Termo de voo livre que se refere a decolar e subir em voo por metros acima, ficando em voo a mais de 1.000 m sobre rampa ou até mesmo subir apenas alguns metros.

Gap – (1) Programa para cálculos de mergulhos descompressivos utilizados por mergulhadores técnicos (mergulho). (2) Termo do *parkour* utilizado para se referir a um salto em um local de longa distância.

Garganta – Espaço em um eixo da pá que os fãs formam na maior lâmina (canoagem)

Gate – Termo de esqui na neve que se refere às portas demarcadas por bandeiras ao longo do percurso. Os esquiadores têm de passar em cada uma delas para completar a prova.

Gatekeeper – Termo de esqui na neve que significa fiscais. São responsáveis pelo controle das passagens pelas portas nas pistas.

Gatilho – Termo de voo livre que indica um lugar ao chão onde se desprendem as térmicas, pedras, árvores ou algum elevado em um plano.

Glass – Água limpa e transparente. Dia de ondas perfeitas, sem nenhum vento (surfe).

Gôndolas – Termo de esqui na neve que significa elevador fechado.

Goofy – (1) Surfista que pisa com o pé direito na frente (surfe). (2) Manobra de *skate* em que o pé direito fica à frente e é dado um impulso com o pé esquerdo.

Googles – Termo de esqui na neve que significa óculos especiais para proteger os olhos da neve.

GPS – Equipamento utilizado nas modalidades de balonismo, corrida de aventura, mergulho, cicloturismo, *off-road*, *motocross*, enduros. Significa *Global Positioning System*, que se refere a um sistema de navegação que indica posicionamento geográfico, velocidade, tempo e coordenadas de um lugar na Terra desenvolvido pelo Departamento de Defesa dos EUA, em que as informações são obtidas por meio de satélites.

Grab rail – (1) Manobra em que o surfista coloca a mão na borda da prancha para pegar um tubo de *back side* (surfe). (2) Segurar o *skate*.

Green circle – Termo de esqui na neve que significa pista de esqui na neve com nível de dificuldade iniciante.

Grigri – Aparelho autoblocante para corda simples. Inventado por uma conceituada marca francesa em 1990, é muito utilizado e recomendado para a segurança de escaladores, motanhistas e rapeleiros em vias desportivas, quer em *top rope*, quer à frente, em rocha ou EAE. Seu uso apenas é indicado para vias com proteções bastante sólidas e de alta resistência.

Grind – Deslizar com os *trucks* do *skate* sobre a borda de um objeto ou cano.

Grip – Termo utilizado no paraquedismo que possui dois significados: contato físico durante o salto e saliências do macacão de salto.

Grommett – Surfista novo, entre 10 a 12 anos de idade (surfe).

Grunt ou newbie – Novato do *parkour*.

Grutas, tocas, lapas e furnas – Terminologias regionais de cavernismo que indicam a mesma formação.

Guias de montanha – Guias profissionais especializados em atividades fora das pistas de neve.

Gun – Prancha grande para pegar ondas grandes (surfe).

HAP – Sigla de ciclismo que define forro de bermuda especialmente construído para proteger do impacto do selim, com diferentes espessuras de espuma e camada externa de microfibra de poliéster. Possui formato anatômico, que proporciona máximo conforto e excelente evaporação do suor.

Half cab – Quando o atleta realiza um salto de *switch* e faz uma rotação de 180°, aterrisando com o outro pé atrás (*wakeskate*).

Halfpipes – (1) Pista de gelo em forma de "U" para uma das práticas *freestyle* de *snowboard*. (2) Pista para a prática de *freestyle* das modalidades de *skate* e patins.

Halógeno – Tipo de lâmpada utilizada nas lanternas (mergulho).

Handle pass – Ato de passar o manete por trás das costas durante uma manobra de giro (*wakeskate*).

Handrail – Termo de *skate* que significa corrimão.

Haole – (1) Expressão havaiana para surfistas de fora do Hawaii. (2) Surfista que não é do local onde está surfando (surfe).

Heliskiing – Prática de esqui alpino fora das pistas, em áreas de difícil acesso para as quais os esquiadores são transportados de helicóptero.

Helix – Volta de 360° com um mínimo de 180° que deve ser executado de forma invertida com, no mínimo, 135° de inclinação. O movimento deve ser iniciado na onda ou em sua crista. A cabeça e os ombros do canoísta podem estar em contato com a água, mas o caiaque deve permanecer (de forma invertida) no ar durante 180°. A manobra deve ser completada surfando a onda (*kayaksurf*).

Hell side air – Salto básico em que o atleta vem de costas em relação à marola (*wakeskate*).

Hike bike – Manobra muito utilizada no *mountain bike* e que consiste em carregar a bicicleta para transpor

obstáculos. Apesar da aparente simplicidade, existem diversas formas e objetivos nessa manobra, por exemplo, caminhar, abrir espaço entre a vegetação, transpor longos percursos em lama e outros.

Hidro zorbing – Submodalidade de *zorb* praticada com água dentro da esfera.

Hidrospeed – Modalidade desportiva aquática que consiste em descer um rio com águas bravas numa espécie de trenó flutuante que o nadador deve controlar com as pernas. O objetivo é seguir o curso do rio, desviando-se dos inúmeros obstáculos naturais. Para praticar o *hidrospeed*, é necessário saber nadar e ter alguns conhecimentos sobre as condições de navegabilidade do rio em uso.

High jump – (1) Submodalidade de patins que consiste em *pure high jump*, que é salto em altura de patins, e, ainda, *best trick*, a melhor manobra. (2) Submodalidade de *skate* em que o skatista salta um obstáculo (geralmente, uma vara de marcação). No *high jump*, o *skate* permanece no solo, o skatista vem com velocidade e salta sozinho, parando em cima do *skate* do outro lado do obstáculo.

Hip – Quando duas rampas para *skate* são coladas formando um ângulo, a parte onde se encontram chama-se *hip*.

Hiperventilação – Ato de respirar mais rápido e profundamente para aumentar ainda mais a apneia (mergulho).

Hipotermia – Queda do calor interno do organismo humano em razão do frio e que pode levar à morte (mergulho).

Horse sleigh – Trenó puxado por cavalos.

Hot dog – Prancha pequena para pegar ondas pequenas (surfe).

HS back roll – Mortal de lado (*wakeboard*).

HS/TS off the wake – Batida na marola (*wakeboard*).

Ice Racing – Modalidade de motociclismo que consiste na competição entre motociclistas em uma pista de gelo ovalada. As motos possuem algumas modificações para adaptação à pista de gelo.

In-line – Submodalidade de patins em que se utilizam patins compostos de botas e bases com rodas em linha.

Tanto as botas como as bases (com duas, três, quatro ou cinco rodas em linha em cada pé) são de diferentes tipos, dependendo da modalidade praticada. As submodalidades são: *agressive in-line, slalom in-line, high jump, street, vertical, park* e *downhill in-line*.

Indoor – (1) Termo utilizado em *kitebuggy* que se refere a voar sem vento, exigindo movimentos técnicos. (2) Tipo de escalada praticada em ambientes artificiais.

Inside – Dentro da arrebentação (surfe).

Intradorso – Termo utilizado no voo livre para definir a parte inferior do velame em que se prendem as fileiras de linhas.

Jaca – Surfista que espera muito tempo para pegar uma onda e, quando consegue, leva um caldo (surfe).

Jojolão – Pessoa que está com medo, receoso. Vacilão, cabaço, prego (surfe).

Jacket – Tipo de colete equilibrador com o formato de colete (mergulho).

Jam – (1) Juntar os amigos para andar de *skate* na rua ou em rampas. (2) Termo do *parkour* que se refere ao encontro entre *traceurs*.

Janela de vento – Termo utilizado em carro a vela que indica a porção de espaço aéreo virtualmente esférico que existe em nossa frente, em ambos os lados e acima do piloto, cujo raio é dado pelo comprimento das linhas do *kite*.

Jet ski – O produto *Jet Ski* é marca registrada da Kawasaki, uma das fábricas que produzem embarcações do tipo motoaquática. O nome do esporte é, na verdade, motoaquática a hidrojato.

Jibe ou gybe – Troca de direção e de lado pelo qual a vela recebe o vento, de forma que se virem as costas para o vento no ponto intermediário da curva. Normalmente, a vela gira pela proa da prancha (windsurfe).

Jorgete – Termo de cavalgada que se refere ao cavaleiro que se atrasa na partida para o salto e acaba sendo levado pelo cavalo.

Juaca – Surfista bom em pegar tubos (surfe).

Jump jibe – *Jibe* com a troca de direção da prancha feita no ar após um salto (windsurfe).

K – Letra que denomina os caiaques. Existem três categorias diferentes: K-1, K-2 e K-4. Cada número representa o número de integrantes do caiaque (canoagem).

Kaô – Conversa mole, papo furado (surfe).

Kayak ou caiaque – Embarcação adornada semelhante a uma canoa e movida por um remo duplo ou *single* lâminas (canoagem).

Kayaksurf – Submodalidade de canoagem de onda em que o atleta surfa dentro de um caiaque especialmente desenvolvido para isso. Os canoístas surfam as ondas do mar utilizando caiaques com *shapes* próprios para deslizar nas ondas do mar. Ao contrário do que muita gente imagina, este é um esporte em que é possível ter uma *performance* similar à prancha de surfe. Para praticar o *kayaksurf*, é necessário, além do caiaque, um remo, uma saia (que serve para vedar o caiaque e fixar o canoísta nele) e os equipamentos de segurança: capacete e colete.

Kicker – Rampa colocada na água na qual os atletas saltam e fazem manobras (*wakeskate*).

Kickflip – Manobra de *skate* que consiste em *flip* feito com a parte da frente do pé.

Kickturn – Virar com as rodas traseiras do *skate* enquanto as da frente estão fora do chão.

Kinder zorb – Submodalidade de *zorb* que consiste na prática da modalidade voltada para crianças de 3 a 12 anos.

Kink – Mudança no ângulo do corrimão (*skate*).

Kiteboarding – Submodalidade do surfe *wakeboard* é praticado com uma pipa ao poder do praticante sobre a água e no ar. Geralmente, são muito leves e projetados para ganhar a tração máxima do *kite* (surfe).

Kitesurf – Submodalidade de vela que mistura surfe, *wakeboard*, *skate* e parapente e consiste em deslizar sobre a água em uma prancha pequena, puxado por uma pipa (*kite*) que tem a função de uma asa impulsionada pelo vento. O equipamento é uma prancha e uma pipa (parapente) que fica esticada por linhas a 30 m de distância, possibilitando saltos e velocidades incríveis.

Kneeboarding wake – É um estilo de surfe em que o praticante pega ondas de joelho. As pranchas de *kneeboard* são feitas exatamente como pranchas de surfe, porém, com características especiais, como bloco próprio, medidas de formato peculiares e quilhas mais adiantadas, tudo favorecendo um centro de gravidade mais baixo e muita projeção.

Lanterna térmica – Lanterna com maior capacidade de luz e durabilidade. A maioria produz luz branca e tem consumo de bateria quatro vezes menor (mergulho).

Lastro – Pequenas peças de chumbo com a finalidade de regular a flutuabilidade do mergulhador, principalmente quando este usa roupa de neoprene. Normalmente, são presos ao cinto de mergulho. Existem alguns modelos que são colocados dentro do colete equilibrador (mergulho).

Launch – Termo utilizado em *kitebuggy* referindo-se a enviar a pipa ao ar.

Linha do vento – Linha imaginária paralela à direção do vento (windsurfe).

Loop – Salto no qual o velejador dá um volta completa com a vela no ar (windsurfe).

Layback – Com as duas mãos no manete, encostam-se as costas na água (*wakeboard*).

Leash – Corda presa à prancha por uma extremidade e ao surfista por outra (surfe).

Leque – Manobra em que o surfista sobe ao *lip* da onda e, quando puxa a prancha com força, faz que ela destrua o *lip*, jogando água de modo a formar um leque (surfe).

Lip – Crista da onda (*skimboard* e surfe).

Leme – Presente nos caiaques, é usado para controlar o barco. Existem lemes de rio e de pista (canoagem).

Lemes – Remadas cuja função não é de propulsão, mas apenas de direcionamento do bote (*rafting*).

Levar uma vaca – Gíria utilizada no paraquedismo, surfe e windsurfe que significa capotar, levar um tombo.

Lift-bag ou levantador de peso submerso – Normalmente fabricado em náilon, permite o levantamento de algum objeto pesado que esteja dentro da água. Pode ter um formato próximo ao triangular e

o mergulhador enche de ar o seu interior utilizando *octopus*. Alguns modelos possuem uma válvula de exaustão para o caso de este subir muito rapidamente (mergulho).

Lift – Termo de voo livre e *kitesurf* que indica as seguintes definições – (1) Vento que sobe as encostas das montanhas e proporciona a sustentação do *paraglider* ou asa-delta. (2) Vento de frente da rampa de decolagem. (3) Pressão ascendente que o ar exerce sobre um *kite* aeronave, contrariando a força da gravidade. (4) Termo de esqui na neve que se refere a elevadores que levam os esquiadores e *snowboarders* até o começo de uma pista.

Line up – Alinhamento dos surfistas na linha de formação das ondas (surfe).

Línguas – Passagens onde o canal é mais fundo e livre de obstáculos. Olhando-se de cima, tem seu início identificado pela superfície lisa e em forma de funil ou letra "V" (*rafting*).

Linguiças – Dão estrutura ao bote. Assim como o fundo, podem ser fixas ou removíveis. Outra função é de apoio adicional, em que os remadores podem encaixar os pés por baixo para mais firmeza. Serve também como bancos para os rafteiros (*rafting*).

Linha de remanso – Zona que divide o canal principal (corrente) dos remansos. O movimento da água é um pouco mais caótico e existe a formação de redemoinhos (*rafting*).

Linha de vida – (1) Termo utilizado em arvorismo que se refere a um dispositivo de segurança linear de proteção contra queda em altura, ao qual o cliente é conectado pelo autosseguro durante a progressão. (2) Termo utilizado em canionismo que significa uma instalação de corda ou fitas ligadas a ancoragens com objetivo de permitir que as pessoas se autossegurem em locais perigosos.

Linha – (1) Termo utilizado no voo livre para definir os fios do parapente que unem o velame aos tirantes e são feitas de vários materiais, como o *kevlar*. (2) Termo utilizado na cavalgada em que se formam dois obstáculos dispostos com três ou mais lances de galope entre eles.

Lip – Borda no topo da rampa (*skate*).

Lipslide ou *butterslide* – Giro de 90° soltando a quilha no topo da marola (*wakeboard*).

Localismo – Tipo de rivalidade entre os surfistas locais e dos que moram em outras praias/cidades ocasionadas pela disputa por ondas (surfe).

Locas e sumidouros – (1) Pontos por onde a água passa debaixo das pedras. (2) Chamam-se sumidouro ou sifão os casos em que a água, além de entrar pedra abaixo, encontra uma saída mais à frente (*rafting*).

Locomotiva – Termo de voo livre que se refere aos pilotos mais experientes, que voam na frente, buscando caminhos onde existem mais térmicas e levando os pilotos menos experientes a segui-los.

Log book – Pequeno caderno em que o mergulhador cadastra todos os dados dos mergulhos realizados. Pode ser usado para identificar o nível de experiência do mergulhador (mergulho).

Long John – Modelo de roupa feita de borracha para proteger do frio e que cobre o corpo todo (surfe).

Long track – Submodalidade de motociclismo *speedway* semelhante ao *speedway*, porém com uma pista maior fazendo o piloto ganhar mais velocidade. As largadas são feitas normalmente com seis competidores. A moto do *long track* é ligeiramente maior que a do *speedway*.

Longboard – (1) Submodalidade do *skate* que usa um *skate* maior que o convencional, com 40 polegadas (cerca de 1 m) no mínimo. Com esse tipo de *skate*, o praticante faz as modalidades *street, banks, mini--ramp, downhill-speed, downhill-slide* e até vertical (*skate*). (2) Prancha grande para surfe, acima de 9 pés de comprimento.

Loop **aéreo** – O caiaque entra de frente, ganha impulsão e dá pirueta totalmente aérea. Pelo meio da manobra, o canoísta permanece cara a cara com a água (*kayaksurf*).

Loop – (1) Manobra do *kitebuggy* que consiste em realizar um círculo completo. (2) Salto de windsurfe no qual o velejador dá uma volta completa com a vela no ar. (3) Termo utilizado em *kayaksurf,* referindo-se às duas extremidades do caiaque que rodam de forma consecutiva com uma elevação superior a 70° em que, pelo meio, o caiaque fica refletido na água.

Lull – Termo utilizado em *kitebuggy* que designa período sem vento algum.

Maçarico – Termo do balonismo que se refere ao motor do balão feito de aço inoxidável por onde sai o gás para acender a chama. Possui duas mangueiras que se conectam aos cilindros de gás e transformam o gás em líquido e vapor.

Maçaroca – Termo de voo livre que indica grandes nuvens ou quantidades delas que possam atrapalhar o voo livre.

Maral ou *onshore* – Direção do vento soprando do mar para a terra (windsurfe).

Mal agudo de montanha – Conjunto indesejado de sintomas que ocorrem no organismo resultante de uma rápida subida em altitude. A inalação involuntária de oxigênio é menor à medida que se sobe em altitude devido à baixa de pressão atmosférica.

Mangueira longa – Utilizada por mergulhadores técnicos. Seu objetivo é prover ar a um mergulhador que esteja sem e, caso o mergulho seja realizado em caverna, permite o fornecimento de ar através de uma estreita e pequena passagem (mergulho).

Manômetro – Pequeno equipamento com a finalidade de mostrar a quantidade de ar em um cilindro (mergulho).

Manual ou *wheelie* – Andar somente nas rodas de trás (*skate*).

Mar gordo – Mar com ondas largas, difíceis de pegar quando se está muito perto do início dela (surfe).

Marola – Parte mais rasa do mar e com ondas menores (surfe).

Máscara de oxigênio – Utilizada por alguns alpinistas em conjunto com garrafas de oxigênio para que possam ultrapassar as dificuldades apresentadas pela rarefação do ar em altitude e, assim, poderem alcançar os seus objetivos. É considerado no mundo alpinístico como uma forma de *doping*.

Máscara *full face* – Também conhecidas como KMB, são utilizadas pela Marinha e em mergulho profissional. Além disso, permitem que o mergulhador converse com uma pessoa operadora na superfície para troca de informações. O ar é fornecido através de uma mangueira (mergulho).

Mergulho no azul – Quando se mergulha em alto-mar sem nenhuma marca visual abaixo d´água e referência local (mergulho).

Mergulho profundo – Mergulho realizado abaixo de 40 m (mergulho).

Mergulho técnico – Modalidade que abrange áreas que ficam fora dos limites do mergulho recreativo com descidas abaixo de 40 m, utiliza misturas gasosas diferentes do ar, vai a ambientes com teto (cavernas e naufrágios) e pode ficar fora dos limites não descompressivos das tabelas fazendo paradas para descompressão (mergulho).

Merreca – Onda ruim para o surfe (surfe).

Merrequeiro – Surfista que só pega ondas pequenas (surfe).

Miar – Quando o vento começa a diminuir. Ex.: O vento está miando (windsurfe).

Mincing – Gíria utilizada em *kitebuggy* que indica quando o vento é perfeito.

Minicross – Submodalidade de motociclismo *motocross* que consiste em uma corrida de *motocross* com motos de menor tamanho e potência, normalmente disputada nos mesmos locais onde acontecem as provas de *motocross* tradicionais. Após o término da prova, é obrigatória a vistoria para os cinco primeiros colocados de cada categoria. Os eventos de *minicross* são abertos para duas classes de motocicletas solo, categoria "A", de 4 a 6 anos, e categoria "B", de 7 a 9 anos.

Mini-ramp – (1) Termo de *bicicross* que se refere a pistas iguais às de *skate*, feitas de madeira ou cimento. Nessa modalidade, são realizadas muitas manobras – *dirt jump, flat land, street* e algumas manobras de vertical. (2) Pista pequena de *skate* que não chega a ter 90° em seu vértice superior e não costuma ser mais alta que 2 m de altura. Modalidade de competição mundial.

Miolo da térmica – Termo de voo livre que indica o centro da térmica no qual a ascensão é mais forte.

Mistral – Submodalidade de vela windsurfe que consiste numa competição olímpica em que os competidores utilizam pranchas iguais, e o vencedor será o melhor tática e tecnicamente, além de ter o melhor preparo físico. É preciso muito treino para conseguir uma colocação boa. As regatas costumam ter contravento, popa e través (windsurfe).

Mochila de ataque – Mochila de média litragem (de 30 a 40 litros) utilizada nas ascensões mais técnicas de escalada em gelo e neve.

Mongo-foot – Maneira de andar em que se dá impulsão com o pé da frente (*skate*).

Morey-boogie ou *bodyboard* – Submodalidade do surfe em que o atleta se projeta na onda com uma prancha de *bodyboarding* e nadadeiras. Deitado, executa manobras que são analisadas por uma comissão técnica de acordo com as normas estabelecidas pela Confederação Brasileira de *Bodyboarding* e acatadas pelas Federações e Associações filiadas a ela (surfe).

Mormaço – Local lotado de surfistas, e quando um tenta pegar onda, os outros atrapalham (surfe).

Morra – Onda gigante (surfe).

Mosquetão – (1) Equipamento utilizado em voo livre que serve para conectar o piloto à asa por meio de um cinto. (2) Equipamento de montanhismo, escalada, cavernismo e canionismo utilizado para unir os mais diversos materiais e equipamentos de segurança. (3) Equipamento de mergulho utilizado para prender alguns materiais.

Mosquetão ergonômico (dedo curvo) – Equipamento de montanhismo destinado a equipar um dos extremos da fita expressa. O formato curvo do seu dedo permite que a corda entre mais facilmente no mosquetão, tornando o ato de "proteger" nos pontos intermediários de segurança mais rápido. Esses mosquetões (assimétricos), até hoje, não possuem fecho de segurança.

Mosquetão ergonômico (simples, dedo reto) – Equipamento de montanhismo: mosquetão simples (assimétrico) indicado para equipar um dos extremos da fita expressa. Deve ser colocado na proteção fixa ou móvel dos pontos intermédios de segurança.

Mosquetinhos – Termo utilizado no voo livre para definir os mosquetes de aço que ligam as linhas do parapente aos tirantes.

Motorboard – *Skate* motorizado com motor de 1,5 cv de potência e 38 cilindradas, movido a gasolina e com óleo 2 tempos que permite velocidade de até 40 km/h e com uma autonomia por tanque de 30 km. Dispõe de um acelerador manual progressivo e freios a disco no mesmo manete, dispositivo para desligamento e carenagem.

Motociclismo *off-road* – Submodalidade de motociclismo praticada em estradas de terra e *single tracks*.

***Motocross* ou MX** – Submodalidade de motociclismo que consiste em prova realizada num circuito fechado, com um tamanho que costuma variar entre 1.500 e 2.000 m com obstáculos naturais e artificiais que lançam o piloto muito alto nos pontos mais radicais, sempre tendo como padrão obstáculos mais possíveis de serem ultrapassados e possibilitando a participação de pilotos iniciantes ou novatos. O *motocross* apresenta submodalidades como *freestyle, minicross*, supermoto, *arenacross, veocross, supercross*, enduro de velocidade, *cross country*, enduro FIM, enduro de regularidade e trial.

Motostand – Modalidade de motociclismo que utiliza motos potentes de *cross* e enduro, porém adaptada com rodas de 17 polegadas e pneus *slick*. A corrida é disputada em um circuito misto, ou seja, de terra, asfalto e saltos.

Mototurismo – Modalidade de motociclismo semelhante ao cicloturismo em que são feitas viagens de longa distância e duração de um ou mais dias, com o objetivo de lazer e conhecer outros lugares e pessoas.

Mountainboard – Submodalidade do *skate* que usa uma prancha semelhante à dos *skates*, porém maior, com mais de 40 polegadas, equipada com eixos maiores, com dureza regulável por molas, pneus infláveis e presilhas para os pés.

Mountain bike – Modalidade de ciclismo praticada em pistas de terra com o objetivo de transpor percursos com diversas irregularidades e obstáculos. Suas submodalidades são *cross country, trip trial, downhill, trial, bicicross* e enduro de regularidade.

Narcose – Também conhecido como embriagues das profundidades, seria como um efeito alucinógeno causado pelo uso de nitrogênio sob pressão. Normalmente, esse efeito passa a ser sentido aos 30 m, podendo variar de mergulhador para mergulhador em razão das condições físicas de cada um (mergulho).

Narguilé – Forma em que é fornecido o ar para o mergulhador. O ar sai de um compressor ou de uma cascata através de uma mangueira que segue até um regulador de baixa pressão (segundo estágio) ou para uma KMB. Para a utilização deste, é preciso ter um fiel, que é a pessoa responsável pela mangueira que vai até o mergulhador (mergulho).

Navegação – Uma das funções dos integrantes da equipe nas atividades de regularidade, enduros e corrida de aventura, que consiste em ficar com a planilha da prova e indicar o caminho correto a seguir.

Neoprene – Material utilizado principalmente na fabricação de roupas de mergulho (mergulho).

Neutral ou neutro – Tempo estipulado na planilha para descanso da equipe nas atividades de regularidade, enduros e corrida de aventura.

Nitrox – Ar enriquecido de oxigênio para mergulhos de até 40 m, tendo a finalidade de aumentar o limite não descompressivo e diminuir a possibilidade de narcose (mergulho).

Nó de caminhoneiro ou carioca – Nó muito utilizado para amarrar os botes no reboque (*rafting*).

Nose – Parte da frente do *shape* (*skate* e surfe).

Observação da vida selvagem ou safári fotográfico – Prática de observar uma área natural, contemplando-a. Essa modalidade subdivide-se em observação de aves ou *birdwatching* ou *birding*; observação de baleias e golfinhos ou *whale watching*; observação de paisagens ou *landscape watching*; safári fotográfico e focagem noturna de animais.

Octopus – Segundo estágio reserva utilizando em caso de emergência por outro mergulhador caso este tenha alguma pane em seu equipamento (mergulho).

Off-shore – Vento lateral vindo da terra para o mar. Esse vento normalmente é quente e abranda as ondas (surfe).

Off-set – Tipo de entalador "técnico" para a prática de montanhismo destinado a ser introduzido em fendas cegas (que se estreitam no seu interior). Possuem um lado mais estreito que o outro lado oposto. Muito úteis para serem utilizados em escassas fendas onde anteriormente eram colocados entaladores.

Oftalmia das neves – Termo de montanhismo que se refere à temporária perda de visão resultante da refração da luz solar na neve ou no gelo. Essa patologia ocorre geralmente quando não se utilizam óculos de proteção ou quando estes são de fator inadequado à exposição solar.

Ollie – Uma das manobras básicas do *skate*. Tirar o *skate* do chão sem o uso das mãos.

On-shore – O mesmo que maral (surfe).

O-ring – Pequena peça de borracha, silicone ou viton capaz de bloquear a passagem de ar em um equipamento (mergulho).

Outline – Esboço de uma prancha que o *shaper* usa para começar a criar (surfe).

Outside – Qualquer local para fora da arrebentação (surfe).

Oversteer – Tendência de alguns *kites* para girar mais depois de virar (*kite*).

Oxímetro – Medidor de oxigênio em um cilindro para se obter o exato percentual (mergulho).

Orçar ou *go upwind* – Aproximar o bico da prancha da linha do vento (windsurfe).

Pads – Carpete de espuma ou borracha colocado na zona onde ficam os pés do velejador sob as alças para absorver impactos e evitar escorregões (windsurfe).

Pá – Parte do remo que fica dentro d'água e impulsiona o barco (canoagem).

Paddle – Eixo com duas lâminas lisas usadas para propulsionar um caiaque através da água. Pás podem ser feitas de madeira, alumínio ou plástico (canoagem).

Paint ball – Modalidade que simula o combate entre duas equipes compostas, no Brasil, por cinco componentes cada. Para praticá-lo, é necessário dispor de 2.500 m² de área onde os obstáculos são estrategicamente distribuídos. As partidas são disputadas numa pontuação máxima de 60 pontos. Cápsulas de tinta biodegradável, lavável e não tóxicas são disparadas por armas de pressão em direção à equipe oponente.

Pala – Dar bandeira. Não disfarçar (surfe).

Pan am – É uma espécie de *blunt* cheio de verticalidade. O caiaque deve ir invertido, girar 180° e finalizar a manobra de forma que o canoísta fique com o caiaque na sua posição natural (*kayaksurf*).

Pangas do pântano – Pessoa que mora na praia, é caiçara, mas tem medo do mar (surfe).

Paracanoagem – Submodalidade de canoagem executada por pessoas com deficiências físicas, auditivas, mentais, visuais ou múltiplas. O participante pode ou não usar equipamentos extras que auxiliem na prática da modalidade para melhorar seu rendimento com segurança. As adaptações podem ser nos barcos ou externas, ou seja, gestos, comunicação por sons especiais e até adaptações nas regras (canoagem).

Parafuso ou *spinner* – Movimento giratório do corpo que pode ser normal ou invertido.

Paraíba – Banhista que lota a praia e atrapalha sua manobra no *inside* (surfe).

Paraquedas reserva – Termo utilizado no paraquedismo e voo livre para definir o acessório de uso obrigatório para segurança em voo. Usado para emergências no caso de colisão em voo, desinflar e engravatar, causando a perda de altitude irreversível.

Park ou *skateparks* – Submodalidade de patins praticada em pistas especializadas, que possuem obstáculos como *mini-ramps, quartes-pipe, funbox, box*, corrimãos, rampas de 45°, muro para *wall rides, canyon, jump launchers* e qualquer outro obstáculo que possa ser utilizados, tudo em um espaço reservado.

Parkour – Atividade física que desenvolve o deslocamento. São utilizadas as habilidades do corpo humano em conjunto para dominar o ambiente em sua totalidade, de forma a conseguir se movimentar livremente passando por obstáculos no seu caminho. A ideia é traçar um percurso ou objetivo e, por meios próprios, alcançá-lo independentemente dos obstáculos que surgirem no caminho.

Passada – Ocorre quando o esquiador faz o percurso completo no *slalom* (esqui aquático).

Passage – Termo de cavalgada utilizado quando o cavalo estende totalmente seus membros ao trotar.

Passaporte – Cartão que deve ser assinado ou carimbado pelo fiscal a cada posto de controle (PC) ou área de transição (AT) nas corridas de aventuras.

Paulada 360º – O atleta segue em direção à onda e, no *lip*, faz uma batida forte com uma rotação de 360º (*skimboard*).

Paulada *backside* – Manobra em que o atleta aproveita o *lip* da onda para fazer uma batida de *backside* sem mudança de direção (*skimboard*).

Paulada *frontside* – Manobra em que o atleta aproveita o *lip* da onda para fazer uma batida forte junto à areia (*skimboard*).

PC – Sigla encontrada em corrida de aventura, enduro e caminhada de regularidade que significa posto de controle. (1) – Ponto da prova onde fiscais conferem a presença do equipamento obrigatório e do passaporte da equipe ou anota seu tempo de passagem.

PC virtual – Posto de controle sem a presença do fiscal encontrado nas provas de enduro a pé em que as equipes devem informar a metragem de um ponto a outro de determinado trecho, velocidade ou outra informação específica.

Pedal clip ou SPD – Pedal sofisticado para bicicletas, com sistema de encaixe nas sapatilhas que permite maior aproveitamento nas pedaladas, isto é, quando uma perna está empurrando o pedal, a que está voltando também faz força e ajuda no deslocamento. Esse tipo de pedal também permite maior estabilidade, pois os pés estão mais seguros e estáveis.

Pedalar redondo – Termo de ciclismo que se refere a uma forma cadenciada e suave de pedalar.

Pé de mastro ou *mastfoot* – Conecta o mastro à prancha por uma junta universal, o que permite rotação de 360º do *rig* (windsurfe).

Pelican – Caixas resistentes ao impacto e à água, muito utilizadas para guardar equipamentos e/ou acessórios sensíveis (mergulho).

Perna – Cada etapa da corrida de aventura.

Pescador – Nó utilizado para emendar dois cabos. É o mais seguro para uma boa emenda, pois é difícil de desfazer (*rafting*).

Piaffer – Termo de cavalgada que se refere ao cavalo que trota sem sair do lugar.

Picar a asa – Termo de voo livre que se refere a acelerar a asa-delta puxando a barra abaixo do peito.

Pico – (1) O mesmo que *point*, local bom para ser frequentado. (2) Parte mais alta de uma onda (surfe).

Pipocar – Desistir, amarelar. Ficar com medo de um mar grande ou similar (surfe).

Pirueta – Rotação de 360º com mais de 70º de elevação (*kayaksurf*).

Piso ou dentro – Comando dado pelo guia aos tripulantes quando solicita que todos se sentem no piso do bote (*rafting*).

Piso – Parte superior do fundo (*rafting*).

PK, freerun, free running – Variação de nomes para *parkour*.

Planar ou *to plane* – Velejar com velocidade de forma que apenas uma pequena área da prancha toque a água, como ocorre num esqui aquático (windsurfe).

Planilha – Descritivo das informações necessárias para a prática dos enduros, atividades de regularidade e corrida de aventura. É dividida em trechos, velocidade média, tempo e outras informações específicas.

Plataforma – (1) Termo utilizado em arvorismo que se refere a bases, usualmente montadas em altura, fixadas em árvores ou estrutura de suporte natural ou artificial. (2) Termo de *skate* que se refere a uma superfície elevada e plana.

Plotar – Marcar os PCs e ATs de uma corrida de aventura em um mapa com o auxílio de canetas hidrográficas e da bússola.

Poço – Termo de cavernismo que significa desníveis extremamente verticais que atingem até 15 m de profundidade.

Point – Qualquer ambiente que as pessoas considerem interessantes (surfe).

Point break – Praia com fundo de pedra (surfe).

Poles – Bastões que os esquiadores usam para fazer as manobras (esqui na neve).

Ponto de acesso – O local, às margens de um rio ou lago, onde você colocar ou tirar (canoagem).

Popa – Ponta traseira do barco (canoagem).

Pororoca – Quando as ondas vão até o raso e retornam, chocando-se com as que ainda estão indo, atrapalhando o surfista quando está descendo. O mesmo que *back wash* (surfe).

Portões – No *slalom*, são as duas barras de metal suspensas acima da água pelas quais os canoístas devem passar (canoagem).

Posterior – Termo de cavalgada utilizado para designar as patas traseiras do cavalo.

Power up – Termo utilizado em windsurfe para se referir à puxada da vela mais firme para aumentar a pressão e conseguir acelerar.

Precision ou precisão – Movimento utilizado em *parkour* que se inicia em um ponto estático e tem como objetivo chegar a outro ponto, realizando um salto para alcançar o alvo.

Preferência – Conjunto de regras mundialmente aceitas por todas as embarcações a fim de evitar colisões (windsurfe).

Prego – Pessoa que surfa mal ou anda mal de *skate*.

Pro – Surfista profissional, competidor e que ganha dinheiro com o esporte (surfe).

Proa – Parte da frente de qualquer embarcação.

Profundímetro – Medidor de profundidade (mergulho).

Prova especial – A organização estipula alguma tarefa a ser desenvolvida pela equipe nas atividades de regularidade, enduros e corrida de aventura.

Prusik – Nó blocante muito utilizado em alpinismo e emprestado ao *rafting* para desencalhar um bote que abraçou uma pedra (*rafting*).

PS – Sigla de paraquedismo que significa ponto ou local de saída de onde os paraquedistas saltam do avião.

Punch out – Quando a onda permite, pois tudo depende da velocidade e altura do *swell*, o canoísta pode furar a onda indo parar em sua parte traseira (*kayaksurf*).

Puxada lateral ou puxada – Termo utilizado quando da prática da atividade em que o guia direciona o bote para o lado oposto ao qual rema (*rafting*).

Puxão ou up haul – Cabo pelo qual se levanta a vela quando esta está na água (windsurfe).

PWA (Professional Windsurfers Association) – Entidade que organiza o campeonato mundial (windsurfe).

QL – Sigla de paraquedismo para queda livre.

Quarterpipe – É um lado da *mini-ramp* ou *half pipe* com largura menor (*skate*).

Quebra-coco – Onda oca e rápida que se forma depois da onda principal estourando bem próximo à praia (surfe).

Quedas ou saltos – São os declives em que a água cai de forma livre e bem abrupta (*rafting*).

Queixão – Surfista que dropa no rabo da onda de outro (surfe).

Quilha – (1) Termo de voo livre que se refere a um tubo de alumínio que sustenta toda a asa. Serve inclusive para apoiar a asa quando montada no chão, servindo como descanso. (2) Equipamento de surfe e windsurfe com tamanho e forma que acompanham a variação do tamanho da vela usada, situada na rabeta. Oferece estabilidade direcional à prancha.

Quiver – Conjunto de pranchas.

Rabear – Quando um surfista entra na frente da onda de outro surfista que já está dropando-a e acaba por quebrar o *lip* (surfe).

Rabeta – Popa da prancha (surfe).

Rabuda – Roubar uma onda (surfe).

Racebord – Submodalidade de vela windsurfe que utiliza pranchas parecidas com a mistral, mas não são padronizadas.

Rádio aeronáutico – Equipamento do balonismo que transmite informações.

Rafteiro – Praticante de *rafting* (*rafting*).

Rafting – Submodalidade de canoagem que consiste na descida de rios em botes infláveis. Os integrantes da embarcação remam sob o comando de um instrutor, responsável pela orientação do grupo durante o percurso (canoagem).

Raias – Espaços destinados ao percurso de cada canoa nas provas de velocidade (canoagem).

Rails – (1) Parte de baixo do *shape* entre os *trucks* (*skate*). (2) Borda da prancha.

Railslide – *Slide* com o meio do *shape*. Também conhecido por *boardslide* (*skate*).

Rajadas – Termo de voo livre que indica ventos fortes alternando entre 30 a 60 km/h ou mais.

Rally ou rallies – Corridas feitas com carros de produção profundamente modificados em estradas públicas (fechadas) ou em áreas sem estrada. Um *rally* típico tem lugar em várias etapas, que os participantes podem analisar antes da competição. O navegador/copiloto usa as notas tiradas durante o reconhecimento para ajudar o piloto a completar a etapa o mais depressa possível. A competição geralmente se baseia nos tempos, embora ultimamente tenham aparecido algumas etapas com competição direta.

Ramificação – Trecho indicado por uma seta tracejada na planilha que deverá ser percorrido antes de prosseguir pelo percurso normal da prova. Utilizado em atividades de regularidade, enduros, *hiking* e *trekking*.

Rampa – Aparelho usado na modalidade de saltos. Deve ser feita de material resistente, com inclinação entre 1,65 m a 1,80 m para homens e entre 1,50 m e 1,65 m para as mulheres (esqui aquático).

Rango – Comida (surfe).

Rapel – Submodalidade de escalada em montanhismo; trata-se de uma técnica de descida por cordas, derivada do alpinismo. Essa modalidade pode ser praticada em outros tipos de locais como cachoeiras, prédios, paredões, abismos, penhascos, pontes e declives, com a utilização de cadeirinhas de alpinismo, cordas, mosquetões, freios e, às vezes, roldanas.

Rapel guiado – Rapel normal numa corda simples com o recurso de outra corda tencionada que serve de linha de guia em que se liga por um mosquetão ou roldana à fita de autossegurança (canionismo).

Rapel suspenso – As cordas e os indivíduos estão afastados da parede, não tocando nela (canionismo).

Rapel recuperável – Instalação realizada de forma a ser possível retirar a corda a partir do ponto de saída (rapel, desvio, tirolesa, corrimão) (canionismo).

Real street – Submodalidade de *skate snakeboard* praticada na rua utilizando mobiliário urbano como muros, corredores, corrimãos e escadas. Também se pratica sobre desníveis e superfícies lisas (*skate*).

Rebojo – Contra corrente formada pelo choque da correnteza com pedras ou com a margem (*rafting*).

Reboque – Mecanismo usado pelos atletas de corrida de aventura para impor o mesmo ritmo à equipe durante as pernas de *bike*. O atleta mais forte prende sua *bike* à dos companheiros por um elástico (corrida de aventura).

Rebreather – Este equipamento permite um mergulho prolongado em razão do reaproveitamento do ar exalado pelo mergulhador. Na expiração, o mergulhador exala grande quantidade de oxigênio que não fora aproveitado pelo organismo. O ar retorna ao equipamento, é purificado com elementos químicos apropriados e retorna ao mergulhador para uma nova inspiração (mergulho).

Redemoinhos – Formam-se em geral onde duas correntes diferentes se encontram, nas linhas de remanso ou ao final de uma corredeira logo antes de acalmar. Em geral, onde se formam grandes redemoinhos a profundidade é igualmente grande (*rafting*).

Reef break – Praia com fundo de coral (surfe).

Refluxo – Onda que tende a manter preso o bote dentro dela mesma. Um tipo particular de onda que está permanentemente quebrando: a água da superfície volta rio acima e somente a água do fundo está seguindo rio abaixo (*rafting*).

Refluxo chute – Chama-se de chute a direção para a qual um refluxo chuta o bote. Ao passar por um refluxo, o bote ou o praticante é jogado para a esquerda, quando dizemos que o refluxo chuta para esquerda (*rafting*).

Refluxos que seguram – Possuem formato uniforme perpendicularmente com a correnteza ou em formato da letra "U" com as pontas voltadas rio acima. O volume d'água que flui por baixo é pequeno em relação ao que circula (*rafting*).

Refluxos que não seguram – Oposto do refluxo que segura. Formato irregular ou com as pontas voltadas rio abaixo. O volume d'água fluindo por baixo é bem maior que o volume que está circulando no refluxo. É curto, ou seja, a correnteza não está puxando de muito longe de volta para a queda. O rio corre livre de obstáculos à jusante do refluxo (*rafting*).

Refugo – Termo de cavalgada utilizado quando o cavalo se recusa a saltar.

Registro – Feito em metal, tem a função de abrir e fechar a passagem de ar do cilindro para o regulador de alta pressão – primeiro estágio (mergulho).

Regulador – Formado por dois estágios, o primeiro e o segundo, tem a função de diminuir da alta para a baixa pressão para que o mergulhador possa respirar adequadamente. Existem dois tipos, o balanceado e de pistão (mergulho).

Regular – Surfista que pisa com o pé esquerdo na frente (surfe).

Re-launch ou relançar – Termo utilizado em *kitebuggy* que se refere a lançar novamente a pipa.

Remada frente – Termo utilizado quando da prática da atividade que se refere a um comando para os tripulantes colocarem os dois braços estendidos e o corpo ligeiramente inclinado para adiante. Coloca-se o remo à frente e inicia-se uma puxada para trás (*rafting*).

Remada ré ou leme – Termo utilizado quando da prática da atividade em que o guia gira o bote (*rafting*).

Remanso – Água parada que não desce o rio na mesma velocidade que a água da correnteza. Pode ser aproveitada para parar o bote ou realizar alguma manobra, como subir um pequeno trecho da corredeira (*rafting*).

Remos – Semelhantes aos de uma canoa, compostos por uma pá, um cabo e uma empunhadura em forma de "T" (*rafting*).

Reride – Quando variações de velocidade do barco interferem na prova, o esquiador tem o direito a um "reride", que significa refazer o percurso (esqui aquático).

Ressaca – Elevação do nível do mar. Ondas maiores, mas com mar mexido (surfe).

Ressalto – Desnível ou obstáculo que é necessário transpor com recurso a técnicas de progressão – rapel, salto, destrepe, tobogãs ou escalada (canionismo).

Retorno – Movimento de água que à superfície se desloca no sentido oposto ao escoamento da água (canionismo).

Ride book – Documento entregue pela organização pelo menos um dia antes da largada da corrida de aventura. Contém indicações topográficas ou geográficas sobre o percurso da prova.

Rip – Estar em forma (surfe).

Road book – Documento semelhante ao *ride book*, mas com indicações dirigidas a equipes de apoio, imprensa e demais pessoas que acompanham a prova de corrida de aventura.

Rodeio ou freestyle – Submodalidade de canoagem *acquarider* que consiste na realização de manobras executadas em uma onda ou refluxo do rio com um tempo determinado em torno de 40 s. As manobras são avaliadas e pontuadas de acordo com uma tabela de dificuldades (canoagem).

Rolamento – São usados dois por roda no total de oito por *skate*; proporciona o movimento das rodas (*skate*).

Roller windskating – Submodalidade de patins em que se utilizam patins de quatro rodas com uma vela acoplada, semelhante às de windsurfe. É praticado em terrenos secos aproveitando-se do vento para se movimentar e realizar as manobras.

Rolo – Executar um *looping* com auxílio da crista, ao formar o tubo, retornando depois ao corte da onda (*bodyboard*).

Roupa de água quente – São utilizadas em mergulho profissional e, principalmente, em plataformas. Há uma mangueira que leva a água quente ao interior da roupa, ajudando a manter o copo do mergulhador aquecido (mergulho).

Roupa de neoprene – Roupa com finalidade de isolar o mergulhador da água fria e protegê-los de seres venenosos (mergulho).

Roupa seca – Isola totalmente o mergulhador da água, sendo muito utilizada em mergulhos profundos ou em caverna em razão das baixas temperaturas. Em mergulho no gelo, seu uso é essencial (mergulho).

Roupa semisseca – Tendo a mesma finalidade da roupa de neoprene, isola mais o mergulhador da água em virtude do tipo de zíper utilizado para fechá-la e pela utilização de náilon 1 em suas extremidades (mergulho).

Saco de corda ou *kit boule* – Saco para transporte da corda. Deve ter um tamanho adaptado à corda a transportar (canionismo).

Sacos de resgate – Pequenos sacos em que se acomodam alguns metros de cabo de polipropileno com diâmetro de 8 a 10 mm. São lançados em direção ao praticante no caso de um distanciamento longo, correnteza e resgate em geral (*rafting*).

Sail ou *skin* – Termo utilizado em *kitebuggy* e voo livre que se refere à asa do *kite*.

Salto de abertura ou *gap jump* – termo do *parkour* **que se refere a** saltar uma fenda.

Salto de rampa – Submodalidade de esqui aquático; trata-se, praticamente, de um salto em distância. O esquiador usa dois esquis especiais, de material resistente e leve. O barco passa paralelo à rampa, na velocidade máxima de 35 milhas, e o esquiador, para adquirir mais velocidade, vai em direção à rampa, cruzando a marola do próprio barco. Ao atingir a rampa, o esquiador projeta-se no ar e aterrisa na água. Vence aquele que descrever a maior distância (trajetória) da rampa até o ponto em que tocou na água.

Sandboard – Esta atividade consiste em deslizar na areia com uma prancha de madeira ou fibra, executando manobras nas dunas. É uma mistura de outros esportes de pranchas como *snowboard*, surfe ou *skate* e é conhecida como uma versão tropical do *snowboard*.

Scooter – Equipamento que se baseia em um motor para deslocar o mergulhador mais rápido embaixo da água (mergulho).

SCUBA recreacional ou autônomo – Modalidade SCUBA mais difundida do mergulho em que os praticantes utilizam equipamento de respiração subaquática autônomo e há limitações de tempo com base no consumo do ar e também em tabelas de mergulho. O limite máximo de profundidade para esta modalidade é de 40 m e só pode ser praticado em águas abertas. Por ter treinamento obrigatório e ótimas estruturas para operação turística de mergulho, esta modalidade tem ótimos índices de segurança (mergulho).

Secret point – Local secreto (surfe).

Sessão – Parte de uma onda. Cada sessão oferece manobras diferentes (surfe).

Série – Sequência de ondas (surfe).

Show – Uma coisa boa (surfe).

Strap – O mesmo que *leash* ou cordinha (surfe).

Sifão – Local em que a água escoa sob as rochas (canionismo).

Seção – Termo utilizado em arvorismo que se refere ao conjunto de atividades, iniciando com escada vertical e terminando com tirolesa.

Sellette – Termo utilizado no voo livre e balonismo para definir cadeira de voo.

Selo de segurança – Tem a finalidade de proteger o cilindro caso a pressão supere o limite de segurança, evitando sua explosão (mergulho).

Shaper – Termo utilizado em windsurfe, surfe e *snowboard* referindo-se ao fabricante de prancha, que as confecciona a mão ou na produção de pequenas séries.

Side slide – Deslizar a prancha de lado na água (*wakeboard*).

Side shore – Direção do vento soprando paralelamente à praia (windsurfe).

Singletrack – Termo de *mountain bike* que define uma trilha bem estreita onde só passa um *biker* por vez.

Skatepark – Local para se andar de *skate* (skate).

Ski-boat – Nome dado ao barco usado para puxar o esquiador (esqui aquático).

Ski-lift – Meio de elevação individual onde os esquiadores e *snowboarders* são puxados para o topo da pista, com os esquis deslizando no chão.

Skimboard – Submodalidade de surfe em que o praticante desliza sobre a areia molhada contra as ondas do mar com uma fina pranchinha de madeira e fórmica, o *skimboard*, indo de encontro às marolas espumantes. Quanto mais rápido a prancha deslizar pela lâmina de água, maior será a possibilidade de se realizar as manobras que vão desde saltos mortais, passando por batidas, até giros de 360° (surfe).

Slalom in-line – Submodalidade de patins *in-line* que consiste em correr entre cones (patins).

Slalom – (1) Prova que consiste em passar um número de portas. Quem ultrapassa o maior número de portões no menor tempo vence (canoagem). (2) Submodalidade de canoagem *acquarider* é praticado em rios com corredeiras, num percurso que varia entre 250 e 400 m, contornando-se balizas. (3) Submodalidade de esqui aquático que é praticada com os dois pés do esquiador atados a um só esqui (um pé atrás do outro). O desafio consiste em contornar em zigue-zague seis boias dispostas de forma alternada três de cada lado do caminho do barco. (4) Submodalidade de *skate snakeboard* realizada em um circuito de cones. (5) Submodalidade de vela windsurfe e que utiliza pranchas específicas para velocidade em ventos médios e fortes. (6) Submodalidade do *skate* que utiliza um *skate* diferente, mais estreito e menor. Consiste em passar por vários cones alinhados, fazendo zigue-zague, tentando ser o mais rápido e não derrubando os cones. (7) Submodalidade de *jet ski*; é realizado um circuito de boias em zigue-zague montado em uma raia à parte do circuito fechado. O *slalom* é uma prova contra o relógio, em que o piloto tem de realizar o circuito (ida e volta) no menor tempo possível.

Slam – Quando se cai do *skate* e se magoa (skate).

Slappy – *Grind* sobre bordas sem se dar *ollie* (skate).

Slate – Pequena prancheta em que o mergulhador pode escrever com um lápis alguma informação desejada ou para que outro mergulhador possa entender o que ele quer dizer (mergulho).

Slick – Camada de plástico adicionada sobre o *shape*, tornando-o mais resistente, mas mais pesado (skate).

Slider – Espécie de rampa ou corrimão que faz parte da raia de competição em que os atletas deslizam fazendo manobras (wakeskate).

Slip – Deslocamento do eixo, deixando uma roda mais apertada e a outra mais frouxa (skate).

Slopestyle – Submodalidade de *skate mountainboard* que consiste em um circuito com diversos obstáculos de estilo livre, como corrimões, saltos, costelas e *wallrides*.

Snakeboard – Submodalidade de *skate* em que se utiliza um *skate* articulado que consta em duas partes móveis que vão embaixo dos pés e podem girar até 290° (dependendo do tipo de *kingpin* e barra empregada) unidas por uma tabela ou uma barra. Este movimento lembra o de uma serpente sobre o deserto, daí seu nome.

Snow limo – Submodalidade de trenó na neve que utiliza uma cadeira equipada com cinto de segurança e cobertor que protege do vento de frente. A cadeira, acoplada a um esqui, tem um encaixe na parte traseira onde se fixam as botas do piloto. O conjunto fica parecido com um trenó. O piloto usa um guidão preso às costas da cadeira para manter a direção e usa as técnicas do esqui para controlar velocidade da "limusine da neve". É uma prática para duas pessoas.

Snorkeling – Faz parte do equipamento básico e é utilizado quando uma pessoa mergulha fazendo apneia (megulho).

Snowboard – Surfe na neve praticado com uma prancha especial. Pode ser praticado nas pistas ou fora delas. Existem diversas modalidades de *snowboard* para competição – *slalom*, *slalom* gigante, supergigante, *freestyle* e *big air*.

Snowmaking – Equipamentos especiais para a fabricação de neve artificial, suprindo, assim, as regiões em que haja escassez e possibilitando uma neve constante e uniforme para a prática de esqui na neve.

Snowmobile – Moto especial para a neve.

Snowshoeing – Caminhada na neve feita com sapatos especiais.

Sobrado – Ciclista que não acompanha a velocidade ou desempenho dos(as) companheiros(as).

Socar – Termo de ciclismo que significa andar depressa.

Sola – Modalidade na qual o esquiador desliza com as solas dos pés (esqui aquático).

***Space* Godzilla** – É um *loop* aéreo com uma volta lateral de 90° entre as duas extremidades do caiaque (*kayaksurf*).

Speed – (1) Submodalidade de patins *in-line slalom* que consiste em uma competição e o vencedor é aquele quem termina o percurso em menos tempo. (2) Submodalidade de vela windsurfe, sendo a categoria mais rápida.

Speedway – Modalidade de motociclismo que consiste em uma prova de velocidade em um circuito plano de terra batida com duas retas e duas curvas que acontece em um estádio oval.

Spine – Quando duas rampas são colocadas uma de costas para a outra sem nenhuma plataforma (*skate*).

Spot – Local de prática do *parkour*.

Sprint – Esta submodalidade de canoagem *acquarider* desenrola-se normalmente em canais construídos artificialmente, com 2 km de comprimento e 3 m de profundidade, sendo todo o percurso de nove pistas balizado (canoagem).

Stand up paddle* ou *paddleboard – Nesta submodalidade do surfe, o praticante utiliza uma prancha e um remo para se locomover em rios e mar. Existem variados tipos de pranchas para serem utilizadas dependendo do tipo de distância a ser percorrido e no caso que querer pegar alguma onda (surfe).

Street – (1) Termo de *bicicross* e *skate* que se refere à utilização de manobras do *mini-ramp*, *dirt* e *flat* nas zonas urbanas. (2) Submodalidade de *skate snakeboard* praticada na rua em um recinto com instalações desenhadas para este fim – *funbox, launch ramps, quarterpipes, wallriders* ou qualquer tipo a exceção de *mini-ramp* e *half pipe*. Modalidade de competição mundial. (3) Submodalidade de patins que consiste em manobras executadas em obstáculos do cenário urbano como rampas, cantoneiras, telhados e escadarias.

***Street luge* ou carrinho de rolimã** – Submodalidade de *skate street* projetada para permitir o máximo de criatividade nos projetos com o mínimo de restrições. As únicas restrições feitas são visando à segurança ou para manter o conceito básico de um *street luge*.

Suicide – Soltar o manete no ar e depois pegá-lo (*wakeboard*).

Sumidouro – Local na corredeira onde a água passa por debaixo de pedras, aparecendo mais à frente (*rafting*).

***Super course* ou circuito oval** – Submodalidade de *jet ski* de competição com largada lançada (*jets* em movimento com formação em fila indiana). Antes da prova, é tirado o tempo de cada piloto para que se determine a posição na fila de largada lançada.

Supercross – Submodalidade de motociclismo *motocross* em que as pistas são menores que as de *motocross* (têm cerca de 500 m), e os obstáculos são artificiais. Além disso, as baterias são mais curtas e com um número menor de participantes

Supermoto, ***superbike* ou *supermotard*** – Submodalidade de motociclismo *motocross* de invenção recente em que motociclistas utilizam motos potentes de *cross* e enduro adaptadas com rodas de 17 polegadas e pneus *slick*.

Surfe – Deslizar sobre as ondas em direção à praia, normalmente utilizando-se de prancha. Suas submodalidades são *skimboard, bodysurf, stand up paddle, kneeboarding wake, foilboard, wakeboard, bodyboard* e *tow in*.

Surfar – (1) Manobra na qual o bote permanece estacionário em uma onda ou um refluxo. (2) Acompanhar uma onda preferencialmente por meio de prancha (surfe, *skimboard, rafting*).

Swell – Ondulação (surfe).

Switchstance – Andar com a posição trocada. *Goffy* em regular e vice-versa (*skate*).

Tabelas descompressivas – Tabelas com tempos, profundidades, além de outras informações, permitindo ao mergulhador realizar um planejamento de mergulho descompressivos ou não descompressivos (mergulho).

Tail – Parte de trás do *shape* (*skate*).

Tailgrab – Segurar o *tail* com a mão traseira (*skate*).

Tailslide – Deslizar com o *tail* sobre o objeto (*skate*).

Tandem – Caiaque de lazer de duas pessoas (canoagem).

Técnica de chaminé – Técnica de montanhismo utilizada para resgatar uma pessoa de um entalamento total do corpo numa fenda de rocha.

Telemark – Técnica de esqui na neve usada pelos esquiadores alpinos até a década de 1930, que permite a execução de curvas com o adiantamento grande de um dos esquis e com o joelho dobrado. Essa prática ressurgiu recentemente.

Térmica picada – Termo de voo livre que indica pequena térmica com ascensão fraca. Às vezes, ocasiona turbulência.

Térmicas – Termo de voo livre que indica aquecimento da superfície.

Terral – O mesmo que *off-shore* (surfe).

Teste hidrostático – Teste realizado a cada três anos em cilindros de alumínio ou a cada cinco anos em cilindros de aço para se ter certeza de que se está apto a trabalhar com altas pressões (mergulho).

Tirolesa – Cabo aéreo tensionado ligando dois pontos afastados na horizontal ou diagonal, em que o praticante, ligado a ele, desliza entre um ponto e outro. É um deslocamento rápido, cujo deslize ocorre com o auxílio obrigatório de roldanas, mosquetões e uma cadeirinha de alpinismo.

Tobogã – Rampa com água por onde se pode descer deslizando (canionismo).

Toco – Prancha velha, amarelada, pesada (surfe).

Tomate – Pessoa que caiu do bote e está nadando (*rafting*).

Tona – Ato de flutuar na água, não encalhado em uma pedra ou areia (canoagem).

Top turn – Estar atento e escolher a seção mais alta da onda de forma a "escalá-la" e, uma vez chegado ao seu topo, o caiaque volta de novo para baixo. Quanto mais água levantar com a traseira, mais espetacular será esta manobra (*kayaksurf*).

Touch the water – Tocar a água com as mãos.

Tow in – Submodalidade do surfe na qual o surfista é rebocado por um *jet ski* para obter velocidade suficiente para entrar em ondas de grandes dimensões, as quais seriam impossíveis "apanhar" pela simples remada do atleta. O termo *tow in* significa "rebocar".

Traceur – Praticante de *parkour*.

Trails – Pistas ou caminhos catalogados e especialmente cuidados para a prática de esqui na neve e *snowboard*.

Trajetória – Distância percorrida pelo esquiador após o salto com rampa (esqui aquático).

Traqueia – Parte do BC por onde o mergulhador infla e desinfla (mergulho).

Travessia – Atravessar o rio de um lado a outro (*rafting*).

Trial – Submodalidade de motociclismo *motocross* em que os competidores têm de vencer os mais variados obstáculos em um pequeno espaço, sempre saltando. O objetivo é colocar o mínimo possível os pés no chão.

Trimix – Mistura de gases utilizada em mergulhos profundos e diminuindo o risco de doença descompressiva (mergulho).

Truck – Peça de metal que serve de base para o *skate*.

Tube rider – Surfista bom em tubos (surfe).

Tubo – (1) É uma manobra tipicamente do surfe também possível com um caiaque. O canoísta, vendo que a onda permite, "deixa-se" apanhar por ela, que, entretanto, vai quebrando. A viagem no interior da onda só fica perfeita se o caiaque sair sem ser apanhado. (2) Manobra em que o surfista fica dentro da onda (surfe).

Tuchar a mão – Termo de voo livre que indica voar bem. Utiliza-se quando piloto se sente seguro e com muita vontade de voar entrando nas térmicas em momento adequado, bem centralizado no miolo. Voar de maneira correta no *lift* sem perder altura e executar bem as manobras.

Ultraleve ou _trikking_ – Modalidade aérea praticada com um veículo ultraleve autopropulsado: aeronave muito leve experimental tripulada, usada ou que se pretenda usar exclusivamente em operações aéreas privadas, principalmente desporto e recreio.

Vaca – Levar um tombo. Queda. _Wipe out_ (surfe).

Vagão – Termo utilizado em arvorismo que se refere à linha de vida contínua.

Válvula de segurança – Instalada ao fundo do bote. Quando em determinada pressão, ela libera o ar automaticamente a fim de proteger principalmente as emendas internas (_rafting_).

Varial – (1) Rodar o _skate_ embaixo dos pés sem virar o corpo. (2) O atleta aproveita o _lip_ para executar uma rotação de 180º da prancha (_skimboard_).

Varredura – Remada em que se puxa o remo em um movimento de "meia-lua" afastando-o do bote. Tem a função de direcionar o bote para o lado oposto e normalmente é combinada com uma puxada ao final (_rafting_).

Varrer – Onda grande ou série de ondas grandes que pegam os desprevenidos no _inside_ (surfe).

Vault – Quando o _traceur_ salta por cima de um muro ou corrimão usando as mãos como apoio (_parkour_).

Vazão – Volume de água de passa em determinado ponto do rio em certo tempo. Normalmente é medida em m^3/s (_rafting_).

Vela ou iatismo – É o nome dado ao desporto de competição envolvendo barcos movidos unicamente com a força do vento. As competições da vela são formadas por uma série de regatas, que são as corridas do iatismo. Suas submodalidades são windsurfe e _kitesurf_.

Velame – Termo do paraquedismo que se refere a um equipamento em forma de asa de avião utilizado na prática de voo livre. É feito de náilon e poliéster não porosos e impermeabilizados para que o ar que entra não saia através do tecido, mantendo assim a pressão interna e o velame inflado.

Velocross – Submodalidade de motociclismo _motocross_ em competição de estrada em pistas sem saltos onde os pilotos podem utilizar qualquer tipo de moto.

Ventoinha – Equipamento do balonismo utilizado para inflagem do balão com ar frio.

Vertical – Categoria de _bicicross_ em que as bikes voam alto nos _half pipes_. (2) Modalidade de skate que se refere a parte vertical da rampa com angulação de 90º. (3) Submodalidade de skate _snakeboard_ praticada em pista com curva que chega a ter 90º em seu vértice superior, entre 10 cm e 100 cm de parede. Costuma ter três ou mais metros de altura. Modalidade de competição mundial. (4) Submodalidade que consiste em executar as mesmas manobras executadas no _street_, em _half pipe_.

Vert – Abreviação de vertical.

Video control – Termo de esqui na neve que se refere a certificar se as portas estão sendo passadas corretamente.

Volta de fiel – Nó rápido e simples. Muito utilizado para amarrar o bote nos sarandis da margem (_rafting_).

Volta Ferry – Remar a canoa para trás em um ângulo para a corrente ao atravessar um córrego lateralmente. (canoagem)

Voo duplo – Termo de voo livre que indica voar com duas pessoas sendo um piloto levando um passageiro.

Voo livre – Atividade aérea praticada com asa-delta ou parapente, cuja definição é codificada pela Federação Aeronáutica Internacional (FAI).

Wakeboard – Submodalidade do surfe praticado com uma prancha similar à do _snowboard_ puxada por uma lancha em lagos. O praticante fica em pé sobre a prancha enquanto a lancha o puxa por meio de uma corda e realiza saltos e acrobacias que são a marca do esporte.

Wakeskate – Submodalidade do surfe _wakeboard_; utiliza o mesmo modelo de prancha, porém sem as botas fixas à prancha e são feitas manobras do _skate_ dentro d'água. Existem pranchas e calçados específicos para a modalidade (surfe).

Wakesurfe – Submodalidade do surfe _wakeboard_; trata-se de surfar nas ondas de um barco. O praticante se segura em uma corda presa ao barco enquanto este o leva pelo lago até começar a formação de ondas pela popa do barco. A partir desse momento, o surfista solta a corda e começa a surfar e realizar manobras pelas ondas formadas.

Wallie – Andar de *skate* sobre um obstáculo.

Wallride – Andar de *skate* pela parede (*skate*).

Waterstart – Técnica usada para voltar fácil e rapidamente a velejar de depois de uma queda. Na água, o velejador ergue o *rig* o suficiente para encher a vela com vento e, então, é erguido por ele de volta à sua prancha, na posição correta para velejar (windsurfe).

Water trekking – Caminhadas por água, rios e cachoeiras.

Wave – Submodalidade de vela windsurfe idêntica a um campeonato de surfe em que os participantes fazem manobras nas ondas e os juízes dão a respectiva pontuação (windsurfe).

Waveski – É uma prancha de aproximadamente 6 kg, triquilha, com um maior volume na rabeta, cuja finalidade é a flutuação e estabilidade na onda. O atleta fica atrelado à prancha por um cinto que lhe prende ao acento e outro que fixa os pés, localizado próximo ao bico, como uma pedaleira, de fácil manejo e encaixe. O remo é feito de fibra de carbono e sua função é, além de auxiliar nas manobras, ajudar o atleta a varar a arrebentação (surfe).

WCT – World Championship Tour. Primeira Divisão do Circuito Mundial de Surfe (surfe).

Wheelslide – Diminuir a velocidade sem colocar o pé no chão (*skate*).

Whip stalls – Termo de voo livre que indica manobra de asa-delta onde o piloto acelera a asa e freia repetidas vezes.

Willy skipper – Salto em que o velejador joga a rabeta da prancha por trás de suas costas e aterrisa com o bico da prancha (windsurfe).

Windskate – Submodalidade de *skate* praticada com uma espécie de *skate longboard* com rodas bem grandes e macias com uma vela acoplada, semelhante às de windsurfe. É praticado em terrenos secos aproveitando-se do vento para se movimentar e realizar as manobras.

Windsurfe – Submodalidade de vela praticada com uma prancha idêntica à de surfe e com uma vela entre 2 e 5 m de altura; consiste em planar sobre a água utilizando a força do vento. Existem as submodalidades como fórmula, *freestyle, mistral, raceboard, slalom, speed e wave.*

Windward – Direção de onde sopra o vento. O oposto de sotavento (canoagem).

Wing – Termo utilizado em *kitebuggy*. Significa outro nome para *kite*. Utilizado mais em voos que formam desenhos circulares.

Wipe out – O mesmo que vaca (surfe).

WKPP – Mergulhadores técnicos responsáveis por diversos estudos de mergulho de cavernas, descompressão e técnicas avançadas (mergulho).

WQS – World Qualifing Series. Segunda Divisão do Circuito Mundial de Surfe (surfe).

Wrap – (1) Mudança de direção na onda. (2) Termo do paraquedismo que indica enroscar um calote no outro quando em uma formação TRC – Trabalho Relativo do Velame. (3) Termo do *skimboard* que se refere à mudança de direção na onda.

Wrap com tubo – O praticante na onda executa uma mudança de direção no *lip* (*wrap*) e, em seguida, entra perfeitamente no tubo, seguindo até a areia (*skimboard*).

Yoke – Sistema de encaixe do primeiro estágio de regulador no registro do cilindro (mergulho).

Zerar – Não perder pontos em um posto de controle (PC) do enduro a pé.

Zerar a pista – *Biker* que completa o percurso sem queda, passando por todos os obstáculos e rampas.

Zorb ou **orbit ball** – Trata-se de uma cápsula que parece uma grande bolha de ar e o objetivo é descer declives a mais de 50 km/h dentro de uma bola inflável. As submodalidades são o *kinder zorb, hidro zorbing* e *zorb* na neve.

Sobre o Livro
Formato: 21 x 28 cm
Mancha: 15,5 x 22 cm
Papel: Offset 90g
nº páginas: 360
1ª edição: 2013

Equipe de Realização
Assistência editorial
Cyntia Vasconcellos e Emerson Charles

Assessoria editorial
Maria Apparecida F. M. Bussolotti

Edição de texto
Renata Sangeon (Preparação do original e copidesque)
Patrícia Murari e Fernanda Fonseca (Revisão)

Editoração eletrônica
David Menezes (Capa, projeto gráfico e diagramação)
Ricardo Howards (Ilustrações)

Fotografia
Stevecoleimages | iStockphoto; Schutzphoto | iStockphoto;
Scotto72 | iStockphoto; Melhi | iStockphoto;
Richcarey | iStockphoto (Fotos de capa)

Impressão
Forma Certa